21 世纪传播学系列教

网络传播学

彭 兰 著

中国人民大学出版社
·北京·

总序

PREFACE

如果把1982年北京第一次传播学研讨会看成是传播学正式引进中国的话，到今年正好是25年。如果把1997年传播学和新闻学一起被教育部列为国家一级学科看成是传播学的重要性被正式承认的标志的话，到今年正好是10年。在很短的时间里，传播学在中国从无到有，由弱到强，成为国内近年来发展相当快的学科。这样一个历史时刻，正是我们盘点和思考中国传播学发展的良机。

从教材建设方面看，传播学的引进，有赖国外（主要是美国）教材的迻译。大量具有一定学术品牌的外国传播学教材的译介对促进中国传播学教学和研究功不可没，可是另一方面，中国传播学研究和教学面临的问题和环境有一定特殊性，国外成果的引进不能代替我们自己的课程和教学体系的建设。从20世纪80年代初传播学重新引进至今的这20多年中，国内的传播学教材出版从无到有，从1983年一本薄薄的《传播学（简介）》到现在书店里满满几书架的传播学教材，在教材建设上取得了巨大的进步。但是我们也要清醒地看到，在传播学教材建设的表面繁荣之下，也存在着一些泡沫的成分。国内不少传播学教材存在内容重复、观点陈旧、结构体例单一、缺乏系统性等问题。因此，在经过了自发的、初级的引介和吸收阶段之后，我们有理由期待中国的传播学更上层楼，进入一个系统深化的研究与创新阶段。

中国人民大学出版社现在出版的这一套“21世纪传播学系列教材”，就是力图在有中国特色的传播课程和教材体系建设上做一些尝试。这套教材第一批书目包括《传播学纲要》、《大众传播学研究方法导论》、《大众传播理论》、《组织传播》、《人际传播》、《跨文化传播》、《网络传播学》、《视觉传播概论》等。今后本教材系列还将继续加入其他具有前沿性的、具有现实意义的传播学课程的教材，将涉及政治传播、宣传传播、广告传播、公关传播、影像传播、全球传播、文化研究、修辞与演讲、女性与传播等更具有专业性、前沿性的题目。

担任本系列教材第一批教材写作的，主要是中国人民大学新闻学院长期从事以上课程教学和科研的中青年教师，同时我们也期待着其他新闻传播院系和研究机构的学者加入到本系列教材的编撰工作之中。

这套教材的编撰，主要有以下几个目标：

一是扩大目前传播学教学的视野。除了传统的大众传播理论外，增加研究方法、人际传播、组织传播、跨文化传播、网络传播、视觉传播等分册，力求使传播专业的学生能够适应多样的社会需求。

二是拉开本科和研究生教学的层次。本套教材中既有针对大一新生的《传播学纲要》，也有针对本科高年级或研究生阶段的研究方法和各个不同领域的传播理论。每个领域独立成书后，使得教学内容更加充实，同时深度上也有明显增加，力求培养学生的独立思考与科研能力，适应目前不断发展的传播学硕士培养阶段的教学要求。

三是更强调系统性。目前的本科阶段，许多学校仅开设传播理论概论一门传播学课程，研究生阶段的课程也不系统。本系列教材既可作为本科高年级的课外阅读或选修课教材，也可作为研究生低年级的必修教材，帮助学生系统地掌握传播学各领域的主要内容。

四是突出研究能力的培养。目前的传播学教材比较简略，多停留在知识传授上。本系列教材力求在介绍理论的同时，突出对研究方法的讨论，同时对许多前沿问题和有争议的问题也力求能够做全面客观的介绍，让学生及时抓住学科发展的脉络，引导他们对前沿问题展开自己的思考。

本系列丛书虽然以教材的形式出现，但是由于国内可以参照的现成教材不多，写作者基本都是把它当成专著来创作的。他们不仅对国内外有关领域的文献进行了整理，而且结合教学和实际中的问题，有针对性地对那些与我国当前实际最贴近的理论问题进行介绍和讨论，在表述上也更贴近中国使用者的习惯，这一优势是由国外著作翻译而来的教材所不具有的。

我们是第一次编撰这样大型的传播学系列教材，在选题和具体内容上肯定还存在着不足，希望社会各界在使用过程中，及时地提出批评意见，以利于我们将来的修订。本系列教材在撰写过程中，得到了中国人民大学新闻学院 985 项目的资助和中国人民大学出版社的支持，特此表示感谢！

希望这套“21 世纪传播学系列教材”的出版，能够为我国 21 世纪传播学的学科建设添砖加瓦！

郭庆光

2007 年 6 月

前言

P R E F A C E

如果说从 1994 年到 2003 年的十年间，网络作为一种媒体在中国日益成熟，那么，自 2004 年以来，在各种新技术的推动下，网络更多的是作为一种社会形态在不断地成长。它已经渗透到人们的日常生活中，并与现实社会走向交融。它正在逐渐改变着人们的行为方式乃至思维方式，也在渐进地改变着政治、经济、文化等社会各方面的格局与景观。面对这些社会变革，传播学者不得不作出自己的思考。

从传播学角度看，对于网络的研究，其基础是对网络传播的各种要素及其关系的研究，但网络传播诸要素及其关系不是静态的，而是在各种具体的传播形式、传播情境中呈现出的多元的组合模式、复杂的结构关系、动态的交互过程，以及由此产生的多变的传播效果及影响。因此，本书重点探析的不是孤立的、静态的传播要素，而是在网络传播具体形式与结构中的传播要素的动态表现及其相互作用方式。

网络传播的终极研究目标是厘清人、网络、社会这三者之间的关系。其中，特别值得关注的对象是“人”。这不仅指作为传播要素的人，也指作为网络社会的基本构成要素的人。“人”是传播中的活跃要素，也是网络社会的活跃单元。“人”是网络与社会互动的中介力量，也是网络与社会互动结果的直接承载者。人是如何改变网络的？人是如何通过网络改变社会的？网络是否改变了人？这些问题的探究，应该是网络传播研究的出发点及归宿。

本书继承了很多传统传播学的理论基础，但目的不是对传统理论进行简单的诠释和印证，而是希望在传统理论的框架下研究网络传播的某些特性，进一步探索人类传播的某些共同规律，深化对传播的社会功能的认识。传统理论是我们研究的基础，但不应该成为我们的束缚。

此外，网络传播的研究如果只局限于传播学的视野，那么在很多时候，只能触及某些表层现象。本书也试图借鉴社会学、社会心理学、政治学等其他学科的研究成果，来丰富与深化网络传播的研究。尽管本书未必完全构建了跨学科的研究体系，但是多学科的视野这一基本方向是本书所坚持的。

由于本人能力有限，本书的研究目标未必全能实现，书中也难免存在疏漏甚或谬误，期望得到广大读者的批评指正。

目录

CONTENTS

第一章

网络传播的技术基础

CHAPTER 1

网络传播是基于计算机网络这样一种基本的技术平台的，了解这一平台的基本特点以及相应的技术应用，是理解网络传播特性的出发点。

计算机网络是指，若干台地理位置不同且具有独立功能的计算机，通过通信设备和线路相互连接起来，以实现信息传输和资源共享的一种计算机系统。网络中的一台计算机称为一个节点。

计算机网络系统主要由以下三部分组成。

其一，网络通信系统：实现节点间的数据通信，主要涉及传输介质、拓扑结构、介质访问控制等一系列技术。这是网络技术的核心和基础。

其二，网络操作系统：它是网络用户与计算机网络之间的接口，是对网络资源进行有效管理的系统。它提供基本的网络服务、网络操作界面、网络安全性和可靠性措施等。现在比较流行的网络操作系统有微软公司的 Windows NT、Unix、Novell 公司的 Netware 等。

其三，网络应用系统：根据应用要求而开发的基于网络环境的应用系统。

根据不同标准，计算机网络可以分为不同类型，例如，局域网与广域网，有线网与无线网等。从空间上看，一个计算机网络可以分布在一个小小的房间内，也可以分布到全世界。

互联网（Internet）是目前世界上最大的国际性互联网络。可以说，它是一个网上网，是由大大小小的成千上万个网络联结起来的。

虽然从技术的角度看，互联网与网络是两个概念，但在非计算机领域里，一般人们所指的网络，通常都是互联网。因为互联网是人们接触得最多的一个网络，而同时，互联网又包容了各种各样的网络，因此，在多数情况下，将网络与互联网等同起来理解，也是可以接受的。

计算机网络技术非常复杂，涉及许多计算机与通信等方面的专业知识，对于传播研究者来说，要掌握这些专门知识并不容易。但从传播学的研究方面看，并不需要了解所有技术细节，然而，了解技术的基本发展方向以及它们对于传播和社会的影响是十分必要的。

第一节　互联网技术发展的基本脉络

从 1969 年互联网的雏形诞生至今，互联网已经历了近 40 年的发展历程。这其中几次大的技术变革，不仅使技术本身日渐成熟，也使互联网从纯技术的领地走进了大众的生活，并对社会发展产生了日益深刻的影响。

一、互联网的诞生

互联网的雏形 ARPAnet（阿帕网）于 1969 年诞生于美国，它是美国国防部的高级计划研究署（Advanced Research Projects Agency，ARPA）的一个实验性网络，最初 ARPAnet 只有 4 台计算机相连。为了应付可能发生的战争，ARPANET 的设计目标之一是，即使它受到外来袭击仍能正常工作，即计算机可以通过任一路由而不是固定路由发送信息。这种特性使计算机网络具有更高的安全性。

为实现这一目标，ARPAnet 采用了被称为“分布式”的结构，这种结构的通信网是对“集中型”和“分散型”网络结构的一种更新。后两者在电话网中非常常见，它们都是围绕着一些中心交换点构造起来的。分布型网络去掉了中心交换点，构建了一张由许多网点联结而成的网络，每一个网点都有多条途径通往相邻点。图 1—1、图 1—2 和图 1—3 显示了三种不同网络结构的特点。

采用分布型结构，可以保证网络中的任何一个节点被破坏后都不会影响到其

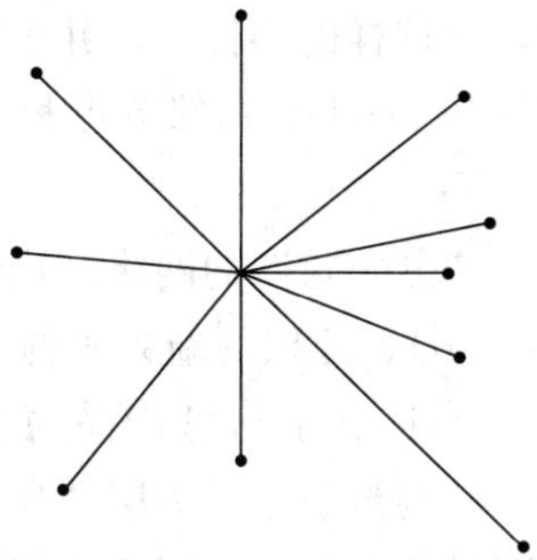

图 1—1　集中型网络通信结构

注：* 黑点代表通信节点，线条代表它们之间的通信线路，图 1—2、图 1—3 同。

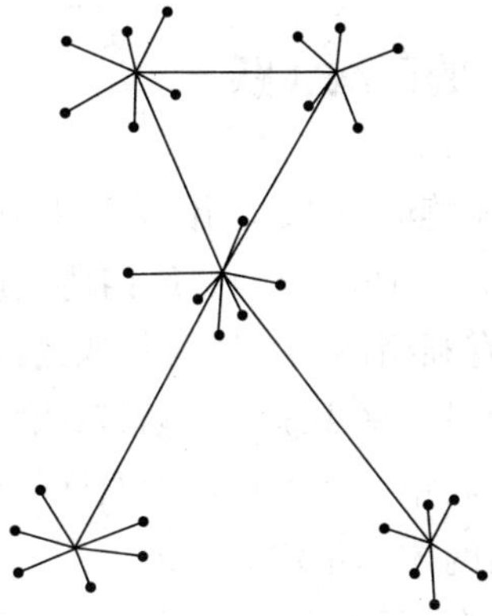

图 1—2　分散型网络通信结构

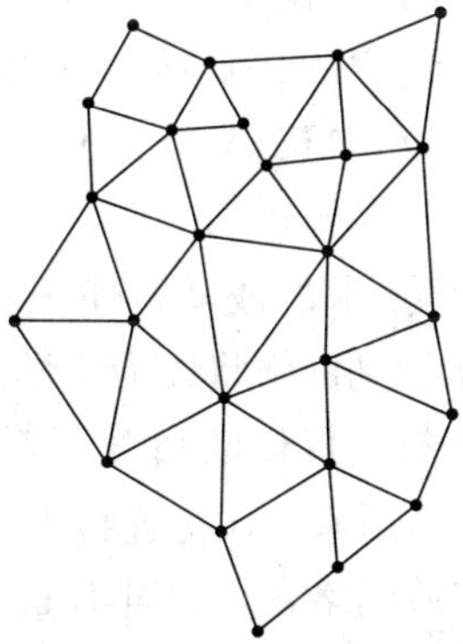

图 1—3　分布型网络通信结构

他节点之间的通信。事实上，在这样的结构中，并不需要每一个节点都与所有相邻节点相联，每一个节点只要与 3～4 个相邻节点相联就可以使网络建立牢固的联系。

抛开技术特性不谈，正是“分布式”的网络结构使得今天的互联网成为了一种“去中心化的”(decentralized)、分权的新兴媒体，这种结构在使网络具有很高的安全性与可靠性的同时，也造就了信息传播的多样化与控制的复杂化。因此，在一些人眼里，这种分权结构被蒙上了一层“乌托邦”的神秘色彩，一些人甚至认为，网络具有一种重新赋权的能力，因而可能成为一种民主的工具。

后来，许多研究机构和大学也相继加入到阿帕网中，到 1972 年，这个网络上的节点数已达到 40 多个。

二、互联网技术发展的两次飞跃

1974 年，文特·瑟夫和鲍勃·坎提出了 TCP 协议（Transmission Control Protocol）和 IP 协议（Internet Protocol）。所谓协议就是计算机之间进行通信时的一种“语言”，计算机只有利用协议才能与其他的计算机进行“对话”，实现信息的交换，而不同的网络间只有采用统一的协议才能实现互通互联。TCP/IP 协议在被提出 10 年之后的 1983 年，才被指定为网络的标准协议，为所有的网络采用，这时，美国全国性互联网才真正建立起来。

可以说，TCP/IP 协议成为互联网的标准协议，是互联网技术史上的第一次飞跃。这也被认为是全球互联网正式诞生的标志。

1983 年，ARPAnet 分成了两个网络——ARPAnet（用于进一步的研究）和 MILnet（用于军事通信）。它们之间仍保持着互联状况，能进行通信和资源共享。这种互联的网络最初被称为 DARPA Internet，但不久就改称 Internet——互联网。

ARPAnet 网络和 TCP/IP 技术的成功，使美国国家科学基金会（National Science Foundation，NSF）认识到网络将成为科学研究的重要工具。为了使科研人员可以共享以前军方只为少数人提供的超级计算设施，1985 年，NSF 出资在全美建立了五大超级计算中心，后来，又把连接大学和科研单位的中等计算机中心连接起来，形成全国性的广域网络，1986 年建成了名为 NSFnet 的高速信息网络。该网络互联了 NSF 所有的超级计算机，并连入了 ARPAnet。后来，NSFnet 逐渐取代 ARPAnet。ARPAnet 于 1990 年 7 月退役，NSFnet 随之成为 Internet

的主干网。NSFnet 同样采用 TCP/IP 协议，并且面向全社会开放，使 Internet 进入了以资源共享为中心的实用服务阶段。从此，Internet 开始迅速发展，很快走向了整个世界。

互联网之所以在 20 世纪 80 年代产生并迅速得到发展和壮大，主要有以下四个原因：

第一，计算机网络通信技术、网络互联技术和信息工程技术的发展，为互联网的发展奠定了必要的技术基础。

第二，促进信息共享作为普遍的用户需求，成为一股强大的驱动力量。

第三，互联网在建立和发展过程中始终坚持非常开放的策略，对开发者和用户都不施加不必要的限制。

第四，互联网在为人们提供计算机网络通信技术设施的同时，还为广大用户提供了非常简单的访问手段，几乎所有领域、所有的人都可以掌握它、利用它。

技术的进一步变革，使互联网逐渐走出了实验室，走出了学者精英们的圈子。在技术方面，欧洲粒子物理实验室的蒂姆·伯纳斯·李在 1989 年提出的 WWW（World Wide Web——万维网）的技术构想，从根本上为互联网成为一种传播媒介奠定了基础。这也可以看做是互联网技术发展的第二次变革。后文将进一步介绍这一技术。

由于 WWW 的出现，原本只是技术人员专利的互联网技术变得平民化。这为互联网上各种应用程序的开发提供了基础，也使得网络作为一种传播媒介得到广泛运用。

三、新一代互联网的发展

WWW 技术使互联网在 20 世纪 90 年代进入高速成长期。但技术的发展永远不会停止脚步。2005 年以来，新一代互联网作为一种技术性的概念越来越普及，它包括的主要技术有：IPV6、网格计算、P2P 技术、语义网技术等。

(一) IPV6

未来的互联网发展，取决于一些基础的核心技术。其中，IPV6 是一个具有标志性意义的技术。从技术角度看，IPV6 是下一代互联网甚至下一代移动网络的基本协议，它将大大提高下一代互联网的地址容量。

目前的互联网协议为 IPV4，它可提供的 IP 地址大约为 40 亿个。这些 IP 地址的绝对控制权掌握在美国人手里，据称，美国一个大学拥有的 IP 地址数量就几乎等于全中国的 IP 地址数量。中国的公众网因缺乏 IP 地址，被迫大量使用转换地址，网络的效益及安全受到威胁。而采用 IPV6 后，正如有人形象地指出，地球上每一粒沙都能分配一个 IP 地址。

在这样的基础上，互联网的价值将得到大大拓展。对于普通人来说，IPV6 带来的可以见到的影响是，家庭里的每一件电器都可联在网上，网络无所不在，网络速度也将得到空前的提高。

第二代中国教育和科研计算机网已经采用了 IPV6 技术。目前，它以每秒 10G 的传输速率（相当于每秒传送 15 个 VCD 光盘存储的信息）联结全国 20 个主要城市的核心节点，为全国几百所高校和科研单位提供高速网络接入服务。中国在第一代互联网的建设上，落后于世界先进水平 20 多年，而在第二代互联网的建设中，则基本跟上了世界先进水平的步伐，这意味着中国在未来的互联网的竞争中能占据更为有利的位置。

（二）网格技术

“网格技术”是网络计算技术的一个新发展。网格计算技术水平的高低，反映了网络处理信息的能力的高低。

网格计算是伴随着互联网的发展而迅速发展起来的，是专门针对复杂科学计算的新型计算模式。这种计算模式是利用互联网把分散在不同地理位置的电脑组织成一个“虚拟的超级计算机”，其中每一台参与计算的计算机就是一个“节点”，而整个计算是由成千上万个“节点”组成的“一张网格”，所以这种计算方式叫网格计算。网格技术将把整个互联网整合成一台巨大的超级计算机，实现计算资源、存储资源、数据资源、信息资源、知识资源、专家资源的全面共享。当然，也可以利用它构造地区性网格、企事业内部网格、局域网网格甚至家庭网格或个人网格。网格的根本特征不是它的规模，而是资源共享，即对资源孤岛的消除。

中国科学院计算所所长李国杰院士认为，网格实际上是继传统互联网、WWW 之后的第三个大浪潮。[①] 传统互联网实现了计算机硬件的连通，WWW 实现了网页的连通，而网格试图实现互联网上所有资源的全面连通，包括计算资源、存储资源、通信资源、软件资源、信息资源、知识资源等。

目前，网格的研究主要在美国和欧洲。英国政府已投资 1 亿英镑，用来研制“英国国家网格”（UK National Grid）。而美国政府用于网格技术基础研究的经

① 参见李国杰：《互联网的第三代应用：网格计算》，载《通信产业报》，2002－04－18。

费已达5亿美元。美国军方正在规划实施一个宏大的网格计划，叫做“全球信息网格”（Global Information Grid），预计在2020年完成。作为这个计划的一部分，美国海军和海军陆战队已启动了一个耗资160亿美元、历时8年的项目，包括网格系统的研制、建设、维护和升级。

2002年5月9日，新兴企业蝴蝶网络公司（Butterfly. net Inc）和IBM联合宣布，它们已经制作出了一个可支持100万人以上游戏玩家同时在线的游戏网格网络，该网络将租借给主要的游戏出版商。IBM表示，这个“蝴蝶网格”网络将是IBM“网格计算”概念首次用于商业用途。

（三）P2P技术

P2P技术，也称为对等网络（peer to peer）技术，这是一种网络结构的思想，近年来发展非常迅速。它与目前网络中占据主导地位的客户端/服务器（Client/Server）结构（也就是WWW所采用的结构方式）的一个本质区别是，整个网络结构中不存在中心节点（或中心服务器）。在P2P结构中，每一个节点（peer）大都同时具有信息消费者、信息提供者和信息通信三方面的功能。在P2P网络中，每一个节点所拥有的权利和义务都是对等的。①

在早期，P2P技术开发的一个主要思路是挖掘互联网的超级计算潜力。例如，PopularPower、UnitedDevices和Entropia等公司所研究的技术都是针对如何收集处于工作间隙的电脑的闲置计算能力、通过集群技术产生超级计算能力的。这意味着这一技术的主要使用者是具有大型计算要求的用户。

让P2P思想深入人心的是美国的Napster公司。这个公司成立于1999年，它提供的服务是让网民们交流MP3文件。但是，在Napster的服务器上没有一首歌曲，它只是提供了一个软件，利用这个软件，音乐迷可以在自己的硬盘上共享音乐文件，搜索和下载其他使用了Napster服务的用户共享的音乐文件。Napster在短时间里吸引了几千万用户。最终，它被五大唱片商以侵犯版权的罪名告上法庭。但是，Napster的技术让人们看到了P2P思想在互联网上应用的巨大潜力。

网络上现有的许多服务也都可以归入P2P的行列，例如，风靡一时的BT下载工具就是一种典型的P2P技术应用。此外，与主流媒体技术结合起来的P2P技术也在得到广泛开发与应用。P2P技术还会有更广泛的前景。

（四）语义网

另一个备受IT界关注的网络核心技术是语义网。

---

① 程学旗等：《P2P技术与信息安全》，http：//www. ppcn. net/n1367c39p2. aspx。

通俗地说，语义网就是能够根据语义进行判断的网络。也可以说，语义网是一种能理解人类语言的智能网络，它不但能够理解人类的语言，而且还可以使人与电脑之间的交流变得像人与人之间的交流一样轻松。

目前我们所使用的万维网实际上是一个存储和共享图像、文本等信息的媒介。电脑对自己所存贮的文字或图像信息的含义是一无所知的，网页仅仅显示内容，超链接只负责将一个网页链接到另一个网页，网络不能按照用户的要求自动搜寻和检索网页，直至找到所需要的内容。而语义网的目标则是希望计算机能"看懂"网页的内容，使计算机成为"智能"的导航工具。当然，语义网并不仅仅能完成这个功能，它比这还要"聪明"得多。

语义网将使人类从搜索相关网页的繁重劳动中解放出来。因为语义网中的计算机能利用自己的智能软件，在搜索数以万计的网页时，通过"智能代理"从中筛选出相关的有用信息，而不像现在的万维网，只能罗列出数以万计的搜索结果。

语义网的实现是基于XML（可扩展标记语言）语言和RDF（资源描述框架）来完成的。当然，要实现语义网并非仅有XML和RDF就行了。更主要的技术难题还在于要让电脑可以进行大量的"思考"和"推断"，其中的复杂程度是可想而知的，这也就有赖于人工智能技术的发展。

新一代互联网还将带来更多的技术变革，总体而言，这是在基础设施与技术结构上进行着的一场革命，它将使网络的能量再次急剧增长。

另一方面，对于互联网应用技术的变革，人们越来越多地采用了Web2.0这一概念。关于Web2.0，目前并没有一个统一的定义。其中一个有代表性的观点是，Web2.0是互联网的一次理念和思想体系的升级换代，由原来的自上而下的由少数资源控制者集中控制主导的互联网体系，转变为自下而上的由广大用户集体智慧和力量主导的互联网体系。Web2.0内在的动力来源是将互联网的主导权交还个人，从而充分发掘个人的积极性，使之参与到体系中来，广大个人所贡献的影响、智慧和个人联系形成的社群的影响就替代了原来少数人所控制和制造的影响，从而极大地激发了个人创作和贡献的潜能，使得互联网的创造力上升到新的量级。①

Web2.0相关的主要技术有RSS、博客（Blog）、播客、维客（WiKi）、社会书签（Tag）、SNS（社会网络服务）等。这些技术的共同特点是，进一步突出网

---

① 《2005—2006中国Web 2.0发展现状与趋势调查报告》，http://www.internetdigital.org/report/web20_report_intro.pdf。

络信息生产中普通网民的作用，并且通过各种应用方式使网民之间产生更加密切牢固的关系。

在 Web2.0 被提出之后，人们又开始提出 Web3.0 这一概念，实际上它的核心就是语义网的思想，也就是让网络“能思考”、“有智能”。

虚拟现实技术与网络的结合也是未来网络技术发展的一个重要方向。

“第二人生”（Second Life）就是目前在网络中运用虚拟现实技术的代表。它是全球最大的虚拟世界游戏，到 2007 年 6 月，注册用户已超过 600 万。它是总部位于旧金山的林登实验室（Linden Lab）于 2003 年推出的一款以“合作、交融和开放”为特色的大型 3D 模拟现实网络游戏。在这个游戏中，每个人可以建立自己的一个虚拟的“第二人生”，与同在这个虚拟世界中的其他人发生各种各样的关系，实现自己在第一人生中没能实现的梦想。人们也可以在这个游戏里通过各种方式赚到虚拟的“林登元”，而这种林登元可以兑换为真正的美元。2004 年，华裔德国女教师艾琳-格拉芙以“安舍钟”的名字在“第二人生”注册后，通过“购买土地”、“盖建大楼”再转手“卖出”的虚拟地产生意，两年内赚了 3 亿元林登币，被称为“虚拟世界的洛克菲勒”。

“第二人生”只是虚拟现实技术在网络中运用的一个个案。而在未来，虚拟现实技术在网络中的渗透将更加广泛。这意味着网络与现实世界的交融将更加密切。

总体来看，新一代的互联网技术有两个指向：汇聚与分权。对此本书下一章将进行更深入的分析。

四、媒介融合趋势及其影响

媒介融合是指各种媒介呈现出多功能一体化的发展趋势。它既是未来网络技术发展的一种趋向，也是其他媒体发展的共同趋向。

媒介融合体现为五个层面：技术融合、业务融合、平台融合、市场融合以及机构融合。

技术融合，指的是各种媒体在信息的采集、制作与发布等各个环节的技术越来越趋同进而统一。技术融合是媒介融合的基础，而技术融合的前提是各种媒体所共同面对的数字化技术变革。

业务融合，指的是各种媒体在信息生产及经营等方面的业务将产生更多的交叉、互动。跨媒体的合作报道、合作栏目、合作经营等逐渐推动各媒体自身的业务改革，最终将基于跨媒体整合形成新的信息生产流程与分工模式。原有的媒体产品形态也将随之发生一些变化，新的媒介产品将出现。

平台融合，指的是各种媒体的发行平台的逐渐融合。从目前的技术来看，网络具有整合各种媒体的发行平台的能力，手机媒体的移动传播特性也使它具有一定的潜能。但从长远来看，将有更好的平台出现。无论这种平台是什么，它一定是基于无线通信技术的。

市场融合，指的是各种媒体的受众市场逐渐汇聚成一个大的市场，这是业务融合和平台融合后的一种自然结果。

机构融合，它是媒介融合的最高层次，是支持媒介融合的体制性条件。它意味着某一个传媒集团的内部机构的重组，也意味着各个传媒集团之间的合作甚至融合。同时，传媒业之外的其他机构，如电信业、IT 业的机构，也将以某种方式向传媒业渗透，并与传媒机构进行紧密的结合。

媒介融合是目前传媒业发展的一个总体走向，尽管很多人对媒介融合的前景仍有各种疑惑，但是，数字传媒技术的发展使媒介融合的前景日益明朗却是不争的事实。

媒介融合是一个渐进的过程。由于技术上的原因，它首先是在网络这一平台上付诸实践的。随着 P2P 技术、宽带技术、流媒体技术、无线通信等一系列技术日趋成熟并相互结合，传统的广播、电视等媒体必将越来越多地借助于互联网发布音频、视频内容，传统的报纸、杂志也可以通过网络实现产品形态的创新。数字报纸、多媒体互动杂志、网络电视等，正是目前我们可以看到的媒介融合的具体产品形态。这些具体产品的不断实践，推动着各种媒体间业务的交叉、渗透、互动，直至融合，并逐渐发展到媒体平台及市场的交汇、相融。而更高层次的融合，将会在电信业、IT 业与传媒业等相关行业的各类机构的大汇流的基础上出现。

媒介融合虽然在网络平台中表现得更充分，但是，它的影响是全方位的，这主要表现在：

1. 媒介融合趋势下的跨媒体内容开发将促进媒体重组及跨媒体合作机制形成。

在这种趋势下，网络作为媒体的一部分，将被整合到未来新的合作体系中。这种新的合作体系，其目标是要实现对各媒体资源的统一筹划、统一调配，无论是在日常的版面、栏目、频道还是个别报道的组织中，都要将多家媒体的力量作为一个总体来考察并进行合理组合，使每一种媒体扬长避短，同时以多个时间落点、多种表现形式、多种参与主体的复合式内容模式来满足受众全方位的需求。各种有合作关系的媒体应该变成协同工作的一个“生命体”，而不是机械的、临时的拼凑式合作。

2. 媒介融合趋势下媒体“自产自销”的模式将演变成“初级生产商＋加工商＋营销商”的模式。

电视产业的实践启发我们，生产技术越复杂、生产环节越多就意味着越复杂的分工与合作。媒介融合下新闻传播涉及的技术要比电视业更复杂，因此，新闻生产将更加细化，专业分工更加明显，合作模式也将更加多样化。

媒介融合环境下，一些传统媒体的“自产自销”模式也许会逐渐演变为“内容的初级生产＋内容的加工＋内容的营销”的三环节模式，各个环节由不同性质的产业来承担。由于技术的一致性，内容的加工者和内容的营销者可能是二位一体的。专业媒体作为新闻与信息生产的主导者的地位不会动摇，但是，它并不一定要拥有自己的跨媒体合成技术与发布渠道。它们可以根据需要将内容的制作与发布这些工序交给具有相应技术能力的公司“承包”。而技术性公司将借助其平台优势，成为媒体内容的新型“营销商”。

在这种发展趋势下，传统媒体应该积极进行新闻生产流程的再造，并在大的格局中找准自己的定位，找到有利于自己的合作模式，以求获得低投入高回报的效益。

现在很多传统媒体自办网站却举步维艰，而在未来，借助与技术性公司、门户网站之间形成更加多样化的合作关系，一些传统媒体也许可以从勉为其难的“自力更生”发展网站的思路中解放出来，“以守为攻”，即退守到新闻和信息生产的第一道关口，以更纯粹的内容生产者的方式，实现在媒介融合时代的自我发展。

3. 媒介融合趋势将促进多种信息接收终端的开发，以支持多元化的市场。

对于受众来说，媒介的具体表现形式就是各种信息载体，这种载体也是信息的消费终端，如同目前的报纸、收音机、电视机、手机和电脑。媒体之间的界限将越来越模糊，这意味着需要出现新的信息接收设备以充当新的信息形态的载体，也意味着需要出现多种多样的信息接收设备以满足受众个性化的信息消费需求。因此，媒介融合的过程，也是信息的接收终端不断更新换代、不断丰富的过程。当各种不同形式信息的传播渠道逐渐融合，新一代信息消费终端全面出现时，新的媒介形态就会慢慢显现。

从目前来看，媒介融合将带来载体“先合后分”的局面，即各种媒介产品都将汇流到网络中进行传输，而后又分散到各种不同的接收终端中，这样仍然可以保持媒介产品的多样化。这种“合”与“分”是生产过程的一种有机结合。“合”是为了更有效地进行“分”。

多元信息消费终端的开发，还基于传媒市场的另一个重要诉求，那就是消费者可以随时随地获得信息，无线、便携等应该是新的信息消费终端开发的主要方向。

我们所习惯的各种传媒形式，例如，纸质的报纸、电视机上呈现的电视节目，在未来也许都还可能存在，但是，它们所依赖的发行或传播渠道可能会发生一次根本变革，那就是数字网络将取代现有渠道。而在接收终端上，人们仍然可以有多样化的选择，偏好报纸阅读习惯的人，可以将网络中传输的内容打印出来，数字报纸的出现实际上为此做了一定的铺垫；而偏好电视的人，则可以用电视机来观看最终内容。

可以期待的是，未来一定还会有更多的信息接收终端出现，其中，“电子纸”是目前一个特别值得关注的新的接收终端。“电子纸”概念兴起于 20 世纪 80 年代前后，实际上它是一种电子显示器，目前的“电子纸”大致可分为液晶型以及非液晶型两大类。与目前普通的显示器相比，它轻而薄，画面分辨率高，一些采用先进技术的“电子纸”的显示效果与视觉感观接近一般书写纸。特别是“电子纸”技术具有画面记忆特性，一旦画面显示后即不再耗电，这对于便携式电子阅读器来说也是非常重要的优势。在材料工艺上，“电子纸”甚至可以做成与纸一般可折叠弯曲。

目前，数字报纸技术正在我国一些报社推行，国家的“数字报业”计划也全面启动，但很多人对数字报纸并不看好，其原因，就是他们只是把数字报纸的接收终端定位在电脑显示器上。如果把数字报纸技术与“电子纸”这样的新的信息终端联系起来，也许我们的想象力可以大大得到解放。尽管“电子纸”现在还没有完全进入实用阶段，但是可以预计的是，它未来会在很大程度上成为报纸、杂志等的新型载体，这将全面促进传统媒体产品形态的升级。

无论未来还有哪些新的接收终端产品，无论它们的面貌会是怎样，可以肯定的是，它们既会将一些传统媒体的优点继承下来，同时又具有电子设备的全新优势。

4. 媒介融合趋势下 IT 业与电信业等产业力量将全面向传媒业渗透。

无论是从未来的媒体的生产模式还是从信息传输通道与消费终端的角度看，都需要注意一个事实，那就是，IT 业、电信业等产业的力量，已经开始向传媒业渗透，这是出于它们在融合性信息的包装方面所具有的优势，以及越来越强大的对内容传播渠道与发布平台的控制能力。在手机媒体的发展中，电信业的控制能力已经逐渐显现出来。

尽管在体制上要理顺传媒业、电信业、IT 业等几个产业的关系，需要国家层面的全面改革与调整，但是非传媒产业以技术渗透为先导，逐渐与传媒业融合，这将是无法回避的事实。终有一天，非传媒业的产业力量将不仅仅是内容生产者的一种支持力量，更会成为内容生产者的一种制衡力量，成为传媒业角力格局中的重要一极。

在媒介融合时代，传媒业要迎接的将不仅是内部的重组或媒体间的整合，还有多个产业间的震荡性调整。

第二节　互联网的主要技术

互联网的技术涉及很多层面。从研究网络传播的角度来看，主要应关心的技术包括：网络连接的硬件技术、网络信息制作与发布技术和网络应用技术等。

一、网络连接的硬件技术

网络连接技术直接关系到网络的带宽，而带宽是影响网络信息传输质量的重要因素。如果没有足够的技术支持，信息传播者的愿望与意图就不能得到很好的实现，网络应用的广度与深度也会受到限制。

网络接入技术从大的方面来说分为两类，即有线接入和无线接入。

有线网络中，各个计算机之间必须用一定的介质来连接。这些介质包括双绞线、同轴电缆、光导纤维等。

双绞线：由呈螺旋排列的两根绝缘导线组成，两根导线互相扭绞在一起。它比较适合于短距离传输。

同轴电缆：局域网中应用较为广泛的一种传输介质。它由内外两个导体组成，内导体多是单股线或多股线，外导体通常由编织线组成并围裹着内导体。通常我们的公用有线电视系统（CATV）采用的就是同轴电缆。CATV 既可以传输模拟信号，也可以传输数字信号。

光导纤维：一种能传送光波的介质。光纤不易受电磁干扰和噪声影响，并且它的频带宽、传输距离远、传输速率高，能够传输数据、声音、图像等多种信息，是一种最有发展前途的传输介质。

无线网络则采用无线介质，如微波、红外线或激光等。

从信息传输的角度看，衡量网络接入技术的一个重要指标就是带宽，即传输通道的传输能力。带宽决定着信息能否通畅迅捷地在网络中传输。接入技术从这个角度可分为窄带与宽带两个层次。

所谓宽带与窄带的区别并没有一个固定的标准。现在被视为宽带的一些接入技术，也许在未来只能视作窄带，因为网络应用技术的发展会对带宽不断提出新要求。

表 1—1 中列出了目前的各种宽带接入技术。

表 1—1　　现阶段宽带技术

<table>
<tr><td rowspan="9">宽带分类</td><td rowspan="3">有线系统</td><td rowspan="2">一般电信及网络</td><td>xDSL</td></tr>
<tr><td>专线</td></tr>
<tr><td>有线电视网络</td><td>电缆调制解调器（Cable Modem）</td></tr>
<tr><td rowspan="6">无线系统</td><td rowspan="3">一般无线系统</td><td>GPRS</td></tr>
<tr><td>CDMA</td></tr>
<tr><td>WCDMA</td></tr>
<tr><td>数字微波</td><td>Digital Microwave Radio</td></tr>
<tr><td rowspan="2">卫星通信</td><td>卫星直播网络 Direct PC</td></tr>
<tr><td>VSAT</td></tr>
</table>

二、网络信息制作与发布技术

要让网民用某种方式获得丰富多彩的网络信息，需要采用一定的制作与发布技术。目前，网络信息发布的形式与渠道越来越多，涉及的技术也越来越丰富。

（一）网络信息制作技术

网络中的信息总是以某种形式加以表现，如文字、图像、音频、视频、动画等。与之相关的信息制作技术决定了信息传输速度的高低，以及信息表现形式的丰富性。

在网络传播中，图形、图像是必不可少的。相关技术的高低会影响到传播效果的好坏。目前，在网络中传播的图形、图像都是经过数字化加工的。

目前常见的图形、图像处理软件包括：Adobe Photoshop、Adobe Illustrator、Freehand、Coreldraw、Fireworks 等。

音频与视频技术也是网络多媒体技术的基础。目前常见的音频编辑软件有 Sound Forge、Cool Edit、Wavelab 等，常见的视频编辑软件有 Adobe Preimer 等，此外还有一些电视台专用的非线性编辑软件。

（二）WWW 网页发布技术

通过 WWW 技术将信息传送给网民，网民利用浏览器来阅读网页，这仍是目前网络中最常用的一种信息发布方式。网页制作技术涉及四个层面：

1. 网页制作的基础技术 SGML、HTML 与 XML。

SGML 即 Standard Generalized Markup Language，译作“标准的通用标记语言”，用来形容和定义结构化的电子文件，其标准由 ISO 组织于 1986 年制定。

一个 SGML 语言程序主要由三部分组成，即语法定义、文件类型定义（简称 DTD）和文件实例。语法定义，定义文件类型和文件实例的语法结构；文件类型定义，定义文件实例的结构和组成结构的元素类型；文件实例是 SGML 语言程序的主体部分。

不过，由于 SGML 过于复杂，所以一直没有被广泛采用。但作为它的子集的 HTML 却被广泛应用。

HTML 即 Hypertext Markup Language，它的中文译名是“超文本标记语言”。

所谓超文本，一是指构成网页的信息类型不再限于文字，还包括图像、动画、音频、视频等多种。二是意味着，在网络上，网页之间不再是孤立的，它们可以由超链接构成复杂的关系。

人们用 HTML 语言创建网页的过程是，在正文内容基础上加上 HTML 的标记，以指明正文内容如何在屏幕上显示，再由 HTTP 进行数据传输，由客户端浏览器软件解释执行 HTML 标记，将结果显示在显示器上。

用 HTML 制作网页，需要记忆一定的 HTML 标记，并且知道如何使用它。相对来说，这项工作有一定难度。后来技术人员开发了一些辅助性的工具软件，帮助人们在不懂 HTML 的情况下进行网页的制作。

但是 HTML 的局限性也是明显的，于是 XML 应运而生。近年来 XML 发展势头强劲，有人认为它可能取代 HTML。

XML 是 eXtensible Markup Language（可扩展的标记语言）的缩写，是 W3C 组织于 1998 年 2 月发布的标准。XML 也是一种标记语言，基本上是 SGML 的一个子集。因为 XML 也有 DTD，所以，XML 也可以作为派生其他标记语言的元语言。

HTML 与 XML 的主要区别在于：

HTML是一种“显示描述”语言，它仅仅描述了Web浏览器应该如何在页面上布置文字、图形等，并没有对互联网上最重要的东西——信息的本身含义进行描述。例如，一个内容为“苹果”的数据，既可以指水果的种类，也可以指一种电脑的品牌，还可能是服装的品牌，但HTML无法描述这个数据究竟是何种意义，因此，在人们进行数据检索时，智能化的程度不太高，检索结果也不太理想。

而XML允许自由地定义标记来表现具有实际意义的文档内容，例如，在数据“苹果”的前后加入<computer>和</computer>这个自定义的标记，就可以说明，这个“苹果”指的是电脑。因此，XML有助于智能化网络的构建。同时，在XML中，设计者只需要注意文档的内容，而文档的表现形式则交给CSS（层叠样式表）和XSL（可扩展样式语言）来完成。HTML对数据表现的描述能力是十分有限的，例如，它不能描述矢量图形、科学符号等对象，目前，HTML网页只能通过图像来表现这些对象，而XML解决了这方面的问题。

严格说起来，XML本身不是一个单一的标识语言，它是一种元语言（meta-language），可以被用来定义任何一种新的标识语言，也就是在XML之中可以创造出很多不同的标识语言，用来定义不同的文件类别。这也是HTML望尘莫及的。

当然，在目前，HTML和XML是相互补充的，各种浏览器都可以同时处理这两种语言。

2. 常见的网页制作工具软件。

尽管HTML或XML是网页制作的基础，但是它们掌握起来有一定难度。对于普通设计者来说，要制作出美观大方的网页，通常还是需要依靠各类工具软件。下面这些软件就是众多网页设计工具中的一些代表。网页设计者可根据自己的需要进行选用。

（1）MS Frontpage。它具有“功能强大，简单易用”的特点，同时具有页面设计和站点管理的功能，也能实现一定的动态效果。其系统预置了多种主题（themes），使设计者不费吹灰之力就可设计出美观而页面风格一致的站点。

（2）Dreamweaver。它的3.0版本一面世，就以其强大的功能、方便的动态网页制作和高效率，将MS Frontpage 98拉下了“最好网页编辑器”的宝座。它与Fireworks和Flash并称为Macromedia的三剑客。目前是专业级的网页制作软件。

3. 网页制作的高级技术。

尽管HTML是网页设计的基础，但是HTML的能量仍是有限的，特别是在处理交互功能或动态效果时，它往往显得力不从心。CGI、ASP、Java Script（脚本）、Java Applet、Flash 等工具则是对 HTML 有力的辅助。限于篇幅，本书不对这些技术展开论述。

4. 网络信息自动发布系统。

虽然制作网页是在 WWW 下进行网络信息发布的根本技术，但是，为了信息发布的高效率和标准化，网站通常会采用自动发布系统，即通过一定的方式将需要发布的内容自动合在某个网页中，此外，这类系统还可以完成网站的其他管理功能。这类系统的主要功能包括：网站的站点结构管理和维护系统；网站的信息采、编、发全流程内容管理系统；多媒体信息发布系统；站内信息全文检索系统；网站的会员管理系统；网站广告管理系统；网上论坛、留言板系统；网上调查系统；网站邮件服务与邮件列表系统。有些系统里还可能包含博客管理系统、电子商务系统等。

（三）PDF 技术

PDF 是 portable document file 的简称，即可移植文档格式。现在 PDF 格式指的是 Adobe PDF。

它虽然不是网页设计的基本格式，但它是全球电子出版的实用标准，在网络中应用也很广泛。

PDF 是一种通用文件格式，能够保存任何源文档的所有字体、格式、颜色和图形，而不受创建该文档所使用的应用程序和平台的影响。Adobe PDF 文件为压缩文件，需要使用 Adobe Acrobat Reader 软件来浏览、打印 PDF 格式的文件。使用 Adobe Acrobat 软件，则可以将任何文档转换为 Adobe PDF 格式。

PDF 文件的优点包括六点。

保证精确打印：PDF 文件以 PostScript 语言图像模型为基础，无论在哪种打印机上都可保证精确的、颜色准确的打印效果。

特别适合在屏幕上阅览：不管显示器是何种类型，PDF 文件精确的颜色匹配可保证真实再现原文。PDF 文件无论怎样放大也不会损失清晰程度。

高效的浏览：创建 PDF 者可以加入书签、Web 链接，读者可以直接使用电子化的便笺、高亮显示、下划线等工具来对 PDF 文件进行标注。

加密特性：用户可以控制机密文件的访问权限。

跨平台：PDF 独立于软件、硬件和创建的操作系统。无论用户使用 Windows 还是 Unix 操作系统，无论使用苹果机还是一般 PC 机，PDF 格式的文件都可以畅通无阻。

文件采用压缩格式：与 HTML 相比，同样内容的页面，PDF 格式的文件体积是 HTML 格式的 1/5。

由于 PDF 格式的优越性，一些印刷报纸也利用 PDF 格式，在网络中提供与原报版面完全相同的报纸，这可以方便那些偏好报纸阅读方式的读者。

（四）RSS 技术

RSS 是“Rich Site Summary”（丰富站点摘要）或“Really Simple Syndication”（真正简单的聚合）的英文首字母缩写，中文多称为“简单信息聚合”。RSS 的应用分为两端：一方面，信息的供应方用 RSS 信息源（或称种子——RSS Feed）的方式向用户提供以 RSS 技术整合的信息；另一方面，用户利用 RSS 阅读器来读取这些内容。

与目前流行的 WWW 浏览器不同，RSS 阅读器可以集成多家信息来源，自动浏览和监视这些来源网站的内容，将最新内容及时传送给用户。用户利用 RSS 阅读器可以方便地读到送上门来的新闻，而无需到各家网站逐一浏览，同时又可以实现信息消费的个性化。

对于那些仍然习惯使用浏览器阅读信息的用户来说，RSS 技术也可以做到在不颠覆他们的阅读习惯的情况下提供整合的内容。例如，利用“抓虾”、“鲜果”等工具就可以在 IE 浏览器界面下阅读 RSS 聚合信息。

从理论与实践上来看，RSS 技术在网络信息生产领域将会得到广泛应用，只是它的成熟还有待时日。当天时地利人和等条件一应俱全时，RSS 的应用将不断加速。虽然它未必会完全取代现今的 WWW 浏览器阅读，但至少可以对它形成强劲的挑战。

（五）Widget 技术

Widget 是一种可供自己制作和自由下载的工具的统称，它包含了娱乐、工作、学习等多种实用功能。Widget 可以在电脑桌面上单独执行，网民无需通过浏览器便能连接到网络。通过这些小型应用软件，用户可以把各类网上信息放到桌面上。Widget 的更为重要之处还体现在，用户可以把从某个网站上搜集的数据植入另一个网页中。

早期的 Widget 是想脱离浏览器这一通道，直接从互联网上获取各种专门的内容。但是，基于浏览器强大的势力，现在 Widget 更多的是把自己与浏览器捆绑在了一起。但是，它从底层对原有的浏览器信息生产与消费模式所产生的冲击是革命性的。

Google 的个性化门户（iGoogle）是 Widget 运用的一个代表。在这样一个门户的首页上，每个人的设置都可能是不同的。每个人都可以在几百个 Widget 来源内容中进行选择，自由组合，甚至可以在首页自由改变它们的位置。

在美国，越来越多的大媒体正在关注这样一个“小玩意”。例如，2007 年 3 月，《纽约时报》开始为 iGoogle 用户提供 Widget。同年 9 月，《今日美国》采用 Widget 使读者将《今日美国》的最新消息和其他信息植入自己的博客或个人网页中。①

Widget 意味着用户对网络内容与服务的重组。在未来，由某一家网站来控制、合成的网页可能越来越少，更多的是用户在整个互联网的内容与服务资源中进行选择，再在某一个网页上进行个性化的重组。

（六）新一代电子报纸技术

报纸的电子化或数字化并非一个新的概念，从早期利用 CD-ROM 发行的报纸电子版，到通过网络发行的报纸电子版，报纸的电子化已经历了 20 多年的历史。但是，近年来，新一代电子报纸（Digital-Newspaper，也称为 Newspaper E-edition 等）在美国等国家的逐渐兴起，使报纸的数字化有了新的内涵，报纸与网络的融合有了一种全新的思路，这也提供了一种新的网络信息发布形式。

新一代的电子报纸诞生于 2001 年，一家名为 Der Standard 的德国报纸在这一年的 4 月 12 日发行了它的电子报纸版本。同年 10 月，美国的《纽约时报》也推出了自己的电子化版本。②

据美国报业协会网站（www. naa. org）提供的一份资料显示，截至 2005 年 10 月，美国有 60 多家媒体采用电子报纸方式通过互联网发行报纸，这其中包括《纽约时报》、《今日美国》、《波士顿环球报》、《基督教科学箴言报》等报纸。

《纽约时报》、《今日美国》等报纸采用的是一家名为“报摊”（NewsStand）公司的技术，而这家公司还与全球 200 多家报刊合作，开发新型电子报纸。另外两种有代表性的电子报纸的技术分别为“Olive Software”与“Zinio System”。前者的客户包括美国的《华盛顿邮报》和英国的《每日邮报》，后者则为《商业周刊》和《PC Week》等媒体所采用。

美国密苏里新闻学院独立开发出了名为“Em-print”的电子报纸，也有一些报纸仅仅采用 PDF 技术在网上传送报纸。虽然它们与 NewsStand 等的技术有所

---

① 《美国第一大报采用热门网络技术推广新闻》，http：//tech. 163. com/07/0906/19/3NNT19CG000915BF. html。

② Advanced Interactive Media Group：*Digital Newspapers*：*What*，*How and Why*，http：//www. newsstand. com/.

不同，但最终形成的报纸风格是类似的。

2002 年 2 月，香港《东方日报》通过网络推出了它的电子版，将报纸的本来面貌呈现在网上。近年来，以报业激光照排技术著称的北大方正集团也在进行电子报纸的探索。这种电子报纸与网页是结合起来的。在网页的左边是报纸的版面，当鼠标移到版面中某一文章点击时，在页面的右边显示出全文，如果读者愿意，也可以点击“朗读”按钮，将眼睛解放出来。

新一代电子报纸既不是印刷报纸的简单翻版，也不是对新闻网站的一种简单沿袭，它具有一些突出的特点，这主要表现为：

1. 兼具印刷界面与电子界面的阅读特点。

新一代电子报纸与印刷报纸的版面完全一致，这适应了一些在印刷媒体时代成长起来的受众的阅读习惯。如果有必要，将其打印出来，便形成了一张与传统渠道发行的报纸没有任何差异的真正的“报纸”。阅读电子报纸时，除了可以像印刷报纸一样翻页阅读外，还可以通过导航条进行快速翻页。阅读时可以在页面的任何位置进行放大、缩小。

大多数电子报纸融合了网络信息的组织特点，例如，层次化的信息、可检索的信息。在一些转页的地方可以点击链接跳转到相关页。可以利用检索工具在页面中查询关键字。

大多数电子报纸需要在专门的阅读器上阅读，这是为了便于在脱机环境下进行内容的浏览。可脱机阅读意味着电子报纸也越来越具备印刷报纸的一个重要优点，那就是可移动性与便携性。虽然现在的电子报纸主要的阅读设备是笔记本电脑，但是，可以预见，若更轻便的阅读终端被开发出来，这将会大大刺激电子报纸的发展。

虽然目前大多数电子报纸的新闻内容是纯文字的，但是，扩展到多媒体内容应该只是时间早晚的问题。在电子报纸的广告中，多媒体手段已被较多地引入。这是电子报纸给予广告商的新卖点，而在广告中的尝试，也为新闻内容的多媒体化提供了基础。

2. 网络替代传统发行渠道。

与第一代电子报纸不同的是，读者不是购买 CD-ROM，而是通过网络下载新一代电子报纸。这从理论上意味着，报纸无需再进行纸质印刷，发行不再依赖于传统的发行系统，报纸印刷成本将变为零，发行的成本将大大降低。而且通过网络，可以使报纸的发行不再受地域限制，在某种意义上这有助于发行量的提升。

网络发行也可以有效地减少中间环节，使报纸的发行速度更快，在突发事件的报道中，网络发行较传统发行的渠道的优势将尤为突出。

利用相关技术，报纸的发行者可以获知读者对于报纸的阅读情况，例如，他们最关注的是哪些版面、哪些文章。这为报纸内容的调整、针对性的增强提供了依据。

与报纸过去的网络版不同的是，网络对于新一代电子报纸的意义，更多的是在于发行渠道，而不是内容的呈现平台。这正是体现报纸与网络结合新思路的重要方面。

3. 与网站的信息发布方式相互补充。

电子报纸是一种打包式的信息发布方式，这种方式与网站的即时的、动态的、碎片式的信息发布相比各有长短。在突发事件的报道中，网站可以通过动态的方式即时进行新闻更新，满足受众对于时效性的要求，这一点是电子报纸所不能企及的。但网站的信息发布平台及界面本身，对于信息的有序整合与整体传送会造成一定的影响。例如，网页的界面方式容易带来信息的过载和阅读的负担，而要脱机浏览大量的网页信息也是难以轻易实现的。这一点却恰好是电子报纸的长处。因此，电子报纸与网站可以相互补充。

此外，大多数国外电子报纸都沿用收费订阅这一传统报纸的营利模式。

新一轮电子报纸的实践，显然还只处于一个开端期，不同媒体所采用的技术与产品形态有所不同，而未来的电子报纸还会有更多的探索空间。

（七）新一代电子杂志技术

与电子报纸不同的是，电子杂志更多的是从休闲娱乐领域里成长起来的。而国内在电子杂志开发方面的步伐显然要快于电子报纸，影响力也较大。这一领域的主力是一些非主流媒体或者新兴的娱乐内容企业。例如，台湾地区飞行网创办的《爱美丽 Me》是第一家发行量过 100 万的数字化女性杂志，目前其会员累计超过 300 万，每期的平均阅读率达到 21 万。[①] 该网站推出的《男人志 Wo》则通过 13 家主流的网络电子杂志平台，每周一在全国同步发行，周发行量达到数百万。2005 年《瑞丽》女性网推出了《瑞丽 Pretty》、《瑞丽 JM》和《瑞丽 Goo》等电子杂志，每份杂志每期的下载量在 80 万。“阳光文化”推出了以杨澜的名字命名的女性时尚电子杂志《澜》，在创刊后的短短 3 个月内，已经突破了高达百

---

① 《网络杂志：好风凭借力 送我上青云》，http：//www. stanchina. com/new683. htm。

万的下载量。[①]

也有一些主流传统媒体开始进军电子杂志。2005年8月15日，由南方报业集团旗下南方网开发的电子杂志《WOW！ZINE·物志》正式创刊，成为中国第一家由主流媒体集团创办的电子杂志。在半年多的时间里，其读者数量已经突破200万。[②]《财经时报》创办的中国首家财经电子杂志——《财经文画》在短短的半年之中就实现了下载量100万次的突破。

传统杂志简单的数字化和数字媒体的杂志化分别被称为第一代和第二代电子杂志，而目前流行的电子杂志被称为第三代。它的主要特点在于：

1. 多媒体成为电子杂志的主要卖点。

与电子报纸不同，电子杂志多媒体手段的运用较为成熟，除了音频、视频外，也大量运用Flash动画，带来多种感官刺激，受众的体验更像看电影或电视而不是阅读杂志。在很大程度上，多媒体成为电子杂志的主要卖点，成为网民追逐这一时尚的重要原因。

但是，也有人担心，运用多媒体，是用形式上的丰富弥补内容上的相对空洞，这也许带来了形式大于内容的结果。而没有真正吸引人的内容，电子杂志的生命力能否长久便值得怀疑。这种担忧自然不无道理，但是，这并不表明要彻底否定多媒体形式的作用。

娱乐类电子杂志在多媒体内容上的探索，也为新闻类或其他专业周刊以及以新闻为主的电子报纸的多媒体运用积累了一定的经验，虽然这种经验不能简单移植，但是，有很多思路是可以借鉴的。

2. 互动成为电子杂志的重要追求。

与电子报纸相对薄弱的互动相比，电子杂志在互动方面做出了更多探索。多数电子杂志都设有留言板，如果网民是在线阅读，还可以进行即时互动。也有一些电子杂志尝试使网民直接与内容进行互动，例如，《物志》在第5期首创推出体验式网络情景剧《麦琪的礼物》。读者打开《物志》页面即被引入梦幻式的情境中，读者可以通过对不同的故事情节的选择，在线参与完成整部情景剧。一些网站推出了互动电子杂志生成器，方便网民制作自己的电子杂志。

整体来看，电子杂志所采用的技术，更有利于读者的互动参与，因此，也有一些人称电子杂志为互动杂志。

---

① 《电子杂志〈澜〉创刊三个月下载量突破百万》，载《财经时报》，2006-04-02。

② 马惠芬：《传媒工厂：〈物志〉的运作状况透析》，http：//z.southcn.com/attention/0200603210001.xml。

3. 多种接收平台成为最终开发目标。

虽然多数电子杂志都自称为“网络杂志”，但是，一些电子杂志的开发者并不只是把接收平台限定在网络上。例如，《物志》就在全国率先开设手机版，随着未来新的电子接收终端的开发，电子杂志所依赖的阅读平台也一定会更多元化。

4. 生产与发行走向专业化与集中化。

与美国从事电子报纸技术开发和发行的 NewsStand 类似，国内电子杂志的制作发行出现了一个重要的特点，那就是制作和发行的专业化和集中化。并非每一个内容的提供者都要自己制作电子杂志，也并非电子杂志的开发者都需要建立自己的网上发行平台。在国内，主要的电子杂志制作与发布平台包括 XPLUS、POCO、ZCOM、iebook、VIKA 等。它们所发布的电子杂志主要有两种形式：一是把已有的传统杂志制作成电子杂志这种新的形式在网上发行，二是将原有的一些网络内容改造为电子杂志的形式出版发行。制作与发布的专业化的基本动因在于技术的复杂性，这种专业化对于电子杂志质量的提升是有益的。

三、网络应用技术

从网民角度看，他们对于互联网的利用都是基于一些应用技术。网络的应用技术是一个不断变化的事物，有些技术在兴起一段时间后逐渐淡出，有些技术则正在兴起。无论技术如何变化，互联网在本质上的趋向是，给人们提供更为丰富的信息与体验，提供更为多样而方便的服务，它也将会与人们的生活联系越来越密切。

（一）逐渐被淘汰的应用技术

1. Telnet（远程登录系统）

这是互联网最早提供的服务之一，这种服务可将用户主机与远程主机连接起来，作为该主机的终端来使用，这样用户就可享有远程主机提供的各种服务。Telnet 由客户软件、服务器软件和 Telnet 通信协议三部分组成。客户软件安装在用户的计算机上，帮助用户完成一系列工作。Windows 里带有的 Telnet. exe 就是这样一个客户软件。服务器必须安装有相应服务器软件，才能实现 Telnet 服务。

2. Gopher（信息检索）

这是一种信息检索系统，1991 年由美国明尼苏达大学开发，当时开发该系统的目的是为分布在校园内不同园区的各个系提供简单而方便的资源共享和传输系统。开发者把这套系统称之为“gopher”（地鼠），是希望这套系统能像地鼠一样灵活，使人们能轻易地在网络中跳来跳去，方便地获得自己需要的信息。

Gopher 用菜单的方式将服务器的信息检索服务提供给用户。与 Telnet、FTP 等相比，它的界面更加直观、友好。但由于 WWW 的出现，它的应用推广受到了影响，现在基本上被淘汰。

（二）目前主要的应用技术

1. E-mail（电子邮件）

电子邮件是一种通过计算机网络与其他用户进行通信联系的手段，是互联网中应用最广泛的服务之一。

电子邮件系统由电子邮件客户软件、电子邮件服务器和通信协议三部分组成。

电子邮件客户软件是用户用来收发和管理电子邮件的工具。例如微软的 Outlook 等。

电子邮件服务器相当于一个邮局，它为用户提供电子邮箱，同时承担信件的投递工作。

电子邮件服务器采用的协议主要是 SMTP。SMTP 协议描述了电子邮件的信息格式和传递处理方式，以保证邮件的正确寻址以及可靠传输。如果电子邮件系统要传送二进制数据或文件，则要使用 MIME 协议。

目前很多网民是通过某个网站提供的邮箱系统来收发邮件，即直接在 WWW 页面中完成相关操作，而不使用专门的邮件软件。

2. Usenet（网络新闻）

Usenet 也是互联网上的一种信息服务，是网络中成千上万的网络新闻组（newsgroup）的集合。它通常使用 NNTP 协议，使用特定的客户端来阅读和发送讨论的内容。当然，它讨论的话题不限于新闻，用户通过它可以与世界各地有共同爱好的人们就任何一个感兴趣的话题进行讨论，可以阅读网络新闻组中的信息或者在新闻组中发表自己的观点。用户加入或者退出新闻组都是完全自由的。

Usenet 存在几个大的专题组，它们是 comp（计算机）、news（新闻）、rec（娱乐）、sci（科技）、soc（社会）、humanities（关于人文学科，如文学、哲学等）、talk（专题讨论）、misc（杂项）、alt（无法归于其他类别或不愿归入其他类别的话题）。

新闻组与 BBS 有相似的地方，它们都是网络社区的平台。但它与 BBS 相比有四大优势：一是可以发表带有附件的“帖子”（新闻组邮件），传递任何格式的文件，而 BBS 上这些限制却很多。二是新闻组可以离线浏览、离线回复，等到连上网络后统一发送。三是全球绝大多数的新闻服务器都连接在一起，就像互联网本身一样。在某个新闻服务器上发表的消息会被传送到与该新闻服务器相连接的其他服务器上，每一篇文章都可能漫游到世界各地。四是用户可以随时过滤掉某个人发送的信息。

在中国，由于在互联网技术上起步较晚，新闻组的应用并不普及，人们更多的是利用 BBS 进行交流。

3. WWW（万维网）

WWW（World Wide Web），中译名为万维网，是互联网中最受欢迎的一种多媒体信息服务系统。有人常常把 WWW 与互联网混为一谈，事实上，WWW 只是互联网的一种服务，就像电子邮件一样。

1989 年，欧洲粒子物理实验室的蒂姆·伯纳斯·李提出了关于 WEB 的构想，即通过一种超文本的方式提供信息查询服务，并可将互联网上的各种主机上的信息有机结合起来。与传统的信息形式相比，超文本的含义有两层：一是信息形式不再限于简单的字符或数值型数据，而是可以包含多媒体信息；二是超文本可以实现网络上信息之间的相互链接。

1993 年，基于 WWW 的浏览器软件 Mosaic 被开发出来，后来技术人员又陆续开发出了网景（Netscape）和 IE（Internet Explorer）等浏览器，并使其得到推广应用，因而引起了互联网应用上的革命。

WWW 的影响是惊人的，甚至可以说，它改变了互联网的命运，使它成为了普通人都可以使用的一种网络。

WWW 的主要优点有三个。

多媒体方式：可以提供各种形式的信息，包括文本、图像、声音、动画、视频等，这使互联网的使用领域得到大大拓展。

超链接：将不同地点的信息联系起来，并可以从一个文献迅速转到另一个文献而无需用户对具体过程进行了解。

友好、易用的用户界面：这使普通用户无需记忆特别的命令，就可在图形化的界面上浏览信息。

WWW 系统由 Web 服务器、浏览器及通信协议三部分组成。Web 服务器用于发布多媒体信息，这些信息按网页来组织，而网页用 HTML 语言编写。浏览器是 WWW 客户端的软件，主要作用是用于连接服务器，解释执行由 HTML 编写的文档，将执行结果显示在用户的屏幕上。HTTP（Hyper Text Transfer Protocol）是WWW中的通信协议。它能传输任意类型的数据对象，以满足Web服务器与客户之间的多媒体通信需要。

WWW除了可进行信息的浏览外，还可以实现E-mail、FTP、Gopher、BBS等其他服务。

4. FTP（文件传送）

FTP（File Transfer Protocol）是TCP/IP协议集中应用层的基本协议之一，也是互联网上广为应用的一种服务。

FTP用于网络上两个主机之间的文件传输，用户也可以从主机上拷贝各种文件。

用户与提供FTP的服务器连接并登录之后就可以进行文件传输。

FTP可传输的文件类型是多种多样的，如文本文件、二进制可执行文件、图像文件、声音文件、数据压缩文件等。

通常，一个用户必须在FTP服务器进行注册才能使用它的资源。但很多FTP服务器提供匿名FTP服务，即用户名为“anonymous”（匿名），密码采用“guest”或使用者的电子邮件地址。但一般匿名FTP服务器只允许下载文件，而不允许上载文件。

目前，互联网上各种各样的匿名FTP服务器形成了一个巨大的文件库，包括各类信息、数据和软件。它们成为了人们实现信息交流、共享的一个有效途径。

FTP系统也由客户软件、服务器软件和FTP通信协议组成。Cuteftp就是一种常用的客户软件。

5. BBS（电子公告板系统）

BBS（Bulletin Board System）是一种多对多交流的服务形式。BBS站点有些是独立的，需要通过公用电话网利用Telnet软件才能进行访问，但现在大部分BBS通过WWW浏览器便能访问。

早期的BBS只能提供字符型的服务，现在的BBS则可以提供多种功能服务。

6. 聊天服务

聊天指互联网提供的各种一对一或多对多的实时交流。

聊天服务有两种方式，一种是通过WWW上设置的各种聊天室来提供；另一种是通过即时通信工具来实现。

即时通信（instant messaging）是互联网上非常普及的一种应用方式。利用

ICQ、QQ、MSN、Gtalk 等即时通信软件，人们可以在网上进行实时的交流。交流方式也从早期的纯文字方式发展到语音、视频等多种方式。即时通信以一对一的交流为主，但也可以实现多人交流。

7. 搜索引擎

随着网络的发展，网络信息不断呈现几何级数增长。在这种信息海洋里，网民如果不借助他人的指点想找到所需的资料，就如同大海捞针一样困难。这时为满足大众信息检索需求的专业搜索技术便应运而生了。

搜索引擎的基本形式有两种，即网络蜘蛛型搜索引擎（简称搜索引擎）和基于人工分类目录的搜索引擎（简称分类目录）。Google、百度是前者的代表，Yahoo! 是后者的代表。

搜索引擎的自动信息搜集功能分两种。一种是定期搜索，即每隔一段时间，搜索引擎主动派出“蜘蛛”程序，对一定 IP 地址范围内的互联网站进行检索，一旦发现新的网站，它会自动提取网站的信息和网址加入自己的数据库。另一种是提交网站搜索，即网站拥有者主动向搜索引擎提交网址，搜索引擎便在一定时间内向网站派出“蜘蛛”程序，扫描网站并将有关信息存入数据库，以备用户查询。

当用户以关键词查找信息时，搜索引擎会在数据库中进行搜寻，如果找到与用户要求内容相符的网站，便采用特殊的算法——通常根据网页中关键词的匹配程度，出现的位置/频次，链接质量等——计算出各网页的相关度及排名等级，然后根据关联度高低，按顺序将这些网页链接返回给用户。但是，由于搜索引擎广告的出现，一些搜索引擎的搜索结果排名也未必完全遵循某种算法。

搜索引擎技术也在不断发展，越来越多的专业化搜索引擎不断涌现，例如，专门针对新闻、图片、MP3、视频、地图、学术等的分类搜索引擎。个性化的搜索服务也在不断发展。语义网技术也将进一步提高搜索引擎的智能化水平。此外，被称为“社会化搜索引擎”的应用也正在兴起。社会化搜索引擎通常指的是，在某些社区，参与者可以为他人的问题提供答案或提供网站的链接。这种方式对于自动搜索引擎技术是一个有益的补充。

（三）正在兴起的应用技术

1. BT 下载

BT 下载是 P2P 技术的一种应用方式，是互联网上一种新型的信息传输方式。

传统的下载模式受到服务器带宽的限制，人越多，速度越慢。而 BT 的特点是越多人同时下载同一个文件，那么平均每个人的下载速度就越高。有人用“人人为我，我为人人”来形象说明BT下载的原理。

使用BT要注意是否有“种子”（seed）以及“连接”。有“种子”而无“连接”，下载任务可以完成，但是速度可能比较慢。有“连接”而无“种子”，则下载任务很有可能不能完成。

目前流行的BT软件很多，例如比特精灵（BitSpirit）、贪婪BT（Greed-BT）、电驴等。

2. 博客

“博客”来源于英文Weblog，Weblog是在网络上的一种流水记录形式，也有人称其为“网络日志”。它通常是由简短且经常更新的帖子所构成，这些张贴的文章都按照年份和日期倒序排列。Blog的内容可以随心所欲，政治经济、娱乐休闲、体育竞技、日记、照片、诗歌、散文、小说，无所不包。也有许多人只是纯粹记录自己的所见、所闻、所想。在台湾，它的译名为“部落格”。

在网络上发表博客的构想始于1998年，但到了2000年才真正开始流行。人们从事博客活动的目的各不相同，但是，它无疑已成为网络中一种非常普及的交流方式。

博客存在的方式一般分为三种类型：一是托管博客，无须自己注册域名、租用空间和编制网页，博客们只要去免费注册申请即可拥有自己的博客空间，这是人们选择最多的方式；二是自建独立网站的博客，有自己的域名、空间和页面风格；三是附属博客，将自己的博客作为某一个网站的一部分（如一个栏目、一个频道或者一个地址）。

博客在不断发展的过程中，也与手机媒体结合了起来，出现了移动博客，即利用手机来进行博客更新。此外，一些技术也可以使人们可以通过即时通信工具等进行博客更新，例如在国内，有公司提供了一种叫做“饭否机器人”的技术，它可以与人们的即时通信工具、手机等绑定，人们可以随时通过与“饭否机器人”的对话实现博客的更新。

3. 播客

播客可以视作博客的一种，只是人们在博客平台上发布信息的手段发生了变化。

播客运用的技术称为Podcasting（Personal Optional Digital casting），中文译名尚未统一，但较为普遍的译法是“播客”。它是数字广播技术的一种。利用这一技术，网友可将网上的广播节目下载到自己的iPod、MP3等播放器或其他便携式数字声音播放器中随身收听，同时也可以自己制作声音节目，并将其上传到网上与广大网友分享。支持这些信息上传的平台，也就是播客平台。

播客与一般的音频技术的区别在于：第一，它必须是一个独立的、可下载的媒体文件；第二，它可以使用 RSS 2.0 文件格式传送信息；第三，接收端能自动接收、下载并将文件转至需要的地方，放置于播放器的节目单中。

目前的播客技术不仅支持声音内容，也支持视频内容。

4. 维客

维客的原名为 wiki（也译为维基），据说 wiki 一词来源于夏威夷语的“wee kee wee kee”，原意为“快点快点”。它其实是一种新技术，一种超文本系统。这种超文本系统支持面向社群的协作式写作，同时也包括一组支持这种写作的辅助工具。也就是说，这是多人协作的写作工具。而参与这种创作的人，也被称为维客。

在维客页面上，每个人都可浏览、创建、更改文本，系统可以对不同版本内容进行有效控制管理，所有的修改记录都保存下来，不但可事后查验，也能追踪、回复至本来面目。这也就意味着每个人都可以方便地对共同的主题进行写作、修改、扩展或者探讨。

同一维客网站的写作者自然构成了一个社群，维客系统为这个社群提供简单的交流工具。所以，维客系统成为了在一个社群内共享某领域的信息与知识以及进行长期交流的一种有效的手段。

维客的概念始于 1995 年，当时在 PUCC（Purdue University Computing Center）工作的沃德·坎宁安开发了一个叫“波特兰模式知识库”（Portland Pattern Repository）的工具，其目的是方便社群的交流，他也因此提出了 wiki 这一概念。从 1996 年至 2000 年间，“波特兰模式知识库”得到不断发展，维客的概念也得到丰富和传播，网上又出现了许多类似的网站和软件系统，其中最有名的就是 Wikipedia（维基百科）。

Wikipedia 是一个正在进行中的国际性的内容开放的百科全书协作计划，与传统百科全书不同的是，它力图通过大众的参与，创作一部包含人类所有知识领域的百科全书。它还是一部内容开放的百科全书，允许任何第三方不受限制地复制、修改及再发布材料的任何部分或全部。

Wikipedia 最初的构想是由拉里·桑格提出的，英文版本（Wikipedia http://cn. wikipedia. org/）于 2001 年 1 月 15 日开始建设，中文版 Wikipedia（http://zh. wikipedia. org/）的建设始于 2002 年 10 月底。仅到 2003 年 1 月 22 日，英语 Wikipedia 条目就达到了 100 000 条。整个 Wikipedia/维基百科全书计划中没有传统意

义上的主编，它完全由全球的志愿者共同参与建设。

2002 年 12 月，Wiktionary（维基词典）正式启动，它的宗旨是建立一个包含了所有语言的词典。它与维基百科在同一个服务器上运行，使用同样的软件。此后，维基教科书计划（http：//wikibooks. org/)、维基资源计划（http：//sources. wikipedia. org/)、维基语录计划（http：//quote. wikipedia. org/）等也陆续启动。

目前，维客技术主要的应用方式包括：协作式新闻报道、基于同一主题的共享协作式创作（例如，新浪网等组织的“网同百家姓维客计划”)、资源共建、学术课题的协作研究、传统会议拓展等。

5. 社会化书签

社会化书签（social bookmark)，也称为网络书签，也有人称为“网摘”等，它是自 2004 年起网络中出现的一种新的内容标引方法。运用社会化书签技术，网民便可以将某个自己感兴趣的网页随时加入自己的网络书签中，这些书签被公开在某些网站，因此可以与人共享。

提供社会书签服务的网站汇集了许多网民的书签，也就是网民标记的网页的超链接，这些网页可以按照信息的性质进行分类。

目前，国内有一批提供社会书签服务的网站，这些网站提供相关插件，用户安装插件后，便可使用其社会书签功能。

6. SNS

SNS 是 Social Networking Service 的缩写，中文译为“社会网络服务”。它是基于“六度分隔理论”的一种网络应用技术。六度分隔理论由美国社会心理学家斯坦利·米尔格伦于 20 世纪 60 年代最先提出，该理论指出，在人际网络中，要结识任何一位陌生的朋友，中间最多只要通过六个朋友就能达到目的。SNS 网站提供给每个用户建立自己的朋友圈的服务，用户也可以通过朋友去认识他们的朋友。每个用户都有自己的朋友，都可以利用 SNS 建立自己独特的朋友圈，这些朋友圈又相互交织，这样就会扩展成一个庞大的联系网络，网站也可以为他们提供以兴趣为基础的社群服务。由于 SNS 建立的是熟人的网络，因此，其交流的信任度更高。目前，美国的 Facebook、中国的校内网等都是提供 SNS 服务的网站。

本章学习与研究提示：

了解网络技术是进行网络传播研究的基础，但是这也是很多研究者的一个基本障碍。很多人觉得技术太高深，难以企及。即使是一些有计算机专业背景的人，在从事传播学研究时，也难以把握技术的要点及其传播影响。对很多非计算机专业背景的人来说，也似乎缺乏了解这些技术的途径，对此，本书作者的建议是：

1. 从传播的要素与结构角度切入技术的学习与研究。

计算机网络技术十分复杂，变化也快，要全面掌握网络技术，即使对这个专业的学生来说，也是一件艰难的事。但是，如果对技术完全无知，也会妨碍研究的深入，因为了解技术是理解传播特性的基础。

在了解网络技术时，不需要过分关注技术的细节问题。除了直接影响网络传播实务工作的技术需要系统掌握外，对于其他技术，一般的研究者所要关心的只是技术在传播方面所表现出来的特性，特别是传播要素及传播结构方面，因为它们是传播的基本构成因子。理解了技术在传播要素及结构方面的特点，才能进一步去研究它对信息传播业务、信息传播机构的影响，以及它们对于文化、社会层面的影响。例如P2P技术，虽然技术上有它的复杂性，一般人很难完全理解，但是从传播角度看，它最重要的特点无非是在传播结构层面。抓住这个核心的要点，就可以根据研究者自己的进一步需要去理解这个技术，拓展研究的思路。

对于有计算机等专业背景的研究者来说，他们对于技术的充分了解，有时一开始并不表现为优势，因为他们关心的是过于偏向技术层面的问题。他们对于技术的前景的判断，往往只是基于技术的优劣性。对他们来说，要实现的一个突破在于，把技术作为传播的手段或渠道去认识，进而去逐一分析相关的传播要素，在很多时候要忘记技术的术语才能改变自己的思维。有些技术含量并不高的技术，往往能在传播层面产生意想不到的影响，例如博客。只要从传播要素的角度去分析，就能看到这种影响。

2. 建立自己的资料系统和知识更新途径。

计算机网络技术日新月异，任何人要研究网络，都必须不断了解最新的技术发展。很多新的技术、新的知识，并不存在于现成的书上，需要研究者通过一些渠道去发现、去学习。

对于网络传播领域的研究来说，IT类的专业媒体（包括网站）、IT专业网络社区、IT专业博客等，都是重要的学习资源，这些地方能及时反映技术的最新进展以及这些技术的影响。虽然有时它们对于技术的介绍是比较专业化的，但是相对于技术类的专业书籍来说，这些地方的内容还是更通俗易懂些。不熟悉技术的人，需要一定时间的积累，才能慢慢找到了解技术的途径和理解技术的思维方式。在初始阶段，哪怕是囫囵吞枣地接受新概念，也是必要的。

除了IT类的资料系统，新闻传播类的专业期刊、专业网站，一些网站的传媒频道，一些研究者的博客等，都是很好的资料来源。

本章延伸学习与思考：

1. 互联网在世界范围内迅速普及，得益于哪些技术？
2. 相关硬件技术的发展是如何改变网络的？
3. Web2.0技术在塑造人与人之间的关系方面有哪些影响？
4. 新一代互联网技术对于新闻传播有哪些影响？
5. 媒介融合包含哪几个层面？它们的深层含义及影响分别是什么？
6. 如何及时跟踪互联网技术的发展？请尝试找到适合自己的研究资源。

网络传播的渠道

第二章

CHAPTER 2

各种传播渠道性质的不同导致了传播的差异，导致了媒介使用方式的差异，导致了经营方式上的差异，也导致了媒介在社会生活中作用方式的差异。

与其他传统媒介不同的是，网络传播渠道的多重属性表现得格外突出。它的多重属性主要表现为：技术平台属性、传播媒介属性、经营平台属性、虚拟社会属性。

这些属性并非彼此割裂，而是相互融合、相互渗透、交叉作用，正因为如此，网络传播才显现出复杂的社会与文化景观。

第一节　网络的技术平台属性

无论是传统媒介还是网络，每一种媒介同时也是一种技术平台。技术上的变革，是媒介发展的根本动因之一。长期以来，人们都把15世纪古登堡发明的活字印刷机看做媒介史上最重大的一个进步。而计算机网络的出现，被称为古登堡之后的另一个里程碑。

本书第一章介绍了对互联网发展起关键作用的几项技术进步，以及近年来的相关技术进展。这些技术进展表明，自互联网雏形在20世纪60年代出现后，网络技术的发展是惊人的，无论是在软件上，还是硬件上。与网络相关的其他技术，例如计算机技术、通信技术等也在以一日千里的速度向前推进。著名的摩尔定律称，每过 18 个月，计算机芯片的集成度就会翻一番。这就意味着计算机处理能力的急剧扩展。

与以往的媒介技术相比，网络及相关技术的覆盖面要广得多，网络的作用也远远超过了传播的范畴。因此，这一技术所得到的重视超过了以往的媒介技术，世界各国在这一技术上投入的人力与物力也是史无前例的，这也就带来了网络技术的突飞猛进。反过来，技术的不断发展，也在进一步拓展网络应用的广度与深度，这就更加促进了政治、经济、文化等各方力量对网络的关注以及在网络中的投入。技术进步与网络功能的拓展形成了一种良性互动的关系。

总的来看，相较以往的传媒技术，网络技术的特点是：它与很多技术相互关联，例如计算机技术、通信技术等，因此，发展脉络更复杂。它不仅是信息传播的手段，也是人与人沟通的手段，来自受众方面的力量，对技术发展起着明显作用。更为重要的是，它不仅是一种传媒技术，更是涉及社会生产与生活的各个层面。因此，它的发展动力更为多元、强劲。

当我们研究网络媒体的发展时，不能忽视技术在它的历史进程中的作用，更要时刻关注技术对于未来传媒业走向可能起到的作用，否则就可能陷入“技术近视”的沼泽。例如，在早期关于传统媒体与网络媒体前途的论争中，有人认为，报纸最大的优点之一是其可便携性，而这也正是网络的弱点。但是，他们所能看到的只是当时的电脑与网络。随着无线上网技术的发展，以及轻便的网络终端设备的出现，网络的便携性已经不是可望而不可即的事情。这一变革，势必会影响到未来传媒业格局的形成。

总体来看，技术对于互联网未来发展的影响体现在如下两方面：

1. 汇聚。

技术带来的汇聚，其影响可以在不同层面展开。

其一，机器与机器硬件能力汇聚后形成更强大的信息处理能力。

互联网是实现信息社会汇聚能力的一个强有力的手段。网络技术使计算机不再是一种孤立的计算工具，而是变成了信息共享的手段。第一代互联网实现了信息资源的交换与汇聚，使来自全球的信息在互联网中汇流，并为生活在不同文化背景下的人们提供了一个共同的全球化的拟态环境。这种信息的汇流，既是经济全球化的一种产物，又使各种不同文化的交互作用更为直接、更为广泛。而新一代互联网将实现计算机硬件能力的汇聚。每一台机器都可以做到“一仆多主”，而每一个使用者又可以做到“一主多仆”。网格技术、P2P 技术的目标就是达到这样的境界。

机器与机器能力的汇聚，给许多领域带来了新的潜力，具有经济上的战略意义。网络也将进一步渗透到人们的生活与工作中，网络化生存将会有一种全新的含义。

其二，人的智能与机器处理能力的汇聚，使网络更为智能化、人性化。

机器本来是人的工具，但在很大程度上，由于技术的不完善，机器会反仆为主，给人制造陷阱，机器对人的异化也成为人类的一大心病。互联网制造的信息超载就是这样一个陷阱。在网络中进行信息搜索时，这一陷阱暴露得最充分。万维网思想的创始者伯纳斯·李提出的语义网思想，就是要让机器不仅可以处理信息，还能像人一样理解信息的含义，读懂网页的内容。而与此类似的人工智能技术，也会在网络未来的技术开发中占据重要比重。

人工智能技术并不意味着让机器全方位地获得人的思维能力，它只是让机器在某一方面具备人的能力。人工智能并非让机器超过人、统治人，而是要在人与机器的相互交融与汇聚中，让机器更好地理解人，以人为本进行服务，而最终这意味着人对机器更大程度的征服，也意味着未来网络的进一步人性化。

其三，人与人的汇聚使网络对人的社会化起着越来越重要的作用。

让人与机器更好地对话，并非计算机技术的最终目标，终极境界应当是让人与人通过机器更好地交流、沟通。因此，从计算机网络技术的发展脉络来看，任何有助于人与人对话的应用方式总是最容易得到推广与普及。于是，社会软件的概念也应运而行。虽然关于社会软件还没有一个统一的定义，但是，无论从哪个角度看，社会软件强调的都是个体间的沟通与协同工作，以及促进人的社会化。Web2.0 中很多应用软件都可以看做社会软件。

由于各种社会软件的应用，未来的网络可能更深层地影响个体的社会化过程，对于个体的价值观及行为方式等将产生更为明显的作用。未来的网络也可能进一步改变群体的形成方式，改变群体在社会生活中的作用。

社会软件不仅使个体与个体间的沟通变得更为畅达，还能集聚个体弱小的声音，这会给网络带来更大的能量。这种能量如果运用得当，将影响深远。当然，也不能不看到在强大的“场”作用下的负面影响。

其四，媒体与媒体的汇聚将带来全新的媒介景观。

新的网络技术、通信技术，例如宽带技术、无线通信技术、P2P 技术等，已经越来越强烈地显露出整合各种媒体的力量，媒介融合成为大势所趋。

由于商业利益等各种因素的影响，媒介融合将是一个漫长而艰难的过程，但新一代互联网和相关技术对于现有的各种媒体及整个媒体产业的震荡性意义是可以预见的。

新的技术也许会使现有的互联网成为一个整合的平台，也有可能会带来一个全新的真正意义上的全媒体。媒体的汇聚，不是原有媒体功能的简单相加，而是会孕育出更多新的能力。

2. 分权。

在技术带来汇聚、融合的同时，新技术也带来了分权的趋向，这体现在：

首先，技术结构上的分权冲击互联网管理。

虽然“去中心化”一直被视作互联网的一个重要特性，在互联网发展早期，这一特性的确也表现得比较明显，但是，WWW 的出现，使得互联网内重新凸显出了若干中心，去中心化的特点受到挑战。P2P 技术从一定意义上促使了互联网这一特性的回归。在 P2P 技术结构中，中心的意义被大大弱化甚至完全消解。

因此，P2P 技术被一些崇尚互联网自由精神的人推到了很高的地位，因为，从理论上来说，它将产生重要的社会影响。P2P 对于政府层面的冲击，也许是更巨大的。因为，这样的传播结构，使网络信息传播的管理与控制更为复杂与困难。例如，对不良内容的传播控制更为复杂，版权管理更为困难。

其次，技术使个体对于专业媒体的“特权”形成挑战。

在多数时候，网络被看做一种媒体。第一代互联网对传统媒体的“特许经营”的权力是一种冲击，但是，这种冲击主要来自于大型的网站，也就是说，是新兴的网络媒体机构对传统媒体产生了影响，较量仍然是在媒体机构对媒体机构的格局中展开。而在下一代互联网中，技术带来的可能性将使个体对于专业媒体机构产生更大的冲击。

P2P 技术便是网络媒体分权的一种技术基础，它使得作为“中心”的新闻网站的权力受到削弱。此外，RSS 技术、博客技术、维客技术等，也都具有一种赋予个体权力的能力。与以往的网络技术相比，博客技术、维客技术等给予了网络用户更多的成为信息生产者的能量。

综上所述，从技术的角度来看，汇聚与分权是互联网技术发展带来的并行的两个旋律。汇聚意味着各种力量的整合，意味着更高的效率。而分权则意味着个体更广泛、更深层次地参与社会生活，也意味着传统的权力格局受到一定的冲击。

跟踪技术变革的轨迹，及时关注它所带来的影响，这是我们要把网络定位于一个技术平台的主要意义。当然，这并非提倡技术决定论。在看到技术可能性的同时，也不能忘记，技术因素只是媒介发展的一个动力，而政治力量、经济力量的力学关系，对一个媒介的发展是更为关键的。对于网络来说，同样如此。

第二节　网络的传播媒介属性

网络的传播媒介属性是不言自明的。与传统的传播媒介相比，网络传播的特性突出表现为复合性、开放性、多级性与连通性。

一、网络传播的复合性

网络传播的复合性主要表现为以下几方面：

（一）网络传播形态与形式的复合性

传统的传播媒介既有电话等人际传播媒介，也有报纸、广播、电视等大众传播媒介。而网络集多种传播媒介于一体，因此，是一种复合性媒介。这个媒介所承载的传播形态包括人际传播、群体传播、组织传播与大众传播等，各种传播形态之间形成了复杂的相互交织、共同作用的关系。这是我们在稍后的章节中要进一步展开的话题。

网络传播的具体形式包括网站传播、社区传播、即时通信传播、博客传播等多种，它们之间也常常被整合进某一个具体的传播过程中。

各种传播形态与形式的相互交织，使网络信息传播的具体过程与结构也变得格外复杂。网络媒介中的传播既可以是“点对面”的，也可以是“点对点”、“面对点”的；可以是一级传播，也可以是多级传播；可以是同步传播，也可以是异步传播。一条信息的传播可能会跨越多种传播形态，在网络的多个传播渠道中进行着多级传播，所以，网络信息传播常常是“复合式”传播。在此过程中，会产生信息的放大、扭曲、衰减等多种可能性。这通常在传统媒体中是不会发生的。

在这样一种复杂的传播过程中，一方面，传播者可以根据自己的需要来选择传播方式的组合，以求实现传播效益的最大化。另一方面，由于多种传播形态及形式的复杂关系及其相互作用，传播者的意图往往未必能得到充分实现，受众对于传播过程的影响显得十分明显。

（二）网络传播信息手段的多媒体融合

多媒体融合趋势，是数字化信息传播的一个主要特征。而网络是整合多媒体信息的一个平台。

多媒体指文字、图形、图表、图像、声音、视频、动画等一切的信息手段。

网络中的多媒体整合有两个层面的含义：一是指网络这个大平台，可以承载任何一种形式的信息；二是指在网络新闻或信息传播中，可以在单一报道中综合运用多媒体手段。

多媒体整合趋势的形成，是技术发展的产物。

从信息形式本身的发展来看，从模拟技术发展到数字技术，任何一种信息的计算机存贮、处理与传输都已成为可能。相关硬件产品的开发，例如数字照相机、数字摄像机、数字录音机、数字电视等，使这些技术走向实用阶段。

从网络应用技术发展来看，WWW技术思想的提出与实现，突破了过去网络中信息形式的限制。多媒体在网络中的存贮、传输与显示已没有障碍，而P2P技术、流媒体技术等的开发与应用，则进一步提高了多媒体信息在网络中的传播速度与质量。

从网络传输技术来看，宽带技术的日益成熟，为网络中运用多媒体技术提供了硬件平台。

从传播者角度看，当多媒体运用的技术屏障逐渐消除后，人的多媒体应用能力，成为了网络中多媒体运用上的一个重要瓶颈。这对传统的新闻人才的培养体制提出了挑战。

从媒介的未来格局看，网络可以很好地整合多种媒体形式这一特点，也体现出几大传统媒体最终在网络中整合的技术可能性。

（三）网络传播功能的多重性

由于网络的多重传播属性，它承担的传播功能也是复杂的。这些功能包括多个层面。

从个人层面看：人际交流、个人情绪的调节、“人脉”资源的积累、自我形象的塑造、个人生活平台、个人学习平台、个人工作平台等。

从群体层面看：已有群体的维系、新群体的发展、群体文化的形成与维系、群体间的互动等。

从组织层面看：组织的工作平台、组织内的信息沟通、组织文化的形成与维系、组织外的信息传播、组织的对外公关等。

从社会层面看：社会信息的传播、社会舆论的形成、社会环境的监测、社会文化的发展与传承、社会服务等。

在很多时候，以上功能并不是彼此独立的，而是相互交融、共同作用。

值得注意的是，与传统的媒体相比，网络作为一种媒介，有一个至关重要的变化。过去，媒体是在反映社会，它是一种“拟态社会”，而现在的网络，正在成为社会的一部分，是与网下世界交织着的一种现实社会。

（四）网络媒介“公”与“私”的统一性

网络承载的传播形态的多样性，也决定了网络兼具“公共话语空间”与“私人话语空间”的性质。

有人在谈到网络的政治功能时，往往将它与“公共领域”联系在一起，并将网络视为理想的公共领域复兴的一个契机。

“公共领域”（public sphere，也译为公共空间）是德国哲学家于尔根·哈贝马斯提出来的一个重要概念。他认为，公共领域，“首先意指我们的社会生活的一个领域，在这个领域中，像公共意见这样的事物能够形成”[①]。它是“介于私人领域和公共权威之间的一个领域，是一种非官方公共领域。它是各种公众聚会场所的总称，公众在这一领域对公共权威及其政策和其他共同关心的问题作出评判”[②]。它既可以整合和表达民间的要求，又能使公共权力接受来自民间的约束。

“资产阶级公共领域”（bourgeois public sphere，也有人称为布尔乔亚公共空间）是哈贝马斯的一个核心概念，也是他所描述的一种公共领域的理想。在他看来，资产阶级公共领域是一种特殊的历史形态，它的萌芽可以认为在意大利文艺复兴时期的一些城市已经出现，但真正出现是在17、18世纪的英格兰和法国，随后传遍19世纪的欧洲和美国。它所指的是，那些阅读日报或周刊、月刊评论的个体，形成一个松散但开放和具有弹性的交往网络。通过私人社团、学术协会、阅读小组、共济会、宗教社团等方式，他们自发聚集在一起。剧院、博物馆、音乐厅，以及咖啡馆、茶室、沙龙等为娱乐和对话提供了一种公共空间。这些早期的公共空间逐渐沿着社会的维度延伸，并且在话题方面也越来越无所不包：聚焦点由艺术和文学转到了政治。[③]

哈贝马斯认为，公共领域应该具备三个要素：

---

① 江晖、陈燕谷：《文化与公共性》，125页，北京，三联书店，1998。

② 何增科：《公民社会与第三部门·导论》，北京，社会科学文献出版社，2000。

③ 展江：《哈贝马斯的“公共领域”理论与传媒》，http://academic.mediachina.net/lw_view.jsp?id=217。

第一，公共领域需要这样一个论坛：它对尽可能众多的人开放，可以在其间表达和交流多种多样的社会经验。

第二，在公共领域中，各种论点和意见可以通过理性的讨论来展开交锋。这意味着，只有在公共领域首先对于一个人可能作出的各种选择方案有一种明察的情况下，“理性的”政治选择才有可能。与此同时，传媒应该提供尽可能宽广的解释框架，以便使该公民也能够知晓他没有选择的方案是什么。

第三，系统地和批判性地检验政府的政策是这种公众领域的首要任务。

哈贝马斯认为，资产阶级公共领域首先可以理解为一个私人集合而成的公众的领域；但私人随即就要求这一受上层控制的公共领域反对公共权力机关自身，以便就基本上已经属于私人，但仍然具有公共性质的商品交换和社会劳动领域中的一般交换规则等问题同公共权力机关展开讨论。这种政治讨论手段，即公开批判，的确是史无前例，前所未有。①

相比之下，本应为公共领域的现代大众传媒，却令哈贝马斯失望。在《公共领域的结构转型》一书中，哈贝马斯指出，19 世纪中后期以来，大众报刊逐渐取代了具有批判意识的文学家庭杂志，它们往往不惜以牺牲其政治与公共事务内容为代价，迎合教育水平较低的消费集体的娱乐和消闲需要，“阅读公众的批判逐渐让位于消费者‘交换彼此品味与爱好’”，因而“文化批判公众”变成了“文化消费公众”，即被操纵的公众，这样，文学公共领域消失了，取而代之的是文化消费的伪公共领域或伪私人领域。②

哈贝马斯还认为，公关、商业因素的控制、政治力量的干预，也使得大众传媒不再是民意的自由表达。

当网络日益发展，并逐渐成为人们社会生活的一个重要部分时，一些研究者提出，网络是一种新型的、理想的公共领域。

香港中文大学新闻与传播学系教授苏钥机等人对比了哈贝马斯的布尔乔亚公共空间、大众传媒与网络空间在作为公共领域方面的不同（见表 2—1），说明了网络作为公共领域的优越性，并由此说明网络时代公共空间的结构性转型趋向。

---

① 展江：《哈贝马斯的“公共领域”理论与传媒》，http：//academic. mediachina. net/lw _ view. jsp?id=217。

② 同上。

表 2—1　　公共空间的结构性转型

	布尔乔亚公共空间	大众传媒公共空间	网络公共空间
参与性：			
1. 参与人物	接受良好教育的小资产阶级	意见领袖	具备计算机知识及设备的环球网民
2. 公开性	普通	低	高
3. 参与形式	无媒体中介，面对面个人接触	大众传媒中介，缺乏个人接触	网络中介，容许个人接触
4. 参与渠道及范围	咖啡店（范围小）	各式大众传媒（范围大）	互联网（范围极大）
5. 参与机会	小资产阶级自由参与	参与受政治、经济及社会身份限制	网民自由参与（但仍受计算机科技限制）
资讯的收集及发放：			
1. 资讯数量及种类	少	多（受篇幅限制）	大量（不受篇幅限制）
2. 意见的性质	多元化	单一化	多元化（多角度分析）
3. 内容	自发性的意见	受过滤或操控的观点	自发性的意见及受过滤操控的观点兼备
4. 资讯储存性	无储存	有记录，无储存	长时间储存
5. 互动性	互动讨论	无互动性	具互动功能
6. 联结性	无	无	有（多角度全面了解一个问题）
7. 参与者资讯选择权	被动	被动	主动（并可剪裁资讯）
8. 地域限制	限制大	限制大	不受限制
9. 时间性	实时	延迟	实时
10. 多媒体运用	无	无	有
讨论及意见交流：			
1. 互动论坛	面对面辩论	无互动论坛	网上互动论坛
2. 身份表露	非匿名	非匿名	可匿名
3. 社群意识	高	低	中等
4. 参与讨论的自发性	主动（自发性高）	被动（自发性低）	主动（自发性高）

资料来源：苏钥机、李月莲：《新闻网站、公共空间与民主社会》，http://bbs.mediachina.net/index_bbs_show.php?id=314453。

研究者吴冠军则从哈贝马斯的“理想的商谈环境”的角度，指出了网络在政治生活中可能扮演的角色。哈贝马斯不满现实中的商谈总是要受到由实际各种利害关系、权力等级而形成的人际间的强制性压制，因此在其商谈伦理学中预设了如下理想化的原则：“（1）每一能言谈和行动的主体都可以参加商谈讨论。（2）a. 每人都可以使每一主张成为问题；b. 每人都可以将每一主张引入商谈讨论；c. 每人都可以表示他的态度、愿望和需要。（3）没有一个谈话者会因为商谈讨论内或商谈讨论外的支配性强制，被妨碍体验到自己由（1）和（2）确定的权利。”吴冠军认为，20 世纪 90 年代后，互联网的出现与普及使得“理想的言语环境”的实现成为某种可能。[①] 他的主要依据是美国学者波斯特所总结的“网络交往”的几大特点：（1）它们引入了游戏身份的新的可能性；（2）它们消除了性别提示，使人际交往无性别之差；（3）它们动摇了业已存在的各种等级关系，并根据以前与它们不相干的标准重新确立了交往等级关系；（4）最为重要的是，它们分散了主体，使它在时间和空间上脱离了原位。吴冠军认为，这几个特点与哈贝马斯的理想存在某种契合之处。因为，特点（1）和（4）以不同的形式颠覆了主体实在的确定性身份，网络在这里恰好承担了“无知之幕”（罗尔斯理论中一个最根本的假设性的理想情境）的功能，使得参与者可以躲在“幕”后摆脱束缚地畅所欲言；特点（2）表明了网络交往具备“身份平等”这一理想化的条件；特点（3）则彻底瓦解了现实中的所有权力等级结构，并根据新的理想化标准来重新确立人际关系。

但是，也有研究者并不完全同意网络能完全成为一种理想的商谈环境。南华大学社会所教授翟本瑞认为：“由于网际网络上存在着无穷的选择，每个人可以方便而自在地在其有兴趣的网络空间中切换，悠游自在地遨游在浩瀚网海中。”网友在没兴趣的网络空间自然就不会长期驻留，很快地就切换到有兴趣的窗口里，选择从事自己有兴趣的活动。这种特性，特别在网络世代身上最为明显，选择性高，对大部分网友而言没有太大的差别，习惯性、有兴趣，甚至达到沉迷地步的仍是特定的网络活动，或是特定的区域。虚拟社区的选择性越大，同构性也就越大，不同意见与立场上的冲突也就越来越少，与其受到怀疑与批评，网友宁可选择与自己态度、立场相符的场域表达意见，在认同感中肯定自己的价值。

“于是，网络空间中出现许多极端种族主义言论、特殊政治立场的主张、不同的另类风格行为；就在网络空间日渐扩张之际，言论与自由却愈益封囿在特定的虚拟社区之中，形成一个没有交集与对话的孤岛。”

“这时，哈贝马斯所主张的公共领域以及理想说话情境，至少在可预见的将来，不会很快在网络空间中得到开展。”[②]

近年来，国内的研究者也对此问题做了一些研究，尽管这些研究不能证明网

---

① 吴冠军：《中国社会互联网虚拟社群的思考札记》，载《21 世纪》，2001（2）。

② 翟本瑞：《网际网络能否成为公共领域?》，http：//academic. mediachina. net/article. php? id=1563。

络现在已经是理想的公共领域，但是，它们在一定程度上表达了对网络在复兴理想公共领域中发挥作用的期望。

哈贝马斯本人认为，网络“能够创造种种新的联系，在迄今不曾有过的公众领域，建立起文学的、科学的和政治的公众领域，它也能够肢解现有的公众领域，因而使富有意义的联系化为乌有”①。哈贝马斯对于网络在充当社会的公共领域方面的作用似乎持一种谨慎的乐观态度。

另一方面，也应该看到，网络本身的构成是十分复杂的，网络社会也像现实社会一样，存在着参差多样的形态。例如，不同的 BBS，其社会功能是不同的。它们有些类似于咖啡馆等早期的公共领域，有些是某些特殊兴趣爱好团体的内部交流场所，有些则相当于流动性很大的车站这样的公共场所。在表 2—1 中，研究者将网络公共空间的群体意识设为“中等”，这并不科学。从社会学上的群体意识方面考察，网络上不同 BBS 中的成员，对于 BBS 的群体认同度有很大差异。也就是说，网络 BBS 的群体牢固度是参差不齐的，有些甚至不能称为群体。

此外，关系密切程度的高低也对群体的交流环境构成了影响。在实践中，理想的商谈环境并不是随处可见的。人们在网络群体中资历的深浅、在群体中的地位以及群体的整体氛围等，都会影响到人们能否自由地、平等地进行观点的表达与交流。从现实的个案来看，在一些 BBS 中，从众心理仍然存在甚至有时作用会非常明显。在一些关系特别牢固的群体里，群体内部形成了新的权力关系，个体的意见表达往往不是自由的，群体最终的意见形成也更多地体现了群体内部的力量对比关系。

因此，笼统地说网络是一种新兴的公共领域的说法是欠妥当的，它在实践中也是无法实现的。但是，在网络中的一些空间中建设公共领域，又是具备可能性的，也是使网络媒体承担更重大的社会责任的一种有益追求。

由于“公共领域”一词表达了特定的含义，也许从更普遍的意义上看，称网络是一种“公共话语空间”更为恰当。

公共话语空间意味着网络是一个允许个体进行意见表达的公开场所，个体在这样一种空间的话语表达，有可能被他人听到。当然，这样的空间赋予个人的更多的是一种说话的“权利”而不是“权力”。一个人的话能否被人听到，能被多少人听到，取决于他的话题是否为众人关注，他说话的方式能否为人接受，他的观点能否引起共鸣或争鸣。

---

① 《哈贝马斯带来了什么》，http：//philosophy. cass. cn/jiaoliu/habeimasi/016. htm。

公共话语空间还意味着，网络是一个公共意见交流的平台。尽管这种交流并不一定是平等的，但是，交流是可以产生的。

此外，公共话语空间的另外一个重要特性是，它可以将弱小的个体的声音汇聚成强大的集体的声音，使之广为传播。但是，这种汇聚并不一定在所有情况下都是理性的或建设性的。这也正是将网络称为“公共话语空间”而不是“公共领域”的一个重要原因。

无论研究者用什么样的词定义网络的政治功能，网络媒体的确已经越来越多地渗透到社会生活中，并且对现实生活产生干预作用。

从目前的种种现实来看，并不是网络中每一个空间都有成为理想公共领域的可能性，但是，这并不妨碍把公共领域的理想当做网络的一个重要实践追求。

在我们意识到网络可能具有的公共领域性质的同时，我们还应该注意到，网络空间并不等于公共领域，在一部分网络空间充当着公共领域的同时，还有一部分网络空间仍然保持着其私人领域的性质。例如，电子邮件、聊天室、即时通信工具，甚至一些博客，一些网民都将它们视为纯私人的表达。在私人领域里，个体的需求不同，个体的意见形成与表达方式与公共领域应该是有较明显的区分的，其社会功能也是有所不同的。

值得注意的是，网络中的“公共话语空间”与“私人话语空间”的界限并不总是那么清晰可辨。

认识网络媒介“公”“私”兼具的特性，一方面可以提醒网民，对网络中的言行可能产生的社会性后果要有足够的估计；另一方面有助于我们避免单一化地认识网络的作用，即不能只是从公共话语空间的角度认识其作用，还需要注意到私人话语空间的属性及其影响。

二、网络传播的开放性

网络媒介特有的结构及技术，使“开放性”成为网络的一个突出特点。这些技术的出现，在一定程度上与早期的一些网络技术人员所持有的信息平等与共享的理想及相应努力有关。但是，网络的开放性，不仅仅意味着技术与信息的自由共享。事实上，我们在网络传播的各个层面都可以看到“开放”这一特点以及影响。

（一）传播格局的开放性

网络传播格局的开放性，是宏观层面上网络开放性的体现，这突出地体现在大众传播方面。

从大众传播的传播者角度看，传媒机构在传统媒体时代的垄断地位已被打破。传播的参与者可以是任何有条件利用网络的人。这种开放性，使网络传播的格局变得更加多元化与复杂化。

在网络时代，专业化新闻传播机构仍然存在，但从构成上看有所变化。除了具有传统媒体背景的网站以外，商业网站的新闻频道也成为一支不可忽视的力量。此外，非职业化的传播者的不定期的信息发布与复制，对于网络中信息的内容构成与流向也起着重要作用。特别是博客等网络应用方式的兴起，为个体更制度化地参与新闻传播活动提供了更方便的平台，也使得个体的传播活动向专业媒体的渗透更为直接。

专业新闻传播机构的把关功能在网络中仍然存在（对此我们将在后面的章节中具体分析），但是，与传统媒体时代相比，基于网络技术结构，传播参与者的多元化所带来的信息构成的多元化与流向的多向性，使网络整体的信息环境所受到的控制降低。

除了信息的传播外，意见的传播格局也是网络传播格局中的一个组成部分。与传统媒体时代相比，网络受众意见的表达是较为顺畅的。虽然个别受众的意见表达在某些特定的渠道会受阻，例如，遭到删帖处理，但是，个别受众的意见还可以通过其他渠道来发表，要完全控制所有传播渠道是极为困难甚至是不可能的。而从总体看，受众意见的形成与传播受到受众之外的权威力量干预的可能性已大大降低。如果说意见表达还存在着不自由的因素，其中一个主要方面是受众意见表达时的具体情境，例如群体内的压力，或者意见领袖的影响等。

传播格局的另一端是受众市场的构成格局。传统媒体虽然不能确定具体的传播对象，但是可以大致确定传播对象的地理上的范围，这种基本的确定性有助于媒体的定位。但是，在网络中进行传播，受众定位的方式更多的不是以地理参数为指标，而是以受众的人口特征、行为方式特征、心理特征等作为定位的基本依据，而这种定位往往只能是粗略的，而且网络受众的流动性也很强。因此，网络受众市场的构成格局往往是开放多变的。

（二）传播过程的开放性

从微观层面看，网络传播在时间上是开放的。与传统媒体相比，网络媒体可以全天候地处于信息发布的状态，对于突发事件或动态发展的事物的报道，可以做到即时发布、全过程跟踪、不间断报道。这种开放性与受到出版周期、播出时段等限制的传统媒体形成了鲜明对比。

此外，网络传播过程的各个要素与环节都处于开放状态。

例如，从某一个具体的新闻传播过程看，虽然专业新闻机构是新闻的第一发布者，但一个传播过程的效果，不仅与第一传播者相关，还与再传播者相关。甚至在某些情况下，再传播者的作用更为显著。在网络里，这种特点更加明显。新闻在网络中的流向与流量往往取决于受众。受众在此扮演着再传播者或再生产者的角色。要提高单一新闻传播的效果，就要研究如何才能吸引更多的受众参与再传播。

从具体的新闻传播过程来看，网络传播对象也是开放的。这里开放性的含义是，网站无法准确把握某一条新闻会由哪些人来接触，他们何时来接触，他们会用何种方式来消费新闻。

与传播过程的开放性直接相关的是网络信息消费过程的开放性。

信息消费过程的开放性最大的表现之一，就是信息接收环节上的非强制性。非强制性并不一定是一件好事。对于传播者来说，这意味着他们对信息传播效果的把握能力下降。从受众来说，这意味着他们要用更多的时间来进行信息消费过程中的抉择。虽然有选择是件好事，但是当受众面对过多选择时，他们也许不是感到喜悦，而是感到茫然。正如阿尔温·托夫勒在《未来的震荡》中说的："有时选择不但不能使人摆脱束缚，反而使人感到事情更棘手，更昂贵，以至于走向反面，成为无法选择的选择。一句话，有朝一日，选择将是超选择的选择，自由将成为太自由的不自由。"①

由于网上多数信息都可能收入数据库中，进入信息的进一步循环，所以，信息的消费过程还可以不断持续下去，这也是其开放性的一个体现。从表面上看，类似于人们翻阅过往的报纸，但是，报纸上的信息发布时间是非常确定的，受众可以由此判断信息的当前有效性。但是很多网络信息的时效性则不容易判断，这可能导致对信息的误用。

从新闻报道与发布的时间上看，一个新闻事件的报道，可以处于一个全开放的报道进程中，这使网络新闻的业务流程产生了自己的特点。与此相关，新闻作品也处于开放状态。

传统媒体的新闻作品，一旦发布出去，就会形成一种固定的状态。无论这些作品是否包含错误，已发布过的作品状态是不能改变的，只能用更正的形式来加以弥补。但是，网络新闻作品却可以不断更新。这种更新可以是以覆盖原作品的

---

① ［美］阿尔温·托夫勒著，任小明译：《未来的震荡》，313页，成都，四川人民出版社，1985。

方式来进行的。因此，新闻作品本身是非封闭的。从理论上看，网络新闻作品可以没有终结，而是处于一个永远的形成过程中。

作品的开放，不仅表明新闻的原作者可以不断地修改作品，而且也意味着非作者在进行复制时也参与到作品的形成过程中。这种参与甚至可以不留任何痕迹。

因此，开放性既给传播过程中的信息变形带来方便，又给新闻传播过程的责任认定带来困难。

从以上对各个要素的分析我们可以看出，传播过程的开放性也直接导致了传播效果的开放性。虽然传播者可以预计某一个传播过程可能产生的效果，但是，一旦新闻传播开去，作为第一传播者的网站，是无法进一步控制的。因此，与传统媒体时代相比，对传播效果的研究，需要从整个网络传播的结构上去进行把握。

三、网络传播的多级性

（一）信息流动的多级性

图 2—1 显示了网络信息传播的基本模式，从这个模式中可以看出，再传播者对于信息的反复传播，是网络传播区别于传统大众传播的一个重要特点，这种反复传播也就形成了信息的多级传播。

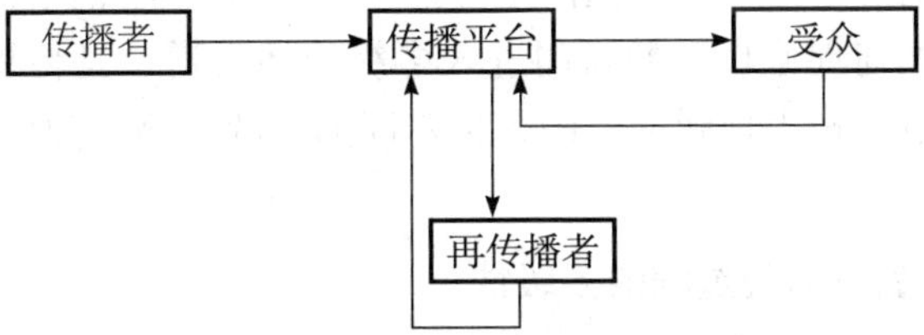

图 2—1　网络信息传播的基本模式

传播学者拉扎斯菲尔德等人在 1940 年美国大选期间所做的研究，提出了两级传播的概念，即大众传播并不是直接“流”向一般受众，而是要经过意见领袖这样一种中间环节。美国社会学家罗杰斯则提出了“N 级传播”的模式。他认为，大众传播过程可以分为两个方面，一是作为信息传递过程的“信息流”，一是作为效果或影响的产生和波及过程的“影响流”。前者可以是“一级”，而后者则是“多级”的。

传统传播存在“多级”传播，网络传播更是如此。而且多级传播不仅出现在“影响流”中，也出现在“信息流”的传播过程中，多级化传播的作用范围越来越大，程度也越来越高。多级传播可以包括非常多的组合形式。总体来看，网络信息的传播通常是大众传播渠道、群体传播渠道与人际传播渠道三者的组合，有时还包括组织传播渠道。这中间的环节数量还可以无限地增加，也就是说传播级数可以无限增加。

与传统媒体的多级传播不同的是，传统媒体的多级传播中，一级之后的传播通常是在媒体之外完成的。而网络中的多级传播可以全部利用网络这个媒介实现。因为这个媒体本身就兼具了人际传播、群体传播等功能。

并不是所有的信息都会以多级方式流动。信息能进入多级流动，有着一定的动因。在后面的相应章节中，我们将具体分析这些动因。

传播的多级性，从另一个角度来看就是传播的多次性。技术本身的特性使再传播变得异常简单，而且传播面可以与初次传播一样甚至更广。因此，如果考察网络传播的模式，需要将再传播者作为一个重要的要素单独列出来加以考察。尽管有时再传播者与受众是同一实体，但其角色却是不同的。再传播者有时只是简单地进行传播，但更多时候还充当着内容的再加工者的角色，他们在进行再传播时可能根据自己的需要对原始内容进行加工，或者将自己的意见、态度等用某种方式附加在原始内容之上。

多级流动延伸了信息的传播范围，这一过程也使信息影响变得更加复杂化。因此，多级化的信息传播方式，是网络传播中一个值得重点关注的问题。从新闻传播角度来看，如何促使自己的新闻进入多级传播渠道，是传播者必须学会的。这就要求传播者更多地去理解网络中各种不同形态的传播之间的关系，掌握不同渠道的传播技巧。

（二）信息作品及消费过程的多级性

网络信息的组织与发布多是采用层次化的结构。这种特殊性使得信息作品也成为了多级的。

传统媒体的信息作品在呈现方式上是单一层次的，报纸以空间为载体展示所有信息，广播电视以时间为载体展示所有信息。但是，网络信息作品，特别是通过网站来发布的作品却是层次化的。

例如，网络新闻作品的第一层是标题，第二层是新闻的内容提要，第三层是新闻主体内容，第四层是背景链接等。

当然，不同新闻作品的层次划分并不相同，每一层次所担负的作用也不相同。但总体上看，这种作品的多级性特点是存在的。

多级化信息传播的效果不能一概而论。单级化信息可以节省受众的时间，但会影响到信息获取的质量。过多的级数则会增加工作负担，但未必能相应地提高传播效果。因此，信息作品的级数应当适中。

四、网络传播的连通性

网络是一张巨大的“网”，这意味着从底层结构来说，它的各个节点是可以相互连通的。由于超链接的存在，网络中的很多信息之间也是彼此相连的。而网络的连通性的更高层面表现为传播者与受众的连通，以及受众与受众的连通。

（一）网络结构的连通性

本书第一章提到，目前的互联网采用的大多是分布式的网络结构。因此，网络的技术结构本身具有连通性的特点。互联网的雏形是美国国防部的ARPAnet，其设计的目的就是，当网络中任一节点遭到破坏时，都不会影响其他节点之间的通信。在此基础之上发展起来的互联网，也同样具有这样的特性。

技术结构上的连通性，最直接的影响就是，从理论上来说，网络上的任意两个节点之间的连通都是可能的。因此，在没有任何屏障的情况下，上网的任一用户，可以访问网上的任一站点。这是形成网络全球化的基础。

技术结构上的连通性促进了信息在网络中的自由流动与相互渗透。在后面的章节中，我们将通过网络传播结构的分析来说明信息的流动过程。

网络结构的连通性也对信息传播的控制提出了很大的挑战，在信息传播路径四通八达的情况下，简单封锁某一个站点或者某一路径，很难完全控制某些信息的发布与传播。在这种意义上，对网络媒介进行宏观控制的能力是受到削弱的。

（二）网络信息的连通性

超链接的思想改变了网络信息的结构方式，信息之间的联系不再是线性的、一元的，而是网状的、多元的，网络中存在于不同电脑上的信息可以彼此链接、连通，一个网站上的各种信息也可以相互关联。

网络中的信息的连通，表现为时间维度上的连通（即多个时间点上的信息可以彼此连接），也表现为空间维度上的连通（即多个空间点上的信息可以彼此连接）。

信息的连通性使互联网构成了真正的信息网络，人们在网络中的活动往往是基于这个信息网络的架构。信息间的联系，构成了人们获取更多信息、拓展视野与交往范围的桥梁，成为人的能力不断延伸的一个基础。

网络信息的关系，在很大程度上反映着网络世界中活动着的人的关系，是人的关系的一种外化。信息的连通性有助于促进人与人交往机会的增加、交流频率的提高，尤其有利于促进跨时空的交流。信息的网络也促成了复杂的人的关系网络。

并非所有网页间都存在直接联系，不同网页被链接的数量也存在很大差异。一个网页被其他网页链接的数量的多少，实际上成为一种影响力的衡量指标，影响力大的网站或网页，被链接的数量往往很大。链接状态在某种意义上反映着网络中的信息“权力”格局，而这最终体现的是人的权力关系格局。

在网络新闻传播中，信息在技术上连通的可能性给人们拓展新闻的广度与深度提供了一定的基础，如果对超链接这样的手段运用得当，信息之间的连通性对于拓宽网络新闻的报道面、加强报道深度，有着一定作用。但如果使用不当，也可能干扰受众的注意力，造成信息的过载与浪费。

（三）传播者与受众的连通性

传统大众传播中，传播者与受众之间不是直接连通的。从角色上看，他们之间有一条泾渭分明的界线；从两端的沟通方式看，他们之间的连接纽带往往只能是传播者所提供的信息或节目，尽管也有一些其他的交流与反馈的渠道，但都不可能畅通。但是，在网络中，大众传播者与受众之间的直接连通成为可能。

从角色分工方面看，两者之间渐渐融为一体。虽然从职业与产业的角度出发，还必须保持两者之间的区分，但是从技术可能性看，两者的连通已经不是问题。

也正因为如此，两者之间的沟通方式，已经不再是简单的反馈与交流，而是一种你中有我、我中有你的共同协作。从这个意义上看，对网络的互动性的研究不应简单地停留在传受双方交流方式与效果方面，而应该提升到整体传播结构与效果方面。也许用“共动性”这个词更能准确表达出传播者与受众之间连通之后，对于信息传播的作用与意义。

（四）受众之间的连通性

网络受众并非在一个封闭的空间里获取信息，实际上，他们经常处于一个社会化的环境中，远隔千里、素未谋面的受众之间会产生各种各样的联系，他们彼此间容易形成相互的影响。这种连通性对于受众在信息选择时的价值取向，对于网络舆论的走向，以及网络社会的文化形成等，都会产生直接影响。

受众的连通性的具体表现是：

第一，受众在网站阅读信息时，会受到网站的点击率、回帖率等各种排行榜的影响。在传统媒体时代，人们只知道自己或某几个自己身边的人对某个信息的判断，而无法得知受众整体对它的判断。而网络中的排行榜是将分散的、潜在的网民趣味聚合起来并使之外化的一种手段。它可以清晰地揭示出网民整体的价值取向。这种取向对后来者的选择与判断会产生一种无形的影响。看上去是网民个人的选择行为，实际上受到了很多素不相识的他人的影响。

第二，受众在网络中的阅读，还可能受到自己所在的社区的影响。很多网民获知某一新闻或信息时，不是通过自己在网站的阅读，而是在社区中看到他人的推荐或评论。这时，他们已经受到了他人的影响。而此后在社区里的讨论，更会影响到个人对于该相关事件或信息的判断以及态度形成。

网络传播渠道的四通八达也会使网民通过各种手段来互相转发信息，受众在转发过程中会形成一种自然的选择机制，这一机制产生的是“强者更强、弱者更弱”的效应。

Web2.0时代的社会书签功能，也通过某种类似排行榜的“投票机制”，使个体的信息消费聚集为群体消费，群体消费反过来影响个体消费。

受众在网络中的个人意见表达，可以凭借网络中的“公共话语空间”聚集起来变成一种集体表达。例如，可以通过跟帖等方式，为众人所知，那些原本是分散的、弱小的个人的声音，会汇聚成强大的声音。

总体来看，从受众角度看，连通性意味着三个方面的影响：

其一，受众间的相互影响可以超越时空，影响程度也往往是强大的。

其二，这意味着信息流或意见流流动的四通八达，并由此带来控制的困难。

其三，这种连通性也意味着一种高度的聚合性，它使分散的、隐藏的个人选择外化为一种集体的选择，使弱小的个人意见汇集成为一种强大的集体声音。但这种集体的选择或声音并不等同于民意，它们也并非总是理性的，并非总是带来积极的效果。这是特别值得关注的。

第三节　网络的经营平台属性

网络是一个经营平台。这也是网络之所以能在20世纪90年代迅速成长起来的一个重要原因。

作为经营平台，网络的特性可以从不同角度加以认识。

一、作为信息经济的网络经济

网络经济在很大程度上是一种信息经济。它是以信息产品的生产与经营为主的。

美国学者卡尔·夏皮罗和哈尔·瓦里安在《信息规则》一书中指出了信息产品的如下特点：[①]

信息的生产成本很高，但是复制成本很低。也可以说是高固定成本、低边际成本。

信息是“经验产品”，即人们必须尝试它才能对它进行评价。建立品牌和名誉是克服这一问题的主要手段。

信息生产的固定成本的绝大部分是“沉没”成本，即如果生产停止就不能挽回的成本。

信息的丰富产生注意力的贫乏。注意力是稀缺资源。

龙头企业的产品不一定是“最好的”，但是它凭借规模和规模经济享有对较小的竞争对手的价格优势。这方面的典型例子是微软。

…………

信息产品的诸多特点，意味着信息行业是一个高投入、高风险同时又可能是高产出的行业。10多年来，信息经济在全球得到了迅速发展，但是它的起伏动荡也是十分剧烈的。全面准确地理解信息经济的特点，是理解网络经营的一个基本起点。

而信息产品的市场应该如何开发，近年来流行的“长尾理论”给了人们一定的启发。

美国《连线》杂志主编克里斯·安德森在他的《长尾理论》一书中认为：商业和文化的未来不在热门产品，不在传统需求曲线的主体部分，而在于过去被视为“失败者”的那些产品——也就是需求曲线中那条无穷长的尾巴。图2—2形象地说明了这一现象，即非主流的、个性化的产品需求，虽然是需求的尾巴（the long tail），但是，它们累积起来，也能产生与畅销品（body）一样的销售业绩。

① ［美］卡尔·夏皮罗、哈尔·瓦里安著，张帆译：《信息规则》，2～23页，北京，中国人民大学出版社，2000。

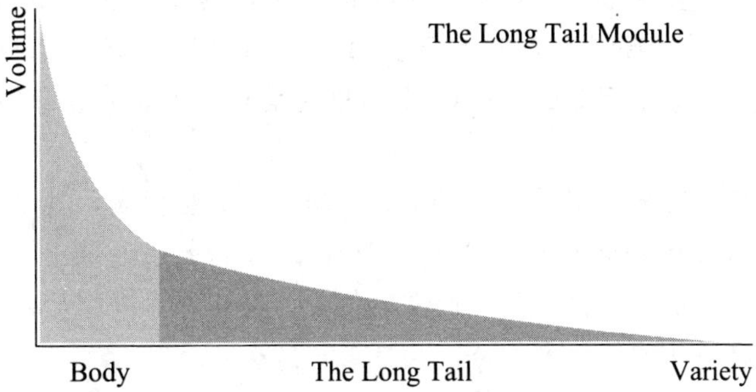

图 2—2　长尾理论模型

资料来源：www. jamowoo. com。

在克里斯·安德森列举的 10 个有关长尾现象的成功案例中，有 8 个是来自互联网的：

Rhapsody：美国在线音乐零售商，提供音乐下载服务，目前库存量在 150 万首左右，还在不断增加中。而美国最大的线下音乐零售商沃尔玛，只能提供 25 000 首曲目，更多的非主流“长尾”歌曲在 Rhapsody 都可以下载到。

维基百科：在线百科全书，有人说，这是对大英百科全书的挑战，这里有恺撒大帝、第二次世界大战、统计学这样的“常规”条目，然而更吸引人的是它特有的“长尾条目”，比如恺撒密码、第二次世界大战士兵吃的午餐肉等。在后一部分中，维基百科彻底超越了大英百科全书。

LULU. COM：美国一个新兴的 DIY 出版商，只需支付不到 200 美元，它就能实现你的出版梦。它不仅能把你的作品变成一本平装或者精装的书，还能保证在线零售商将它列入书库。

Alibris：美国的一个二手书网站，它将上万家二手书店的藏书联为一体，做成一个二手书的集合器。

Google：以其独特的中小企业广告模式成为成功的长尾实践者，上百万的企业通过在线分工，与其进行广告传播方面的规模协作，给 Google 和自身带来巨大收益。

eBay：有形产品经销者的长尾，成千上万的买家卖家在此汇集，借助这一平台进行商品买卖。众多细分市场以及只出售一件的商品形成了它的长尾。

Netflix：美国最大的在线 DVD 租赁商，其发展关键在于门类齐全的 DVD 影片目录和高效的配送团队。kbuster（美国一家经营 DVD 出租业务的连锁店）只有不到 3 000 种 DVD，但这里只有 1/5 的经营额来自这 3 000 种 DVD。

豆瓣网：这是中国网站中借用长尾理论的典型代表，其创始人杨勃曾一度将郎太乐（longtail）作为自己的网名。网站上已经集合 33 万网民对图书、电影、音乐的评价，集中网友的智慧，其资源库数据已经远远超过了一般图书音像制品的销售网站。①

“长尾理论”说明了非主流的、个性化的需求在市场中的重要作用，而网络的特点，可以最大限度地激发这些非主流需要和相应的满足方式。因此，长尾理论被认为特别适合于网络经济。

与长尾理论相关，对于互联网的经营，人们还提出了发掘“微内容”的观点。“微内容”指个人的、非公共的内容，与意义重大的“巨内容”相对。在网络语境下，“微内容”常常指的是由网民提供的各种内容。虽然它们只是反映了网民的局部的、个性化的需求，但是，这些“微内容”集合起来，仍然具有重大的价值。

长尾理论当然不是可以解决一切问题的灵丹妙药，它只是从一个角度提示人们：随着技术的发展，人们的个性化需求可以得到更充分的满足，而这反过来会给市场以可观的回报。网络需要充分利用技术所赋予的优势来开发那些“长长的尾部”。

从另一个角度看，网络还使得用户成为了信息生产中的一个积极的角色。在美国哈佛商学院出版的关于网络经营的《网络利益》一书中，作者约翰·哈格尔三世和阿瑟·阿姆斯特朗对作为一种经营平台的网络定义了以下 5 个基本特征：②

（1）关于成员的独特中心——在网络上，成员们根据自己的兴趣爱好组成一个个特殊的群体，这使得网络经营活动目的性更强。但作为商业机构，它的任务不仅仅是销售，还需要聚集购买力，也就是说要组织起群体。

（2）内容和通信的结合——这两者的结合就是网络的交互性，这意味着用户可以主动地拉出信息内容。而网络的经营者应该帮助用户们收集他们可能感兴趣的内容。这是提高“拉出内容”质量的重要因素。

---

① 《长尾：另立门户的新经济理论》，http：//www.douban.com/review/1095820/。

② 参见［美］约翰·哈格尔三世、阿瑟·阿姆斯特朗著，王国瑞译：《网络利益——通过虚拟社会扩大市场》，28～39 页，北京，新华出版社，1998。

（3）强调由成员产生的内容——由成员自己生产出来的内容，可能比那些用常规手段出版的内容更有价值。而网络的组织者，应该给成员提供充分的自由“出版”的机会。

（4）选择竞争的卖主——虚拟社会里，用户有更多机会自己寻找不同的卖主。这颠倒了卖主寻找顾客的传统市场模式。

（5）商业动机明确的虚拟社会组织者——与早期不抱商业目的的网络倡导者不同，现在的网络经营者都具有明确的经营目的。

在这几个特征中，可以看到，“成员”或者说网络用户被放到了重要的位置，其中特别提到，网络经营强调“由成员产生的内容”，更是具有预见地说明了网络信息生产格局的一个重要变化。

《网络利益》一书还图示了虚拟社会中增加利润的动力原理，说明了内容、成员、社区与交易这几者之间的价值链关系，见图 2—3。

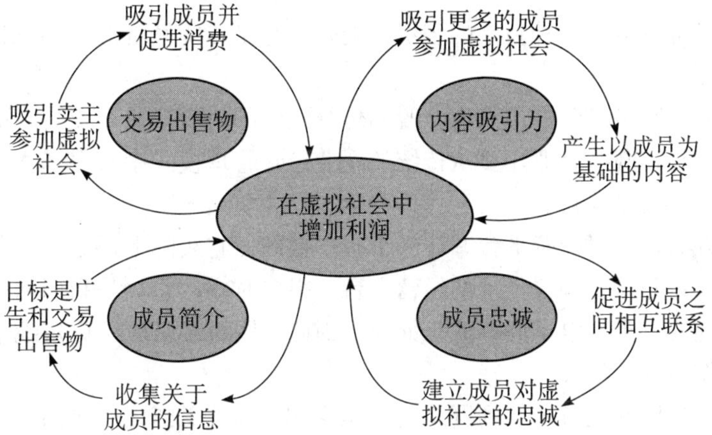

图 2—3 虚拟社会中增加利润的动力原理

资料来源：［美］约翰·哈格尔三世、阿瑟·阿姆斯特朗：《网络利益——通过虚拟社会扩大市场》，55 页。

近年来，UGC（User Generated Content——用户生产的内容）这一概念被广泛采用。这可以说是“由成员生产的内容”的认识的发展。那些由网民上传图片、视频、音频等内容的网站被通称为 UGC 网站，其中，美国的 YouTube 网站被认为是具有代表性的一个。这个网站于 2005 年 2 月创办，创办该网站的目的是为了方便朋友们在网上分享视频。网站一直采用用户自制并上传视频短片的模式，由此聚集了大批用户。据资料显示，至 2006 年，YouTube 在全球有 5 000

万用户，每日用户在线观看短片的次数已突破1亿次，而日上传视频文件的数量也已超过6.5万份。[①] 2006年10月9日，Google宣布以价值16.5亿美元的股票收购YouTube。

与传统的由网站生产内容的方式相比，用户生产的内容不仅可以使信息生产的成本转移到用户，从而减轻网站的负担，而且用户生产的内容，更个性化、更丰富多样，它们也有助于用户之间的人际关系的形成，因此UGC内容往往更容易产生一种黏着力。这些内容可以为网站带来可观的流量，从而为网站的广告或其他营利方式提供基础。

作为信息经济的网络经济还有很多特性。有些特性需要在实践中不断被认识，被充分利用。

二、作为传统经济延伸的网络经济

网络经济虽然是一种新兴的经济，但是，它是传统经济的一种延伸，这体现在两个方面：

一方面，网络经营并没有完全脱离传统经营的轨道。从企业自身的经营、运作与管理上看，网络企业还要从传统的企业经营管理模式中获得基本的营养，并且按照其基本规律运行。

另一方面，网络经营平台并非一个空中楼阁，它实际上还是以各种传统产业为支撑的。它并没有颠覆传统的经营平台，很多时候，它只是利用网络这一新平台开展传统的经营。电子商务就是如此。因此，网络经营应该更多地依靠传统产业的支柱作用。

当然，当传统经济延伸到网络时，也会出现经营理念与手段上的一些变化。认识这些变化，才能克服传统经济在网络中“水土不服”的问题，使传统经济找到与网络的最佳契合点。

例如，新闻网站的经营，在很大程度上受到传统的传媒经济的影响与制约，但也出现了一些明显的变化。

传统媒体的竞争对手主要在媒体领域。但是，网络经营主体扩展到了媒介机构之外的很多领域。新闻网站要能在网络中生存，不但要与媒体同行竞争，还要与其他各个领域的网络经营者竞争，这是变化之一。

---

① 胡滢：《Google看中网络新贵YouTube的什么?》，http：//www.techweb.com.cn/news/2006-10-08/104189.shtml。

传播介质经营与内容经营的分离，是新闻网站面临的另一个变化。

在传统媒体那里，传播介质与内容是同一化经营的，即传媒机构在控制内容的同时，也可控制介质通道的使用（虽然广播电视的频道分配是国家控制的，但是一旦媒体获得其使用权，就可控制它）。

对于传统媒体来说，它的经营主要是以下两个方式：内容所带来的直接的载体的销售，这种方式主要适用于报纸、杂志和有线电视，即有了内容就可对内容的载体收费；内容所带来的广告销售，这种方式适用于所有媒体。无论哪种方式，我们都可以看到，介质与内容的经营的同一性是传统媒体营利的主要依据。

但是，在网络中，传播渠道与内容的经营却并不一定是同一的，即传播渠道的经营者与内容的经营者通常是分离的，通常可将互联网服务企业分为ISP（互联网服务提供商）和ICP（互联网内容提供商）两大类，它们都是网络这一媒介的经营者，而服务重点有所不同，虽然也有网络企业身兼双重角色。ISP掌握着网络接入的权力。ICP掌握着内容，但它提供的内容，一般不能直接给它们带来传播介质上的销售业绩，反而是ISP坐收渔利。利用内容来获得广告的方式，在现阶段又遇到许多障碍。内容提供商缺乏有效的赢利模式，引发的是内容提供商的萎缩，从而又制约了整个网络媒介的发展。

这种传播渠道与内容的经营相分离的特点，使得网络媒介的经营与管理等方面有更多的复杂性，也使得网络新闻的传播局面更为复杂。

这意味着新闻网站需要在经营思路上革新，一些新闻网站需要从单纯的内容经营逐渐走向多种经营。目前，一些新闻网站开始涉足无线增值服务、游戏服务、企业上网服务、电子商务等，便是对形势的变化所作出的一种回应。

三、作为体验经济的网络经济

美国学者托夫勒在20世纪70年代曾预言："来自消费者的压力和希望经济继续上升的人的压力——将推动技术社会朝着未来体验生产的方向发展"；"服务业最终还是会超过制造业的，体验生产又会超过服务业"；"某些行业的革命会扩展，使得它们的独家产品不是粗制滥造的商品，甚至也不是一般性的服务，而是预先安排好了的'体验'。体验工业可能会成为超工业化的支柱之一，甚至成为服务业之后的经济的基础"[①]。

---

① 姜奇平：《体验经济：原教旨与新发展》，http：//column. bokee. com/529. html。

1999年，美国的两位经济学家约瑟夫·派恩和詹姆斯·吉尔摩撰写的《体验经济》一书明确提出了“体验经济”这一概念，并提出“工作是剧场，生意是舞台”的理念。他们认为，体验经济具有这样的理想特征——在这里，消费只是过程，消费者成为这一过程的产品。当过程结束后，体验记忆会长久地保存在消费者脑中。消费者会愿意为体验付费，因为它美好、难得、非我莫属、不可复制、不可转让、转瞬即逝，它的每一瞬间都是一个“唯一”。①

有人认为，体验经济的特性包括：游戏化—娱乐性、人性化—互动参与性。而网络平台恰恰在实现这些特性方面具有得天独厚的优势。

从网络经济角度看，体验可以从以下三个方面去开发：

第一，内容或服务带来的体验。例如，博客活动带来的体验、网上购物带来的体验、网络游戏带来的体验。网站开发服务的目标并不只是提供信息、知识，它也需要为个人提供各种独特的体验经历。

第二，社区带来的体验。网络社区的形成与发展，人与人关系的建立与维护的过程，都会给社区成员带来独一无二的体验。

第三，网络“情境”带来的体验。所谓网络“情境”（context），是指一种整体的氛围所带来的感觉，就像现实世界有的餐馆生意红火而有的餐馆门前冷落一样，有些网站人气很旺，而有些网站无人问津。造成这种差异的原因，可能不仅仅在于内容或服务，还在于网站所营造的氛围。有些网站的界面较人性化，阅读很方便，而有些网站可能相反，同样的内容，放在不同的网站可能会产生截然不同的效果。这时，内容或服务所赖以生存的“环境”或“情境”就是一个重要的影响因素。可以说情境也是网民在网络中的一个重要体验。

体验经济的概念只是从一个角度说明了现代经济发展的一个趋势，对于这一概念的泛化与滥用显然是无益的。但是，从这一角度可以对网络经济的一些特性进行更全面、更深入的认识。

第四节　网络的虚拟社会属性

人们不仅可以阅读或消费网络媒介的内容，还可以生活在这个媒介中，网络因此也就成为了一种社会。网络的虚拟社会属性是使它区别于传统媒体的一个本质属性。

---

① 参见汪丁丁：《体验〈体验经济〉》，http：//www.xschina.org/show.php? id=164。

对于网络中的虚拟及虚拟社会的含义，并没有一种普遍认同的解释。哲学研究者和社会学研究者都从自己的视野提出了相应的观点。下面列举的是其中几种。

哲学研究者刘友红认为，虚拟即是符号化，符号化是人创造意义生存的活动，与之相联系，“虚拟”生存就是作为人的文化生命存在的意义符号生存。①

哲学学者陈志良认为，虚拟作为一种中介方式不同于人类历史上的其他中介方式。虚拟使人类第一次真正拥有了两个世界：一个是现实世界，一个是虚拟世界；拥有了两个生存平台：一个是现实的自然平台，一个是虚拟的数字平台。现实世界与虚拟世界，自然平台与数字平台，相互交叉，相互包含，从而使人的存在方式发生了革命性的变革。②

社会学者夏学銮认为，网络社会也是一个真实社会，也是由人们的沟通和互访而形成的结构系统，只不过是一种全新的互动和沟通方式。他的观点的依据是涂尔干对社会的定义，即“社会是由人与人的沟通和互动而形成的结构系统”③。

还有学者认为，网络提供了一种“网缘”，这是继“血缘”、“地缘”、“业缘”之后又一种新的社会学研究视角。

无论虚拟及虚拟社会的本质是什么，虚拟社会的影响都是不可回避的。社会学及网络文化的研究者主要关心以下两方面的问题：

其一，虚拟社会中个体的存在形态与心理。例如，个体的身份与自我认同问题。在虚拟社会里，人完全以符号化的方式生存，甚至一分为几。这时，人们是如何决定自己的身份与角色的？这些角色与身份与他们在现实中的身份与角色有何关系？在这样一种环境中，人是如何实现自我认同的？

其二，虚拟社会中个体间的关系。在这方面，社会学家关注得最多的是“虚拟社群”（virtual community，也有人称虚拟社区）的研究。

美国学者霍华德·瑞恩高德在1993年出版的著作《虚拟社群：电子疆域的家园》（*The Virtual Community*：*Homestanding on the Electronic Frontier*）中把虚拟社群定义为：网络中相当多的人展开长时期的讨论而出现的一种社会聚合，他们之间具有充分的人情（human feeling），并在电脑空间里形成了人际关

---

① 参见刘友红：《人在电脑网络社会里的“虚拟”生存：哲学范畴的思考》，载《哲学动态》，2000（1）。

② 参见陈志良：《虚拟：人类中介系统的革命》，载《中国人民大学学报》，2000（4）。

③ 参见夏学銮：《网络社会≠虚拟社区》，http：//www.cycnet.com/education/lecture/000922037.htm。

系网络。[①]

虚拟社群的出现，带来了新型的人际交往方式和群体关系。从社会学意义上看，研究虚拟社群是研究网络时代的人的社会交往的一个重要途径，由此也为研究网络时代的社会结构提供了一定依据。

虚拟社群的出现，不仅具有社会学上的意义，还具有政治学上的意义。例如，很多研究者把网络的虚拟社区看做是实现哈贝马斯的“公共领域”理想的一种环境。当然，虚拟社区并不完全等同于公共领域，成为理想的公共领域，还需要很多其他条件，但是，虚拟社区为理想公共领域的产生提供了一定的基础。

虚拟社会也带来了虚拟政治、虚拟军事、虚拟文化等一系列全新的概念。它们存在的方式虽然是数字化的“虚拟”，但是其作用却绝不是虚拟的。

虚拟社会中的人和虚拟社会中的人际关系，也都对网络传播与新闻网站的经营起着重要作用。研究虚拟环境中人的需求与心理，研究虚拟社群的互动对于新闻传播效果的影响以及虚拟社群在网站经营中的意义，都是十分重要的。

随着网上交易、网上办公等网络应用的发展与深入，网络作为一种虚拟社会的存在，还有了另一层含义，那就是，它作为人们生活与工作的另一种空间，与现实空间相互交织。在这个意义上，网络社会越来越具有物理社会的功能及相关特质。

本章学习与研究提示：

对于网络的认识，新闻传播领域的研究者往往只关注它的媒介属性，甚至只是从大众传播角度对其进行认识与研究。本章从四种不同属性角度，分别说明了网络渠道的特点，力图提醒研究者在一个更广的视角下，去看待网络的特性及其影响。

本章将复合性、开放性、多级性与连通性作为网络传播的基本特点概括，这也与许多研究者从时效性、互动性等方面去总结网络传播的特点有所不同，这同样是因为超越了大众传播这样一个单一的视角去认识网络传播。

尽管我们的研究重点是在传播领域，但是，把网络作为一种多重属性的集合体去认识，把网络传播作为多种传播形态交织的活动以及一种综合的社会过程去分析，不仅有助于我们理解网络传播现象的复杂性，也有助于我们对传播现象后

---

① 参见 Howard Rheingold，*The Virtual Community*：*Homestanding on the Electronic Frontier*，Addison-Wesley Publishing Co.，1993.

的深层动因作出深入分析，也可以促使我们去探究影响网络发展的政治、经济、文化等因素的综合作用过程。

多重的研究视角，意味着研究者需要有更广的知识面、更丰富的知识积累与理论积淀。要提高自己的网络研究水平，也需要在相关的学科中汲取更多的营养。

本章延伸学习与思考：

1. 如何看待网络技术在整个网络发展中的作用？
2. 网络传播的复合性、开放性、多级性、连通性之间的关系是什么？它们对于网络信息传播有何影响？
3. 如何从信息经济角度认识网络经营特点？
4. 如何认识网络与体验经济的关系？
5. 作为虚拟社会，网络与现实社会的关系如何？

第三章 网络传播的基本形态

C H A P T E R 3

人类传播主要有五种基本形态，包括人内传播、人际传播、群体传播、组织传播及大众传播。除了人内传播外，其他传播形态都存在于网络中，它们也构成了网络传播的基本形态。

也有人认为博客传播等是人内传播的一种延伸方式。是主我与客我之间互动的一种媒介，这种说法虽然有一定的道理，但是从人内传播的定义看，它指的是个人接受外部信息并在人体内部进行信息处理的活动，因此，它的真正传播媒介还是人的神经系统，网络只是一种辅助性的手段，所以，本书不将人内传播作为网络传播的基本形态进行探讨。但是，博客等网络传播形式对于人内传播的影响，的确是值得关注的。

第一节 网络中的人际传播

当互联网开始作为一种传播媒介进入人们生活时，最早承载的形态就是“人际传播”。直到今天，网络上的人际传播仍是十分频繁的。人们对网络人际传播的需求，甚至超过对网络大众化传播的需求。网络人际传播为什么有如此大的魅力？它会取代人们现实世界的人际交流吗？网络的人际传播又会带来什么样的影响？理解这一系列问题，是理解整个网络世界的必经之路。

一、人际传播的基本概念

人际传播也称人际交流。它指个人与个人之间的信息传播活动，是社会生活中最直观、最常见、最丰富的传播现象。传统的人际传播的方式有：谈话、写信、打电话等。

人们寻求人际传播的动机可以表现为四个方面：获得与生产、生活有关的信息从而进行环境适应决策；建立社会协作关系；自我认知和相互认知；满足人的精神和心理需求。

人际传播具有以下重要特点：

（1）人际传播传递和接收信息的渠道多，方法灵活。

（2）人际传播的信息十分丰富和复杂。

（3）人际传播双向性强，反馈及时，互动频度高，因此是一种高质量的传播活动。

与组织传播相比，人际传播属于一种非制度化的传播。

人际传播在人的社会化过程中起着重要作用。所谓社会化，是指一个人出生后从“自然人”成长为“社会人”的过程。在这个过程中，个体要学习语言、知识、技能、行为准则等以适应社会环境。而社会也是由于个体的“社会化”，而使社会成员形成大体一致的观念、价值和社会规范体系，从而使社会秩序得以维持，社会发展的连续性得到保证。

二、网络中进行人际传播的方式

从网络的功能我们可以看出，网络中实现人际传播的方式主要包括：电子邮件、聊天、博客（播客）、网络游戏等。

（一）电子邮件

电子邮件是一种类似于传统的通信手段的人际传播方式，但它也有自己的鲜明特点，这主要表现在：

电子邮件传播速度比传统通信快得多。传统通信的速度与地域的关系很大，双方距离越远，通信速度越慢。而电子邮件传递的速度则几乎不受地域因素的影响。交流速度的加快，带来了交流频率的增加。无论大事小事，人们都可以通过电子邮件交流来完成。这在一定意义上有助于形成更加牢固的交流关系。

随着技术的发展，电子邮件交流也变成了一种多媒体交流。目前，电子邮件虽然主要以文字为传播手段，但是，也可以加入声音、图像等作为附件。当然，由于电子邮件传递的信息都是数字化的，所以一些背景信息会削减。例如，一般用文本方式，我们不可能看到对方的笔迹，也就很难通过这种潜台词来揣测发件人的性格、情绪等，在某些时候，交流质量会受到一些影响。

传统通信交流一般多在相互认识的人之间进行，但是电子邮件交流可以因偶然因素产生。但这种情形下，人们的交流往往带有功利性。

与即时通信工具相比，电子邮件交流往往不是即时的，而是有一定的延时性。在不同的交流需求下，这种延时性可能表现为优势，也可能表现为劣势。

电子邮件交流需要通过中介性的邮件服务器，有时会出现信息丢失的现象，因此可能会带来一些误会，或由于交流不及时而造成损失。

（二）聊天

随着技术手段的不断发展，网络聊天的方式也越来越丰富。

从聊天使用的工具来看，网络聊天主要可以分为两种方式：一种是在聊天室进行，另一种是通过即时通信工具（例如 QQ、MSN 等）手段进行一对一的交流。

从聊天的方式来看，网络聊天包括文字聊天、语音聊天、视频聊天等类型。

网络聊天虽然名为聊天，但与物理世界的聊天还是有很大的区别。

网络聊天是一种借助中介物的交流方式，不是面对面的。即使可以通过视频进行交流，它也受到摄像头的质量、拍摄范围、网络传输速度等因素的影响，在交流的全方位性、互动的实时性方面，要弱于面对面的聊天。

大多数人最常采用的网络聊天方式仍是文字交流。这时，一些辅助性的信息表达手段不能运用。例如，看不到对方的身体动作，所以很难感受对方对一条信息的直观反应，虽然可以通过文字进行及时回答，但有时文字不能充分表达交流双方的情绪。聊天者也可能运用文字有意识地掩盖自己的真实想法。但从理论上来说，使用文字也有一个好处，那就是可以比较充分地理清思路，有助于加强交流的深度。

双方不见面时，可以克服羞涩心理，更加敞开心扉。但另一方面，匿名状态下，人们也可能会隐藏真实的自己。

从交流的效果来看，聊天室的交流与即时通信工具的交流有较大差别。

对于聊天室的聊天来说，大多数聊天对象是随机形成的，双方在此之前没有任何交流。因此，传播的目的不明确，传播的效果往往也不好。

在多人参加的聊天室中，加入聊天的人数是动态变化的，人们之间的相互关系也可能随时发生变化。总的来说，这是一个全通道型的交流网络，每个人都可以与参加聊天的其他人进行对话。这种结构是一种平等的交流结构，但它的效率也是比较低的。在聊天室中，人们谈话的主题时常会发生变化，人们的喜好时常发生变化，人们之间的结盟关系也往往是摇摆不定，所以常常是几个小时过去，人们也没有达成什么共识。此外，由于人们一般对交流对象缺乏必要的了解，通常也无法选择合适的交流内容以及说服对方的手段。从传统意义上看，这种交流的效果是不能令人满意的。但也许这正是人们进入聊天室的乐趣之一。人们在聊天室中更看重的是过程而不是结果。这个过程对抱着不同上网目的的人们有着不同的意义：有人从中发现与自己兴趣相投的人，有人享受舌战群儒的乐趣，有人可能只是为了解闷或发泄。而对于旁观者来说，他从别人的聊天中看到的，更像是"头脑风暴"的过程，他从中得到的不一定是定论，而只是一些片断的启发。

随着上网资历的加深，大多数网民渐渐地会从聊天室聊天转向即时通信工具交流。

通过即时交流工具交流的对象，常常是熟人或老朋友，相对来说，交流的目的明确，彼此较为熟悉，人们能更好地把握交流话题与交流方式。

在现实中还可看到一种现象，不同的即时通信工具培养出来的交流方式与习惯是有所区别的，例如，QQ 与 MSN 在中国是两种主要的即时通信工具，使用这两种交流工具的人群、使用的目的与方式等有所不同。

即时通信传播与网络中的其他人际传播方式相比，有着更为鲜明的特点，本书将在后面的章节中对它进行专门分析。

（三）博客、播客

虽然博客、播客首先是一种个人表达的平台，但是，它们往往又肩负着人际交流的任务。而且，人际传播在很大程度上对博客活动的持久性、博客活动影响的深度与广度等起着重要的作用。

博客或播客中的人际交流，主要体现为留言和评论这两种手段。这些留言与评论一方面在博主和访问者之间建立起了一种沟通渠道，另一方面也为访问者之间的交流提供了一个机会。

与一般的聊天不同的是，博客、播客中的人际传播，往往以博客中的作品为依托，因此，交流的目标往往更为明确，这有助于提高交流的效果。

当然，博客（播客）传播也是各种传播的复合体，关于它们的更全面、深入的分析将在后面的章节进行。

(四) 网络游戏

网络游戏是一种特殊的人际交流方式，它是以游戏为中介来进行的多媒体交流。网络游戏为人们的交流提供了具体的情境，特别是角色扮演类网络游戏往往是通过各种场景与情节来展开，人们的交流不是直接的文字交流，而是在游戏中展开各种方式的合作或对抗。在这个过程中，人们的愿望、性格、能力等可以得到展现，通过游戏也可以了解自己的对手或合作者，因此，在本质上，网络游戏也是一种交流。

与传统的游戏相比，网络游戏拓展了游戏者的交流空间，使成千上万素未谋面的人有机会参与共同的在线游戏。

此外，网络游戏借助数字技术，设计了各种虚拟的空间与情节，它既是现实生活的一种投射，又在很多方面超越了现实生活。人们可以通过游戏参与在现实中不可能参与的各种活动（例如战争），因此，它为人们的愿望表达与梦想追求提供了一个新的舞台。在这个舞台上展开的交流，与在其他情境下展开的交流，可能在某些方面有所不同，但是，人们在游戏中表现出的性格，仍然是现实的个体的某一面。

网络游戏成瘾是导致网络成瘾的一个主要原因。但是，对于网络游戏成瘾的原因，需要从各个方面进行综合分析。一些人之所以过于依赖网络游戏，是因为他们在现实生活中无法进行有效的人际沟通，或者他们的一些需求无法得到满足，而网络游戏正好填补了这些需求空白。因此，只有改善他们在现实生活中的生活质量和人际交流质量，才能减轻他们对网络游戏的依赖。

三、网络人际传播的特点

网络作为一种全新的人际传播手段，提供了很多新的人际传播的体验。它的特点也是十分鲜明的。

1. 传播渠道——以网络这一大众传媒为中介。

关于传统的人际传播，另一种定义是：“不以诸如电视、印刷、广播或电影等媒介技术为中介而发生在人们之间的传播活动。”① 但是，网络中的人际传播，

① ［美］约翰·费斯克等编，李彬译注：《关键概念——传播与文化研究辞典》，143页，北京，新华出版社，2004。

却是以网络这一具有大众传媒性质的渠道为中介的。这意味着以下的影响：

首先，这种传播具有技术依赖性，网络及相关技术的水平直接影响着人际交流的方式、手段，以及广度与深度。

人们在网络人际交流中选择的手段，并不完全取决于他的主观意愿，更多时候取决于技术基础，如计算机硬件、网络带宽、相关软件等。技术因素的制约，会在一定程度上影响到传播的过程。

技术在推动网络人际传播的发展方面也起到了至关重要的作用。网络人际传播处于不断变化中，从初期的电子邮件发展到现在的即时通信交流，从初期的文字交流发展到游戏中的多媒体交流，网络在人际传播方面的能力在不断拓展，人际传播的质量也在不断改善。

其次，网络中的人际传播与群体传播、组织传播及大众传播的界限并不是清晰分割的，因此，很多时候，人际传播的影响可以演变为更广泛的社会影响。反过来，大众传播等渠道中的信息，也可以轻易地流入人际传播渠道。人际传播对于放大其他传播的效果起到了重要作用。

2. 传播手段——多种手段并存，文字交流为主。

由于技术的发展，网络人际传播的手段也在不断丰富，与现实生活中面对面的人际交流手段越来越相似，甚至产生了一些前所未有的交流手段。目前的人际传播手段已经发展到文字、图像、音频、视频、动画等多种手段。

但是，从目前看，文字交流仍是网络人际传播中的主要手段。

除了技术上的因素会在一定程度上限制人们选择其他交流方式外，多数人偏好文字交流还是由于文字便于清楚地表达深刻的思想，能高效率地进行交流。

与面对面的交流相比，以文字为主的交流还有一个特点，那就是交流的内容是便于记录的。这些文字记录，不仅可能对于后续的人际交流产生作用，也可能成为个人历史的一种很重要的记录方式。

网络人际传播以文字为主要手段还意味着，打字的速度会成为影响交流的一种因素。特别是对于聊天而言，如果一方打字速度太慢，就可能使另一方失去交流的热情。这从另外一个角度说明了技术在这种以网络为中介的交流中的制约作用。

有研究指出，在网络文字交流和大脑的社会交往机制中存在一个固有的缺陷，在面对面的交流中，大脑读取连续的情绪符号和社会交往的暗示，立即使用它们来指导下一步的行动，使得交往顺利进行。在这个过程中，大多数的信息集中在控制情绪反应的脑额叶皮层上。而大脑皮层需要社会交往信息，比如语调的变化，才能知道如何选择和传递我们的冲动。而在文字交流中，没有声音、面部表情和信息接受者的其他反馈，所以容易作出不恰当的回应。①

与通常使用的语言文字不同的是，网络的交流往往另有一套自己的语言体系。例如，“顶”表示支持，妹妹称为“美眉”或“MM”等。为了在文字的交流中表达感情，网民们也在实践中发明了一套独特的网络表情符号，如“：)”代表笑脸。与这些符号类似，一些聊天室和即时通信工具也提供了一些“脸谱”帮助人们表达自己的情绪。

网络人际交流中独特的符号系统，是在实践中自发形成的，它们不仅成为网民们交流的手段，同时，也成为交流的一道门槛。某个网民如果不了解某些特定的符号，就难以跟他人进行有效的交流。

3. 传播情境——虚拟性。

由于网络这一传播渠道的存在，网络中的人际交流是在一种虚拟的空间情境中展开的，它消除了现实交流中的空间环境因素的影响，例如，没有地理上的距离障碍，没有空间大小的影响，也较少受到物理空间中的背景活动、噪音等的影响。因此，它是在抽象的环境中进行的一种交流。

现实世界的人际交流，会受到一些因素的干扰，例如，交流者的性别、身份、地位等。但网络交流情境的虚拟性在一定程度上带来了人们之间的社会等级差异的消失，相对来说是一种更平等、更纯粹的交流。它使交流内容与技巧等的重要性得到凸显。

4. 传播主体——可匿名性、多面性。

在网络中进行人际交流，人们可以选择匿名的方式，因此，传播主体具有“可匿名性”。

“可匿名性”可能会使得个体在网络中的表现往往与他在物理世界的表现大相径庭。同时，这也使个体在进行自我表达时，会较少顾及社会规范的约束，比较任性。因为匿名性，他无需对自己的行为承担后果。

如果借用弗洛伊德的“本我”、“自我”、“超我”的三分法，那么，在网络人际交流过程中，人们很有可能将平日鲜有机会当众表露的“本我”表现出来。因此，在聊天室里，常常会看到“语言暴力”的现象，即成员使用非常粗俗甚至侮辱性的语言，对其他成员进行攻击。

但是，当我们看到聊天室的无序状态时，不应仅仅是简单地指责上网者的素

---

① 《心理学家认为网络匿名性导致网上解除抑制效果》，http：//cn. tech. yahoo. com/070228/511/2oi0a. html。

质与水平，而应看到这种状况之后的心理动因。实际上，人们在网络里的表现，往往来源于在物理世界的心理压力。例如，工作繁忙、学习负担重、人际关系紧张、家庭矛盾等。当人们在聊天室时，往往希望通过交流来排遣自己的情绪。因此，观察网民如何在聊天中进行减压，有助于了解他们在现实生活中的压力。

当然，人们在网络人际传播中也未必总是匿名的。例如，在 MSN 等即时通信工具平台交流中，人们可能用实名，即使使用昵称，其身份也是明确的、公开的。何时采用匿名，何时采用实名，取决于交流的对象与场合，也取决于交流目的与动机。

网络的特点也使网络人际传播中的个体可以表现出一种“多面性”。一个上网者可以同时与多个对象聊天，或者在不同时候与不同的对象交流。在不同的交流情境中，他扮演的角色可能是不同的。对某一些对象，他显示的是自己优秀的一面，对另外一些对象，他可能更多地展示出阴暗面。在某些时候，他可能是一个口若悬河的主动的交谈者，另一些时候他又可能是一个木讷的被动的谈话对象。有些人甚至显示的性别也是时常游移的。网上聊天，往往会与戏剧表演有某种契合之处。从表象看，一个人给自己设定一个什么样的名字，就已经给自己的形象定下了一个基调。进一步看，一个人决定何时以何种面目出现，既与他自己的需求、心情、处境有关，也与他的交流对象有关。

网络人际交流中角色转换的便利性，也使一些人可以实现自己在现实生活中被压抑的欲望，特别是当这些欲望与社会规范相冲突时。例如，对于同性恋、“扮异癖”等，他们在现实中被压抑的性格与愿望，在网络人际交流中，可能得到一定的实现与满足。

5. 传播范围——广泛性、偶然性。

传统意义上的人际传播一般受到各种因素的限制，相对来说，交流的范围是有限的。主要是在自己认识的圈子中，虽然也可以在旅途中与陌生人交流，或者通过征友的方式与外界交流，但其范围和数量都是有限的。而网络则仿佛使人们随时随地处于旅途中，人们可以不断地变换交流的对象，这些交流对象的来源也更加广泛，可以说，基本上打破了地域的局限性。不同文化背景的人通过网络进行人际传播的可能性大大增加。

网络人际传播很多时候具有很强的偶然性。相对来说，萍水相逢的交流对象需要有一个较长时间的预热期，即在他们达到真正的交流之前，他们可能需要用很多无聊的语言来进行彼此的试探，这些试探决定他们之间是否有兴趣真正交流下去。在这个过程中，有较多的冗余信息。交流对象之间需要多长的预热期，主要取决于交流者的性格。

对于很多人来说，网络人际传播过程，是一个从全面试探逐渐走向稳定的过程，也可以说，是一个广种薄收的过程。经过一定时间的交流后，大多数人会找到几个固定的交流对象，形成稳定、长期的交流。与这些对象的交流甚至可以从网上走到网下，发展出友情、爱情。当然，这时，仍不排除他们会与陌生的网民进行一些偶然的交流。

6. 传播辐射作用——基于人际交流的社会网络。

对于网络中的人际传播，不仅要从个体之间的交流与沟通这个角度去认识，还需要看到它更广泛的社会意义。这就是，网络中的人际传播，可以在点对点交流的基础上形成一个规模宏大的人际网络。这时，人际传播的手段与渠道，可能产生大众传播的效果。

目前市场营销里有一种策略，称为“病毒式营销”，它为我们认识即时通信工具等所构建的人际传播网络提供了启发。

所谓“病毒式营销”，指的是利用公众的积极性和人际网络，让营销信息像病毒一样传播和扩散，营销信息被快速复制，传向数以万计、数以百万计的受众。

美国著名的电子商务顾问拉夫·F·威尔逊博士将一个有效的病毒性营销战略归纳为六项基本要素，虽然一个病毒性营销战略不一定要包含所有要素，但是，包含的要素越多，营销效果可能越好。①

这六个基本要素是：

（1）提供有价值的产品或服务；

（2）提供无须努力地向他人传递信息的方式；

（3）信息传递范围很容易从小规模向很大规模扩散；

（4）利用公众的积极性和行为；

（5）利用现有的通信网络；

（6）利用别人的资源。

网络中的人际传播网络，尤其是电子邮件和即时通信工具所构成的网络，很容易满足“病毒式营销”主要的要素要求，因此，往往是实现病毒式营销的重要途径。

而除了营销外，即时通信工具所构成的人际网络也是流行文化的传播、社会

---

① 《病毒传播》，http：//baike.baidu.com/view/6332.htm。

舆论的传播、社会动员等的重要渠道。

四、网络人际传播对现实世界的影响

（一）对物理世界人际交流的影响

对于网络，人们说，它可以让天涯变咫尺，也可以让咫尺变天涯。这种说法中，包括了这样一个担心，即人们会不会由于过多沉溺于网上的交流而忽视与自己身边的人的交流。

这种担心不是没有依据的。

网络人际传播的特点，使它比物理世界的人际传播更轻松，并且可以作为紧张的现实生活的一个泄压阀。有时，它甚至像是一种毒品，可以起到麻醉自己，让自己忘却现实的烦恼与痛苦的作用。但是，如果用这种方法作为逃避现实的手段，日久天长，负面效果就会越来越明显：一些人不能很好地处理现实中的人际关系与矛盾；一些人与身边的人的交流日益减少；一些人习惯了网络交流的方式与语言，回到现实世界里来，难免会有不适应的感觉。这也会减少他们对现实的人际交流的愿望。

美国学者约翰·舒勒在其研究报告《网络空间的基本心理特征》中指出：虚拟的网络空间与人们内心体验世界的真实大不一样，数字化的人、关系和群体使人类相互作用的时间和方式得以延伸，他对人类在网络空间这一新社会领域中独特的心理体验进行了总结并归纳为九种特点：（1）有限的感知经验。（2）灵活而匿名的个人身份。（3）平等的地位。（4）超越空间界限。（5）时间延伸和浓缩。（6）永久的记录。（7）易于建立大量的人际关系。（8）变化的梦幻般体验。（9）黑洞体验（作者所说的黑洞体验，是指在网络中得不到信息或反馈的情形）。[①]

这其中的很多体验特点会对某些上网者构成难以抗拒的吸引力，使他们沉湎于这一虚拟现实。

现实的压力与网络带来的全新体验的双重作用，使一些人沉迷于网络不能自拔，患上了网络成瘾症。

网络成瘾症，也称网络成瘾综合征（Internet addiction disorder，IAD）。英语里类似的词还有 Cyber Addiction、Computer Addiction 或 Internet Addiction。

---

① John Suler，*The Psychology of Cyberspace*，http：//www-usr. rider. edu/～suler/psycyber/psycyber. html.

也有人认为用“网络的病态使用”（pathological internet use ，PIU）更为合适。心理学家也将其称之为一种病。这种病的主要原因之一，就是因为过分依赖网络中的人际关系，而失去对现实生活的兴趣。

网络成瘾症的主要症状有：上网后精神极度亢奋并乐此不疲，长时间使用网络以获得心理满足，上网后行为不能自制，或通过上网来逃避现实，并时常出现焦虑、忧郁、人际关系淡漠、情绪波动、烦躁不安等现象；对家人和朋友隐瞒自己是“网虫”；上网时间每次都超过原来计划，甚至整夜地游荡在虚幻的环境中，而到白天工作时则昏昏欲睡，对现实生活无兴趣；不上网时手指会不停地运动，严重时全身打战、痉挛、摔毁器物；甚至只是为了活下去不得不吃饭和睡觉；有人因陷得太深而不能自拔，最终走上自杀的道路。

网络成瘾的直接表现是人们沉迷于网络游戏、网络聊天等活动，也可以说，网络中的人际交流成为导致人们上网成瘾的一个直接诱因。

但是，网络成瘾症是由复杂的社会原因造成的，网络只是一种诱发手段，或者说网络成瘾是一种结果而不是原因。如果因此而限制网络的发展，只能是“头疼医头脚疼医脚”的方法，并不能从根本上解决网络成瘾的问题。

另一方面，如果运用得当，网络人际传播对于现实生活是具有积极意义的。

网络人际传播对于现实的人际交流是一种补充，它能扩展人们的交际范围与能力，增加不同地域、不同文化背景的人们的交流机会。

网上人际交流如电子邮件、即时通信交流可以有效地提高工作效率。人们通过人际交流也可以建立自己的人际网络，积累起“人脉资源”，提高生活与工作的质量。对很多网民来说，这些人际交流，也有助于提高人际交流的质量，促进人与人之间的沟通，并且促进人们在现实空间的交流与联系。

网上交流，在一定程度上可以缓解人们的现实生活压力，调节心情。有时可起到心理治疗的作用。当然，滥用则可能带来相反的效果。

（二）对人的社会化过程的影响

社会化是一个人由“自然人”成长为“社会人”的过程。社会化是个体得以适应社会，参与社会生活，在社会环境中独立生存的必要前提，继续社会化（成人不断学习、接受新的文化内容及适应角色变化的过程）是个体适应社会变迁的必要途径。

从社会角度看，社会化的作用在于：

（1）没有经过社会化的人也就没有社会，没有那些具备与社会发展相适应的知识、能力和素质的人，社会就不能维持正常的运转。

（2）如果没有社会化，社会及其文化就不能保持其一致性，共同的社会目标就无法实现。而这种一致性，主要是通过社会化来完成的。

（3）没有社会化，社会文化就不能世代延续和发展下去。

社会化的内容包括以下三方面：促进人格形成和发展，培养完美的自我观念；内化价值观念，传递社会文化；掌握社会技能，培养社会角色。

在人的社会化过程中，外界环境的影响是极其重要的，家庭、学校、同龄群体、工作单位、大众传媒等，都是外界环境的组成部分。而在家庭、学校、群体、工作单位这些环境中，影响往往是通过人际交流产生的。因此，人际交流在人的社会化过程中起着重要作用。

网络出现后，网络中的人际传播也不可避免地影响到人的社会化。

社会化的任务之一是建立健全的人格。人格也称为个性，是指个人具有的稳定的、综合的心理特征。它包括人对社会环境的态度和行为的积极特征，如需要、动机、兴趣、理想、观念、态度、行为等，也指人的个性心理特征。个性的核心内容及形成、发展水平的标志是自我意识，即对于自己的特征及生理、心理状况的认识，例如，自我评价、自我感觉、自尊心、自信心、自制力、独立性、自卑感等。

人们的自我意识常常是以他人对自己的认识为镜子的。但是，在网络里，当一个人以各种不同的面目出现时，别人对他的认识也就难免失真。反过来，这些来自他人的评价，会使个体对自己的认识更加混沌。

一个人在网络里把自己分成若干个角色时，也会带来角色冲突的迷惑。这些角色与他在现实生活中的角色之间的冲突可能更加严重，甚至有可能导致“人格分裂”。这样，关于自我的认识也就很难正常建立起来。

社会化的另一项任务是将一致的社会文化价值观传达给个体，使个体接受与维持社会规范，保证社会的运行。但网络提供的是一个介于“似”与“不似”之间的社会。这个社会特点，决定了目前它很难形成像现实世界那样强烈的社会规范，有很多行为也难以受到法律的明确约束。对于正在成长中的青少年来说，如果他们的社会化过程主要依赖网络来完成，那么危险是显然的：他们可能会把网络中培养出来的任性、放纵、撒谎、不负责任、不守规矩等习惯，也应用到物理世界中。如果他们过早地接触网络，那么，他们的社会规范观念会更加淡薄。

人际传播本来对人的社会化过程起着重要作用，但是，网络中的人际传播可能在一定程度上起着负面的作用。这一点特别值得我们关注与研究。

（三）人际传播网络的社会影响

前面提到，人际传播的辐射作用，是形成一个巨大而复杂的社会网络，尽管在这个网络中每一个人的能力是有限的，但是，当网络将作为节点的每一个人的能量联结起来以后，就会产生巨大的社会能量。

这种能量首先体现在信息传播方面，一条信息如果迎合了多数人的需求，那么，它不仅可以在网络的大众传播渠道和群体传播渠道中迅速传播，也可以在人际传播渠道中迅速传播。由于一传十、十传百的呈几何级数的增长效应，很快就会达到广而告之的效果。

网络人际传播不仅具有信息传播的高效性，还具有基于人际关系的劝服作用，因此，在意见、态度的传播方面也具有强大的力量，有时甚至比大众传播渠道的效果更好。因此，在社会舆论的传播、社会动员方面，网络人际传播的作用也是值得重视的。

后文将以即时通信工具为例进一步分析这种网络的社会影响。

第二节 网络中的群体传播

网络的很多应用都促进了人群之间频繁的交流互动，在这种交流基础上，网络中的很多人群的交流不再是偶然的、临时的，而是逐渐变为固定的、持续的关系，这些人群进而演进为具有社会学意义的群体。这些群体的出现，在各个方面影响着网络社会的稳定性，也对网络意见的形成、网络文化的发展起着重要作用。

一、群体及群体传播的概念

群体的概念有广义与狭义之分。广义上的群体，指一切通过持续的社会互动与社会关系结合起来进行共同活动，并有着共同利益的人类集合体；狭义上的群体指由持续的直接的交往联系起来的具有共同利益的人群集。①

但无论是广义还是狭义的群体，都应该具备以下特征：有明确的成员关系、有持续的相互交往、有一致的群体意识和规范、有一定的分工协作、有一致行动的能力。②

---

① 郑杭生等：《社会学概论新修》（修订本），190页，北京，中国人民大学出版社，1998。

② 同上书，190～191页。

一般来说，社会学常常采用五种群体分类的形式：

（1）依据群体成员间关系的亲密程度来划分。在这种标准下，社会学家将群体分为初级群体和次级群体。

初级群体又叫直接群体、基本群体或首属群体，指成员相互熟悉、了解，因而以感情为基础结成亲密关系的社会群体。如家庭就是一个典型的初级群体。

次级群体又称间接群体或次属群体，指成员为了某种特定的目标集合在一起，通过明确的规章制度结成正规关系的社会群体。各种社会组织就是这类群体。

（2）依据群体的正规化程度及其成员间的互动关系来划分，可分为正式群体和非正式群体。

正式群体的正规化程度高，其成员间的互动采取制度化、规范化的方式，成员的权利、义务及彼此间的关系都有明确的且常常是书面形式的规定。

非正式群体的正规化程度低，其成员间的互动采取随意的、常规的方式，成员的权利、义务及彼此间的关系并没有明确的尤其是成文的规定。在非正式群体中，成员间通过经常性的自由交往，形成了一种不言而喻的规范和角色期望，大家自然地结合在一起。

（3）依据成员对群体的心理归属来划分，可分为内群体和外群体。

内群体指成员对其有团结、忠心、亲密及合作感觉的群体，也就是成员在心理上自觉认同并归属于其中的群体。

外群体则指内群体之外的其他任何“别人”的结合。内群体中的成员对外群体及其成员常常抱有怀疑和偏见，甚至采取蔑视、厌恶、仇视、挑衅等敌对态度，在心理上无任何归属感。

（4）依据成员的身份归属来划分，可分为所属群体与参照群体。

所属群体是成员身份所属的群体。它规定着成员的身份及日常活动。

参照群体并非某一（某些）成员身份所属的群体，但却被某一（某些）成员用做其所属群体的参照对象。例如，大学的一个班通常用另一个班作为它的参照群体。

参照群体通常对其成员的认知、感情、态度和价值观念等发生重大影响，并因此削弱或加强所属群体的团结。

根据成员的不同参照需要，会形成不同的参照群体，同一参照群体的意义在不同时期可能发生变化。

（5）依据群体内人际关系发生的缘由及其性质来分，可分为血缘群体、地缘群体与业缘群体。

基于成员间血统或生理联系而形成的群体叫血缘群体，如家庭、家族等。

基于成员间空间或地理位置关系而形成的群体叫地缘群体。

基于成员间劳动与职业间的联系而形成的群体叫业缘群体。

理解以上几种分类方式，对我们认识网络中的群体以及群体传播是非常有益的。

另外，区分一般群体与组织群体也是十分必要的。

德国社会学家 L. 威瑟依据组织性的强弱，将群体分成组织群体和非组织群体。

组织群体与非组织群体在结构、功能和传播机制上都明显不同。一般也把组织群体称为“组织”。组织传播也是传播中的一种重要形式。

群体一方面对社会具有重要的作用，它是将个人与社会相联结的桥梁与中间纽带。另一方面，它对于成员个体也有着重要意义，这主要表现在：群体是满足个人需求的重要手段；群体是个人的信息来源和社会安全感的提供者；群体是个人表现和实现自我的场所与手段。

日本传播学家岩原勉将群体传播定义为：群体传播就是将共同目标和协作意愿加以连接和实现的过程。

群体传播的过程形成群体意识和群体结构，而这种意识一旦形成，又反过来成为群体活动的框架，对个人成员的态度和行为产生制约。

群体中有两个重要概念，即群体意识和群体规范。

群体意识就是参加群体的成员所共有的意识，它包含几个方面：（1）关于群体目标和群体规范的合意；（2）群体感情；（3）群体归属感。

群体规范指成员个人在群体活动中必须遵守的规则，在广义上也包括群体价值，即群体成员关于是非好坏的判断标准。

首先，群体规范可以协调成员的活动，规定成员角色和职责以促进群体目标的达成；其次，可以通过规范的共有来保证群体的整体合作，它还通过指共同的行为方式以维持群体的自我同一性；最后，它们为成员个人提供安全的决策依据。

群体意识是在群体传播中形成的。这种意识一旦形成，又会对群体传播产生重要的影响，即对成员个体的态度与行为产生制约。

群体规范也对群体传播活动起着制约作用，如排除偏离性意见，将群体内的意见分歧和争论限制在一定范围之内，以保证群体决策和群体活动的效率。同时，群体规范也对群体外的信息或宣传活动的效果有着重要影响。[①]

二、网络中的群体

网络中的群体一般有两种情况。

一种群体是在物理世界已经存在的，它通过网络来发展群体成员间的关系。例如，由班级论坛来形成另一种形式的班级。

而另一种情况，则是通过网络形成新群体，如一些兴趣社团。网络群体形成的途径很广泛，BBS、电子邮件、博客、网络游戏等，都可能成为孕育群体的土壤。

网络中只要是人群的聚集，是否就可称为群体？对此，需要具体问题具体分析。

网络中的聊天室虽然是典型的人群的聚集场所，但一般来说，聊天室的人群不具备稳定性，虽然有些人会经常在某个聊天室出现，但总体看，聊天室的交流是分散的，也不具备群体的基本特征。

BBS 更有可能孕育出群体。从传统的群体的定义看，群体应该有明确的成员关系、持续的相互交往、有一致的群体意识和规范、有一定的分工协作，并且有一致行动的能力。现在一些发展成熟的 BBS 已经初步具备以上的部分特征。例如，已经形成了一定的成员关系，各个成员的名称基本固定，BBS 成员之间也有一定的分工，有些 BBS 开始形成自己的群体意识和不成文的规范。在必要的时候，这些成员也可以采取某种一致行动。

可以说，将一个随机形成的 BBS 成员圈子，发展成一个成熟、稳定的群体，正是 BBS 建设的一种理想。

而在博客、网络游戏等平台上，因为人群相对稳定，有较为共同的兴趣，有较为频繁的互动，因而发展出群体的可能性也较大。

在网络中，我们还有另外一个常用词："社区"（台湾地区学者多称其为社群）。社区这个概念既可以指网站类型，也可以指团体，这些团体可以通过各种方式形成，如 BBS、游戏、网站，这些团体的成员通常具有相同的兴趣、目的，经常相互交流，互惠互利，这种团体能给每个成员以安全感和身份意识。因此，一个社区的建设目标，也就是成为一个真正的群体。下一章将继续探讨社区传播

---

① 参见郭庆光：《传播学教程》，89 页，北京，中国人民大学出版社，1999。

的规律。

可以说，形成网络群体的方式有很多。在网络发展初期，网络人群是自由的、松散的，但是，随着网络社会的发展，网络群体会越来越多地产生并得到充分发展。这些群体，对于网络社会的秩序的形成将起到促进作用。人们在网络中加入的群体，也将与他们在现实生活中的群体一样，成为生活的一部分。有些还将对他们产生重要影响。

但是，相对来说，网络群体的形成不具有强制性，群体规范所能产生的约束力也是较小的。所以，网络群体总体的流动性更大。一个群体发展到一定阶段后，也可能会失去凝聚力，而最终消失。

三、网络群体传播的特点

网络群体传播与传统群体传播在本质规律上是一致的，但是，由于传播渠道与情境等因素的变化，在某些方面也呈现出了一些特殊性。

1. 传播范围——跨地域性。

传统群体的交流常常受到地域因素的制约，尽管血缘群体和业缘群体这样的群体可能是跨越地域的，但在过去，由于受到交流渠道与交流手段的限制，这些群体内的传播有时并不是畅通的。而网络中的群体传播则超越了地域的限制。各种跨地域性交流手段，为不同类型群体的内部传播提供了有效而灵活的渠道，这有助于提高群体交流的频率，也有助于拓展交流的广度与深度。

2. 传播渠道——多样性。

可以说，网络的许多手段都可以成为群体传播的渠道。例如，电子邮件、聊天室、BBS、博客、万维网站、网络游戏等。但是，目前最主要的群体传播的渠道是 BBS。

除了网络的传播渠道外，网络中形成的群体也越来越多地在现实空间中进行交流，包括面对面的交流，而且越是成熟的网络群体，网下的交流越多。因此，现实与虚拟空间的传播的交织，成为网络群体传播日趋成熟后的一个走向。

另外一个值得注意的问题是，网络群体传播不是在封闭的空间中进行的，而是与人际传播、组织传播及大众传播等传播渠道相交融，这增加了传播的复杂性，也使传播效果的形成依赖于复合性的传播过程。

3. 传播者——身份公开性与匿名性并存。

与一般随意的网上交流相比，网络群体成员相对固定，各自使用的代号也常常是固定的。对于通过网络发展关系的现实群体来说，在一段时间后，大家都能知道不同代号代表的是谁。而完全在网络中形成的群体，人们也需要通过固定的代号来获得一个稳定的角色。因此，网络群体的成员身份具有一定的公开性。

但是，这也不能避免有些成员盗用其他成员的名字或代号来发布信息与言论。有些时候，某些成员因为种种原因，会有意识地采用匿名。

匿名性，可能带来传播的活跃，因为人们常常可以逃避某些言论带来的惩罚性后果。但另一方面，匿名性也难免会被某些成员恶意利用，例如，散布谣言、对其他成员进行人身攻击等。

成员是采用公开还是匿名身份进行传播，与很多因素有关。但这两者的交织，可能使传播的局面更加复杂化。

4. 传播情境——虚拟化环境中实在的结构关系。

像网络中其他传播一样，网络中的群体传播也是在虚拟化的环境中展开的。这种虚拟化意味着跨时空交流的频繁，同时，某些符号性交流，例如文字交流，得以强化。物理空间的环境因素的作用相对削弱。

但是，在这样一种虚拟环境中，网络群体成员间的关系却是真实存在的，而且像物理空间一样，群体成员间会形成权力关系。

虽然在网络中很容易聚集起人群，但是形成一个稳定的群体并不是一件容易的事。在网络中，如果一个群体没有明显的权力中心，它的凝聚力往往是不强的，作为一个整体的活动能力也不强。因此，权力中心的形成，对于网络群体的持续与稳定发展关系重大。

除了意见领袖这样的权力“中心”外，网络群体中的结构关系，还包括成员之间的相互认同关系、结盟关系、对抗关系等。这些关系的形成，与群体成员的性格、需求等相关。可以说，群体也是一个小的生态系统，只有形成合理的“链条”关系，才能保持其动态的平衡。

可以看到，网络中的群体传播，往往是在一定的结构关系影响下展开的。个体对于某一事物的态度与意见的形成，不单纯取决于个人的既有倾向，在很多时候还取决于权力中心以及其他成员的态度。这种影响的作用机制，本书第七章介绍的相关心理学理论会作出进一步解释。

在传统群体传播中，群体压力往往对群体成员产生重要影响。但是，在网络群体里，群体压力并非随时随地起作用，但也不能认为它不再存在。

在网络群体中，群体压力能否起作用，一方面取决于群体结构对个体的影响程度。在权力中心突出、结构关系紧密的群体中，群体压力可能更大。在这样的群体中，权力中心作为意见领袖，会影响到很多成员，因而产生较为强大的意见气候压力。同时，如果每个个体都处于比较固定的结构关系中，例如，与某一些人有牢固的同盟关系，那么，他的意见的形成就不能仅仅依据个人的判断，而是需要与他人保持一致。

此外，群体压力是否产生作用，也与人们的“群体承诺”有关，也就是与个体对群体的认同度与依赖度有关。如果某个成员对群体的认同度与依赖度较低，那么他持有与群体多数意见相反的想法时，可能会将其表达出来，而不必惧怕后果，因为最坏的后果一般只是被迫离开这个网上群体，而在现实生活中利益不会受到直接损害。当然，如果一个人对群体的认同度很高或依赖性很强，那就意味着，群体对他是很重要的，为了避免被赶出群体或被边缘化，他有时也会采取从众方式或结盟的方式以保护自己。

因此，在网络中群体压力是否起作用，如何起作用，取决于群体的结构关系对个体的影响程度，也取决于人们对群体的认同度与依赖度。通常是两种因素叠加作用。

网络中群体内部结构关系的形成，一种是在完全空白的状态下，通过自然的选择机制形成的，另一种则是对于现实中群体权力关系的一种继承或重新赋权。

重新赋权的意思是，网络可能改变原有群体中的领导者地位，而赋予一些原本只是普通成员的人以领导者的地位。

一些学者认为，决定群体领导的因素之一是交流的信息量，一般来说，在交流信息上最活跃的成员也就是群体的领袖。[①] 这一点，在网络群体中体现得更加突出。

网络里的群体传播主要以文字作为传播手段，因此，群体成员的影响力很大程度上取决于他的文字表现力以及文字对其他成员的影响力。一般来说，高频率地发表意见，能够提出鲜明的观点，文字生动、幽默的成员，他们发表的观点更容易引起广泛注意和讨论。因此，这样的人是居于交流的中心，也就更容易成为领袖。

一些群体成员，可能在现实世界外表不出众，也不擅长语言表达，但是到了网络却如鱼得水，很好地发挥了他们驾驭书面文字的能力，因此，有可能从现实群体中的不显赫地位转成网络群体中的领袖。相反，那些现实群体中的领导人物，可能由于技术能力的原因，也可能由于文字水平的关系，原有特长无法发

---

① ［美］弗里德曼、西尔斯等著，高地等译：《社会心理学》，522页，哈尔滨，黑龙江人民出版社，1984。

挥，因而逐渐被冷落。

这些新的领袖会对原有的领袖产生什么影响，他们会对群体的活动、决策起到什么样的作用，是一个非常值得研究的问题。

5. 传播动力——群体认同与群体承诺。

网络中的人群之所以最终会有一些演变为群体，人们之所以要通过群体内部的交流保持长期而稳定的关系，一个根本的动力在于社会归属感。

每个网络中的群体都有自己特定的交流话题范围，从表面上看，人们参与群体的交流，是为了获得这些特定范围内的信息或知识。但是，这只是人们的外在需求。如果只从信息获得这种需要来看，人们并不必然会对一个群体保持长久的忠诚度。真正能让个体留在一个群体，对群体产生忠诚度，并在必要的时候能与其他成员形成统一的行动，根本原因在于，人们需要通过参与到某个或某些群体中，获得自己的社会归属感，以避免个体的孤立。这种归属感既可能只是虚拟社会范围内的，也可能会延伸到现实社会中。

这种社会归属感在群体层面体现为个体对群体的认同以及承诺。

群体认同（group identity），也可称为群体归属感，它是指群体成员从群体活动得到某种程度的需要满足而对群体产生的认同感。

网络群体属于一种自发性的群体，因此，成员对它的认同度也不尽相同。一般来说，我们可以把网民对某一群体的认同度分为四个级别：高认同度、中认同度、低认同度和无认同度。

对群体形成认同的直接结果或行为表现是网民的群体承诺。所谓群体承诺（group commitment）一般是指个体认同并卷入一个群体的强度。它不同于任何人进入组织与组织签订的工作任务和职业角色方面的合同，而是一种“心理合同”，或“心理契约”。

从群体承诺的主要取向看，其性质可分为三种。

一是情感取向。它表现在以下三个方面：(1) 对群体怀有强烈信念和价值认定，即相信群体是有意义和有价值的。(2) 愿意为群体的利益付出努力，即把自己的努力与群体利益联系起来。(3) 有强烈的保持群体成员资格的愿望，即看重自己的群体成员身份。这种群体承诺的取向强调的是“意愿”（want），被称为“情感性承诺”（affective commitment）。

二是工具取向。即在群体中留任是出于对个人投入（时间、努力、机会等）代价的计算。比如，已经获得的地位，将在群体中获得的利益。这种群体承诺的取向强调的是“需要”（need）。由于它的主要特征是计算是否在群体内继续“留任”，因此也被称为“继续性承诺”（continuance）、“留任性承诺”或“工具性承诺”（instrumental commitment）。

三是规范取向。即在个人所认定“应该”（ought）“以符合群体目标和利益的方式来行动”的规范压力下对群体进行承诺，也可以解释为一种习惯性行为。这是一种“未必喜欢，也未必需要，但是既然做了，就应该做好”的承诺。这种群体承诺的取向强调的是“应该”，被称为“规范性承诺”（normative commitment）。

根据一些研究者的研究，目前，不同网民参与网络群体的活动时，所持的群体承诺取向也是各不相同的。以情感性承诺为主的网民，不少是与群体一起成长起来的，其个人目标已经比较好地与群体目标统一起来。当群体出现问题的时候，他们想到的是如何克服困难，推动群体发展。这部分网民的代表是一些论坛的发起人、组织者，一些个人网页的所有者，一些网站的所有者。他们的行为是建设性的。对于持工具性承诺心理的网民来说，他们往往是权衡利弊，认为自己参与群体所得到回报低于预期，例如，情感投入尚无明确的结果，讨论时听到的回应不及自己提供的信息量，因此不愿意轻易放弃获得回报的机会。但一旦有更加理想的选择或感到交换的平衡后就有可能离开现有群体。也有一些人是持规范性承诺心理的，他们出于习惯还会经常参与群体的某些活动，但是却已经没有什么承诺和认同。①

也许人们会推断在网络中离开一个群体的压力与成本较现实社会要低，因为，人们只要从一个群体中消失就可以，而不必像现实社会中离开一个群体那样需要承受舆论压力甚至其他利益损失。但是，社会归属感的失去，对网民来说，也是一种重要的损失，所以在很多情况下，他们也不会轻易离开一个群体，除非群体对他的意义不大，他对群体的依赖不强。群体承诺这样一种因素，在虚拟情境下仍然起着作用。情感性承诺、工具性承诺和规范性承诺在网络群体中都存在，但较传统群体而言，很多网络群体是由网民从无到有建设起来的，因此，成员的情感性承诺程度可能更高。

而对于群体总体而言，传播的内在动力是为了强化群体的特质，以便个体能对群体产生更高程度的归属感，这也是群体稳定的前提。

---

① 参见杨宜音、陈午晴、徐冰：《互联网络个性化信息服务的社会心理学研究》，载《网络世界》，1999（46）。

四、网络群体与“乌合之众”

心理学家的研究表明，群体的存在会给置身其中的个体带来很多心理上的影响。例如：

社会心理学家扎伊翁茨认为，他人在场时，会形成一种社会唤起，促进优势反应，其结果是促进简单行为，削弱复杂行为。即在这种情况下，简单的事，人们能做得更好，而复杂的事则会做得更差。这种心理现象，被称为“社会助长作用”。①

另外一些心理学家则注意到了一种“社会懈怠”现象：群体也可能使个体产生懈怠，且随着群体规模的增大，个体付出努力的程度在减小，因为在群体条件下，人们会受到搭“集体便车”的影响。如果评价对象是群体而不是个体的话，那么个体往往会减少自己的努力。

人在群体中失去自我感，即去个体化，也是一种常见的心理现象。即在群体情境中，人会失去自我觉知能力，从而导致个体失去自我和自我约束。

有关群体极化的研究则指出，群体讨论往往会强化其成员的最初的意向，例如，使偏激者更偏激。同时，群体讨论也会强化群体成员的共同态度，强化群体成员的平均倾向。

法国心理学家古斯塔夫·勒庞在他的《乌合之众——大众心理研究》中，对群体心理更是做出了系统的研究，他指出：群体是冲动、易变和急躁的；群体易受暗示、轻信；群体情绪夸张、单纯；群体偏执、专横、保守；群体既可能有极低的道德水平，也可以表现出个体根本达不到的崇高。② 尽管“乌合之众”这个中文译名未必能准确反映勒庞所研究的“群体”这样一个对象，但是，群体对个体心理的影响，以及群体心理表现出来的特殊性，的确是值得高度关注的。

当然，上述各种理论所涉及的，有些并不是社会学意义上的群体，而只是人群或者“集合行为”。但是这些研究，对于我们研究网络群体仍然具有很强的借鉴意义。

网络群体处于网络这样一个环境中，交流情境有所变化，但是，这种情境变

---

① 参见［美］戴维·麦尔斯著，侯玉波等译：《社会心理学》（第8版），208～238页，北京，人民邮电出版社，2006。

② 参见［法］古斯塔夫·勒庞著，冯克利译：《乌合之众——大众心理研究》，21～41页，北京，中央编译出版社，2005。

化反而可能强化群体心理。网络群体成员的交流频率、交流深度往往高于传统的群体传播，这会使网络群体成员间的相互影响加深。而上文中提到的结构的因素、个体对群体的归属感等因素，都会使网络中的群体压力和群体心理对个体产生影响。

在网络中，似乎可以更多地看到偏激言行、语言暴力、集体暴民等现象，这些现象并不能简单地从网民素质的角度去加以认识。群体在网民的意见、态度与行为产生过程中所起的作用是不可忽视的。

五、研究网络群体传播的意义

网络群体是一种普遍的存在，网络群体不仅加强了网民在网络世界中的归属感，也带来了网络社会的复杂构成，网络群体传播与现实群体传播之间的互动，也在改变着现实社会人与人的关系。研究网络群体传播有着政治学、社会学、传播学、营销学等多重意义。

1. 通过研究网络群体认识影响网民个体的社会因素。

虽然不同网民在网络中归属的群体的类型、数量以及与群体成员关系的紧密程度有所不同，但很多网民在网络世界里都会受到群体的影响，如果要研究某些网民个体的行为与意见态度的形成，往往不能把他们作为一个孤立的单位去考察，而是应该将他们置于群体的环境中，研究群体成员关系、群体意识与规范、群体心理、群体成员间的互动等是如何作用于他们的。

2. 通过研究网络群体认识网络社会的构成及其现实影响。

随着网络的普及与应用，网络所构造的社会，也将与现实社会一样，成为人们生活的一部分。网络群体是网络社会的基础性单位，也会逐渐成为整个社会的重要基础单元。因此，对网络群体及群体内传播的研究，是研究网络社会及其社会影响的出发点之一。

以群体为基本单位的网民世界，其稳定与群体的稳定直接相关。因此，网络群体规范是构成网络社会秩序的一种主要元素。而研究网络群体内的传播，才能看到群体规范是如何产生的，这些规范对于群体与整个网络社会又有着怎样的意义。

3. 通过研究网络群体传播理解网络文化的形成与发展。

网络群体传播不仅会强化群体意识与成员的群体归属感，同时往往会造就群体所特有的文化。群体传播与群体文化是一个互动的关系：群体传播过程能使与群体气质相适应的文化趣味凸显出来从而成为群体文化的萌芽，这种萌芽的成长也依赖于群体交流的推动。反过来，群体文化为群体传播提供了动力，也可以在很大程度上成为群体的象征和目标追求。

群体文化又是网络文化的基础。网络群体的多元性，也造就了网络文化的丰富性，所以，研究群体文化特别是一些有代表性的群体文化的个性，是研究网络文化的一个重要方面。

与此同时，群体文化的发展也有一定的普适性规律，通过共性的研究，可以更好地认识网络文化的整体运行轨迹及发展趋势。

4. 通过研究网络群体传播把握网络舆论的形成规律。

很多网络舆论是在网络群体传播的基础上形成并扩散的，这时，群体环境对于舆论走向的作用往往是明显的。意见领袖的影响、群体压力的影响、群体成员关系的影响等，都使舆论的形成过程复杂化。

研究群体传播，可以从另一个角度研究网络舆论的产生、发展及演变，并在群体传播的层面上为舆论引导提供可行的思路。

5. 通过网络群体研究网络中的经营规律。

网络群体的建设，在网站的建设中具有十分重要的意义。一个成熟的网站，需要有一批由具有高忠诚度的网民构成的群体。因此，研究网络群体的形成与发展，可以为网站的建设积累经验。

第三节　网络中的组织传播

网络中的组织传播，是目前新闻传播研究者较少关注的一个领域。但是，对于企业等组织来说，这却是一个非常值得关注的研究课题。

一、组织传播的概念

组织是指人们为了达到某种共同目标，将其行为彼此协调与联合起来所形成的社会团体。

也就是说，组织是为了实现一定的组织目标而设置与成立的。它具有以下结构特点：专业化的部门分工、职务分工和岗位责任制、组织系统的阶层制或等级制。

组织传播是指组织所从事的信息活动，它包括组织内传播和组织外传播两种。两者都是组织生存所必不可少的保障。

组织传播的功能包括：内部协调、指挥管理、决策应变、达成共识。

组织传播的渠道包括：下行传播，即有关组织目标、任务、方针、政策的信息，自上而下地得到传达贯彻。上行传播，即下级部门向上级部门或部下向上司汇报情况，提出建议、愿望与要求的信息传达活动。横向传播，指组织内同级部门或成员之间互通情况、交流信息的活动，其目的是为了相互之间的协调和配合。

组织传播可以通过书面、媒体、会议、电话、传真、组织内公共媒体或计算机通信系统等进行。网络作为一种计算机通信系统，给组织传播带来了巨大影响。

二、内联网与组织传播

对于组织来说，要有效地利用网络进行传播，可以依靠两种主要的网络技术，即内联网和互联网。内联网主要实现组织内的传播，而互联网则更多地实现组织外的传播。

内联网是在一个组织内部使用互联网技术实现通信和信息访问的方式。这是一个针对组织人员处理信息的集成机制。

与互联网一样，内联网也可以实现以下功能，主要有：

（1）Web：可集成多种功能服务。

（2）电子邮件：成员的个体间通信。

（3）公告板、聊天：实现组织成员间的多对多信息交流，聊天功能可以替代电话功能。

（4）FTP：文件的相互传送。

内联网的作用包括：信息公告、内部协作、营销管理、客户服务。

内联网的运用，给传统的组织传播带来了种种变化，这主要表现在：

1. 内联网改变了传统的组织结构。

内联网的最大优势之一是实现了信息的共享，这使过去许多组织中下行传播占主导地位的现象被改变。上行传播变得更容易实现。此外，一些学者认为，在传统的组织内部，特别是企业中，信息的掌握程度是与权力相对应的。例如，中层管理者通过限制上、下级的信息沟通来保持自己的权力。而在内联网中，信息可以得到最大限度的共享，并且可以自由移动，因而不会停滞在管理层中的任何一级。

内联网的使用，使组织的结构从“金字塔式”（见图3—1）演变成“网络式”（见图3—2）。

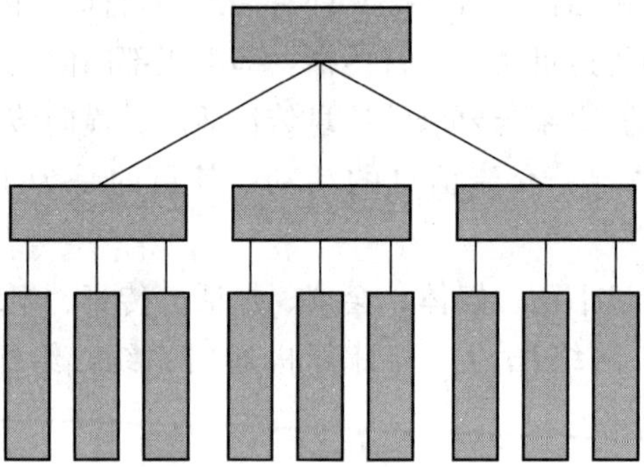

图3—1 金字塔式组织结构

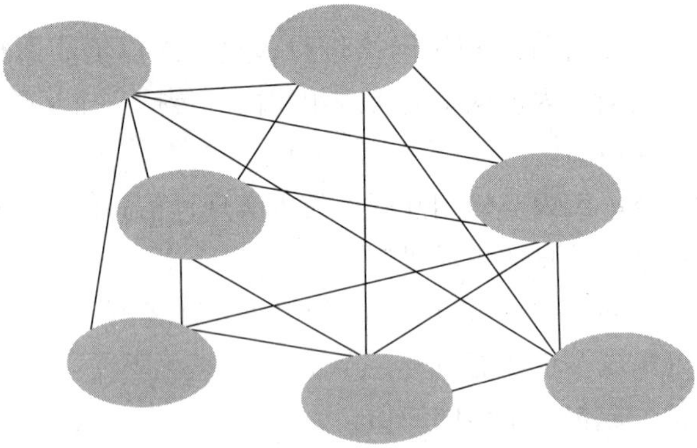

图3—2 网络式组织结构

约翰·奈斯比特在《大趋势——改变我们生活的十个新方向》中，把金字塔式的等级制度向网络式结构的转变，作为社会发展的十大趋势之一。①

奈斯比特认为，“在信息经济里，僵硬的等级结构使信息流程缓慢，而速度正是新社会所迫切需要的”。

关于网络式组织，奈斯比特引用美国人类学家弗吉尼亚·海恩的话说：“这是一个编结技术不甚高明的渔网，有许多大小不同的结节，或风眼，彼此之间直

① 参见［美］约翰·奈斯比特著，梅艳译：《大趋势——改变我们生活的十个新方向》，194～210页，北京，中国社会科学出版社，1984。

接或间接相连。”

奈斯比特认为，网络组织的主要目标是共享信息。因此，它可以提供一种官僚制度永远无法提供的东西——横向联系。“网络的存在可以促成自助，交换信息，改变社会，提高生产力和工作环境的质量，并且分享资源。网络的结构可比任何其他现有的组织以更快速、更富有情感、更节省能源的方式传递信息。”

奈斯比特所指的网络组织泛指各种组织，但组织结构的变革更多的是从企业这样的组织开始的。内联网的应用，正是给这样的变革提供了契机。

网络式组织不仅改善了组织内部信息的流动状况，也在其他方面带来了影响。包括：

第一，网络式组织对组织人员的素质提出了更高的要求。只有掌握了现代生产技术与交流手段的员工，才能在这种结构中“如鱼得水”。

第二，这种结构的变化也促使组织由“集权制”向“分权制”转变。使组织由过去高度集中的决策中心转变为多中心决策组织。

第三，网络式组织必将促进企业再造工程，企业的管理、生产、销售等网络将有机地结合在一起。

2. 内联网的出现，改变了组织成员间的交流方式。

内联网有可能对传统的传播手段产生冲击，例如，组织成员可能更喜欢用电子邮件、MSN 等方式而不是面对面的交流方式。而使用内联网作为传播渠道，既可能增强成员间交流的热情，拓宽交流范围，也可能削弱传播中的非语言辅助信息，从而影响传播效果。

因此，完全用内联网来代替传统的传播渠道是有害而无益的。内联网传播可以采用匿名的方式，因此可能导致虚假信息的出现，也可能使组织成员利用内联网发泄私愤。

3. 利用内联网或其他先进技术进行组织传播，有可能导致组织成员关系或权力关系的变化。

例如，提高那些掌握了相关技术的成员的地位。① 特别是“网管”这样的技术人员对于网络中信息的掌握，可能使他们无形中变成一种新的特权阶层。

在现实中已有案例表明，一些“网管”利用技术的便利获得他人的隐私后，对当事人进行控制与敲诈。尽管这只是个案，但它表明，技术在一定程度上就是权力。组织成员对于技术的依赖性越强，那么，通过技术所能实现的控制能力就

① 参见［美］凯瑟琳·米勒著，袁军等译：《组织传播》，257 页，北京，华夏出版社，2000。

越强。技术本身就可以赋予组织中的某些成员一些权力，从而对原有的权力关系产生影响。

4. 利用内联网来实现组织传播，使虚拟办公成为可能。

网络技术的运用，可以使“集中办公”变成“分布式办公”，因此“虚拟式”办公也就成为可能。当然，“虚拟办公”所带来的，究竟是利大于弊，还是弊大于利，有待实践作出回答。

三、互联网与组织传播

互联网是实现组织外传播的一种重要方式。组织外传播包括两种。

组织的信息输入活动：组织的信息输入活动是组织为进行目标管理和环境应变决策而从外部广泛收集和处理信息的活动。

组织的信息输出活动：宣传活动是现代组织的信息输出活动中的一个主要内容。宣传活动包括公关宣传、广告宣传和企业标识系统（CIS）宣传。

在互联网上，宣传活动主要是以建立网站的形式展开。此外，也可以配合网络广告。

与传统的宣传活动相比，网络宣传具有以下特点：

1. 组织在宣传活动中可以更好地掌握主动权。

过去，组织宣传往往需要借助传统媒体，但传统媒体由于资源的限制、编辑方针的限制，不可能把所有组织的信息都在媒体上发布，即使能发布，也会根据媒体的要求，对信息进行加工处理。这可能在一定程度上削弱信息的强度。在传统媒体上发布信息，还会有时间的限制。如，只能发布一次或有限的数次，何时发布也取决于媒体，这样信息的发布时机有可能被延误。

而组织在互联网上建立网站，就可以根据自己的需要随时发布信息。也有一些网站现在利用博客等方式进行对外宣传与公关活动，其效果与网站大同小异。

2. 组织在网络中宣传活动的效果，很大程度上取决于其网站的影响力。

尽管网络使组织在宣传活动中得到了更多的机会与主动权，但这不一定意味着宣传效果的增强。因为，在网上，大大小小各类网站多如牛毛，这导致很多网站形同虚设。所以能发布信息，并不必然意味着信息能为人们广为接收。因此，组织应加强网站的宣传，必要时仍然需要借助传统宣传手段。

另一个值得注意的现象是，组织网站的影响力，并不会必定继承该组织在物理世界的原有影响力。一些在物理世界品牌知名度相当高的企业，其网站却可能非常平庸。网站的建设是一个全新的工程。

为了使组织的网站具有更大的影响力，需要在网站的建设中采取一定的策略。包括：

第一，网站的设计，应体现并强化组织的CIS形象。

一个组织网站的建设是整个组织建设的一部分，因此，它不能脱离组织的原有定位“另立山头”。组织网站的设计，应该体现组织整体的CIS策略，包括它的网页设计、内容组织、标志设计等。组织在自己的网站或其他网站上的广告，也要保持形象的一致性。

第二，网站应以所有与组织有关的“利害关系者”作为自己的传播对象。

按照整合营销传播的理论，一个组织的营销活动，要把所有“利害关系者”作为自己的营销传播对象。既包括产品的消费者，也包括商业伙伴、政府部门、社会、投资者等。其目的，不仅是要销售产品，还要建立良好的合作关系，树立良好的公关形象。

由于网站直接承担着组织对外传播的任务，因此，在网站的功能设计上，就应充分体现与各种利害关系者的关系。例如，通过宣传组织的善事、义举，来提升自己的形象。仅仅以消费者为网站服务对象，只能说是一种短视行为。

第三，建立良好的互动服务。

互动关系的建立，是网站保持长久生命力的因素之一。例如，在企业组织网站的建设中，既包括与消费者的互动，也包括与商业伙伴的互动，与政府部门的互动，与投资者的互动。建立互动关系的方式，可以通过邮件列表、消费者社区、投资者社区、组织的FAQ（你问我答）等各种方式开展。

第四，在网站设计时运用小的策略，可以增加自己的网站在搜索引擎中被收集的机会。

互联网除了可以对组织外传播带来明显的影响外，也对组织内传播具有一定的影响作用。例如，即时通信工具在组织中被广泛采用时，它的影响与内联网的影响是相似的。

第四节　网络中的大众传播

大众传播，是专业化的媒介组织运用先进的传播技术和产业化手段，以社会上一般大众为对象而进行的大规模的信息生产和传播活动。

网络是一种大众传播媒介，这一点是毋庸置疑的。1998年5月，在联合国新闻委员会年会上，网络被正式作为“第四媒体”提出。安南也指出，在加强传统的文字、声像手段的同时，应利用最先进的第四媒体——互联网，以加强新闻传播工作。把网络当做第四媒体，正是从它的大众传播功能方面出发的。

一、大众传播的概念

“大众传播”概念首次出现于1945年11月在伦敦发表的联合国教科文组织宪章中。

美国学者杰诺维茨指出，大众传播由一些机构和技术所构成，专业化群体凭借这些机构和技术，通过技术手段（如报刊、广播、电视等）向为数众多、各不相同而又分布广泛的受众传播符号的内容。

德弗勒则认为大众传播是一个过程，在这个过程中，职业传播者利用机械媒介广泛、迅速、连续不断地发出讯息，目的是使人数众多、成分复杂的受众分享传播者要表达的含义，并试图以各种方式影响他们。

美国学者约翰·费斯克等编著的《关键概念——传播与文化研究辞典》（*Key Concepts in Communication and Cultural Studies*）将大众传播定义为：“在现代化的印刷、银幕、音像和广播等媒介中，通过公司化的财力、产业化的生产、国家化的管制、高科技、私人消费化的产品等形式，向某种未知的受众提供休闲式娱乐和信息的过程与产品。”①

大众传播的主要特点体现在如下方面②：

（1）大众传播中的传播者是从事信息生产和传播的专业化媒介组织。

（2）大众传播是运用先进的传播技术和产业化手段大量生产、复制和传播信息的活动。

（3）大众传播是公开的，对象是社会上的一般大众，是不定量的多数。

（4）大众传播的信息既具有商品属性，又具有文化属性。

（5）大众传播属于单向性很强的传播活动。

（6）大众传播是一种制度化的传播。

---

① ［美］约翰·费斯克等编，李彬译注：《关键概念——传播与文化研究辞典》，158页，北京，新华出版社，2004。

② 参见郭庆光：《传播学教程》，111～113页，北京，中国人民大学出版社，1999。

二、作为大众传播媒介的网络的特点

互联网诞生之初，并不是作为一种大众传播媒介出现的，但是，随着技术的日益发展，网络的应用越来越平民化，覆盖范围越来越广，能传播的信息形式越来越丰富，这为它成为一种大众传播媒介打下了基础。

从媒介自身的技术特性，以及它所承载的信息内容及表现方式来看，作为大众传播媒介的网络，与传统的大众传播媒介相比，有着很多不同特点。

1. 媒介获得的低门槛性。

与传统的大众传播相比，网络媒介的获得“门槛”是很低的，这表现为信息发布设备方面的低门槛和信息发布技术的低门槛。只要拥有能上网的电脑，会一些最基本的操作，任何个人都能够在网上发布信息。而且由于网络媒介的辐射力，这些信息传播有可能产生重大的影响，达到大众传播的效果。因此，多种主体，特别是个体，在信息传播中的作用得以不断加强。他们不再仅仅是信息的消费者，很多时候也可以扮演生产者的角色。他们的信息生产与专业机构的信息生产之间也日益交融。

2. 媒介利用的全时性。

网络媒介利用的全时性可以体现在如下方面：

一是传播过程的全时性。与传统媒体相比，网络媒体可以全天候地处于报道的状态，对于突发事件或动态发展的事件的报道，可以做到即时发布、全过程跟踪、不间断报道。网络媒体打破了出版周期、播出时段等因素的限制，在新闻报道方面显示出特有的快速反应能力和高度的灵活性。

二是信息存贮的全时性。在网络中传播的新闻信息，不仅可以在第一时间发布于网页，而且由于它已存在于网站的数据库中，因此从理论上来说可以一直存在于网络空间中。这些信息可以通过相关链接、受众查询等多种方式得到长期的利用。加上网络的海量性、网络信息之间的链接技术等因素的作用，网络信息常常是处于循环利用的过程中。

三是信息接收的全时性。传统媒体的信息接收受到很多因素的限制，特别是广播、电视等媒体，它们所发布的信息“转瞬即逝”，受众如果错过了收听收看的时间，可能就再也没机会获得这些信息。而网络媒体的存贮方式为受众提供了全时接收的可能。受众可以在信息发布几天、几周甚至更长的时间后再去获取信息。对于过往信息，也可以通过搜索引擎或网站的数据库进行检索。

但是，全时性也会带来一些相应的问题。例如，传播过程的全时性，虽然可能较好地满足受众对时效性的要求，但也容易造成信息的碎片化，也易带来信息的简单化快速处理和信息的快餐式消费。而存贮的全时性，则可能带来信息数量的膨胀，受众也不容易把握信息发布的准确时间，受众在日益复杂的信息迷宫中很容易产生迷失感。

3. 媒介空间的海量性。

媒介空间的海量性，指网络的存贮空间容量大大超过传统大众传播媒介，而这种存贮空间的海量性也直接造就了信息的海量性。

网络的存贮特点，使它较少受到过去传统媒体经常遭遇的容量不足的困惑，这为信息内容的进一步丰富奠定了基础。在一些重大的新闻报道活动中，网络媒体也可以充分利用这一优势，满足受众对内容的全面性的需要。

但是，这也可能带来信息筛选标准的降低以及信息过载，即使有无限可用的空间，网络信息仍然要加以必要的筛选，以免网民被信息淹没。

此外，稀缺资源有时是产生“张力”和竞争动力的重要因素。例如，对于报纸来说，版面空间的缺陷是由时间来弥补的，例如，采用“连载”的方式。而这恰好变成了一种优势，产生了一种时间上的“张力”，来不断“拉住”读者。直到今天，很多报纸上的“小说连载”仍然是其主要卖点之一。而网络媒体如果不能对资源加以合理利用，可能造成受众持续注意力的减退。几十万字或上百万字的书，可以一口气“上传”、“下载”，看上去很痛快，但是，网站对受众的长期吸引力被廉价地、瞬间地消耗了。这不能不说是一种遗憾。因此，网络新闻仍然要保持一种时间上的“张力”。除非是某些时效性要求特别高的情况，一般网络新闻传播者应该更加有节制地、有节奏地控制新闻及其他信息的发布。

4. 传受两极的连通性。

网络媒介为传受两极的直接连通提供了基础，这种连通性，也往往被人们称为互动性，它是作为大众传播媒介的网络的一个本质性特点。这意味着网络打破了过去由信息传播者单向传送信息的格局，信息传播者与接收者之间的互动变得切实可行。

5. 信息形态的多媒体性。

传统媒介传播信息的形式总是或多或少受到限制，网络则可以实现数据、文本、声音及各种图像在单一的、数字化环境中的一体化的信息传播。

网络中的多媒体性有两个层面的含义：一是指网络这个大平台，可以承载任何一种形式的信息；二是指在网络新闻或信息传播中，可以在某一主题的报道中综合运用多媒体手段。

网络中的多媒体报道，并不是各种媒体手段的简单相加，而是将文字、照片、图表、动画、音频及视频等信息传播手段中的某几种组合起来，且与网络的互动性相配合而形成的报道。它可以克服单一报道形式的不足，各种报道手段各尽其能，相辅相成，形成“1＋1＞2”的效应，互动手段使受众可以更充分地参与报道，因此报道的效果得以增强。

6. 信息文本的非线性。

网络信息主要由网页来呈现。网站组织结构的层次化以及超链接的存在，使网络信息不再是在一个封闭的单元中线性地展开，而是呈现出非线性的特征。一个文本中的超链接使它变得更开放、发散，与其他信息的关系更多，它也成为整个信息网络中的一个节点。

这种非线性，使人们在获取网络信息时，从一个信息节点开始，可能会不断地跳转到新的信息节点。

信息呈现方式的非线性与上一章提到的信息的连通性是“一枚硬币的两面”。它们都意味着信息间丰富的多元的联系。

对于信息的获取者来说，这种非线性的呈现方式，既可以为他们提供一种具有延展性的阅读体验，为他们获取更广泛的信息提供可能，同时，也可能使他们难以维持稳定的阅读目标，思考深度可能会因此削弱。

从表面看，信息呈现方式的非线性只是改变了人们的阅读习惯。事实上，它可能会从底层改变人们的行为方式。

7. 信息组织的层次性。

与非线性的特点相关，网络中的信息往往不是一次整体呈现，而是逐层展示的。例如，一条新闻可能包含标题、内容提要、正文、文中链接、相关文章等多个层次。由于每个层次的内容出现的顺序不同，出现的环境也各异，因此，受众对不同层次的信息关注的程度也有所不同。越早出现的层次，信息被关注、获取的几率越大。

网络中信息传播也呈现出层次性或多级性的特点。即使是始于大众传播的内容，也可能经过邮件转发、论坛转贴、博客转载等其他层次的传播，不同受众获取同一信息的来源与渠道可能会有很大差异。这种层次性传播也加大了信息失真的可能性。

8. 媒介属性的复合性。

本书前一章指出，网络不仅是媒介，它还是一种虚拟空间，是一种生活平台，也是一种商业平台。这些特性加入以后，会对网络的传播产生相应的影响。例如，作为一种虚拟空间，人们在网络中的心理需求、行为方式有时与现实空间有所不同。在这种前提下，人们对信息的选择、接收以及信息在人们身上引起的反应都会与传统媒体有所不同。

网络不仅承载大众传播，同时，还集其他传播形式于一体。在传统大众媒介时代，其他形式的传播特别是人际传播也会对大众传播的效果产生影响。在网络中，由于各种形式的传播相互融合，其他形式的传播对大众传播的影响会更加明显。

因此，多种平台、多种传播形态整合于一体时，网络中的大众传播表现出更为复杂的传播过程，其效果的形成也会受到更复杂的因素的作用。

9. 媒介使用的个性化。

可以说，与传统的大众传媒相比，网络是一个最个性化的媒体。这不但表现为信息获取的时间、方式、广度与深度等方面的个性化，还表现为，受众可以根据自己的需要定制信息。一些新的技术，如 RSS 技术的出现，更是可能使受众完全根据自己的兴趣来组合网络中的信息，形成一个个人化的信息门户。在新的技术的推动下，信息的生产者根据受众的个人特点来为他们“量身定做”信息也将越来越普遍。

三、网络中大众传播的特点

上文的分析，只是说明了网络大众传播所依存的传播媒介的基础性特点，网络大众传播的整体特点是在这个基础上形成的，主要表现为：

1. 传播主体的多元性。

传统的大众传播中的传播者是从事信息生产和传播的专业化媒介组织，而网络传播的低门槛性，带来了传播主体的多元化，以及传播格局的复杂化。除了传统的大众媒体外，商业网站、政府部门、各种组织与机构，甚至一些个人，都可以利用网络进行制度化的传播。这些传播也可以达到与传统媒体相当的传播效果。

网络大众传播主体的多元化，大大拓展了公共信息的传播渠道，使过去处于特权地位的传统媒体的地位受到挑战，过去单一的由媒体发出的声音被多种来源发出的声音所冲击，受众处于一个更多元的信息环境中，这可能为他们对现实社会环境作出判断提供更多参照。但这也可能造成信息质量的良莠不齐，虚假新闻或信息泛滥。而这些问题可能损害网络媒体的形象、声誉，使其权威性受到削弱，有时甚至可能带来较为严重的社会危害。

2. 传播过程的复杂性。

网络信息呈现方式的非线性与层次性，使信息在受众方发生作用时可能因人而异，同样的作品被人们接收的内容是不尽相同的。在受众端出现的分化，是网络大众传播过程复杂性的一个体现。

多级传播是网络大众传播过程复杂性的另一个体现。网络中的大众传播，容易与人际传播、群体传播、组织传播等其他传播渠道交织起来，多级传播在网络中非常普遍，而且它们往往取决于受众的自主选择与组合。在多级传播过程中，信息的失真现象也很容易出现。这也使对传播效果的预测与控制变得更为困难。

3. 传播手段的复合性。

网络媒介可传输多媒体内容，这使得网络中的大众传播的手段，可以突破过去任何一种传播媒体的限制。无论是什么背景的网站，都可以采用多种媒体方式来传播信息。

除了 Web 网站，网络中的大众传播，也可以利用 BBS 论坛、电子邮件、RSS、博客、手机短信等多种技术，这是其传播手段复合性的另一个体现。

4. 受众的高能动性。

与传统大众传播相比，网络的大众传播中，受众的能动性得到充分体现。这主要表现为以下几个方面：

（1）受众在信息生产方面所表现的能动性。例如，受众利用博客、个人网页、社区等多种方式发布他们创作的内容，这些内容是对专业机构生产的内容的一种补充。

（2）受众在信息消费方面所表现的能动性。与传统大众传播相比，受众在获取信息的时间、方式、广度与深度等方面，具有更多的自主权。他们可以更多地决定自己的消费行为。

（3）受众通过与专业机构的互动所表现的能动性。这种互动方式主要表现为：网络信息作品中的互动、受众点击信息后形成的直接反馈、受众发表的评论（新闻后跟帖、论坛、博客等）、受众提供新闻线索、在线交流、在线调查等。

网络大众传播中受众的能动性，使专业的信息传播者可以更好地把握到受众的脉搏，并以此作为调整自己的传播内容与传播策略的依据。同时，也使受众参与信息传播的可能性大大增强，受众对信息传播各环节的作用都越来越明显。

5. 传播效果的开放性。

在传统媒体时代，如果传媒机构对于传播规律有着较好的把握，便可在一定程度上预计与控制传播效果。但是，在网络中的大众传播却并不容易预测传播效果。传播效果往往是开放的，难以控制的。

这种开放性首先是因为受众在网络大众传播中的主动权大大加强，他们在网络信息消费过程中具有高度选择权，他们在信息生产流程与格局中所扮演的角色，也在发生质的变化。受众的深度参与，使网络传播已经不再是传播者可以单方面把握的过程，而是双方“共动”所导致的一个复杂传播过程。

其次，网络传播过程的复杂性，也使大众传播的效果受到多种因素的共同作用。因此，相比传统大众传播而言，网络中的大众传播更为开放。

尽管在一些时候，我们需要将网络中的大众传播作为一个独立的研究对象来考察，但是，我们一定不要将它与网络中的其他传播形态割裂开来。我们既需要把握网络中大众传播的基本线索，又需要把握一个完整的网络传播图景，只有在这个完整的图景中，才能更清楚地看到大众传播发生作用的过程及其相关影响因素，才能更深入地认识到网络中大众传播的特殊性。

本章学习与研究提示：

一些读者可能注意到，对于网络的特点，本书在第二章和本章中作了多个角度的分析，这可能会引起他们的困惑，网络的特点究竟是什么？事实上，对于网络特点的认识，总是基于一定的观察视角的。试图一劳永逸地给出标准答案式的所谓网络特点，既不现实，也是思维局限性的一种表现。

本书前两章从网络的整体特点、网络传播的整体特点、网络作为大众传播媒介的特点以及网络中人际传播、群体传播、组织传播、大众传播等各个不同层面的传播特点的角度，分析了网络及网络传播的复杂性。当然，这些特性一定是相互关联的、交叉作用的。

但我们的最终目标不是停留在对这些特点的归纳总结上，全方位认识网络的特点，是我们进一步研究网络传播与网络社会的基础。我们更多的是要综合运用这些知识，去探析网络传播的深层规律，分析各种网络现象及其发生演变的过程，研究网络社会形成与运动的内在逻辑。

本章延伸学习与思考：

1. 网络人际传播将对个体产生哪些方面的影响？
2. 结合实例分析网络群体中的结构关系是如何影响个体的行为与态度的。
3. 结合实例分析网络群体传播与群体文化形成的互动关系。
4. 结合实例分析网络群体传播在网络舆论形成过程中的影响。
5. 网络是如何改变组织内成员的原有关系的？
6. 网络大众传播的整体特性是由哪些因素带来的？

第四章 网络传播的典型形式

CHAPTER 4

网络传播的基本形态包括人际传播、群体传播、组织传播与大众传播。但这些传播形态往往是交织在一起的，共同作用于某些传播形式之中。本章将从网络传播的几种典型形式入手，进一步分析网络中的传播现象。

这些典型形式是由一些技术手段支持的，但有些传播形式不只是简单对应一种技术，而是在多种技术平台上体现，例如社区。更重要的是，研究网络传播的典型形式应该关注的是技术所营造的实在传播模式和传播情境，而不是技术本身，因为，技术是通过这些情境来发生作用的。

这些典型形式也互有交叉，它们体现了网络传播的复杂基础与机制。这些典型的传播形式，又是网站提供服务的主要方式。因此，对它们进行深入研究，不仅具有学理价值，更有着实践意义。

第一节 网站传播

网站是20世纪90年代初以来采用最广泛的一种网络传播的形式，它是利用Web页面组成的网站来发布各种信息、提供各种服务并与受众进行互动的一种传播形式。实际上网络的很多其他传播形式也都可嵌入Web网站。为了线索的清晰，在本节中只涉及最基本层面的网站传播。

网站传播既可用于大众传播，又可用于组织传播等。

一、网站传播的基本原理

网站传播的技术基础是 WWW 网站。关于 WWW 的基本原理，本书第一章中已经介绍，在此不再赘述。

一个网站是由若干用 HTML（或 XHTML 等）语言编写的网页构成。一个网页可以由多种形式的信息构成，这些信息依据一定的编排意图被整合在一个有限的空间中。而这些网页依照一定的结构方式构成网站整体。

网站的内容组织多采用层次树结构，在这样的结构里，主页里设立若干主要频道（或栏目），每个频道（栏目）里的信息再分成一些子栏目，依此类推。用导航系统将所有内容组成一棵由主页出发的树，用户的浏览过程是沿着树上下流动的过程。如图 4—1、图 4—2 所示。

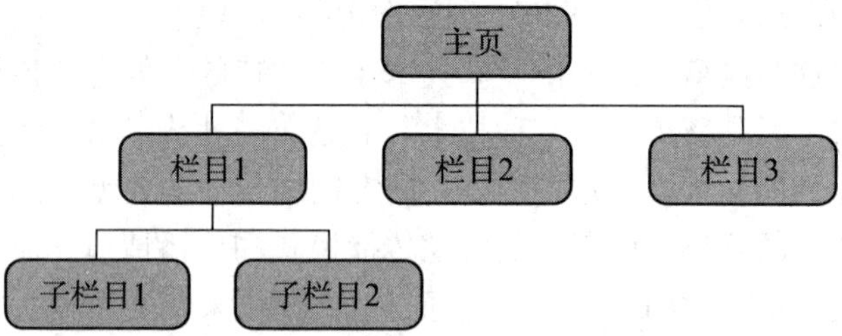

图 4—1　网站的层次结构示意 1

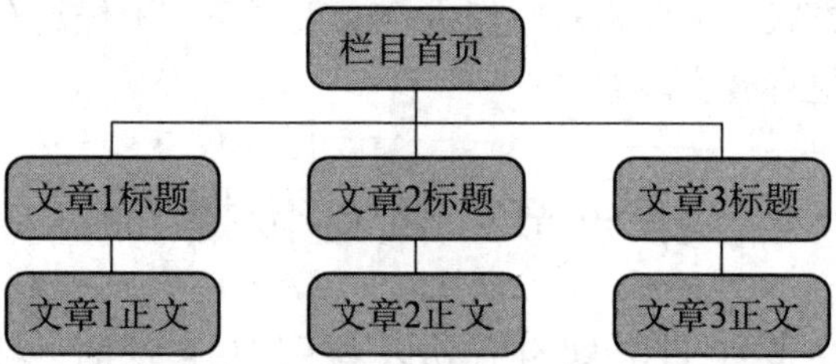

图 4—2　网站的层次结构示意 2

网站传播就是利用这些用层次化方式组织的网页来传播信息的。网站传播的内容形成了一张信息的网络。

二、网站传播的主体及其目标

网站传播的主体可以是任何类型的组织或个人，不同的传播主体有不同的传播目标。从目前发展来看，网站传播的主体主要包括以下几个方面：

1. ISP

ISP（internet service provider），意为互联网服务提供商，指向为用户提供互联网接口与相关服务的机构。一般来说，ISP 又可分为 IAP 与 ICP 两类。

IAP（internet access provider），即互联网接入商。它以提供网络接入服务为主，包括专线、拨号、无线等方式，并提供网上信息增值服务和市场推广等。但在中国，除中国电信等电信运营商外，没有纯粹的 IAP。

ICP（internet content provider），即互联网内容提供商。它们以提供各类网络信息为主，并围绕内容开展各种服务。

也有一些分类将 ISP 与 IAP 视为等同，都是指提供网络接入服务的网络公司。而 ICP 则与之对应，指提供网络内容的网站。

ICP 又可分为以下五类。

（1）综合性网站：综合性网站提供各类信息的综合服务，有些包含搜索服务，并结合这些服务，开办各种社区。这类网站的最高境界是“综合型门户”，它期望通过“大而全”的服务，给人提供“一站购齐”（all in one）的方便。

（2）专业网站：专业网站可以包括多类，例如，提供专业（行业）信息或服务、提供单一的服务（如游戏、交友、软件、硬件、新闻等）。这类网站的最高境界是垂直门户，即在本领域中具有权威地位的深层专业网站。

（3）搜索引擎类网站：通过信息的搜索或分类服务，满足人们对信息的深层需求。

（4）社区型网站：社区型网站强调通过社区式服务来聚集人气，为营销活动组织起目标客户群。也有人将社区型网站列为专业网站中的一种。

（5）电子商务网站：电子商务网站是以网络为平台开展营销活动的网站。电子商务网站，有些是由传统企业组建的，也有一些是由纯粹的网络公司兴办的，开展的电子商务活动类型包括：企业—企业（B to B）、企业—消费者（B to C），也有些网站开展的是消费者—消费者（C to C）的拍卖业务等。

当然，现在不同类型的商业网站的界限并不十分清晰。综合型网站也可能涉足电子商务领域。而电子商务网站为了吸引用户，也会开展各种信息服务。

对于这一类主体来说，网站传播实际上是其经营活动的一部分，传播的内容、手段等都取决于网站的整体经营策略。

2. 媒体

由于网站传播与传统大众传媒有很多相似之处，而在某些方面又具有自己的优势，因此，媒体也是利用网站进行传播的主要力量。

媒体上网初期，大多数只是把传统媒体内容拷贝到网上。但是，大多数媒体现在已经认识到网络的真正意义与价值，因此，已经摆脱了把网站作为传统媒体的复制版的狭隘思路。许多媒体网站已经开始成为一个独立的网站而不是传统媒体的附庸。

作为一个独立的网站，媒体网站在以新闻为主导产品的同时，也在寻求更多的注意力增长点与经济增长点。从媒体网站自身的状况看，一般媒体网站可以选择下列几种发展道路：

(1) 走综合网站的道路。对于一些大型的综合性传统媒体网站，这是它们未来的一种可行方向。目前，一些由多家传统媒体联合而成的媒体网站，也在朝这个方向努力。

(2) 结合传统媒体的专业优势，成为专业型网站。很多媒体原本就主要集中于某一个领域（青年、妇女、法制、科技等），在这个领域，它有高质量的内容来源，有广泛的社会关系，有良好的受众基础。如果能在网络中将这些优势发扬光大，就可能成为一个有影响的专业网站。将来也可以在这个领域内开展电子商务活动。

(3) 根据自己的地域特点和传统媒体的地方影响，成为地方性门户网站。这可能是很多地方性媒体的网上发展方向。

3. 政府

对于政府来说，利用 Web 网站进行传播主要有以下三个目标：

(1) 将政府网站作为政府发言的直接渠道。随着政府新闻发布制度的日益完善，政府网站已经成为政府发言的一个重要渠道。利用政府网站进行新闻发布，不仅信息发布时效性强，更新快，信息量大，而且具有更强的灵活性与主动权。它能有效地配合政府的其他信息发布手段。

(2) 将政府网站作为塑造政府形象的窗口。政府网站是政府与公众之间的一个直接桥梁，也是展现政府形象的一个窗口。政府网站所提供的内容与服务，能直接反映政府的工作理念、工作水平与工作效率。

(3) 将政府网站作为电子政务的平台。电子政务是信息时代政府工作手段的一次重要变革，政府网站与电子政务的结合，是一个发展趋势。

2006年1月1日，中国政府网正式开通。中国政府网是国务院和国务院各部门，以及各省（自治区、直辖市）人民政府在国际互联网上发布政府信息和提供在线服务的综合平台。中国政府网作为我国电子政务建设的重要组成部分，是政府面向社会的窗口，是公众与政府互动的渠道，对于促进政务公开、推进依法行政、接受公众监督、改进行政管理、全面履行政府职能具有重要意义。

除了中国政府网，各省市的政府网站也陆续开通。这些网站正在政府工作中发挥越来越重要的作用。

4. 机构与组织

机构与组织利用网站传播的目标与政府是相似的，包括：将网站作为机构或组织信息发布的直接渠道；将网站作为塑造机构或组织形象的窗口；将网站作为对外办公的平台；将网站作为内部办公的平台。

5. 企业

与政府、各类机构与组织一样，Web网站也是企业对外信息的发布渠道，是企业形象的塑造窗口。但是，在企业网站的建设中，更应该注重它与电子商务交易平台的结合。企业网站更多地应该是营销的一个平台，是营销手段的革新。

6. 个人

大多数个人开办自己的网站，其基本出发点，是满足与分享个人兴趣爱好。与其他主体所办的网站相比，个人网站一般规模小，内容单一，影响力相对也较小。但也有一些个人网站具有鲜明的特色，也有很高的人气。

也有一些个人网站在形成了自己特色的基础上，不断扩大自己的影响力，最终获得投资，进入商业化运作。

三、网站传播的特点

与网络中的其他传播形式相比，网站传播更多地体现了传统的大众传播的一些特点，当然，它同时也具有网络传播的一些突出特点。这主要表现在：

1. 技术上的相对复杂性。

虽然建立一个简单的网站比较容易，但是，要维持一个网站的定期更新、长期运转，保证内容的丰富性，却需要较复杂的技术支撑，此外也需要一定的硬件条件。缺乏一定技术背景的普通人，很难将一个网站长期地、制度化地运作下去。

因此，在网络中，网站传播是技术门槛相对较高的一种传播形式。

2. 特定网站中传播主体的单一性与高控制权。

利用网站进行传播需要具有对网页上的信息进行发布的控制权。受众虽然可以浏览网页，但并不能直接对网页进行修改，即使发表留言，也不是直接修改网页内容的方式。网站也可以删除留言等。因此，网站传播的主体是网站的经营者，传播主体对于在网站上传播的内容的控制权是很高的，这一点，也与传统媒体类似。

网站虽然可以转载其他来源的内容，但是，网站通常要对这些转载的内容进行把关，所以它是由单一传播主体进行控制的传播。

本书第一章第二节介绍了 Widget 这样一种新的技术，随着 Widget 技术的发展，网站传播的单一传播主体的特点会弱化，但是至少在目前，这仍然是网站传播的一个重要特点。

3. 传播受众的相对不确定性。

与即时通信传播、社区传播等相比，网站传播的受众的不确定性更强。虽然网站可以通过一些统计工具来观察网站的流量，但是，对于受众构成的具体特征的把握相对较弱。因此，网站传播对象通常并不是清晰可辨的。

4. 可互动性。

与传统媒体相比，网站传播具有了互动的可能性。例如，通过留言板、电子邮件等获得受众反馈。但是，是否要开放互动功能，取决于传播者的意愿。

四、网站传播的策略

到目前为止，网站传播仍是网络中最为普遍、最主要的传播形式。认识网站传播的基本规律，掌握网站传播的策略，具有重要意义。

（一）网站的规划

利用网站这一形式进行传播，其传播效果与网站自身的规划与设计直接相关。网站的规划，包括网站功能的规划、网站内容的规划、网站表现形式的规划。

1. 网站功能的规划。

通常，网站要实现以下五方面的功能。

（1）用户服务：通过各类信息与服务来满足访问者的需求。这是网站的核心功能，是其他功能的立足之本。对于 ICP 来说，用户服务主要是信息服务。要实现这一功能，就要在内容的确准度、广度、深度、集成度、使用的方便度等方面下工夫。对于电子商务类网站来说，网站的最终目标是实现产品营销。因此，用便捷的方式，提供产品的推广与销售环境是必要的。网站也应该是售前、售中、售后服务的完美结合体。

（2）关系建设：一个网站的持续发展，依赖于建立良好的用户关系，因此，网站应提供各种交互式手段，来为用户与用户之间、用户与网站之间、用户与其他服务者之间的沟通架起桥梁。沟通的方式可以包括电子邮件、BBS、博客、聊天室等。

（3）用户分析：在法律允许的范围内，用合理的方式搜集、储存与分析用户资料，是把握用户的一种有效手段。网站可以使用自动软件，来了解的用户的访问习惯、他们的兴趣点，可以用问卷方式来了解用户的背景资料等，并采用正确的方法分析并加以统计。这可以为网站的进一步发展和网络营销的开展，提供可靠的依据。

（4）市场开拓和调研：利用网站进行市场开拓与调研，也是网站的重要任务。对于媒体网站、ICP类网站，市场调研主要指对内容市场的调研，例如，观察用户对内容需求的变化，以便为下一步的内容发展提供指导。而对于电子商务类网站，则指产品的调研。可以通过网站，发放产品的试用版，并收集用户反馈，了解他们对产品性能、价格等方面的评价，以此作为产品开拓的参考。

（5）社会公关：一个网站不能仅仅把眼光盯在用户身上。利用网站的各种内容进行社会公关，以便与政府有关部门、商业伙伴、社会各界建立起良好的关系，是网站的另一重任。这将有利于网站的长远发展。

2. 网站内容的规划。

网站的功能，需要通过它所提供的内容去实现。网站内容的规划是基于对网站的定位、特色等各方面因素的考虑。一个网站的内容都是用栏目组织起来的。通常网站的栏目应该包括以下几大类：

（1）核心服务类栏目：任何一个网站都有自己的主要服务目标。对于媒体网站来说，这个核心服务是新闻内容。对于专业网站来说，这个核心服务是它的专业信息或产品。因此，网站的主要栏目应该围绕这些核心展开。

（2）特色服务类栏目：尽管每个网站有自己的定位，并以此来形成自己的核心服务。但核心服务是面向一个较广的目标用户群。因此，网站也可以进一步对这些目标用户群进行细分，并将其中某个或某几个群体作为自己的“政策倾斜”对象，为他们提供额外的服务。例如，“浙江在线”除了面向浙江地方的用户外，还专门为国内外新闻传播从业人员与研究者开辟了“中国新闻传播学评论”频道。这就是在新闻传播信息服务方面的一个倾斜。

（3）互动类栏目：“互动”是网络的主要特点之一。因此，在网站设计中，应该尽可能体现互动性。例如，可开设调查性栏目，可以为访问者提供聊天室、BBS或留言板等，并在此基础上形成稳定的社区。

除了可与网民互动外，还可以包括与网站的商业伙伴的互动。例如，为广告客户提供的有关信息。

（4）自我推介类栏目：任何一个网站都是一个公关的窗口。与传统的公关手段相比，这种方式既廉价，又有绝对的自主权。网站完全可以决定拿出多少篇幅、花多长时间来介绍自己。因此，在网站的栏目中，一个最基本的栏目是“关于自己”。在这个栏目下，还可以包括“历史”、“领导人物”、“机构新闻发布”、“媒体关于本组织的报道”等子栏目。在一些西方国家，很多商业性网站都特别注意突出自己在公益事业方面所做的贡献。这是提升网站形象的一种重要方式。这一点也非常值得我们借鉴。

3. 网站表现形式的规划。

网站的表现形式，包括网站的版式、导航系统、色彩、风格、采用的媒体形式（文字、声音、图像、视频等）。在这方面的原则是，既要突出网站的个性，又要以实用性为主要目标。

（二）网站传播的编辑策略

网站传播的基本载体是网页，网站的传播意图在很大程度上需要通过内容在页面中的表现形式加以体现。

在网页设计中，体现编辑意图的方法包括：

1. 推荐手段

最直接的表达编辑意图的方式，就是直接推荐新闻。在网站中，推荐可以包括以下手段：

（1）用弹出式窗口推荐重要新闻。但由于许多网民的电脑中都安装了屏蔽弹出窗口的插件，这种方式的作用越来越受到限制。

（2）设立推荐类栏目，将重点新闻放在其中。

（3）设置头条。与报纸一样，头条常常是编辑重点推荐的新闻。但是，网络新闻的头条不像报纸那样受到固定的出版周期的限制，一个头条新闻的生存期不一定是一天，可以更长，也可以更短。

（4）通过排行榜推荐新闻。排行榜可以按照点击率、评论数等指标来形成。

排行榜往往容易引起人们的关注，推荐效果明显。

2. 时间手段

网络新闻发布在时间上是开放的，因此，时间手段可以用于表达编辑的态度。主要方式有：

（1）新闻的更新频率：更新频率越高的新闻，一般来说，也是越受重视的新闻。

（2）新闻在网页中的驻留时间：驻留时间越长，一般来说，表明新闻越重要。

3. “强势”手段

在报纸的版面语言中，“强势”是一个很重要的概念，它指版面吸引读者注意力的方式或能力。报纸的强势与空间位置、空间大小、标题或正文的字体、大小、排列方式、色彩、线条、图片以及稿件集合等多种手段有关。在网页中，强势仍然是一个十分重要的概念，因为在网页中，标题与内容是分离的。如果没有一定的手段对读者进行提示，读者往往只能由标题的内容是否吸引人为标准进行选择，倘若标题与内容相偏离，就会对读者产生误导。因此，网页上的强势不但可以体现编辑们的意见，还可以帮助读者分清主次，以便尽快获得重要信息，在这种情况下，研究网页强势就具有重要意义。

传统印刷报纸与强势有关的手段有的还会在提供网络新闻的网页中起作用，有些则被弱化。

被弱化的手段包括：字符的大小、字体、文字排列方式、色彩、线条。这是因为：网页的设计与报纸版面的设计有很大的不同，为方便读者的阅读，以及不使读者产生过度的视觉疲劳，网页的字符、色彩、线条的运用应尽量简单统一，即使有所变化，也不可能像报纸那样丰富。而色彩、线条的主要作用已变成装饰或分割而不是强调，不再承担“发言”的功能。

但是，也有一些网站利用特别的字号与字体，来强调重要新闻。这方面的代表是新华网的头条处理。

在网页设计中，体现强势比较有效的方式是图片。用给稿件配发图片的方式，可以吸引读者的视线，并促使他们阅读正文。

此外，用动态方式呈现的内容也比较容易吸引视线。例如，一些最近更新的新闻，可以用滚动字幕的方式加以突出。当然，静与动是相对的。如果网页中动态的元素很多，那么“动中取静”反而更容易引起关注。

过去在报纸版面中对强势起重要作用的“空间位置”因素在网页中还有一定

作用。一般来说，处于屏幕上方的信息强势较大，因为这部分信息是最先出现在受众眼前的。其中，第一屏的左上角，强势更明显。

另外，屏幕右部也是一种强势空间，因为网民总是需要拖动屏幕右边的滚动条来扩展屏幕大小，这时，视线更容易在屏幕的右边移动，因此，屏幕右边的内容更容易被受众注意。

当然，有时把一些信息放在“劣势”的位置，不是因为它们不重要，而是出于对整体页面安排的考虑。另外，当一个屏幕上出现多条信息时，不能简单地把上方的信息当成最重要的新闻。这一点，与报纸是有所不同的。

4. 结构手段

网站是由很多的网页组成的，不同网页之间由一定的层次结构组成。一些页面会先被读到，而另一些页面则只能较晚出现。主页是第一个被访问的页面，所以，一般新闻网站都在主页上设立重要新闻一栏，给予重要新闻最早被读者调用的特权——这正如在报纸的头版上安排重要稿件，而其他新闻则被安排为某个栏目的重要新闻，或是一般性新闻。这样，读者就能从这种顺序安排中体会到稿件的重要与否。

5. 标题手段

在网页中，文章的标题文字对形成强势也有较大作用，因为当读者看不到正文时，只能通过标题文字是否能引起他的兴趣来作初步判断。这时，放在印刷报纸上不起眼的新闻可能由于标题做得好而会在网页上显得抢眼。

标题手段首先体现在标题的内容上。因此，网络新闻编辑应该提高标题的生动性、准确性，并使标题能恰当体现内容的重要程度。也就是重要新闻标题浓墨重彩，而一般新闻标题则可适当轻描淡写，不要喧宾夺主。

其次，标题的表现形式也是体现其重要程度的一个方式，利用相关编排手段可以突出或淡化某些标题。

6. 集合手段

在传统报纸上，稿件的集合不但可以形成版面上的强势，还可以产生“1＋1＞2”的效果，因为它更好地挖掘了稿件之间的内在联系。在网页上，相关稿件的集合仍然是形成群体优势的一个行之有效的方式。它的作用，除了可以更好地提高信息服务的质量外，还可以增加某些稿件的吸引力，使人们对此给予更多关注。目前，专题是网站采用最多的一种集合手段。

第二节　即时通信传播

即时通信工具已经成为网民广泛使用的互联网服务。目前的即时通信已经从电脑对电脑的交流发展到电脑对手机等其他终端间的交流。它不仅为人际交流提供了新的渠道与手段，也在其他层面影响着人们的生活方式与行为方式。

一、即时通信传播的功能

即时通信工具在网络中的应用越来越普及，它已成为网络传播的一种非常典型的形式。即时通信工具虽然更多地运用于人际传播，但是在某些时候，它也成为组织传播、群体传播乃至大众传播的工具。在不同层面上，即时通信传播的功能是不一样的。

对于个体来说，即时通信传播的功能主要表现为：

1. 个体交流。

个体交流是绝大多数网民使用即时通信工具的基本动因。由于交流的便捷性、实时性、可控性，即时通信工具越来越多地成为网民的主要交流工具之一。

即时通信工具上的交流，交流对象明确，基本上是熟人间的交流，在这种可信度的保障下，其交流的质量，比起聊天室等的交流，通常更高。

2. 信息共享。

即时通信工具可以传送各种形式的文件，还有一些工具提供共享文件夹功能，有些则提供共享空间服务，可以上传照片、发布日志，因此，它也在网民的信息共享活动中起着重要作用。

3. 人脉资源积累。

即时通信工具可以逐渐为个体编织起一张人际关系的网络，为个体不断积累人脉资源。一个人未必每次在网上时都会与有即时通信关系的所有朋友进行交流，但是，一旦有需要，他可以随时调动这个关系网络上的资源。即使在没有明确目的的情况下，人们也会通过即时通信工具进行偶尔的简短交流，这是对人际关系网络进行日常维护的一种方式。

4. 个人信息与情绪披露。

在一些即时通信工具中，个人的基本信息可以用多种方式表示，除了自己的昵称外，还有签名档、个人图标等。这些小小的功能，在某种意义上成为一扇窗口，一种个人媒体，成为个人有控制地披露个人信息与情绪的渠道。

运用昵称、签名档、个人图标等方式进行自我披露，方便、快捷，可以随时更新，而且可以单方面完成。它很容易将一些需要让交流圈内所有朋友了解的信息（例如，个人行踪、个人需求等）在瞬间实现“广而告之”。在某些时候，这种披露也成为个体自我宣泄的一种方式。

但是，人们在这个窗口里披露什么，不披露什么，通常是经过精心安排的，它也是人们进行个人形象管理、印象整饰的重要手段。

对于群体而言，即时通信工具对于群体信息的交流、群体文化的形成，具有一定的作用。

对于组织而言，即时通信传播的突出功能表现为内部信息的沟通与协同工作。

即时通信能构成一个强大的社会网络，因此，在一些特定的情况下，它又具有群体传播和大众传播的效果。在这个层面，即时通信传播的功能主要体现为大众文化的传播、舆论表达和社会动员等。对此，我们将在稍后进行进一步分析。

现在很多即时通信工具，还集成了信息发布、娱乐、博客等功能，与网络中其他服务的结合更加紧密。

二、即时通信传播的特点

即时通信传播继承了网络人际传播的一般特点。由于它的广泛运用，它在点对点传播基础之上形成了一个覆盖范围非常广的较为稳定的社会网络。要深入认识它的传播模式及其影响，既要从点对点的交流层面去观察，又要从更广阔的社会性的交流网络角度去分析。即时通信传播的主要特点表现为：

1. 点对点的交流结构。

从技术上看，即时通信交流通常运用的是点对点的技术。个体与个体间的信息传播，不需要通过中心服务器，而是直接在交流者的电脑终端之间进行的。由于即时通信交流不需要通过其他中介，因此，交流过程中受到的外来干扰、影响与控制是相对较小的。

点对点的交流结构也意味着即时通信传播是以一对一的交流为主。交流中的两端，在技术结构上是平等的。这样一种点对点的交流结构，有助于保持两个个体间的即时通信交流的稳定性与持续性，这不仅体现在一次交流过程中，还体现在长期的交往行为中。

当然，人们使用即时通信工具时，可以同时与多人交流，甚至可以不让人察觉，这与电话、面对面等点对点交流是有所不同的。可以说，即时通信的点对点可以是“多线程”、“并行”的点对点交流，而不是“单线程”或“串行”的交流。而这些并发的“线程”之间，交流内容可以互不干扰，除非交流者发生错误，例如，将信息发错了窗口。

点对点的交流，也意味着交流的相对私密性。但是，由于技术上的问题，一些即时通信工具在聊天时的内容也容易被他人截获，隐私不能得到充分保障。

此外，基于即时通信的传播也有一对多、多对多的方式。个体在即时通信工具中的签名档等，是一种简单而有效的一对多传播方式，而“群”等则是多对多的传播方式。但是，它们仍然是以点对点交流结构为基础的，而且在交流的对象与规模上，即时通信比聊天室更容易控制。

2. 同步的交流时效。

正如这一技术的名称所揭示的那样，即时通信在交流时效上是实时的，也就是说传播与接受几乎是同步进行的。虽然与面对面的交流相比，它还存在一定的时滞，但是在较为顺畅的网络条件下，这种时滞是很小的，甚至往往被人们忽略不计。

现在的即时通信工具也具备了脱机留言的功能，这使得它的延时性得到增强。这种延时性是对同步的、即时的交流的一种有益补充。

由于即时通信交流越来越具有面对面交流的实时性，而同时，它又是远程的，交流手段是可变的、可控的，因此很多人会越来越依赖这种交流方式。

3. 交流的可控性。

个体在即时通信交流中，具有较强的控制性。这主要表现为：

(1) 个体可以选择交流对象，对于一些不愿意进行交流的对象，可以用相应手段加以拒绝。

(2) 个体可以设置自己的在线状态，避免受到不必要的打扰。而同时，在需要进行交流时，又可以主动出击。

(3) 个体可以选择交流中采用的手段。对手段的控制也在很大程度上决定了交流的层次与深度。

(4) 个体可以较好地控制交流的时间与节奏。在面对面交流中，对交流时间的长短与节奏的控制往往不是单方面可以把握的，有时一方想中止交流却碍于情面不得不勉强维持，而在即时通信交流中，交流者很容易找到各种借口来控制交流的节奏。

与同样是作为人际传播手段的电子邮件相比，即时通信工具在交流上的可控性，使人们较少受到垃圾信息的骚扰，因而有效交流程度较高。

4. 丰富、可切换的交流手段。

即时通信工具早期的传播形式是文字，但随着技术的不断发展，图片、动画、声音与视频等的传播不再存在障碍，因此人们交流的手段也日益丰富。

与面对面的交流相比，在某种意义上，即时通信工具的交流手段更为多样，而且人们可以根据交流环境、交流主题的不同，选择不同的交流手段，可以方便地在文字、语音和视频等交流中进行切换，因此，有时交流质量比面对面交流还要好。

5. 以个人为节点的复杂的交流网络。

即时通信交流从微观上看是点对点的，但是，从宏观上看，每一个参与交流的个人只是一个庞大而复杂的交流网络中的一个节点，也就是说，每一个个体都会通过这个网络与他人产生联系。

与那些固定的交流对象的联系，可以说是一种“强联系”。基于强联系进行的“点对点”传播，人们之间的信任度较高，因此，信息传播会更有效。

除了“强联系”，即时通信交流网络中的个体还可以通过他人的“中转”与素不相识的人产生联系，这种联系可以说是一种“弱联系”。

即时通信交流构成的网络的意义，可以由六度分隔理论揭示。六度分隔理论说明了社会中普遍存在着的“弱纽带”关系，这种关系虽然是弱联系，但却发挥着非常强大的作用。

正是由于这种复杂的社会网络，利用即时通信工具进行的传播，有时同样能够产生广泛的社会影响，在某些时候它的能量甚至不亚于大众传播渠道的能量。当一个信息在这个网络中的某一个节点出发时，如果它被很多人认为有传播价值，就会被这些人不断地转发，一传十、十传百，很容易产生呈几何指数增长的效果。而且由于传播是基于熟人的网络，人们对于所接收的信息信任度更高。因此传播效果往往更强。

上一章提到，网络中的其他人际传播也会构成复杂的交流网络，但由于即时通信传播的稳定性、持续性、交流的即时性、交流手段的灵活性等，它构建的社会性网络也具有更为稳定的基础结构，在这个社会网络中进行的信息传播也更为高效。

这个交流网络不仅在信息传播方面有较高的效率，也容易造成群体情绪与社会压力的扩散。除了人们之间直接的信息传输外，签名档这样一种传播手段，在情绪与压力扩散方面的作用也是显著的。例如，集体签名行为会给不加入集体行动的人带来心理压力，出于各种因素的考虑，人们有时不得不最终“从众”。

当然，对于个体来说，即时通信工具形成的人际网络也有一定的负效应。有研究者指出，一个网络的节点数越多，它被滥用的风险就越大，造成的损失也越大。另外，网络越大，网络的维护成本也就越大。一个网络的大小，并不一定会直接影响使用者自身对网络的价值判断。① 因此，对于即时交流工具的使用个体来说，一味追求自己的交际网络的扩大并不一定是有意义的。

三、即时通信传播带来的社会影响

(一) 即时通信工具与娱乐化倾向和流行文化的传播

网络的发展顺应了人们的娱乐需求，2008 年 1 月发布的 CNNIC（中国互联网络信息中心）第 21 次《中国互联网络发展状况统计报告》显示，参与调查的网民中，认为互联网丰富了网民的娱乐生活的人的比例高达 94.2%，这一结果表明，目前在中国，娱乐满足成为互联网最大的作用。

娱乐需求的满足在很大程度上与流行文化的传播是相辅相成的。而即时通信工具在这些方面具有自己独特的作用。

前面已经提到，即时通信传播构建了一个以点对点传播为基础的复杂社会网络。这个社会网络的信息传播路径四通八达，人们普遍感兴趣的信息在这个网络里很容易实现“遍在”的效果。而由于使用即时通信工具的网民大多是年轻人，娱乐信息、流行文化是他们的重要兴趣所在，即时通信网络也成为他们交流娱乐资讯、分享流行文化产品的一种重要渠道，因此，这样一种传播网络，有利于流行文化的传播。

在 QQ 等即时交流渠道中，“群”的应用也越来越普及。所谓“群”是一种多人交流的服务。一个网友在创建群以后，可以邀请朋友或者有共同兴趣爱好的人到一个群里面聊天。在群内除了聊天，还有论坛、相册、共享文件等多种交流方式。

“群”的应用，使即时通信工具在群体传播方面具有了更大的作用。而很多“群”的形成，都是以各种娱乐和流行文化的话题为基础的。

例如，表 4—1 显示的是 2008 年 2 月的腾讯“QQ 群”的构成情况，数量最

① 洪波：《网络效应和网络负效应》，http：//blog.donews.com/keso/archive/2006/07/29/980939.aspx。

多的“群”是游戏类，而影视音乐、追星族、动漫、生活休闲、购物、体育联盟等与流行文化直接相关的“群”的数量也很可观。其他一些“群”虽然没有明确体现流行文化的主题，但人们的交流内容很多仍然是与流行文化相关的。

表 4—1　　2008 年 2 月“QQ 群”的构成情况

游戏（3 069 014）	置业安居（239 343）	车行天下（147 671）	影视音乐（963 506）
追星族（1 214 891）	旅游（117 054）	购物（313 173）	体育联盟（355 244）
同城对碰（809 548）	老乡会（1 769 018）	同事录（2 013 485）	考试/培训（195 023）
职业交流（451 443）	技术联盟（599 714）	动漫（613 429）	商业金融（270 141）
原创空间（1 528 300）	读书会（409 881）	生活休闲（2 142 604）	星座缘分（1 179 871）
其他（2 706 458）	同学（1 271 832）		

2008 年 1 月发布的 CNNIC 第 21 次《中国互联网络发展状况统计报告》显示，中国网民电子邮件的使用率为 56.5%，而即时通信的使用率为 81.4%；2007 年 7 月发布的第 20 次调查的结果显示，两者的比例分别为 55.4%和 69.8%；2007 年 1 月发布的第 19 次调查的结果显示，两者的比例分别为 56.1%和 34.5%。即时通信工具使用率在近一年的时间里迅速超过电子邮件的使用率，并且很快就大大拉开了差距，这说明中国网民对即时通信工具的依赖程度远超出了对电子邮件的依赖程度。除了垃圾邮件等影响因素外，即时通信比电子邮件更能满足人们的娱乐需求，与流行文化的传播更为紧密，这也许是它能占据优势地位的另一个重要原因。

（二）即时通信工具的使用与社会人群的分化

作为一种技术，即时通信工具不仅给人们的交往提供了方便，也在无形中影响甚至塑造着人们的思维方式、行为方式以及交往范围。在一定意义上，即时通信工具的使用，导致了社会人群的分化。这种分化不一定都是显著的结构性的分化或分层，有些只是人们心理上感知到的人群区分。

1. 即时通信工具形成的交际圈带来人群分化。

虽然从总体上看，即时通信交流形成了一个宏大的社会网络，但是，对于每一个个体来说，他有自己特定的交际圈，这个圈子只是整个交流网络中的一个极小的局部。每个人的交流对象都是经过选择的，这种选择是一种对他人的认同。

由于即时通信工具在很大程度上有积累人脉资源的功能，因此，人们相互认同的基础往往是兴趣、爱好、学历、背景、社会地位等方面的相似性。有很多人可能同时处于几个不同的交流圈子中，如同学的圈子、同事的圈子、朋友的圈子，每一个圈子都具有自己的社会特征。在不同的圈子中，他都会找到与这个圈子中人的“交集”，也就是与这个交流圈子中的人往往有一定的同质性。即时通信的交流圈子在某种意义上使社会人群出现了更明显的分化。

尽管在网络即时通信工具普及之前，很多人也有自己的交际圈，但是，即时通信交流的频繁和方便，在更大程度上强化了人们的交际圈子，从而促进各类人群的形成。即时通信交流的自由性与高度选择性，也可以打破过去由物理空间因素规定的人群，而形成由文化因素规定的各种人群。

2. 作为文化符号的即时通信工具的使用带来人群分化。

尽管各种即时通信工具的基本功能没有本质区别，但是，经过一定时期的发展，不同的即时通信工具自然形成了不同的使用人群。使用什么样的即时通信工具，在一定意义上成为了一种身份的象征。

在中国，目前 MSN 与 QQ 是两种最主要的即时通信手段。虽然在功能上有很多相似性，但是，不同人群对这两种工具有不同的偏好。根据 CNNIC 2006 年的调查，在北京与上海的特定用户群中，MSN 占据了一定的优势。调查显示，使用地点为单位的京沪即时通信用户中，MSN 分别以 49.5%、67.5%的占有比例高过 QQ。相应地，在京沪的高端人群中，MSN 所占份额显示出比 QQ 更大的优势，分别领先了 10 个和 30 个以上的百分点。CNNIC 调查报告把高端用户定义为年龄在 25 岁以上，月收入在 3 000 元以上，文化程度在大学本科及以上的用户。在其他地区的特定人群中，QQ 则依然显现出明显的强势。图 4—3 显示了具体的数据结果。

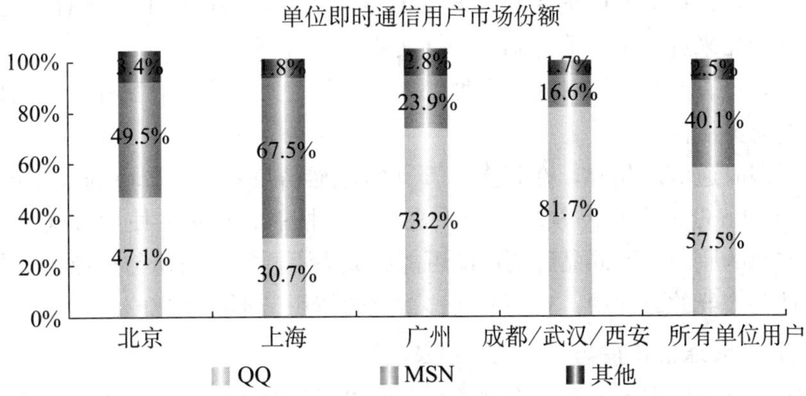

图 4—3　CNNIC 关于单位即时通信用户市场份额的调查结果

资料来源：www.cnnic.cn。

尽管这个调查没有反映MSN和QQ用户的全面特征，但它在一定程度上表明，不同人群对于即时工具的使用偏好是不同的。

出现这种分化的原因，首先是不同软件具有不同的技术特性。使用QQ在交流对象上有更强的开放性，允许陌生人之间的聊天。而MSN交流的前提，是知道他人的账号，这样，人们在MSN上受陌生人打扰的几率就非常小。在娱乐功能方面，QQ较MSN更强大。因此，QQ更适合喜欢交际、娱乐的人，特别是年轻人，而MSN则更适合商务人士。

由于技术的差异，人们在进行即时通信工具选择时，就会出现自然分化。而进一步地，圈子带来的连锁效应，会强化这种差异的存在。人们选择即时通信工具时，往往是经自己熟悉的人介绍，作出与他们同样的选择是很自然的事。反过来，为了与自己圈子的人交流，也需要跟他们使用相同的工具。因此，这会不断增强某种工具在某类人群中的扩散。

随着即时通信工具的不断普及与发展，MSN或QQ等产品本身也在某种意义上演变为一种文化符号，给使用者以心理暗示，甚至成为身份认同的某个指标。这会促成并不断强化相应的“使用文化”。例如，MSN已经被贴上“白领”的标签，后来者为了能让自己也能打上“白领”的烙印，也就会选择这个工具。白领们在使用MSN时，也会有意或无意地强化它与白领阶层的吻合性。而MSN的开发者微软公司，针对白领用户为主的市场状况，也在不断地强化自己产品的白领化特征，例如，开设白领化门户，开展与白领有关的市场营销活动。与之对应的，QQ的使用者，更强调年轻、时尚、开放这样的文化特质，而QQ的开发者腾讯公司，也针对QQ的用户，开发出很多衍生产品，如卡通玩具、背包等，通过这些产品来进一步塑造与刺激QQ文化。

当然，也有不少人同时使用多种工具。这既是为了技术的互补性，也是为了身份认同的灵活性。

除了即时通信产品外，在很多ICT（信息通信技术——information communication technology）产品领域，如手机，由于性能、价格、使用方式、产品营销等多方面的原因，不同品牌的产品可能会成为不同社会身份与地位的象征性符号。在社会人群的分化中，它们的潜移默化的作用是不可忽视的。

（三）即时通信传播与舆论的传播及表达

作为一个规模庞大、节点众多的社会网络，即时通信也可以成为舆论传播的一个渠道，成为舆论表达的一种手段。

即时通信工具要成为舆论传播的一个渠道，前提是互联网或社会上已具备一定的舆论形成的意见气候。即时通信网络是通过点对点的方式进行传播，在这个网络中，不存在大规模的群体互动，很难就一些问题进行广泛而深入的讨论。在舆论形成方面，即时通信工具主要扮演广而告之的角色，只是传达简单的信息和态度、情绪。如果在此之前社会上没有为大多数人所认同的意见倾向，那么，在即时通信网络中所进行的信息和态度的传递就会受到各个层级的阻碍。因此，即时通信工具是舆论的传递者与放大者，它只有与其他渠道进行互动才能在舆论形成过程中发挥作用。如果这个渠道是一个封闭的系统，那么，并不容易直接酝酿出舆论。

即时通信的网络结构使得它在进行舆论传播时效率是很高的，信息可以以几何级数的增长速度来扩散，而且，这个网络的四通八达，也可以使相关信息很快遍及大多数用户。基于人际交流的信息与态度传递，也更容易为人所接受。

即时通信网络中舆论表达的主要手段，一是通过一对一的对话方式进行舆论"接力"，二是通过签名档等"集体签名"的方式进行信息传播。

即时通信网络中的舆论表达，更多的是基于简单的二元取向的态度表达。人们只是简单表示"是"与"否"。但是，具有规模效应的态度趋同，在很多时候，甚至比复杂的辩论过程更容易产生舆论的力量，而且也更容易导致从众现象和沉默的螺旋效果。

2008 年 4 月，在 MSN 等即时通信网络上出现的中国网民的"红心运动"，充分说明了即时通信传播特别是签名档在舆论传播与表达中的作用。

2008 年 3 月 24 日，2008 年北京奥运会圣火在希腊点燃，之后，火炬在全球开始传递，但是这一活动遭到"藏独"分子等势力的破坏，护圣火、反"藏独"的呼声在网络上蔓延，越来越多的网友自发地在互联网上表达对北京奥运会的祝福和反对分裂祖国的鲜明态度。

4 月 9 日，"我赛网"上发出一篇题为《保护火炬，抗议藏独，强我民族》的帖子，号召网友设计"爱国 MSN 签名"。从 2008 年 4 月 6 日起，一则简短的信息在 MSN 用户间迅速传递："在 MSN 名字前面请加（L）China，让全世界看看华人的团结。请转发您的 MSN 朋友。"按照这一操作方式，MSN 用户的签名档就会出现一颗红心加 China 的字样。还有人将 MSN 上的个人图片改成了红心等图案。网民以此方式表达支持北京奥运的感情。这是一个完全由网民自发发起的活动。据 MSN 的统计，截止到 4 月 16 日下午 3 时，采用红心签名的用户达到 230 万。[①] 这

① 参见《MSN 发起"我爱奥运"红心签名行动》，MSN 中文网，2008－04－16。

天下午4点，MSN中文网正式发起“我爱奥运”红心签名行动。此后，QQ等其他即时通信工具的用户也开始响应这一活动。

尽管包括MSN中文网在内的一些网站以及传统媒体对这一活动起到了推波助澜的作用，但是，即时通信网络上的自发传播，是这一活动最主要的动员渠道，人们更多的是通过自己的即时通信网络获悉相关的信息。更重要的是，签名档上“一片红心”的效果，使更多的人自觉或不自觉地加入到这一活动。

当然，如果没有此前网络中对于相关事件的广泛传播，没有网络中已经存在的较为一致而强烈的态度倾向，这一活动也很难形成如此规模。

这一活动带来的结果是MSN上强大的舆论力量。尽管人们直接的言论并不多，但是，几百万人同时采用的简单表态方式，其舆论效果也是惊人的。

对“红心运动”的社会影响不宜进行简单的价值判断。但是，它无疑充分说明了即时通信工具在舆论的传播与表达方面的强大与高效。

（四）即时通信传播与社会动员

为了实现既定的社会目标，通常需要通过社会动员以整合社会资源，调动各方面的力量，吸引最广泛的民众共同参与到实现目标的社会行动中来。

在中国，传统的社会动员体制和模式是比较单一的，主要是政党和政府主导的政治动员模式。这种动员模式的主要特征是：政府主导，通过党和政府组织来发动，因而具有很强的组织性和制度化特点；自上而下，通过层层发动来实现社会动员；也正因为要通过层层发动来实现社会动员，因而动员的进程比较缓慢，耗时较多；一般说来，这种政治动员必须遵循法律程序，遵守相应的社会规范；动员的效果则取决于政府综合运用各种资源和手段的能力。[①]

而网络的出现，为社会动员提供了很多新的手段与渠道。由于即时通信传播维系着一个庞大的社会性网络，它在社会动员方面也开始扮演越来越重要的角色。

“反日游行”等案例，较好地说明了即时通信工具的社会动员功能。

2005年3月21日，时任联合国秘书长的科菲·安南向联合国大会提交了题为《大自由：为人人共享发展、安全和人权而奋斗》的联合国改革报告，并在此后的新闻发布会上表示，他认为日本有望在扩大后的安理会中获得常任理事国席位。一直对这一席位虎视眈眈的日本迅速对安南的改革计划表示欢迎，并敦促联合国在当年9月前就安理会扩大问题通过决议。但这一提议的提出，立即招致了亚洲许多国家民众的极力反对。网上签名反对日本获得常任理事国席位的活动随

① 参见青连斌：《有效掌控网络人际动员新模式》，载《文汇报》，2005-04-26。

即展开。中国网民对这一问题的反响尤为激烈。

2005 年 3 月底，日本新历史教科书编撰会送审的《新历史教科书》内容被日本本国媒体曝光。该书隐瞒侵略事实，充满了受害者意识，使用大东亚战争的说法，肯定日本发动的是自存自卫的战争，并且歌颂日本国民积极投身战争的献身精神。

2005 年 4 月 5 日，日本的最新教科书送审合格后，在中韩民众中引起了极大反响。随后，在我国国内，一些民间反日网站和 QQ、MSN 等聊天工具上，开始广泛流传召集反日游行的帖子或留言。其中，QQ 这一即时通信工具成为了一个主要的社会动员渠道。在 QQ 上流传较为广泛的留言内容如下：

> 2005 年 4 月 9 日在中关村海龙举行抗日大游行，希望每一个有良知的中国人能够参加，并携带自制标幅。此次活动经部分爱国学生自发组织，在中关村海龙门前开始集会，要求销售日本电子产品的经销商停止日货销售。全国各地拒绝日货情绪高涨，而首都却无动于衷，因此爱国学生自发组织，扩大宣传，一起到中关村这个繁华地区，示威游行，拒绝日货，拒绝日本电子产品，爱国行为合法（但是要防止有人想利用学生搞暴乱，扰乱社会），请大家放心，届时通知北京电视台现场直播。组织者预计招集人数 2 万人进行示威。要让全世界人知道我们中国人还是条东方巨龙。为爱国行为，请各位爱国朋友传达至 20 人以上。
>
> 时间是 4 月 9 日上午 9 点在海龙门口集结，10 点游行正式开始！

据事后的媒体报道，2005 年 4 月 9 日上午，约有 8 000 多人会集在北京中关村的海龙电子城广场上，从此出发进行反日游行。从 4 月 9 号开始，此后连续两周的周末，类似的游行活动共在全国 17 个城市举行。

尽管对这次反日游行事件不能作出简单的价值判断，但是这个事件中 QQ 等即时通信工具所起的作用是不容忽视的。

与传统的政府或组织所进行的动员机制相比，即时通信工具等所带来的网络社会动员表现出自己的特点。

第一，社会动员发起机制的民间性。即时通信工具所进行的社会动员通常是民间自发的。虽然到一定阶段，一些网站和媒体的关注会促进相关信息的传播，但是，从根本上来说，它是在某些民间意愿的推动下，由民间自行组织的。也正是这种民间性，使得更多网民接受动员加入行动的态度更为自觉、主动。

第二，社会动员网络的扁平性。传统的政府等发起的社会动员需要通过层级式的动员网络，自上而下，这种网络在一定程度上会影响到社会动员的速度与效果。而即时通信工具所依赖的是一个扁平的人际关系网络，这个网络节点多，节点间的链接关系复杂，信息复制与传递速度快，因此，可以在很短的时间实现“广而告之”。

第三，社会动员的人情基础。即时通信传播所依赖的人际关系网络，多是由熟人关系形成的网络，人们彼此的信任度较高，有些人还有深厚的友情。以人情为基础进行的劝说，比起制度化的公文式的动员，具有更高的劝服能力。

第四，社会动员过程的相对隐蔽性。与政府进行的社会动员的大张旗鼓相比，即时通信网络中进行的社会动员，可以是“悄悄话”式的，如果不是对整个人际网络中的信息流动有着宏观把握的话，可能无法察觉它所进行的社会动员活动。这种动员过程的相对隐蔽性，使得对其进行控制是较为困难的，同时也有可能使动员结果的爆发力更强。

第五，社会动员的高效率。由于动员网络的扁平化、动员的人情化等因素，即时通信手段所进行的社会动员通常效率是较高的。

即时通信工具在社会动员方面发挥作用虽然还只是初露端倪，但是，已经显示出强大的潜力与能量。如果运用得当，将有助于促进民众的社会参与。但是，如果运用失当，也可能给社会带来潜在的危机。

除了以上四个方面，兼具人际传播和大众传播优势的即时通信传播，可能在未来还会产生其他社会影响。但是无论如何，研究其影响的前提与基础，是深入分析它的传播结构与传播模式，分析影响传播的相关因素，以及即时通信传播可能产生社会辐射与效应的社会联结点。

第三节　网络社区传播

一、网络社区的含义及意义

（一）网络社区的含义

1887 年，德国社会学家费迪南·滕尼斯在《社区与社会》一书中，将人类群体分为两种类型，即社区和社会。社会是社会共同体，以目的、利益、契约以及距离为基础；社区则是生活共同体，以地域、意识、行为以及利益为特征。

另一种对社会与社区的描述是，它是“比社会更具体的由自然意志所创生的人类的生存单元和生存共同体，具有黏合性，是以首属群体占统治地位的人类生命单元，而社会则是理性意志的产物，是陌生、反感特点的创造结合体，是次属群体占统治地位的人类生命单元。‘社区’强调的是共同的精神状态，生活方式，它属于精神生活的范畴，地理只是附带次要的条件”①。

网络社区也称虚拟社区（virtual community）。美国学者霍华德·瑞恩高德在他1993年出版的著作《虚拟社区：电子疆域的家园》中首次提出了这一概念。他是基于自己参加“全球电子链接”（whole earth electronic link，简称为WEEL）这一“新闻组”的体验开始虚拟社区的研究的。WEEL所代表的是互联网中第一代虚拟社区，以当时的“新闻组”这样一种技术为平台基础。而今天的网络社区更多的是基于BBS、网站、即时通信工具、博客、维客等其他技术。

虚拟社区虽然依赖于网络这样一种虚拟空间，地域上的共同性已不是其主要特征，但是，意识、行为及利益的共同性仍然是虚拟社区的重要特点，因此，它仍然是一种社区。

虚拟社区也可以称为虚拟社群，在台湾地区，虚拟社群的称呼更为普遍。

对于虚拟社区，瑞恩高德的定义是：网络中相当多的人展开长时期的讨论而出现的一种社会聚合，他们之间具有充分的人情（human feeling），并在电脑空间里形成了人际关系网络。

关于虚拟社区的其他几种有代表性的定义或描述是：

虚拟社区是一个虚拟的空间（cyber space），在此环境中的人们，会用彼此的想象力和创造力相互交会与互动，而这个互动过程具有文化及传播的意涵。

虚拟社区是一种新的网络社会现象，在一个不断成长且具稳定性的环境下，成员对社群具有忠诚度与承诺，且彼此共同分享，交换意见与目标。

虚拟社群是由许多形式的电脑媒介通信所形成的，群体成员之间的接触是以电脑网络或电子布告栏的方式互相交换资讯或意见，而形成一种长期的人际关系。

在一个网络社区中大家有共同的理想爱好、价值观、生活方式，可以进行感情交流和经验共享，可以相识、相知、相爱，可以形成亲密无间的关系，因此它是一种真正的社区。②

上述研究者对于网络社区的定义，都强调长期稳定的人际关系是其重要特征，但是，在网络实践中，社区概念的应用更为广泛，通常论坛等人群汇聚、互

---

① 夏学銮：《网络社会≠虚拟社区》，http：//www. cycnet. com/education/lecture/000922037. htm。

② 参见夏学銮：《网络社会≠虚拟社区》，http：//www. cycnet. com/education/lecture/000922037. htm。

动的地方都被称为社区。在本书中，为了更全面地研究现实问题，也将社区定位在这样一种宽泛的概念基础上，即社区是多对多传播的一种空间。

（二）网络社区与群体、群体传播的关系

网络社区与网络中的群体常常是两个如影相随的概念，但是，两者又是有一定区别的。

在社会学意义上，群体应该具备以下特征：有明确的成员关系、有持续的相互交往、有一致的群体意识和规范、有一定的分工协作、有一致行动的能力。

上面提到，网络中人群聚集互动的地方都可以称为社区，有些社区能形成稳定的群体，但也有些社区不尽然。但是，将人群偶然会集的社区建设成为具有稳定关系、有群体意识的社区，是很多社区努力的一个目标，也是网站建设的一个重要任务。

网络社区的传播可以包括人际传播、群体传播、组织传播和大众传播等多个方面，例如，一些社区内部的通信功能，实现的是人际传播。而有些社区是组织传播的一个重要渠道。但是，群体传播是社区中最常见、最频繁的传播方式。

总的来看，社区传播在很大程度上会继续群体传播的一些特性，但是，在某些时候，那些非群体传播的因素对社区的影响也是需要关注的。

（三）网络社区建设的意义

1. 社区与网站内容建设的关系。

社区建设与内容建设，是网站的两个重要支柱，两者相互支持，缺一不可。

一方面，内容建设是吸引社区人气的基础。社区的发展需要一个良好的土壤，一个内容建设有特点的网站，往往能吸引某一些特定的人群，为这些人群的交流提供一个基础平台与环境。

另一方面，社区建设可以为内容建设聚集更多的网民资源，而网民对于社区内容的贡献是不可忽视的。社区成员的互动，不仅促进了成员间的感情交流，也提供了各方面的资讯、知识、作品。这些内容不仅为社区成员所享有，常常也会为网站的访问者所关注。如果网站编辑善于利用社区成员生产的内容，将它们与网站自身生产的内容相结合，不仅可以提升网民创作内容的价值，也可以丰富网站的内容。

网站对于社区成员生产内容的关注与提升，也会成为一种激励机制，提高成员参与的热情，这反过来也可以促进社区的繁荣。

2. 社区与网站品牌建设的关系。

与物理世界的品牌相比，网络世界品牌的维持有更多的障碍。物理世界品牌

的牢固，往往来源于转换品牌的代价。例如，如果有人想尝试一个新的品牌，可能会要付出比他常用的品牌更高的价格，而且还有可能发现新产品并不如旧产品好用，也就是可能为此付出代价。因此，一般人为了避免风险，就可能常用一种比较稳定的品牌。

相对而言，网络品牌的转换成本似乎是“零”，鼠标一点，就可以从一个网站跳到另一个网站，如果感到不满意，随时可以再跳回来。因此，在网上，要保持人们的品牌忠诚度，相对来说要困难一些。

但是，网络世界并非没有品牌，有些还会相当牢固。例如，美国在线（AOL）就是网络世界一个最重要的品牌之一。有关资料显示，美国在线用户的平均在线时间从 1996 年的每天 19 分钟发展为 2000 年的每天 64 分钟。如果没有品牌忠诚度，很难想象会有这样的结果。

而在维持品牌方面，网站的社区建设应该说具有十分重要的意义。

某个网站为某个网民所营造的人际交流圈子和具有归属感的群体，是网民的一种财富，这也是网站对网民产生黏着力的重要因素。对于网民来说，这种财富的损失，是进行品牌转换时的重要成本或者说代价。网民对这些圈子或群体的归属感越强、依赖度越高，那么离开它们的代价也越高。

因此，建立和发展能吸引固定网民的人际交流场所或社区，是网站建设的一个重要内容，也是维持品牌的重要手段。

3. 社区与市场营销的关系。

从营销的角度来考虑，一个成功的网上社区具有的重要商业价值，主要表现在几个方面：便于寻找特定的消费群体、便于收集潜在顾客信息、增强与潜在顾客的交流、增加潜在顾客的数量、增加顾客忠诚度、便于顾客服务等。

在社区中，往往也容易形成意见领袖，他们的号召也容易引发跟风行为，利用意见领袖的作用开展营销也是一个可行的营销策略。

4. 社区与新闻传播的关系。

对于新闻传播来说，社区的特定的价值表现为如下四个方面：

第一，社区是发现新闻线索的渠道。许多社区成员在交流中，会有意无意地提供一些线索，有些社区的动态或活动本身就具有新闻价值。近年来，一些重大的网络事件，如“虐猫事件”、“铜须门事件”、“很黄很暴力事件”等，都是发源于猫扑社区。如果新闻记者经常关注一些重要的社区或有特色的社区，就有可能及早发现一些新闻线索。

第二，社区是新闻评论的重要孕育场所。网络新闻评论的一个重要组成部分是网民评论。新闻后开设的跟帖论坛是一种临时性的社区，它提供了丰富的网民评论资源。而更重要的网民评论往往来源于长期稳定的社区，发表在这些社区的评论常常质量也更高。从新闻评论的提供方面看，“强国论坛”、“天涯社区”等都是非常值得关注的。

第三，社区是了解公众对新闻事件态度与意见的重要渠道。新闻报道常常不仅要报道新闻事件本身，还要报道与之相关的公众的意见与态度，而网络社区是了解公众态度的一个重要渠道。尽管不能把网民态度等同于社会整体的反应，但它至少可以从一个侧面反映新闻事件的社会影响。除了从网民的帖子中了解他们的意见外，有时也可以在社区设立一些调查来进行量化的观察。

第四，社区是调查新闻传播效果的途径。对某一个特定的新闻报道或网站的整体新闻报道活动的效果的考察与评估有多种途径，网络社区是其中一个。社区成员是否转发某些新闻，是否对某些新闻报道进行评论，如何评价，这些都是衡量新闻传播效果的有益参照。

5. 社区与网络舆论、舆情的关系。

随着网络在整个社会生活中作用的不断加强，网络舆情的表现情状和网络舆论的发生变化过程，成为了解整个社会运行状态时需要考察的一个部分。而社区是监测网络舆情与舆论的重要“观测点”，这既包括那些成熟的已经具备群体特征的社区，也包括一些由某些特定因素激发形成的临时社区，如新闻后跟帖形成的临时社区。社区的氛围，特别是群体心理，会在很大程度上影响到网络舆论，有时网络舆论表现出非理性的一面，与社区的氛围的推波助澜是分不开的。

除了以上几方面，作为网络文化和网络社会的基础单元，社区在网络文化和网络社会建设中的意义也是重大的。上一章已从群体的角度分析了这种意义。除了已形成群体的稳定的社区，网络中其他社区的建设，也具有文化和社会学上的意义，对它们的研究，也可以在这些视角下展开。

二、网络社区的构成基础

在网络中要形成一个社区，需要三个基本要素：技术平台、组织结构、适应网民需求的维系点。

（一）网络社区的技术平台

网络社区依托于各种不同的技术平台，下列是常见的社区平台：

第一，新闻组。新闻组是早期互联网的一种普遍应用方式，也是网上最早的社区平台。它使来自全世界各地的人可以加入某一个感兴趣的话题组进行讨论。

第二，BBS。BBS是目前最主要的社区平台之一。它延续了新闻组的某些特性，早期的BBS需要用Telnet方式进入，而目前的BBS基本上都建立在WWW上，使用更为方便。除了被称为论坛的社区外，百度贴吧、爱问知识人、百度知道等也都是基于BBS技术的社区。

第三，聊天室。尽管即时通信工具使基于公共聊天室的聊天活动有所减少，但聊天室仍然广泛存在，它们也是一种有代表性的社区。这种社区的人员流动性较大，社区始终处于动态变化过程中，稳定性较差。

第四，网络游戏。网络游戏是一种独特的网络社区，人们通过游戏这种程式化的互动方式来形成相互的关系，特别是在一些角色扮演类游戏中，人们通过特定的角色互动来进行自我表达、发展与他人的关系。网络游戏虽然有一定的规则或情节相对固定，但参与者的能力、性格、内在诉求等个人因素会使这种互动表现出丰富的过程性。人们在游戏中形成的角色关系，有时也会衍变成实在的人际关系。

第五，网站。一些新兴的网站运用相关技术，使用户成为网站内容建设的主体，用户在建设内容的同时，也在建设自己的关系。"YouTube"、"Facebook"、"Flickr"、"豆瓣网"、"校内网"等都是这样的社区。相对而言，在这些社区，成员之间的关系更为自由松散，但是，从整体看，它们又的确营造出了社区的氛围。

第六，博客。虽然博客是以点对面的传播为主，但是，在很多博客上，博客的传播者与受众间以及博客受众相互之间的互动也使某些博客具有了社区的作用。目前，很多网站还开设了群博客或博客圈子，在这里，博客作者们形成了更为明确的社区。

第七，即时通信。即时通信平台在某些情况下也孕育着社区，特别是QQ群这样的平台，更是典型的社区。而即时通信联系所构成的社会网络，在一定程度上，也具有社区的意义。

第八，维基。作为一种协同创作的工具，维基同样具有将志趣相同的人们聚集到一起的作用。人们围绕某项特定的维基任务展开交流讨论，也能形成社区氛围。

（二）网络社区的组织结构

由于所采用的技术平台不同，社区的组织结构（即由技术特性所决定的成员的关系）也不尽相同。典型的社区组织结构可以分为两类：

1. “圈”式结构。

社区有一个明确的边界，就像画地为牢的圈一样，社区的活动都在这个明确的“地界”内，BBS、QQ 群、博客群等就是这种结构的典型代表。加入某个社区，会有明显的行为标志，如在社区注册，而每个社区也有一个明确的名称。人们在这种社区的互动是通过一个个明确的话题来进行的。图 4—4 示意了这种结构。

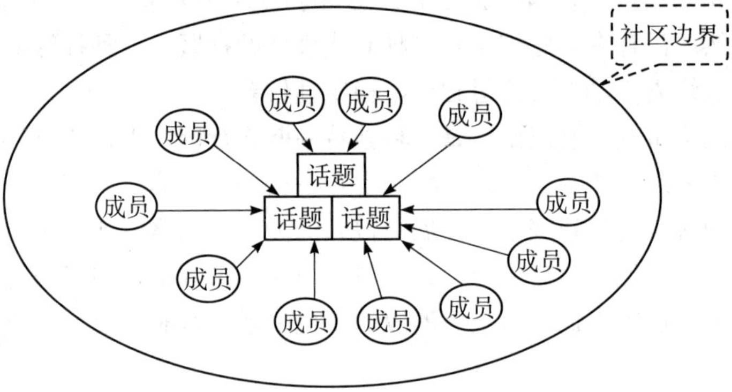

图 4—4 “圈”式社区结构

“圈”式结构使社区边界明确，社区成员有较明确的身份意识，社区成员作为一个集体进行的交往比较多，成员对社区的归属感更容易形成，因此，这种结构更有利于群体的形成。

2. “链”式结构。

这种结构的社区并没有明确的边界，人们的互动往往并不需要话题讨论，而只需要通过某种方式所形成的关系链条，如“标签”功能、“好友”功能等，“标签”建立在内容的联系上，“好友”建立在人际关系的认同上。这类社区正是靠这些关系“链条”或“纽带”来产生的，最终这些纽带编织出复杂的成员关系网络。这类社区是动态的，可以不断扩展，呈现出多变的状态。图 4—5 示意了这种结构。这样一种社区，更像是社会学意义上的一个社会网络。

相较“圈”式结构而言，“链”式结构这样一种较为松散、灵活的结构关系，使社区成员的集中交往并不多，更多的交往是一对对成员之间的个别交往，因此群体意识较难形成。

在这种结构的社区里，直接的话题讨论不占主流，但人们通过相关链条，仍然能产生较为明显的相互影响。在这些社区里，人际传播往往占主导地位，但

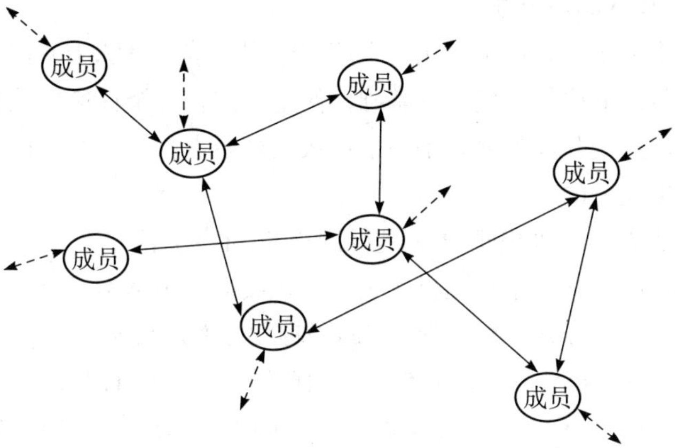

图 4—5 “链”式社区结构

是，不断扩展的人际传播链条也能产生社区传播的效应。

诸如“Flickr”、“豆瓣网”这样的网站型社区，就是靠标签（tag）这样一种链条来组织起成员的。有研究者认为，tag 是一个用户自己组织的“软分类”概念，它几乎无限延展，使得社区也存在无限拓展的可能。但是，tag 也有其最致命的问题：没有统一标准——tag 扩展是扩展了，但是又过于去中心化，缺乏讨论的基础。[①] 除了“标签”，豆瓣网也允许用户将他人加入自己的“友邻”，这同样是一种关系链条的扩展方式。尽管豆瓣网也有“小组”这样的圈式社区，但对很多人来说，他们在豆瓣网，更多的是在一种链状的结构模式中参与社区活动、感受社区文化。

前文在分析即时通信工具时已指出，它的传播是基于以个人为节点的复杂的交流网络。这说明，我们不仅要从人际传播角度认识即时通信，也需要从社区传播的角度来认识它。虽然成员没有明确的群体意识或社区意识，但是人们并不是在一个孤立的环境中进行点对点的传播，而是处在一个由许多人际关系链条构成的社会网络中。个体常常会受到他人有意或无意的、直接或间接的影响。间接的影响来自于那些“弱”关系，但是，在特定的情形下，弱关系的间接影响，也会产生强烈的效果，这种效果不仅作用于某一个个体，而且会在一个更大规模的人群上表现出来。

① 麦田：《豆瓣的力量》，http：//blog. donews. com/maitian99/archive/2006/04/24/843838. aspx。

（三）网络社区的维系点

人们在网络中相聚并产生交流、互动的愿望，首先是源于人们自身的一些需要。网络社区得以形成并发展，其基础，便是人们在一个社区中能找到与他人的某种共同需要，这种共同需要，是一个社区的维系点。不同社区的定位，也是由不同的维系点来区分的。

有研究者认为，尽管虚拟社区是以网络空间为交流平台的，但是，它的出现，像传统的社区一样，基本上仍然是源于人类的四种基本需要：

一是兴趣（interest）。人们基于共同兴趣爱好而进行交流。

二是关系（relation）。人们分享一些相似经历或经验而形成某种关系。

三是幻想（fantasy）。人们聚集在一起共同探索幻想和娱乐的新世界。

四是交易（transaction）。人们交换关于产品的信息或进行实质性的商品交换。①

这四种需要是社区的维系要素，是社区成员形成牢固关系的基础。

对于社区的维系点，也可以从不同角度去认识。

在国外，有研究者将网络社区分为社交类的、专业类的、职业类的、宗教类的四种不同类型。这表明，社交需要、专业交流需要、职业交流需要和宗教交流需要，是社区的四种不同维系点。

在中国，目前社区主要的维系点包括：传统关系、兴趣爱好、特定产品、特殊利益等。诸如同学录、同乡会等，是典型的由传统关系维系的社区；大量网站中的分类论坛以及百度中的多数贴吧等，是由兴趣爱好维系的社区；由电脑游戏、房子、汽车、电脑、手机、相机等各种类型、各种品牌的产品所构成的社区，也成为一种独特的社区；而诸如残疾人、同性恋者等一些具有特殊利益诉求的群体，也在网络中构建着自身的社区。

由特定产品维系的社区，尽管在某种意义上与兴趣爱好维系的社区类似，但是，由产品维系的社区，更多的是为了满足人们的交易需要而产生的。它们与产品的更新换代同步，因此多数社区成员流动性更强、社区的稳定性较弱，一旦某种产品被淘汰，则社区也会逐渐消失。但是，这其中，以房子这样一种特殊产品维系并发展出来的“业主论坛”，却成为一个例外。本书将在后面专门对这类社区进行分析。

---

① ［美］约翰·哈格尔三世、阿瑟·阿姆斯特朗著，王国瑞译：《网络利益——通过虚拟社会扩大市场》，19～26页。

要在网络中建设一个社区，首先需要善于研究在特定网络空间中人们的需求，并在此基础上构建一个具有长久支持能力的维系点。但上面所提到的都只是构建社区维系点的原则与大致思路，在此基础上细化，才能找到社区的独特定位。

三、网络社区成员的关系

网络社区的核心要素是人，一个社区的成员关系，是影响社区发展的至关重要的因素。一个网络社区在一定意义上是一种“生态”系统，这个系统是否平衡，取决于成员关系是否协调。

（一）从需求关系分析社区成员关系

虽然加入特定社区的成员相对来说会有一定的共同性，但由于性格和背景的不同，人们加入社区的动机和需求也是不同的。社区成员的内在需求，是影响他们互动模式、频率以及效果的重要因素。

成员的需求如果能实现互补，就能使社区形成一种“生态平衡”，社区的和谐与稳定也就容易实现。

有研究者把社区的成员分为以下几类：

第一，追求成就者（achievers）。这类成员的动机，是满足某种成就感，比如，累积作品，获取地位名声，或者熟练交流技巧等。

第二，探索者（explorers）。他们不太看重获取，而喜欢探索环境，以知晓各类秘闻秘事、学习奇巧新颖秘技、把握群体构成为乐。

第三，社交活动者（socializers）。他们参加一个网络群体的目的是社交，这类成员注重交流的个体，甚于交流的内容和方式。

第四，恶作剧者（killers）。这些人往往是一个 BBS 里的极少数人，以调侃、骚扰、制造混乱为乐趣。

这种分类的标准，是以“社区环境”——“参与者”维度和“互动”——“表现”维度为参照进行划分的：

尽管上述模型只是从一个角度说明了社区成员关系形成的基础，但是，它的启示是，不同的成员加入社区的动机与需求是不同的。社区可以为成员间需求的相互伺服提供机会。需求的差异与互补带来的平衡，可以为社区带来和谐与活力。如果一个社区都是一个类型的成员，它反而可能是不和谐的。

从需求关系角度，也便于分析社区的基础是否稳定。如果成员的需求形成了

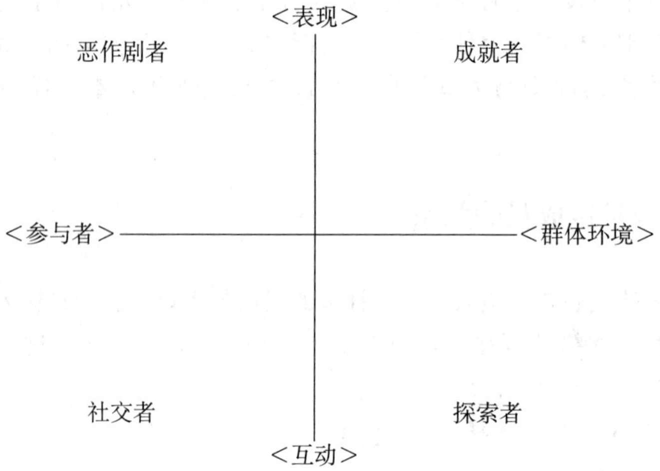

图 4—6　社区成员需求关系示意图

动态的平衡与和谐，那么社区有可能较为稳定，人们对社区的认同度与忠诚度可能更高，成为稳定的群体的可能性也更大。

同时，这个模型也在一定程度上揭示出影响社区成员行为方式及活跃程度的相关因素，而社区的意见领袖的产生以及整个权力关系的形成，也是建立在这些因素之上的。

（二）从权力关系分析社区成员关系

研究社区成员关系的另一个重要角度，是权力关系。尽管网络中人人平等似乎是人们重要的信条，但事实上，在网络中有很多因素可以导致权力的落差，甚至话语本身也是导致权力不平等的重要因素。在社区中，这种权力的差异往往表现得非常充分。

社区中的权力关系有两类，即规定性权力关系与非规定性权力关系。

规定性权力关系，是由网站的规则所直接赋予的，例如，版主的特权就是靠某种强制性的手段赋予的，版主与普通成员的权力差异，也是规定性的。

非规定性权力关系，即不是由某些显在的规则所规定的权力关系，而是在社区成员互动中逐渐形成的一种权力的格局。有时这种非规定性权力的作用比规定性权力的作用更为强烈。社区中逐渐形成的意见领袖，就是非规定性权力的一种表现。

在社区中，意见领袖是那些可以影响别人的观点、态度甚至行为的人。意见领袖的产生，除了个体自身的特质，例如，见多识广、具备某种专业知识、有良好的声誉、在社区表现活跃、具有良好的文字表达能力等，还与社区中其他成员的性格、需求特点相关，有时也会与社区环境、网络大环境甚至社会环境有关。

从非规定性权力关系角度看，除了意见领袖，社区中可能还存在意见领袖的追随者（认同并跟随意见领袖）、沉默者（不管对意见领袖的态度如何，都不明确表现在态度与行动上）与意见领袖的反对者（不认同意见领袖并明确表现在态度与行动上）。他们共同构成了社区中的权力格局。而社区的发展，从某种意义上看，也是权力各方较量的过程。图 4—7 示意了这种关系构成。

图 4—7　社区成员的非规定性权力关系示意图

社区的权力关系，首先影响的是社区成员的意见表达。社区成员的讨论并非总是自由的，并非总是能充分体现每个人的观点与态度，权力关系所起的作用往往是复杂的但同时也很明显。人们出于对自己在社区的地位与利益的考虑，会在这种权力关系的制约下确定自己的态度，选择相应的表达方式。这种关系在很多时候也会成为影响群体心理的重要因素，而群体心理又会作用于某个成员的意见与态度形成过程。

其次，社区的权力关系也可能影响到社区成员的行为，例如，意见领袖所推荐的产品，可能引起跟风购买行为。

意见领袖是社区的权力中心。但并非所有社区都存在着意见领袖，而一个社区的意见领袖也可能不止一个人，此外，意见领袖虽然有一定的稳定性，但是也会有变动性。社区发展的不同阶段，可能会出现不同的意见领袖。

如何认定在社区中是否存在意见领袖？谁是意见领袖？社会网络关于权力的

测量方法，可以为我们提供一定的参照。①

在社会学中，社会网络的分析方法运用较为广泛。社会网络（social network）指的是社会行动者（social actor）及其间关系的集合。也可以说，一个社会网络是多个点（社会行动者）和各点之间的连线（行动者之间关系）组成的集合。社会网络的分析方法正是通过分析行动者之间的关系、网络结构对行动者及其关系的影响力，来研究各种社会现象。

社会网络所研究的行动者可以是个体、公司或集体性的社会单位、学校、村落、社区、城市和国家等。

人们研究得较多的行动者间的关系有以下几种：

第一，个人之间的评价关系：喜欢、尊重等；

第二，物质资本的传递：商业往来、物质交流等；

第三，非物质资源的转换关系：行动者之间的交往、信息的交换等；

第四，协会或者隶属关系；

第五，行为上的互动关系：行动者之间的自然交往；

第六，空间关联：城市之间的关系，迁出、迁入等；

第七，正式关系（权威关系）：权力关系、权威关系、老板—职员关系、教师—学生关系等；

第八，生物意义上的关系：遗传、亲属、继承关系等。

社会网络可以用社群图、矩阵代数方法等进行形式化表达。

对于小规模社会网络来说，社群图是一种简单直观的描述方法。如果两个行动者之间存在联系，那么可以用线条将两个行动者连接起来，将一个社会网络中所有行动者之间的关系用线条表示出来，就形成了社群图。图中每一个行动者也称为一个节点。

图 4—8 是一个范例，图中 A 与 B、C 有关系，B 与 A、C、D、F 有关系，C 与 A、B、F 有关系、D 与 B 有关系、F 与 B、C 有关系。

在图 4—8 中，几个节点之间的线条只是表明它们之间关系的存在，但并没有说明其关系的方向，这样的图称为无向图。如果用有向箭头来表示行动者的关系，这样的图称为有向图。图 4—9 是一个示例。图中，A 对 B 产生关系（例如 A 赞扬 B），则箭头是由 A 指向 B，A 与 C 的关系是双向的，则箭头也是双向的，依此类推。

---

① 参见刘军：《社会网络分析导论》，北京，社会科学文献出版社，2004。

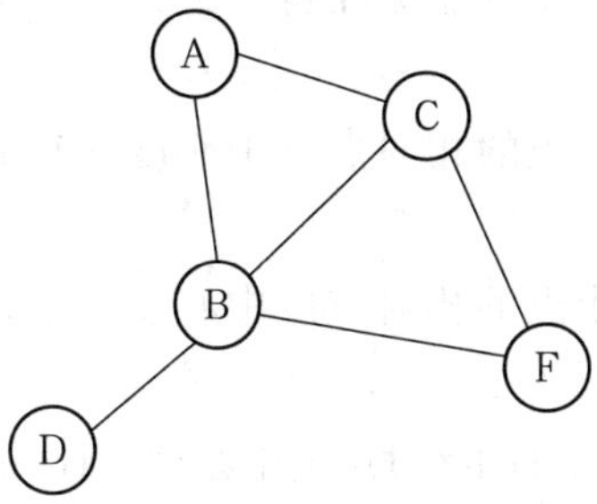

图 4—8　社会网络分析的社群图（无向图）示例

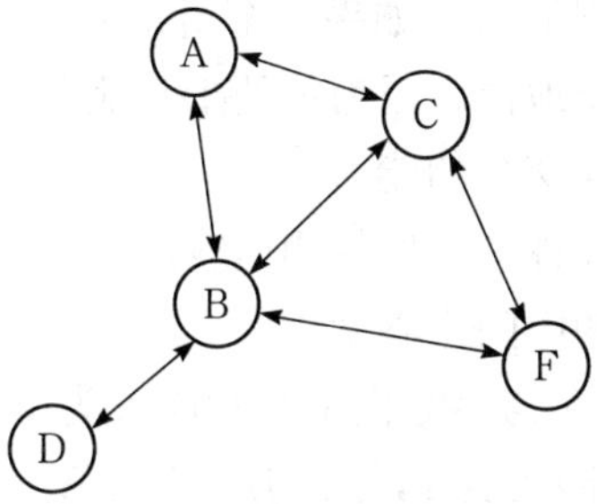

图 4—9　社会网络分析的社群图（有向图）示例

社会网络也可以用矩阵的方法表示，限于篇幅本书在此不做展开，有兴趣者可以参看相关书籍。①

社会网络中权力的测量主要有以下几个指标：

一是点度中心度。这个指标的考察角度是，如果一个行动者与很多他者有直接的关系，该行动者就居于中心地位，从而拥有较大的权力，这种权力可以称为点度中心度。

点度中心度又包括绝对点度中心度和相对点度中心度两种。

与某个点直接相连的点的个数，是该点的度数，它也称为绝对点度中心度或局部中心度。一个点的度数越高，则越有可能处于网络的中心。

但由于没有把网络的规模考虑进去，绝对点度中心度有时并不能完整反映某个行动者的权力。例如，如果一个节点的绝对点度中心度是 10，那么在 15 个节点的网络里，它的中心度是很高的，但在 100 个节点的网络里，其中心度就不高

① 关于社会网络分析方法的参考书有罗家德：《社会网分析讲义》，北京，社会科学文献出版社，2005；刘军：《社会网络分析导论》，北京，社会科学文献出版社，2004。

了。而相对点度中心度的概念则能更准确地反映一个节点的中心度。相对点度中心度的计算方法是：

在一个无向图中，一个点的相对点度中心度＝它的度数÷(网络中节点的个数－1)

在一个有向图中，一个点的相对点度中心度＝（入点数＋出点数）÷［2×(网络中节点的个数－1)］

例如，在图4—8中，点B的绝对点度中心度＝4，相对点度中心度＝4÷(5－1)＝1，在图4—9中，点B的相对点度中心度＝（4＋4）÷［2×(5－1)］＝1。

二是中间中心度。通俗来说，中间中心度这个指标衡量的是某一个点对网络中其他点之间的交往的控制能力。如果一个行动者处于多个交往网络的路径上，可以认为此行动者居于重要地位，因为他处于其他点发生联系的“要塞”上，因而具有控制其他行动者之间交往的能力。

一对点之间的最短路径称为它们的测地线。如果一个点位于许多其他点对的测地线上，它就具有较高的中间中心度。

例如，在图4—8中，A与B之间的最短距离为1，测地线即为A－B这个路径，而A与F之间的最短距离为2，A—B—F和A—C—F都是其测地线。B位于三对点的测点线上，高于其他点，因此，在这个网络中，它具有最高的中间中心度。也就是说，B可以控制其他的几个点之间的关系。

如果两个点之间只有一条测地线，并且该测地线经过点X，那么，X对于这个点对的中心度的值为1。

如果两个点之间有N条测地线，并且其中一条测地线经过点X，那么，X对于这个点对的中心度的值为1/N。

三是接近中心度（整体中心度）。一个点的接近中心度是该点与图中所有其他点的测地线距离之和。这个指标衡量的是一个点与网络的中心的距离。一个点的接近中心度的值越低，意味着它越接近网络的中心，因此，它的影响力越大。

例如，在图4—8中，A的接近中心度＝1＋1＋2＋2＝6，B的接近中心度＝1＋1＋1＋1＝4，C的接近中心度＝1＋1＋2＋1＝5，D的接近中心度＝2＋1＋2＋2＝7，F的接近中心度＝2＋1＋1＋2＝6，由此可见，B的接近中心度的值最低，它是整个网络的中心。

上面简略地介绍了社会网络分析方法中基于社群图的几种测量权力的方法，这些方法为社区中意见领袖的定量测量提供了一些可行的思路。对于大规模社区的分析，可以借助矩阵的计算以及UCINET等社会网络分析软件。此外，通过对社区的内容分析等方法，也可以研究意见领袖及其影响。

四、网络社区的管理

网络社区不仅是一个小的社会，也不仅是传播的一个渠道，它也是网站为网民提供的重要服务。网络社区的发展，不仅依赖于网民自身的努力，也依赖于网站的管理。

要把一个社区真正建设好，美国网络专家埃瑟·戴森总结的几条关于社区的基本规则具有启发意义：

> 每位参与者都应该清楚他付出什么，又希望得到什么，总体说来，虽然每个人的愿望都会有所不同，但这些愿望应该互相吻合。
>
> 应该有某种办法区别谁是社区成员，谁处在社区之外。否则的话，社区就失去了意义。
>
> 社区成员应该有这样的感觉：因为他们在社区中投入很多，所以离开社区是一件很困难的事情。在一个紧密团结的社区内，最严厉的惩罚是禁止、开除、剥夺、放逐……所有这些词都显示了如果被一个社区拒之门外，会有多么可怕。
>
> 社区的规则必须十分清晰，违者必须追究责任。①

网络社区的管理主要包括以下四个方面。

（一）社区的成员管理

社区成员管理是社区管理的核心，其目的是满足成员的需要，促进成员的积极参与，维护社区的良好秩序。成员管理主要包括：

第一，进入机制。不同社区具有不同的成员进入机制，但大同小异。通常，社区需要用户注册后才能成为社区成员。多数社区的进入没有资格的限定，但一些新的社区，例如，“校内网”则有较严格的进入门槛，新用户必须由一定数量的老用户推荐。根据社区的性质来决定成员的进入资格，是管理的起点。此外，让用户了解注册成为成员的好处，并且能方便快捷地进行注册，这些看上去是细节，但是，往往这些细节会影响到社区规模能否顺利扩大。

第二，保护机制。为了保护社区成员的利益与积极性，社区应遵守以下

---

① ［美］埃瑟·戴森著，胡泳、范海燕译：《2.0版数字化时代的生活设计》，54页，海口，海南出版社，1998。

原则：

一是利益共享。这是网络社区的基本出发点，如果成员从中不能分享到自己所期望的利益，也许就不会对该社区关注。成员期望的利益包括切实的物质利益，也包括了解有价值的信息、与志趣相投者的交流、获得心理满足等多方面内容。

二是开放性。形成一种人人畅所欲言的自由平等的氛围，避免少数人独霸社区的现象。对于在交流中的违规行为，管理者应该坚决制止。

第三，激励机制。为了激励成员的积极参与，社区的组织者可以采取一定的措施。积分制就是一种鼓励成员参与的常见方式。例如，根据一个帖子的点击次数和回帖数量来奖励帖子的创作者相应的分数。

在一些社区，还可以通过等级制来进行激励，即设置某些指标，当成员达到一个新的指标量级时，可以实现身份的升级，这种升级有时虽然不包含物质上的奖励，但给成员带来的精神上的满足仍然是有效的刺激。

在从事电子商务的网站，可以根据社区成员的参与状况，在商品方面给予特别的折扣、不定期的奖励措施。

在节日或成员生日等重要日子，可以为成员送上电子贺卡或其他形式的祝福，使成员进一步感受到社区的温暖。

第四，惩戒机制。社区难免会出现成员言行违规、扰乱秩序等现象，必须建立一定的惩戒机制。国家有关网络以及 BBS 等管理的法规是建立惩戒制度的基础，此外，根据社区的实际状况，制定行之有效的惩罚措施也是必要的。常见的惩戒措施包括删除文章、禁止某个成员一段时间内的发文、封 ID 等。

第五，关系协调。社区的管理，一个重要的方面是维持成员间关系的协调与稳定。

前面已经提到，一个经过较长时间磨合的社区，成员由于性格和需求的不同，会渐渐形成一定的角色分工。例如，有些成员扮演领导者或倡导者的角色。他们的帖子总是能引起广泛关注，回帖也多。整个社区的发展，也与他们的积极参与分不开。也有一类人，会成为“协调者”，他们热衷于在矛盾的各方之间周旋、调解。还有些人可能属于跟随者，会对各种论题都产生兴趣。成员的角色分工还可体现为，他们根据自己的职业、兴趣等特点，来形成不同的交流领域。

如果社区组织者能通过协调，使成员找到适合他们自己的角色并各得其所，那么这个社区就会比较稳定。

第六，成员资料分析机制。网络社区具有营销的价值，从这个角度看，社区成员的资料是网络社区宝贵的财富。

要建立成员资料数据库，就需要成员进行注册登记。在登记时需要告知成员，注册登记之后能得到什么权利并应承担什么义务，并且要让成员知道他们的用户资料将如何被使用。不加解释地要求成员填写一些敏感的信息，这样的做法是不可取的。

收集了成员资料后，运用数据库对这些资料进行管理，定期对资料进行分析，才能充分发挥这些资料的作用。

第七，成员发展机制。社区需要通过不断地吸引新成员来增加活力。新成员可能是那些经常以“游客”身份“参观”社区的网民，如果社区对他们有足够的吸引力，他们就有可能从旁观者转变成参与者。

发展新成员的另一种方式，是现有的成员将自己的朋友拉入到社区中。

当新成员加入社区时，版主和其他核心老成员应该主动与他们建立联系，向他们介绍社区的基本情况、社区的规则。对于他们在初期可能犯的错误，应该有足够的容忍，并帮助他们迅速适应社区的环境。

第八，活动机制。尽管网上社区提供的主要是一种“虚拟”的交流，但很多成员实际上希望将虚拟的交流发展成现实的交流。因此，社区的组织者或网站，可以为社区成员在物理世界的交流提供一定的机会。这有助于成员关系的进一步牢固化。

（二）社区的内容管理

社区是网民参与网站内容建设的重要平台。对于网站来说，社区成员提供的内容，也是网站的重要资源。加强社区的内容管理，不仅能提高社区成员的积极性，促进社区的发展，也有助于网站的整体发展。社区的内容管理包括：

第一，内容的审查。尽管社区的内容来自于网民，但是，网站也负有一定的监管职责。根据国家相关法规，对社区的内容进行必要的审查，是社区内容管理的一项常规任务。通常它是由版主等社区组织者来完成的。在进行内容的审查时，需要掌握松紧适度的原则。

第二，内容的提升。对于一些具有较高质量或具有代表性的社区成员创作的内容，网站可以采用提升的方式，使之更引人注目，传播面更广。

通常情况下，网站可以通过以下方式来提升社区成员创作的内容：

方式一：在社区中，对一些有代表性的内容，运用一定的编辑手段将其突出出来，如字体、色彩以及放置的位置等。

方式二：设立排行榜，使点击量高或回复率高的内容能被人们更多关注。

方式三：将一些社区成员创作的内容放到网站的其他频道中，促进其传播。

方式四：采取分级制来突出高质量的创作。例如，在人民网“强国论坛”，设立“深水区”，使之与“浅水区”相区分。“浅水区”所张贴的是那些字节数在1 000以内的帖子，而“深水区”则在1 000字节以上。

第三，内容的整合。社区成员创作的内容，不仅是为成员的自娱自乐服务的，也是网站内容的重要组成部分，因此，对社区成员的内容进行整合，也是社区内容管理的一部分。主要的整合方式包括：

一是设立专门的社区内容整合频道。网站通常有多个社区，为了让社区的内容成为一个整体，同时突出社区内容的精华，吸引更多网民的阅读与参与，网站可以设立专门的频道，将多个社区的内容整合起来。这些频道的组织、编辑与网站其他频道的思路是一样的。它也可以设置各个类别的栏目，只是它的内容源是来自社区网民，而不是网站自身。当社区内容过多时，还可以设置更多的细分频道。

二是设立专门的社区内容整合专题。有些话题是各个社区共同的，但是可能不同社区成员创作的内容角度不同、表现方式不同，因此可以在一个共同的主题下整合各个不同的社区的内容。例如，可以就奥运这一主题，来设立专门的社区内容专题。这种专题与网站的一般新闻专题组织方式类似，但内容会更丰富。

三是将社区内容与媒体内容整合为专题。在网站编辑的专题中，不仅可以整合媒体的资源，也可以加入社区内容资源，通常主要手段是加入类似“网民观点”这样的栏目。这样可以使专题视野更开阔，媒体的视角和网民的视角、观点相互补充、相得益彰。

（三）社区的组织者

在很多社区中，都设立了版主或主持人等组织者。组织者是一个群体的象征。他的存在，可以更好地增强人们对一个群体的认同，也可以在人们交流的过程中，起到组织、引导和协调的作用。组织者可以由网站工作人员担任，也可由热心的、有号召力的网民担任。

社区组织者是一个社区中举足轻重的人物，他的素质高低，很大程度上关系到社区的经营好坏。从社区经营的角度看，社区组织者的素质应当包括：

第一，人员管理能力。社区的核心是人，以及人与人之间的关系。因此，社区管理者的首要能力，是人员管理能力。人员管理的主要任务，是人际关系的协调。

一个网络社区也像一个现实的团体一样，存在着各种矛盾与纠纷，要让大家和平共处，组织者的协调能力是很重要的，这包括用幽默的语言来化解矛盾的能力。

组织者需要学会察言观色，了解成员的各自性格和不同时候的情绪变化，了解他们的需求，并用适当的方式来为他们排忧解难。因此，对组织者来说，学习必要的心理学和社会心理学知识，将会大有裨益。

组织者要学会与每一个成员打交道。特别是在新成员加入时，组织者及时与他们联系、沟通，会让新来者有“宾至如归”的感觉，从而对社区产生好感与信赖。

对于社区中的扰乱秩序者，组织者也应该有能力进行处理，必要时应该采取强硬措施来“开除”害群之马，以维护社区的稳定。

组织者虽然在社区有一定的管理权力，但是，不能高高在上，组织者也应该是社区的一个成员，需要用平和的方式参与社区建设，赢得大家的好感与亲近。

总之，组织者在社区进行人员管理，既要靠合理的管理手段，也要靠自己的人格魅力，或偏或倚都可能达不到好的效果。

第二，内容甄别能力。组织者往往也是社区内容质量的直接控制者。对于违反国家相关规定的内容，组织者应该果断删除。对于成员发布信息的真伪，组织者也应该具有一定的判断能力。

第三，话题管理能力。没有活跃的讨论话题的社区，不汇聚集起稳定的成员。没有不断出现的焦点话题，也不能使社区成员保持长期的兴趣。社区组织者一方面需要对社区中自发出现的热点话题进行推动，另一方面也需要通过策划，使社区不时出现话题焦点，从而活跃社区气氛。

焦点话题的确定，应该注意以下几方面。

一是明确具体：过于含糊或抽象的论题，很难让人们比较快地进入角色。

二是有所依托：如果能以一些现实事件为依托来提出话题，更容易引起人们的迅速关注。

三是有普适性：要避免曲高和寡的现象，尽可能选择具有普适性的话题，最大限度地调动更多成员的参与。

四是有开放性：话题本身应存在往多种方向开放、拓展的潜力。已有明确结论的话题，往往不能激起人们的讨论兴趣，也很难提高讨论的层次。

除了能策划出好的话题外，组织者还应该具有推动话题不断发展与深入的能力。有些情况下，组织者应该亲自参加讨论，甚至可以以不同的身份扮演不同的角色，来发表不同的观点，以活跃与促进讨论。

第四，活动组织能力。网络社区有时也需要实质性的活动，这既包括网上的，也包括网下的。社区常见的活动包括各种形式的网下聚会、社区文集出版、社区公益活动等。社区组织者要善于进行活动的策划，也要善于进行活动的组织与实施。

第五，文字能力。文字是网上社区最主要的交流方式。组织者要在社区中形成号召力，也需要通过文字来展示自己的才华与魅力。在这里，文字还包含另一层含义，即文字中蕴含的思想与见解。华丽、空洞的文字很难形成长久的吸引力。除非是网站有特别限制，否则，社区的组织者也应该身体力行，经常推出有影响力的作品。在社区交流中，一个没有独到见解的版主，很难成为社区的领袖。

（四）网络社区的推广

现在，互联网上的各种社区不计其数，并非随便一个社区都会有大量用户主动参与，因此，网络社区建成发布之后，还需要进行一系列的推广活动。

网络社区的推广方法类似于新网站的推广方法，可以提交给搜索引擎的相关分类，在分类广告中发布信息，到其他相关社区发布新社区开张的消息，甚至可以利用网络广告、邮件列表等方式吸引目标用户的注意。

五、网络社区与个体的相互作用

网络社区是很多网民在网络世界的实在活动空间，它不仅给网民提供了丰富的信息与交往活动，而且将对个体的观念与行为产生影响。尽管在参与活动方面社区成员的活跃度会有所不同，不同成员对于社区的介入程度和影响能力也有所不同，但是，从总体来看，社区对个体的影响都是普遍存在的。这些影响有些是一次性的，而有些则会累积成为一种长期的效果。

网络社区对网民个体的影响是由网民对社区的需求决定的，两者是“一枚硬币的两面”。前文提到，国外有研究者认为个体对社区的需要是源于四个方面：兴趣、关系、幻想、交易。也有研究者从社区成员的活动类型角度研究成员的需求，但这些都只是从某一个角度说明了成员的部分需求。从更广泛的意义上看，网民对社区的需求及社区对网民的影响层面主要体现为以下方面：

1. 个体的特定功能性诉求层面。

个体加入一个社区，总是有一些外在的功能性诉求，如满足兴趣爱好，获得特定领域的信息或知识以及进行商品交易等，社区的成员构成、交流程度等，会在一定程度上影响个体在这个层面上得到的满足。例如，一个社区里如果有某些特定领域的专家，他们的专业知识和评论，有助于提高整个社区成员对这些特定领域的了解程度。反过来，如果缺乏高水平的专家，社区也可能传播一些错误的信息与知识。

2. 个体的心理调节层面。

特定功能诉求只是个体对社区需要的外在表现，而个体对社区的更多需求是心理层面的，其中心理调节更是主要需求之一。积极的交流固然是心理调节的一种方式，但有时，无聊的、庸俗的甚至是不理性的成员的言行，也是个体心理与情绪的一种自我调节方式，是人们在网络中对现实压力所作的一种释放。当然，这种发泄与释放并不一定能对个体情绪产生积极影响，有时反而会使他们的情绪进一步恶化。但无论如何，处在社区里，人们的心理调节，总是受到他人的影响，群体氛围会影响到个体的情绪的发展。

3. 个体的环境认知层面。

社区是个体进行环境认知的一种途径，这一方面是由于社区内成员相互提供的信息，有助于成员加深对各种不同社会环境（从实体的居住环境到抽象的网络环境、社会环境等）的了解；另一方面，成员间的互动过程本身，也可以让个体感知社会环境的变化。例如，这个过程中所感知到的群体的意见与态度等，在一定意义上会被个体作为社会的意见气候，尽管有时这两者实质上不能画等号。

4. 个体的社会关系层面。

个体加入社区，另外一个重要的需求是建立自己的社会关系，这种社会关系既可以帮助个体减少孤独感，也有可能为个体的工作与生活等带来实质的帮助。

个体在社区中建立的社会关系，也会对社区的权力结构产生影响，这种结构又会反过来作用于个体在社区的行为与态度等。

5. 个体的个别意见与态度层面。

在网络社区的环境里，个体对于某一个别事件或问题的意见与态度的形成，虽然是以自己的既有倾向为出发点，但也难免受到社区环境的影响。个别意见与态度的形成，往往不是一个自主的、封闭的个体行为，而是在互动等因素作用下的一个复杂的社会过程。每一个个体的态度与意见，都对别人施加着或直接或间接的影响。社区的整体意见气候，不是所有个体的个别意见与态度的一个简单相加，而是各种个体的既有态度倾向在复杂的社区互动催化下的一个“化学过程”。有时结果甚至会超出人们的预计。

个体最终呈现的意见与态度，关系到整个社区的意见分布，进而有可能影响网络的整个意见分布。

6. 个体的长期价值观层面。

个体如果介入社区活动程度很深，在社区的时间很长，那么，他的价值观的形成，也可能受到社区的影响。这既有个别问题上社区舆论对他的影响，也有社区长期的信息环境、意见环境等对他形成的影响。

7. 个体的社会归属感与文化归属感层面。

个体对于社区的另一个重要心理需求，是获得社会归属感。群体归属感是社会归属感的一个具体表现。

由于网络中人们选择社区的范围更广，进入或退出某个社区的自由度更高，因此，个体在网络中寻找到具有归属感的社区的机会也增加了。而网络中高频率的互动也更容易实现。从这个意义上看，网络社区有助于人们的社会归属感的形成。

与此相似，人们也往往通过社区活动来寻找适合自己的文化定位，谋求同道者的呼应，获得文化上的归属感。

但社会归属感与文化归属感的获得，有时也意味着个体对社区群体的妥协，有时也会以从众、同质化等为代价。

社区对个体以上各个层面的影响，是由一定的作用机制来形成的。这主要包括：

第一，通过信息环境作用于个体。社区成员在社区中提供的各种信息，构造了一个微观的信息环境。就像媒体构造的信息环境是一种“拟态环境”一样，社区的微观信息环境也只是社区成员有选择的信息所反映的社会微小局部，不可能全面地反映现实环境。

这种并不全面的信息环境作用于个体时，会影响到他们对某些特定事物的判断，也会影响他们对社会认知的广度、深度。他们的态度与意见形成也往往会受到即时的或既往的信息环境的影响。

第二，通过交往对象作用于个体。一个社区成员往往不是完全均衡地与其他所有成员进行交往，而是有所侧重。个体所选择的重点交往的对象及其交往的程度，往往是对个体形成影响的重要因素。不同成员之间关系的亲疏程度，也决定了社区最终的权力关系。

第三，通过权力结构作用于个体。前文提到，社区的组织者、能影响他人观点的意见领袖、社区成员之间的关系等，构成了一种权力的关系或结构。这种关系直接影响到个体在社区的地位与利益，也会形成一种无形的压力，直接影响到成员对事物的认知、判断及态度、行为。

第四，通过群体心理作用于个体。社区氛围也容易产生各种群体效应。社会心理学研究曾指出的“社会助长作用”（即他人在场时，会形成一种社会唤起，促进优势反应，其结果是促进简单行为，削弱复杂行为。在这种情况下，简单的事，人们能做得更好，而复杂的事则会做得更差）、“社会懈怠”（即群体也可能使个体产生懈怠，且随着群体规模的增大，个体付出努力的程度在减小，因为在群体条件下，人们会受到搭“集体便车”的影响）、“去个体化”（即在群体情境中，人会失去自我觉知能力，从而导致个体失去自我和自我约束）、“群体极化”（即群体讨论往往会强化其成员的最初的意向，例如，使偏激者更偏激。同时，群体讨论也会强化社区成员的共同态度，强化群体成员的平均倾向）以及“从众”等现象。可以说，个体在社区中的表现，在很大程度上是受到社区的整体氛围影响的。

信息环境、交往对象、权力结构、群体心理等的共同作用，使个体在社区环境下，对某些信息与问题作出相应的反应，也渐渐形成自己在社区的特定行为方式与观念体系。这种行为和观念与个体在现实生活中的表现未必相同，但是，它们之间会发生互动。

从另一端看，社区影响个体的机制，也是个体对社区发生作用的机制，因为社区不是一个抽象的网络空间，而是由成员所构成的一种实在的人文环境，个体所感受到的社区的信息环境、意见环境、权力结构、心理环境等，都是在成员的交流基础上形成的。这既可以通过一对一的交流实现，也可以通过成员交流形成的一种整体氛围实现。成员也是借由社区这样一个环境来作用于他人。

六、中国网络社区案例分析

在中国网络社区中，有一批具有典型性的社区。下面将选取几种不同类型的社区个案来进行综合分析。每一个案例的特色都从某些角度反映出网络社区的成功要素，以及网络社区的现实影响。

（一）强国论坛

1999 年 5 月 8 日凌晨，中国驻南斯拉夫大使馆遭到美国导弹袭击，三位中国记者在袭击中牺牲。9 时 25 分，《人民日报》网络版（即后来的人民网）发布了《人民日报》、《环球时报》驻南记者吕岩松采写的我使馆被炸的第一篇报道。使馆被炸事件激起了中国人民的强烈愤慨，5 月 9 日，《人民日报》网络版开设了

“强烈抗议北约暴行BBS论坛”。广大网友对《人民日报》网络版能够开设论坛感到兴奋，也充分利用这一渠道表达了自己对中国使馆被炸事件的意见与态度。6月19日晚，“抗议论坛”改版为“强国论坛”，这是为了适应形势发展的需要，也是为了将网友的意见表达引向建设性方向。到那时，网友共上贴了9万余条帖子，论坛在表达中国网友的意见、形成舆论方面发挥了独特的作用。

此后，作为一个时政性新闻论坛，“强国论坛”吸引了一大批关心国家政治大事的网友，对台关系、中美关系、国企改革、反腐败等，成为这个论坛经久不衰的话题。后来，人民网又设立了强国论坛“深入区”，在这里张贴一些更有分量的帖子，以鼓励网友更为理性、更富于建设性地参与网络互动。网友的真知灼见，也常常被放到人民网首页或观点频道的重要位置，得到更多人的关注。

另一方面，“强国论坛”创办的技术背景是，BBS这一网络中非常重要的互动手段的不断普及与应用。但是，在“强国论坛”开办之前，在中国，具有媒体背景的网站几乎都没有采用这一方式，因为担心开设论坛的风险。“强国论坛”开办后，不少媒体网站纷纷跟进，开设自己的新闻论坛。

目前，“强国论坛”已经成为人民网的一个重要的品牌，也成为中国网络媒体的一个重要品牌。“强国论坛”的出现，也引起许多海内外媒体的关注，一些媒体称其为“改革开放的实验者”、“中国的网上言论特区”、“内外差异的缩小者”等。许多研究者也将“强国论坛”作为公共领域等问题研究的一个重要个案。

“强国论坛”带给我们的启发主要有以下几方面：

1. 天时地利人和是“强国论坛”立足的三个支点。

尽管BBS这一技术手段早已出现，但是，由于人们对于其特性了解不够深入，对于如何管理还心中无底，因此，在“强国论坛”之前，中国具有媒体背景的网站都不敢开设新闻论坛。

1999年的“五八事件”，直接催生了人民网的“抗议论坛”。在这样的时机下开设论坛，不仅可以给网民提供一个很好的意见与情绪的宣泄渠道，而且由于讨论主题明确，便于管理，可以尽量降低开办时政类新闻论坛的风险。事实证明，这一时机的把握的确是恰到好处的。

而在论坛开办一个多月后，将其改版为“强国论坛”，则顺应了形势发展的需要，也使论坛的长期、稳定发展有了一个新的根基。通过“强国”这一主题引导网民在理性与建设性的目标下，参与社会公共事务的讨论。适时改版，对于“强国论坛”后来的发展也是很关键的。

但是，如果把“强国论坛”的诞生放到中国网络媒体的发展线索中，放到中国媒体的改革历程中去考虑，便会看到，“强国论坛”并不是一个偶然事件的偶然产物，而是天时、地利、人和三者共同的催化结果。

从天时看，“五八事件”的确是“强国论坛”出现的一个诱因，但是在这后面，是中国媒体受众观变革的深层背景。受众在新闻传播中，不再仅仅是被动的接受者，而是积极的参与者。网络为这样一种新的受众观的实践提供了一个最佳的场所，在这个意义上，网络技术所带来的便利的互动能力，便是“强国论坛”产生的“地利”。而更重要的是，网络提供的互动手段并不仅仅赋予了受众以反馈能力或是更高层次的新闻消费的能力，它更赋予受众一种生产能力，使受众成为了一种新闻传播的生产力，论坛便是这种生产力迸发的一个出口。有人说，“强国论坛”已成为了新闻的集散地、观点的集散地、民声的集散地，这三个“集散地”，集中说明了“强国论坛”的“生产力”属性。

“强国论坛”所背靠的《人民日报》这个品牌，是它得天独厚的地利。《人民日报》的传统地位，使“强国论坛”一开始就站在一个制高点上。

“强国论坛”更大的天时地利则体现在改革开放不断发展所带来的政治的昌明。这样一种宽松的环境，为民众参与新闻传播，乃至积极参与社会生活，提供了保障。

“强国论坛”得以产生并不断强大的更重要的因素，在于“人和”。抛开价值观的因素不谈，中国网民对于社会的关注程度之高，干预现实的愿望之强烈，也许是世界上罕有的。这样一种网民基础，在中国网络媒体的发展中，是一个不可忽略的重要因素。而“强国论坛”更是幸运地拥有一群较高素质的网民。这样一支网民队伍，是“强国论坛”实现可持续发展的一个主要动因。

“人和”还表现为“强国论坛”的管理者在管理论坛上的能力与水平。由于人民网的特殊地位，开设“强国论坛”是存在风险的，如果做得不好，不仅会使“两头”都不满意，甚至可能会造成一些重大的政治影响。但是，在“强国论坛”发展的几年中，“强国论坛”的管理者不仅做到了让两头满意，不仅做到了论坛没有出现重大失误，而且使它从一个网站的论坛发展成为中国网络媒体的一个重要的品牌。

在表面上，“强国论坛”的网友与版主之间总是存在着尖锐的矛盾，删帖与反删帖、封 ID 与换“马甲”成为版主与网友经久不衰的对抗焦点，但是，在这个矛盾之下，有一点是一致的，那就是，双方都希望“强国论坛”能够长久地生存下去。网友所争取的，是自己一时的言语权利，而版主所维护的，是网友长久的言语权利，两者的根本目标实际上是一致的。所以，在网友与版主的对峙之外，又会不时地看到双方相互的理解与关怀。这也是“强国论坛”的“人和”所在。

“左派”与“右派”的存在，以及他们在几乎任何问题上的对立，也是“强国论坛”一道永恒的“风景”。但是两者实际上谁也离不开谁。“左派”与“右派”的出现，反映了中国社会特别是知识阶层在思想上的分化。但这样一个多元化的过程，本身就是社会进步的一种表现。在“强国论坛”，允许这样多元化的声音出现，允许他们进行交锋，也是一种值得庆幸的现象，也体现了一种终极的和谐。

除了在意见表达上所体现出来的“人和”外，“强国论坛”还会不时涌现出一种让人感动的人情味。当“强国论坛”的一位网友身患绝症时，论坛上便出现了自发的募捐活动，虽然这并没有挽留住这位网友的生命，但是，在这过程中散发出的是一种浓厚的情谊。从社会学意义上看，这样一种一致的行动能力的形成，表明了在“强国论坛”聚集的，不是一群乌合之众，而是一个相互认同的群体。

可以说，天时、地利、人和是“强国论坛”的诞生背景，也是“强国论坛”持续发展的保证。

2. 松紧有度、亦张亦弛是“强国论坛”的制度保障。

从社会学的意义上看，论坛是一种网络社区，它也是社会的一种组织形式。在网络上，一个社区要存在，要持续和谐地发展，就需要一套自己的规则。

而作为一个具有政治功能的社区，论坛的发展更是需要合理的制度做保障。这样一种制度不仅要维护社区的稳定与和谐，还要保证在“安全”的前提下的“百花齐放”。

“强国论坛”的负责人将其管理的思路归结为在松与紧、张与弛上度的把握。

“强国论坛”的管理条例便体现了这样一种松与紧的结合。从松的方面看，“强国论坛”的规则中没有随意设置禁区，它只是以现行法律为框架来规范人们的言行，在“强国论坛”这样一个敏感地带，能出现“松”的管理，这不能不说是一个非常重要的突破。

但“强国论坛”的管理规则也有其紧的一面，紧到笔名注册及签名档的填写这样的内容都被细致地作限制。但这样一种“紧”与整体氛围的宽松并不矛盾，它更多地是为了维护大环境的和谐。

删帖是论坛管理的一个最直接的手段，对于松和紧、张与弛的理解与运用，也直接地体现在删帖中。关于“强国论坛”的删帖原则，原人民网负责人蒋亚平曾概括说，总的想法是，一是只要不违法、只要爱国、只要符合《人民日报》网络版宣传报道的基本原则，二是只要格调健康、只要讲礼貌，那么可删可不删的，就不删。当然，有些时候，包括对一些老是故意捣乱的人的帖子，那就用另一个标准，即可删可不删的，就坚决删。

要真正实现松紧有度、亦张亦弛，不仅要靠版主的个人素质、管理能力做支撑，也要靠管理的技巧做后盾。

“深水区”与“浅水区”的划分，就是将松与紧的原则加以灵活运用的一个例子。“深水区”的紧与“浅水区”的松，使论坛可以真正实现张弛有道。这种策略既有利于鼓励有思想、有见解的帖子的产生，也能避免“强国论坛”面孔过于严肃单一，有利于增加“强国论坛”对于更多层次网民的吸纳能力。

同样，在纯时事政治话题的“强国论坛”之外开设的“读书论坛”、“英文论坛”、“体育论坛”、“情感论坛”等，不仅使强国社区的人群得到了进一步区分，使管理者有了更明确的管理目标，也可以保证在每一个子论坛中的交流更有成效。同时，也使得网友可以在不同的论坛中感受到张弛有度的氛围。

当然，就像其他网上社区一样，“强国论坛”的管理还并非尽善尽美。管理水平的提高与技巧的改善仍然是“强国论坛”版主不断追求的目标。

3. 交流渠道的疏通是“强国论坛”的实践价值之一。

网络为打开一条下情上达的沟通渠道提供了可能。在这方面，“强国论坛”比大多数中文论坛的作用更为显著。

由于不少网友利用“强国论坛”来反映现实问题，维护个人权益，“强国论坛”已经逐渐扮演起内参、《焦点访谈》这样的角色。“强国论坛”成了许多政府部门了解民众意见、检查与反省自己工作的一个窗口。

“强国论坛”也为网民积极参与社会公共事务提供了可能。2002 年 11 月 16 日，一位网名为“我为伊狂”的网民，在人民网“强国论坛”与新华网“发展论坛”上发表的名为《深圳，你被谁抛弃》的文章，很快引起了深圳市市长于幼军的关注，并由此引出了于幼军与“我为伊狂”这样一位普通市民间一次史无前例的平等对话。

从 2004 年两会以来，不断有人大代表通过“强国论坛”收集提案，更体现了“强国论坛”在促进更多人参政议政方面所具有的潜力。

“强国论坛”也成为了上情下达的一条途径，在某种意义上，“强国论坛”已经成为政府部门的一种新型新闻发布渠道。

"强国论坛"之所以在疏通上下对话渠道方面作用更为显著，其主要原因在于它的特殊地位，即官方媒体与民间社区的合二为一，也可以说，它拥有两个方面的宝贵资源，这两种宝贵资源汇合时，会产生惊人的能量。

此外，"强国论坛"还成为了一种方便的民间对话通道，它将原本是私下的小众交流变成一种公开的大众交流，它可以让来自多方面的弱小的声音汇聚起来，形成一股强大的声音，使之在舆论监督方面扮演重要角色。

4. 国情民意的晴雨表是"强国论坛"的实践价值之二。

"强国论坛"特殊的传统媒体背景以及它自身的民间属性，不仅使其成为一种对话的渠道，还使它担负起更重要的双重功能：它既是人们观察中国政治动向的一个窗口，又是人们了解中国民意的一个窗口。

许多人将"强国论坛"称为网上言论特区，从一定意义上来说，它是一个具有试验性质的地方。一方面，政府需要通过这个特区来实践其开放与昌明的政策，另一方面，政府对于它又是小心谨慎的。"由于论坛所处的敏感位置，其管理政策的变化和走向，总是折射着中国政治发展的动向。"①

也可以说，在"强国论坛"，哪些论题允许讨论，允许讨论到什么程度，都会在一定程度上反映出宏观政策的变化。

"强国论坛"的原创论题，在很大程度上反映了社会的舆情。在一定意义上，"强国论坛"的网友扮演着自发的"民间代表"的角色。在一些重大事件发生时，"强国论坛"更是会形成各类观点的集中爆发，由于这些观点具有一定的代表性，因此，据称，这些时候，国外很多媒体都要看"强国论坛"，以此来推断中国民意的走向。

作为新闻、观点及民声的集散地，"强国论坛"也映射着其他中文论坛的动向，任何一个热点话题，即使并非"强国论坛"原创，最终都会出现在"强国论坛"。"强国论坛"是整个网络意见的一个汇总与浓缩。

在"强国论坛"上的观点交锋，实际上也是社会中各种观点交锋的一个缩影。"左派"与"右派"的对抗、"反美派"与"亲美派"的过招、"自由主义"与"民族主义"的较量，这背后，都有着复杂的社会背景。任何一种思潮、任何一个派别，都并非"强国论坛"的特产，而是有着更为广阔的生长土壤。所以，以一个大的时间跨度来观察"强国论坛"的意见走向，可以或多或少地看到中国社会思潮的发展线索。

---

① 陶文昭：《强国论坛，中国的网上"言论特区"》，http：//www.people.com.cn/GB/14677/21963/22062/2813879.html。

同时，“强国论坛”在一定意义上也成为了中国社会各种力量（官方的或非官方的）的一种集合，不管这些力量是以显性的还是隐性的方式存在，“强国论坛”的运动轨迹都会体现出它们的共同作用。

当然，把“强国论坛”的意见完全等同于中国民意，是不妥当的，因为毕竟在目前中国的网民是一个特殊群体，而“强国论坛”的网友更是特殊群体中的特殊。他们不能代表社会的全部阶层；他们的关注重心，并没有完全覆盖社会问题的全部；他们认识问题的角度，也是有局限的。即使关注社会的其他阶层，他们的观点中也会深深地打下自己所在群体的烙印。

因此，“强国论坛”的意见，只是中国民意中的一个样本，它是中国民意整体坐标中一个重要的参数。

5. 公共话语空间是“强国论坛”个案的理论意义。

“强国论坛”不仅在实践上脱颖而出，也成为了理论研究者一个关注的对象。在理论领域，在谈到“强国论坛”时，人们总是会把它与一个政治性的概念“公共领域”挂上钩。这样一种联想，不仅表明了“强国论坛”在人们心目中的价值，也表明了人们对网络媒体的一种理想。

但是，由于各种因素的影响，目前，还不能将“强国论坛”等同于理想的公共领域，也许称之为公共话语空间更为合适。作为一个公共话语空间意味着，这是一个允许个体进行意见表达的公开场所，个体在这样一种空间的话语表达，有可能被他人听到。但这样的空间赋予个人更多的是一种说话的“权利”而不是“权力”。一个人的话能否被人听到，能被多少人听到，取决于他的话题是否为众人关注、他说话的方式能否为人接受、他的观点能否引起共鸣或争鸣。人们之间也并不能就所有话题展开对话，理性的、建设性的对话能否形成，更是依赖于许多临时性的因素。

但是，有了这样一种公共话语空间的存在，人们关心社会生活的热情将得到鼓励，人们积极独立思考的习惯也会逐渐培养起来。

作为公共话语空间，“强国论坛”在民意表达、舆论形成及舆论监督方面，发挥出来了越来越重要的作用。这一点是不可否认的。但是，如同其他网上社区一样，“强国论坛”也会出现很多的问题与矛盾。如同整个网络民意一样，“强国论坛”也会出现意见的失调、舆论的偏差。

将过于沉重的理想负荷过早地压在“强国论坛”上，不仅在实践上行不通，也容易给“强国论坛”带上一个乌托邦式的光环，而忽视现实中存在的各种不和谐因素或阻碍力量。

（二）百度贴吧

百度贴吧是2003年12月3日创建的，贴吧的创意来源于百度首席产品设计师俞军。当时创建百度贴吧这一想法的缘由是：结合搜索引擎建立一个在线的交流平台，让那些对同一个话题感兴趣的人们聚集在一起，方便地展开交流和互相帮助。

百度贴吧是一种基于关键词的主题交流社区。它与搜索紧密结合，准确把握用户需求，通过用户输入的关键词，自动生成讨论区，使用户能立即参与交流，发布自己所拥有的其所感兴趣话题的信息和想法。这意味着，如果有用户对某个主题感兴趣，那么，他立刻可以在百度贴吧上建立相应的讨论区。

百度贴吧完全是一种用户驱动的网络服务，强调用户的自主参与、协同创造及交流分享，也正是因为这些特性，百度贴吧得以以其最广泛的讨论主题（基于关键词），聚集了各种庞大的兴趣群体进行交流。

百度贴吧的特点主要表现为以下几方面：

1. 人工信息聚合方式对搜索引擎的补充。

对于那些基于信息搜索的需求而找到贴吧的人来说，获得某个主题的信息往往是他们的一个基本目标。但搜索引擎目前还难以高质量地满足这方面的需求。贴吧可以使人们从机器的搜索过渡到人工的信息整合中。拥有不同资源的人们，在这里实现信息的分享，而且信息需求与供给关系更明确，这样获得的信息针对性往往更强。贴吧成为对百度这样的搜索引擎的一个有益补充。

2. 共同兴趣爱好者的快捷聚集。

尽管网上有难以计数的由兴趣爱好者组成的社区，但是，如何找到它们却并不是一件容易的事，找到一个有代表性的社区更是困难。百度贴吧最重要的特点就在于，它利用自己在搜索引擎领域的知名度与地位，为各种兴趣爱好者的聚集提供了一个最便捷的方式。只要知道百度，就可以通过关键字找到同道者。而百度的知名度也有助于使某一个关键字的贴吧成为一个具有代表性的贴吧。

3. 封闭式交流话题带来的深度互动。

与很多社区不同的是，贴吧创造的社区往往是一个话题非常封闭的社区，针对某一个明星、某一部影视作品甚至某一首歌曲。虽然理论上这些社区也可以有更开放的讨论主题，但是多数贴吧的成员更愿意围绕一个封闭的主题来展开交流，这就促进了互动深度的不断加强。

4. “粉丝文化”的催化剂。

百度贴吧的迅速走红，是与“粉丝”及“粉丝文化”的流行紧密相关的。在“粉丝文化”的发展过程中，百度贴吧也起到了重要作用。

“粉丝”来自英文“fans”，意为“迷”，在中国，主要指某个明星（或平民偶像）的崇拜者。“粉丝”现象是随着湖南电视台的“超级女声”及其他电视选秀节目的影响力日增而不断发展起来的。

有人认为，“粉丝文化”主要表现在以下五个方面：

第一是“粉丝”群体的团队精神。第二是“粉丝”们那种喜欢就勇敢表达出来并鲜明支持的率真精神。第三是“粉丝”积极主动、甘于付出的奉献精神。这种奉献和付出，不只是表现在感情上，还表现在金钱和时间精力上。第四是“粉丝”与喜爱对象患难与共的忠诚精神。第五是“粉丝”面对压力和困难敢于挑战和奋争的“PK 精神”。①

尽管上述观点只是肯定了“粉丝文化”的正面意义而忽略了它的一些消极影响，但是，它的确也揭示出了“粉丝”们的一些特点，以及“粉丝文化”广泛蔓延的原因。

从总体来看，近年来的“粉丝文化”与以前的“追星族”的一个重要区别，就是它的团队特点。“粉丝”们不再是离散的追星个体，而是一个有组织的团队。“粉丝”对于其追捧的明星的支持力度，往往取决于“粉丝”团队的规模、组织的严密程度，以及活动的方式与效果等。

由分散的“粉丝”到“粉丝”群体，再发展出“粉丝文化”，已经越来越离不开网络。

这首先是因为贴吧这样的社区为“粉丝”的聚集提供了一个快速、定向性强的渠道。“粉丝”很容易找到与他兴趣相同的“粉丝”，在贴吧，这些人互称为“亲”。这个词也形象地反映出“粉丝”间的亲密关系。

网络的特点，也容易吸引来自不同地域、不同文化背景、不同社会阶层的“粉丝”，壮大“粉丝”队伍。

“粉丝”间相互分享所追捧的明星的信息，是“粉丝”间交流的一种重要方式，贴吧恰好为此提供了一个主要的渠道。从文字、图片到音频、视频，网络信息传输技术的发展，也日益扩展了“粉丝”间信息交换的种类，增强了信息交换的频率。

---

① 《什么是粉丝文化?》，http：//zhidao.baidu.com/question/15249194.html。

贴吧提供的关于某个明星的信息的集中度，往往也是其他地方不能比拟的。而且“粉丝”们发布更多的是有利于塑造明星正面形象的信息，即使是负面信息，他们也往往会作出正面解读，或者用自己的方式为明星“据理力争”。虽然在贴吧也会出现很多与“粉丝”的价值取向不一致的信息，但是“选择性注意”、“选择性理解”与“选择性记忆”等心理，会使“粉丝”们忽略那些信息的存在。而吧主也会通过删帖的方式，来减少不利信息的存在。集中的正面信息对于激励“粉丝”们的专一追求和狂热精神，起到了重要的作用。

贴吧中的匿名交流，使那些原来在现实空间中不敢表露自己崇拜想法的人，有可能完全敞开心扉，“粉丝”间也会形成相互鼓励、相互激发的效应，使更多的人坚定自己的追求。

“粉丝”对明星的崇拜，往往也是他们自我追求的一种投射，是借明星实现自我认同的一种方式。贴吧中的互动，可以使更多人确认自我追求的价值，产生更强的追求动力。

贴吧所造就的群体氛围，也有可能激发群体性的非理性情绪。应该看到，“粉丝文化”中产生的一些消极现象，与贴吧中传播的环境及特点也是相关的。

在百度贴吧，同时存在着很多个“粉丝”团体，也常常出现多个贴吧之间的相互链接关系。这也是贴吧与其他独立存在的某些明星的“官网”不同的地方。“粉丝”团体间的相互竞争甚至斗争，也会在一定程度上影响“粉丝”团体的走向。

在组织“粉丝”团体活动方面，贴吧无疑也是一个重要的平台。

可以说，贴吧提供的交流环境，为“粉丝”群体的形成以及相应的群体活动的开展，提供了一个基本的平台。而“粉丝文化”正是在这个基础上形成的。

虽然现在也有诸如“粉丝网”这样的专门网站出现，但是，百度贴吧已经积累的人气、更强的网民自主性和相对简洁的界面，仍然使它在“粉丝文化”的发展中占有重要位置。

5. 文化研究的新途径。

英国的研究者戴维·冈特利特在他主编的《网络研究——数字化时代媒介研究的重新定向》一书中认为，互联网提供了一种新的“摇椅”式的研究方法。他在研究了一个关于电影的网站（互联网电影数据库——IMDb）后指出，那些观众的评论虽然“并不能代表一个完整的电影观众群。但是，这些观点比那些由电影研究专家们写的单一的、主观的、通常还是晦涩难懂的‘解读’性文字要好。事实上这些样本与多数定量研究中使用的样本一样具有价值（也很奇特），人们所提供的数据就是他们就电影自发地发表的感想，也是他们想要写的话”[①]。

以上这种观点，应用在贴吧上，也许是非常适合的。

由于贴吧话题的封闭性特点，网民的深度互动实际上为文化产品、文化现象的研究提供了一种非常直接的渠道。

例如，对于影视剧的创作者来说，贴吧中丰富的来自观众的“现身说法”，真实而生动而地展示了观众对于作品的解读方式及其动因。虽然这些观众未必总是能代表全体观众，但是他们的体会仍然能在一定程度上反映影视作品在受众那一端所起的作用。观众喜欢什么样的角色，喜欢什么样的情节以及细节处理，喜欢什么样的题材，如此等等，常常都可以在贴吧中找到答案。贴吧不仅为了解作品的传播效果提供了一种反馈渠道，更是为未来的创作提供了一种有益的启发。在过去很少能有这样的渠道如此充分地让人研究那些观众喜欢以及不喜欢的元素，以及背后的原因。这不仅将使创作者个体受益，对于影视生产企业来说，也是一种不可多得的资源。而对于文化研究者来说，研究大众文化对于受众的深层影响，贴吧这样的平台也将显得越来越重要。

虽然冈特利特称利用网络资源进行研究是一种“摇椅式”的方法，但是，在某种意义上，网络也许提供了一种新的“田野调查”的“田野”，在类似“贴吧”这样的网络空间里，人们发表的最直接、真实的内心告白，也是人们现实生活与活动的一部分，作为一种越来越与现实生活交融的生活空间，网络同样能提供非常真切而鲜活的研究材料，它也是实证研究的场所，贴吧这样的社区更是具有典型的研究价值。

除了文化研究，贴吧这样的社区还可以为其他产品的开发、产品的营销提供重要的消费者研究平台。

（三）“猫扑”社区

“猫扑大杂烩”（英语为 mop）社区简称“猫扑”，它的名称来源于创始人田哲的外号。它于 1997 年 10 月建立，最初只是一个游戏爱好者聚集的社区，以讨论电视游戏为主，后来不断发展，逐渐成为“中文第一互动娱乐社区”，它被认为是 BT 文化的发源地，中国互联网时尚、前卫、流行的风向标。

2004 年 4 月，千橡集团将猫扑收购至旗下，随后便开始了大规模的商业化。但也有很多人认为商业化损害了猫扑的个性，伤害了原本纯正的社区精神。

---

① ［英］戴维·冈特利特著，彭兰等译：《网络研究——数字化时代媒介研究的重新定向》，150 页，北京，新华出版社，2004。

2006年11月，猫扑正式宣布转型新门户，定位为“中国互联网第一娱乐门户”。但是猫扑大杂烩社区仍然是其主要的产品。

猫扑社区是一个具有鲜明特色的社区，这主要体现在以下几个方面。

1. 它是具有强烈虚拟世界特征的论坛。

猫扑虽然是众多以文字交流为主的网络论坛中的一员，但与多数只是专注于内容建设的论坛不同的是，猫扑给自己塑造了鲜明的虚拟世界特色。由于起源于游戏爱好者的社区，因此，猫扑的社区架构里有着明显的游戏式的思维，人们不仅仅在进行内容的生产，也在进行着虚拟世界的建设。尽管构建虚拟世界的社区不少，如“第九城市”，但是，那些社区往往是以游戏为主，除游戏之外的成员交流并不多。将丰富、活跃的论坛与虚拟世界两者结合，是猫扑的重要特色。这种特色不断强化，最终营造出独特的“猫扑世界”。

猫扑“包子”是猫扑世界中的代表性符号之一，它指的是社区成员回帖的时候可选择的表情图片，猫扑网友在多年的使用“包子”过程中，逐渐产生了丰富的“包子文化”。比如，常用的253号“包子”表示对别人的景仰，874号“包子”表示愤怒不屑，197号表示相亲相爱，011号表示“寒”、不可思议等……253、874等“包子”编号甚至成为互联网通用的文化，为更多猫扑以外的网友所熟知。尽管只是表情图片的一种表现方式，但是用“包子”来生成各种表情，不仅具有独特的幽默效果，而且也强化了社区文化的独特性。在猫扑后来推出的延伸性实物产品中，就有很多是网友喜欢的各式“包子”玩具和纪念品。

道具与MP也是猫扑世界的代表性符号。MP是“猫扑大杂烩”使用的一种虚拟货币，称做“猫扑币”或者“猫皮”。它实际上是社区的一种奖励机制。道具不仅强化了社区的游戏、调侃氛围，还具有实用功能。例如，“救生圈”的功能是将帖子浮在论坛较上方约半个小时，“照妖镜”的功能是查看帖内匿名用户的真实昵称，“醒目灯”使用以后可以发一个标题为彩色的帖子，“诅咒药”对某用户实行诅咒，有2/3的成功率。更重要的是，道具“是猫扑这个世界里的虚拟实物，当然而然地要和虚拟的货币挂上关系，从此MP和道具就成为了身份的象征，繁荣程度的晴雨表。而每次重大的事件，都能带动道具市场产生强烈的震动，而那些关系到民生的道具比如说救生圈、醒目灯的价格涨落更成为了大户和小猫之间关系的纽带”①。

“小黑屋”是猫扑对违反规则的成员的一项惩罚措施，它利用了人们童年时

① 《解读猫扑历史的二十六个关键词》，http：//bbs. nankai. edu. cn/cgi-bin/bbs/bbsanc? path=/PersonalCorpus/P/ppip/Others/M. 1074512154. A。

期对于小黑屋的恐惧心理，用形象、可感的方式来强化管理。更有意味的是，在猫扑的参与者眼里，“小黑屋在猫扑可谓是历史的镜子，把历代小黑屋的‘犯人’名单拿出再核对他们的‘罪行’，就能很清晰地看出猫扑历史上的一切重大事件的预兆、后果以及文化的变迁过程”[①]。可以看到，小黑屋不仅仅是一种简单的惩罚手段，也作为一种“法律”体系，成为了猫扑“政治”的执行者与记录者，这与人类历史变迁的逻辑是一致的。

“猫斯达克”是2007年基于猫扑文化而推出的一项与奥运相关的活动。它采用股市精确、严谨、逼真的运作模式，使用户在参加猫斯达克内的主题活动的同时，可获得各种虚拟财富的奖励，通过个人及“上市公司”（社区内用户自发组成的兴趣联盟可申请“上市”，如体育、科技、游戏、动漫、音乐、电影、公益等联盟）数字财富的积累、买卖、投资、升值等股市行为，在猫扑网上拥有更多的权限和能力。这一活动同样意味着作为虚拟世界的猫扑越来越多地借鉴现实社会的运行机制，来激发与调节用户的参与。

作为一个特立独行的网上世界，猫扑有自己的运行法则。到目前为止，很多网上社区的运行法则还停留在成员交流所形成的自然权力关系层面，而猫扑则加入了某些显在的调节机制，如MP、道具、小黑屋等，这些机制在很大程度上借用了现实世界的规则，这些规则有效地刺激了人们的参与，也有效地增强了人们在虚拟世界中的“实在存在感”。在猫扑世界逐步建立的过程中，我们可以看到现实世界是如何作用于虚拟世界的，而同时也可以看到虚拟世界对人与人关系的再建构能力。

2. 它是“人肉搜索引擎”机制的始作俑者。

“人肉搜索引擎”机制的形成，是猫扑社区的一个主要贡献。

积累MP，是猫扑激励社区成员参与的一个重要手段。一般来说，想要获得MP，需要大量地参加社区活动，发帖子，但另外一种更快的获得MP的方式是做“赏金猎人”，即通过回答别人悬赏的问题来获得MP奖励。

当某社区成员需要解决一个问题时，就在猫扑发帖并许以一定数量的MP作为酬谢。对此感兴趣的成员可以根据自己掌握的知识与信息来回答问题，提问人会将相应的MP奖励给提供满意答案的成员。

“虐猫事件”被看成人肉搜索引擎最典型的案例之一。当一段时髦女性用高跟鞋踩死小猫的视频在网上被披露后，猫扑的网民自发调查虐猫地点及虐猫女子

---

① 《解读猫扑历史的二十六个关键词》，http：//bbs. nankai. edu. cn/cgi-bin/bbs/bbsanc? path=/PersonalCorpus/P/ppip/Others/M. 1074512154. A。

的身份，有网民高价悬赏查找虐猫女子。经过许多网民的共同努力，最终发现虐猫拍摄地点是黑龙江省萝北县名山镇名山岛公园，虐猫女子是该县人民医院的护士王某，拍摄者是该县广播电视局工作者李某，网民甚至逐一找到了当事人的照片、身份证号码、车牌号、地址、QQ号、手机号、固定电话号码、电子邮箱地址等信息，并向当事人发出“通缉令”。这些信息用一般的搜索引擎可能是无法完全得到的，但是，在猫扑社区的人们不断发现线索、分析线索，却可以使答案逐渐浮出水面。除“虐猫事件”外，“铜须门事件”、“华南虎”事件等，都反映了人肉搜索引擎的强大力量。

除了猫扑，现在也有很多社区采用了类似的机制，鼓励人们进行知识与信息的分享，帮助人们获得特定信息，如百度知道、新浪爱问知识人等。人肉搜索引擎机制的普及意味着人工搜索对机器搜索的补充，已成为网络信息传播的一个重要特征。

当然，人肉搜索引擎的作用并不总是积极的。它对个人隐私的侵犯是值得警惕的。而在人肉搜索引擎推动下形成的网络暴力现象，更是网络发展中的一个“暗礁”。

3. 逐渐变味的“BT”文化。

按照猫扑成员自己的说法，BT（变态的拼音缩写）一词，虽然不是猫扑原创，但却是在猫扑“发扬光大”的。“BT并不是简单的变态，跳跃性思维才可称做真正的BT。”①

在各种因素的推动下，BT逐渐成为猫扑的一种风格化特征，这在一定程度上反映了以年轻网民为主体的猫扑不拘一格、反对循规蹈矩的自由风气，以及张扬的个性。

但是，这样一种BT文化并不是“跳跃性思维”的简单重复，而是逐渐发展成“恶搞”思维，进而演变成破坏性思维与攻击性思维。这种思维扩张了猫扑的暴力倾向，并对网络秩序构成了挑战。研究者麦田在分析与猫扑有关的网络事件时指出，作为网络媒体平台，“猫扑大杂烩”的BT在于，如果别的网络平台上的热点事件，多少还有一些社会性（比如“年画老虎”），那“大杂烩”上几乎所有热点事件全部是针对普通人的群体性攻击。如2003年“恶搞小胖事件”、2006年“铜须门事件”、2006年“虐猫事件”，直到2008年初的“很黄，很暴力事件”，等等。他认为，成立10年来，猫扑的发展经过了三个阶段：有趣——无

① 《解读猫扑历史的二十六个关键词》，http：//bbs. nankai. edu. cn/cgi-bin/bbs/bbsanc? path＝/PersonalCorpus/P/ppip/Others/M. 1074512154. A。

聊——暴力；相应的其活跃网友的构成，也呈现为“有趣的宅男宅女”——“无聊的大众”——“暴力攻击性的群体”三个阶段。这三个阶段的时间分割点是：1997 年——2004 年——2006 年。他进一步指出：“让群众去斗争群众，让弱者去攻击更弱者，让谎言去揭露谎言，让流氓去批判强权——这就是我所观察的当下普遍的网络事件。”①

猫扑的 BT 文化，从最初的“跳跃性思维”到后来的“恶搞”、“破坏性”与“攻击性”，并不仅仅反映了猫扑的蜕变，也在一定程度上反映出整个网络社会的现实。网络世界看上去给人们提供了多种追求与实现“自我”的路径，但最终人们往往更容易迷失“自我”，因为这些路径交织在一起形成了迷宫，而人们对此没有足够的判断能力。网络看上去提供了丰富与多元的价值体系，但人们最终还是会回归简单的二元思维，仍然从两个极端对世界加以评判，并以极端的方式来表达自己的态度。攻击性思维成为人们进行自我保护的一个主要方式。人们看似在追求多元化与个性化，实质上却是在走向多元化与个性化的反面。个体日益凸显的缺陷如果经过群体环境的极化作用，可能会产生难以预计的破坏性效果。

（四）业主论坛

业主论坛是指某一个居住小区的居民所开设的论坛，社区成员的首要关系是邻居关系。与网络中打破地域界限的多数论坛不同，地域上的集中性，是业主论坛的基本特征，这往往也意味着社区成员有重要的现实交往的基础。

业主论坛最初由一些房地产网站或频道设立，其目的是吸引网民、促进房产销售，后来，也有一些社区的业主通过其他的网站空间设立自己的业主论坛。经过一段时期的发展，业主论坛已经成为中国网络中一个较有特色的社区现象。它的意义，也早已超越了房地产的营销，在邻里交流、业主维权、促进社区文化的发展以及孕育社区民主等方面，形成了自己独有的影响力。

本书在此并不将个别的业主论坛作为个案研究，而是探讨业主论坛的一般规律。

1. 业主论坛风行的原因。

业主论坛在中国之所以会出现，初始原因是房地产买卖双方的需要。一些人为了购买商品房需要充分了解相关信息，并在网络中寻找同盟者，开发商和一些房地产的网站也需要通过网络进行营销，这两种需求相互呼应，业主论坛顺势而

---

① 麦田：《“很黄，很暴力”背后的猫扑文化》，http：//maitian. blog. techweb. com. cn/archives/2008/200818161835. shtml。

生。业主论坛作为购房信息沟通的主要渠道，满足了人们的实际利益诉求。一些业主论坛也成为集体采购行动的发起渠道。集体采购行动可以表现为购房、购买装修材料、购买家具以及其他各种商品。在中文论坛上，集体采购往往被简称为JC（集采）。集体采购的规模效应可以带来购买时的折扣，因而成为业主论坛的一个重要现实活动。

随着人们逐渐入住小区，业主论坛的功能也在转化，交流以及服务成为业主论坛的主要功能。

在楼房普及后，人们经常抱怨邻里之间互不往来，人际关系淡漠。而业主论坛不仅为网络空间中的邻里交流提供了平台，也为现实空间的邻里交往、社区活动提供了基础。两种空间交流的交织，在一定程度上可以促进交流的广度与深度的改善。所以，业主论坛在塑造新的邻里关系方面起到了重要作用，形成了新的"近邻"景观。

一些业主论坛虽然开始只是业主交流的场所，但为了顺应社区建设与管理的需要，开发商、物业以及居委会也逐渐参与到业主论坛的交流中。这种交流，成为业主权益维护、社区管理的重要基础。

具有较强的服务功能也是业主论坛得以迅速推广的原因。除了"集采"之外，业主论坛也成为家政服务、租房、二手商品交易、文体活动等实用信息的传播渠道。在业主论坛普及之后，一些综合性的小区网也陆续推出，这些网站不仅提供论坛交流，也提供包括电子商务在内的各种服务。

一些产品的营销者注意到业主论坛的营销价值，各种显性的、隐性的广告也开始出现在业主论坛上。尽管有些广告能起到一定的营销作用，但是，大多数时候，垃圾广告成为业主论坛的一个重要困扰。

不同业主论坛的活跃程度是不一样的，有些业主论坛保持着高频率的交流和持续稳定的发展，也有些业主论坛在经过一段时间后逐渐沉寂。但是，总体来看，中国的业主论坛的规模与活跃度仍然是可观的。

2. 业主论坛的社会影响。

除了服务性的功能，业主论坛的社会意义也在实践中不断体现。它对于塑造新的社区人际关系起着重要作用，同时，也在一定程度上影响着社区这样一种社会的重要组成单元的发展。在网络舆论的形成、社会舆情的体现方面，业主论坛也是一个不可忽视的渠道。

第一，业主论坛成为新型社区文化的孕育者。在一般意义上，社区文化是指在一定的区域范围内，在一定的社会历史条件下，社区成员在社区社会实践中共同创造的具有本社区特色的精神财富及其物质形态。

在业主论坛的推动下，一种不同于四合院、弄堂、街道以及单位大院等传统居民区的社区文化正在形成。

这种新型的社区文化是以网上及网下相互交融的频繁的邻里交流为基础的，它是由现实与虚拟两种空间中的行为共同塑造的。它不仅表现为社区的现实环境和文化活动，更表现为社区的人际交流氛围、社区成员所共同推崇的价值观与生活方式。在这些社区文化中，精神层面的要素起着引导性作用，而物质形态只是其文化特质的表征。

许多传统居民区的社区活动，往往以老年人为主体，他们所推崇的，更多的是中国传统的文化形式与精神，他们的交往方式与关系准则也是以传统价值观为导向的。而在有着业主论坛的这些新兴的社区里，中青年是社区活动的活跃参与者，因此，这些社区的文化里有着一些与传统文化所不同的特性，它们的价值导向更为多元，社区活动形式也更丰富，个性更强。

与许多传统居民区以居委会或行政单位来倡导与推动的社区文化不同的是，这些新兴的社区的文化常常是由社区居民为主导的。有些活动虽然也有居委会、物业等的推动，但是，真正能代表社区文化特质的，往往不是这类活动。有时居委会、物业所组织的活动也必须顺应社区已有的文化氛围，这反过来强化了社区文化的个性。

第二，业主论坛成为集体维权的组织渠道。大多数业主论坛是伴随着商品房的销售过程出现的，是与新的小区的开发与建设同步发展的，在这个过程中，业主们对自身权益的维护，成为一个重要的焦点。而业主论坛为业主的维权提供了便利，更为集体性的维权行为提供了一个动员与组织的渠道。

业主论坛的集体维权主要有两种方式，一种是由业主们自发团结起来，进行相关活动；另一种则是由业主委员会充当维权活动的组织者与具体实施者。

业主维权，初始阶段往往是针对具体的问题，而从趋势来看，维护业主的一般权利以及公民的合法权益，成为业主维权的更高目标。维权也成为人们参与社区民主的一个基础。

第三，业主论坛成为社区民主的实践场所。如果说网络在推动民主方面起着越来越重要的作用，那么，业主论坛就是网民进行民主参与的一个实践场所。它以社区民主为基本目标，促进着人们对社会公共事务的关注与参与，改变着传统的社区管理模式，在一定意义上，业主论坛也成为民主进程的实验场。

作为社区民主的实践场所，业主论坛在一定程度上推动着社区管理模式的变革以及社区权力的重构。

一些研究者认为，当代中国的城市治理正在从单位治理走向社区治理。而改革开放以来，在社区治理过程中，政府、单位已不再只是资源配置的主体，社区非盈利组织、社区公众和政府开始共同参与公共事务的管理，形成网状社区治理结构。在社区治理结构中，不同的社区组织（个人）共同参与社区管理，多种权力之间形成合作、妥协与依赖等关系，从而促使社区权力秩序发生转变。①

第四，业主论坛在几个方面促进着社区的管理。从社区非盈利组织角度来看，业主委员会是目前社区的一种主要自治组织。由业主大会选举产生的业主委员会履行着社区的管理、与物业的沟通等职能。而业主委员会与业主论坛大多有着非常密切的关系。借助业主论坛来开展业主委员会成员的选举的相关宣传工作，已经成为越来越多的小区的普遍做法。业主委员会工作对象的确立、工作程序与方法的制定、工作成绩的评价，也已经越来越多地依赖于业主论坛上业主委员会与社区成员的沟通。

从社区公众角度看，业主论坛赋予他们充分的表达意见权利，也为他们对居委会、物业、业主委员会的工作进行评价与监督，提供了一个便利渠道，使他们在社区建设中不再是被动的被管理者，而是积极与主动的参与者。

从政府角度看，居委会这些行政机构与居民的沟通也可以通过业主论坛这个平台来进行，这不仅可以将一些管理工作的意图进行更充分的宣传，也可以通过业主反馈来评估工作效果，为以后的工作提供参照。

当然，业主论坛也会像其他论坛一样，出现一些与民主精神相违背的现象，论坛中同样会出现非理性的讨论、谩骂等。这种现实进一步说明，网络并不自然会培养民主的能力。

"我们中国人历史上没有这个传统，即这种以私有财产为核心、共有财产为纽带的现代小区的生活方式。所以，对于怎么维护权利，从开发商、物业公司、政府，到业主委员会，都是困惑的。"②业主论坛在民主实践中的困惑，也是整个中国民主发展进程中问题的体现。但是在目前中国的环境下，人们参与社区的民主管理，仍是一个切实可行的进行民主实践的途径，这个过程对人们民主意识与习惯的培养也是重要的，这个过程也会为民主参与能力的培养提供一定的参考经

① 相关观点分别见于汝信等：《社会蓝皮书：2003 年中国社会形势分析与预测》，北京，社会科学文献出版社，2003；冯玲、李志远：《中国城市社区治理结构变迁的过程分析》，载《人文杂志》，2003（3）；张虎祥：《社区治理与权力秩序的重构：对上海市 KJ 社区的研究》，载《社会》，2005（6）。

② 黄艾禾、阳思齐：《小区政治的"游戏规则"：民主也是一种生活方式》，载《中国新闻周刊》，2006-08-17。

验。因此，社区民主成为中国民主改革进程中的实验场所，而业主论坛在社区民主中所积累的经验与教训，也可以在更广范围内被借鉴。

（五）豆瓣网

豆瓣网的创始人叫杨勃，是留学美国的物理学博士。2000年回国之后，曾从事了4年的物流工作，后来开始尝试自己设计网站。他当时的想法是，虽然自己看了很多书，但跟周围同事、朋友沟通时，感觉自己学的东西仍有限。帮助大家分享自己的东西、发现一些新的东西，这成为他设计自己的新网站的出发点和核心理念。于是他参照了标签（tag）、亚马逊的内容推荐等一些做法，构建了自己网站的框架。2005年3月豆瓣网正式创办。

与大多数网站不同的是，豆瓣网的内容都是用户生产的，可以说是典型的Web2.0的应用，也是一种新的社区。目前，豆瓣网有书籍、电影、音乐这几个类别的接近100万条的目录。每个注册用户看到任何一本书、一部电影都可以点“我看过”、“我想过”、“我听过”、“我正在听”等，用户只需要用鼠标点击而不是键盘输入就可拥有一个自己的“书单”。根据用户看过的东西，豆瓣网马上会推荐一些他可能感兴趣的东西，用户也可以很快发现自己还没有听说的好东西，而且可以由此购买自己感兴趣的书或下载感兴趣的CD。

在豆瓣网，用户和用户之间有很多互动的可能。例如，用户只要在豆瓣网有超过8本书或者电影这样的清单，网站便会自动推荐和他口味最像的人，并且可以了解到那些人最近看什么书、听什么音乐。由此，用户也会在豆瓣网拥有一个叫“臭味相投”的圈子，用户可以了解圈子中发生的任何事情。

在豆瓣网，人们读完某本书、看完某部电影，或听了某些音乐，都可以发表评论。评论成为人们互动的一个重要方式。

在发展到一定阶段后，豆瓣网也推出针对博客的服务——“我上”，帮助每一位用户在纷繁复杂、日益膨胀的博客内容中，快速、有效地发掘出自己最感兴趣的信息。后来又发展为“豆瓣九点”，它以“物以类聚，人以群分”为出发点，进行分类博客文章的聚合展示。与较为流行的基于内容的博客聚合不同，“豆瓣九点”的内容分类是基于人的兴趣与选择。豆瓣网将每一类内容称为“套”。每个“套”的内容的形成是由具有相同兴趣的特定人群的选择来决定的，它不一定局限于某个主题，因为一个人群的兴趣的各个方面都有可能在这一类中展现出来。在豆瓣网“二套”，更多的是对传媒、新闻等感兴趣的人群，“三套”人群更多关注美食、设计、生活等，而“四套”则更多关注IT界。

在豆瓣网，除了生产与浏览内容以及互动外，还存在着很多的交易。用户看到自己感兴趣的东西，可以从网站推荐的网上书店进行购买，网站也提供了相关价格的比较。与有关网上书店的销售分成，成为豆瓣网的主要营利模式。

豆瓣网的特色主要表现为：

1. 创新性的用户主导的内容生产系统。

豆瓣网是一个完全由用户来生产内容的网站，因此，它具有典型的社区性质。但是，这个社区的形成机制与过去的论坛式的社区是不同的。

有研究者认为，豆瓣网没有硬分类的“狭隘的刚性”，也没有 tag 的“无法讨论的发散”，豆瓣网在硬分类和 tag 之间寻找到了一个平衡点——书目数据库。因为一本书你再怎么给它加标签，它的书名也是固定的。而围绕着书目数据库展开讨论，就是豆瓣网从另外一个角度组织了信息。①

豆瓣网内容形成的起点，是那些主动型的网民所提供的自己所读过的书、看过的电影、听过的音乐的清单，相关评论和博客。这些内容提供了很多个基础节点，这些节点之间又因为网站技术系统所提供的相应功能，例如条目、“标签”或网站推荐，开始产生各种联系，从而编织出内容的基本网络。

而对于那些被动型（只是浏览，而不主动创造内容）的网民来说，他们的活动的意义在于通过自己的点击，使更多的内容之间产生联系，从而丰富和发展网站的内容网络的关系。此外，也可以通过自己的点击，参与社区的投票机制，从而决定内容的排列。

与传统网站由编辑来决定逻辑结构不同的是，网民在豆瓣网所感受到的内容网络更多的是由他们自己的兴趣来决定的。网民成为内容关系的主宰者，而不是奴隶。

豆瓣网的内容生产机制，一方面是内容指向明确，就是某一特定的书、电影或音乐，因此，可以激发那些主动型的网民参与内容生产的积极性；另一方面，又可以使那些被动型的网民很容易实现个性化的满足，而且他们也可以用轻松的方式对内容的关系（例如在首页上推荐的内容）产生贡献。更重要的是，它提供了一种新的关系架构。由于每一个个体在内容之间起着穿针引线的作用，内容与内容的关系变得更为多样化。人与内容的关系也变得更为自由、灵活。

当然，有时过于自由与复杂的关系，也会带来迷失感。虽然在豆瓣网可以始终沿着自己的兴趣指向去生产与消费内容，但是，也难免有离自己的原始起点越来越远的时候。虽然它带来很多的意外收获，但是，也会增加网民的负担。不过

---

① 麦田：《豆瓣的力量》，http：//blog.donews.com/maitian99/archive/2006/04/24/843838.aspx。

这种现象更容易发生在刚刚到豆瓣网不久的成员身上。资历较老的成员，会慢慢形成自己的习惯。

2. 编织内容网络的同时形成复杂的人际网络。

豆瓣网的内容形成机制，也成为人与人之间关系形成的机制。从结构上来说，豆瓣网的社区是一种网状的结构，用户不是被圈定在某一个论坛或小组里，而是从自己的兴趣出发，多线索地编织起自己的人际网络。

有研究者认为，用相同兴趣作为媒介，把人和人的社会关系真实地搬到网上，使得豆瓣网较之一般交友网站或者 QQ 更有针对性。加入“友邻”的往往是不认识但趣味相投的朋友，这比陌生人随意添加要有效和可靠得多。实际上，豆瓣网的豆友们已经在现实生活中组织了各种各样的聚会、活动，豆瓣网的 SNS 已经远远把传统阅读社区抛在了后面。阅读—评论—交友—社区，豆瓣网彻底抓住了 Web2.0 的核心特征。①

对于每一个成员来说，豆瓣网的社区提供了一种以“兴趣爱好”为纽带扩展人际关系的可能。这种关系的形成无需刻意，它更多的是伴随着内容关系的形成而自然形成的。

豆瓣网有很多“圈子”——小组，任何一个人都可以加入多个小组，方法也极为简单，这就使每一个人的丰富性与多样性通过他加入的小组得到体现，而其人际关系网络的扩张，也通过这种简单的办法得以实现。

3. 豆瓣网提供了一种新的知识扩展链。

对于信息时代的人来说，知识的自我更新与扩展越来越成为生活中的一个重要内容。与通过专业型网站或搜索引擎进行的知识学习不同，豆瓣网提供了一种新的知识扩展链。它既有内在的逻辑关联，但是，又使知识的扩展不是过分封闭在某一个领域内，因为这种扩展不是以专业分类为基础的，而是以“人”为基础的。即使是有相同兴趣的几个人，他们读过的书单也会存在差异，这种差异为别人的知识扩展提供了新的线索，并具有更多的发散可能。因此，先“求同”再“求异”，成为豆瓣网成员知识扩展的一种重要方式。

与通过网上书店介绍去索取新书不同的是，豆瓣网的评论以及人际关系的作用，对于人们探求新知识的愿望有更强烈的促进作用，在知识学习方面效果通常也会更好。当然，另一方面，别人的评论等也会给人带来先入为主的印象，完全取决于别人或网站推荐也会在知识扩展方面存在一定的局限。

---

① 《豆瓣模式研究》，http：//www.mangbar.com/document/bd18e8290d54a67d010d58eed555007b。

4. 豆瓣网为网民的自我形象塑造提供了另一个舞台。

由虚拟性所带来的一系列特点，使网络越来越成为人们进行形象塑造的一个平台。与传统网络社区以及博客不同的是，豆瓣网更多的是通过某个成员所列出的清单和评论，来展现一个人的知识、修养与思想，它实际也成为了人们塑造自我形象的一种手段。

有些人在豆瓣网所列出的清单未必是完全真实的，有时会有浮夸的成分，但是，即使是虚假的清单，把什么样的书、电影或音乐列为自己的兴趣，也往往是出于人们对自我形象塑造的需求。

5. 豆瓣网提供了一种社会化的文化消费环境。

在传统时代，文化消费往往是个人化的，即使人们在一个电影院与几百人同时观看一部片子，他们也无法进行深入的交流。这种消费仍然是个人性的。

但是，网络为文化的消费提供了一种社会化的环境，这种社会环境虽然不一定出现在某个具体的消费活动的当时（例如看电影或读书的具体过程中），但是，它却会对消费产生重要的影响，包括消费对象的选择、消费的方式以及效果等。

豆瓣网更是编织了一种文化的经纬网络，每一个节点是一个文化产品，例如书或电影，但每一个节点又不仅仅是孤立的产品，它实际上吸收了很多来自于社区成员的“能量”（点击量、评价等），这种能量会辐射到另外一些人身上，影响到他们对这些文化产品的判断与选择，甚至对某一种文化的好恶。这种影响自然是一把双刃剑。

有人认为，豆瓣网代表了小众文化。而豆瓣网的创始人杨勃认为：“豆瓣网不能代表小众文化，因为小众文化的定义是有千千万万的小众文化。豆瓣网作为一个平台，能够促进小众文化的传播，因为豆瓣网的设计是以个人为中心，不是以资源为中心。在豆瓣网促进出版物传播的过程里，它不是推动者的角色，是拉动者的角色。随着社会的进步，人群的兴趣会越来越多，小众也会越来越多，加起来就是大众的事情。作为一个网站，你可以专门服务于一个小众群体，把他们服务得非常周到。豆瓣网的定位是我们在这方面没有定位，我们并没有服务任何一个小众群体，任何人都可以来用。比如排行榜，所有人加起来是一个大的排行榜，但每个人有自己的排行榜，豆瓣网推荐的是给你的排行榜，但这些加起来又是一个庞大群体……”①

应该说，豆瓣网是大众文化与小众文化的交织，正如杨勃所意识到的那样，

---

① 《Web上的文化之旅》，http：//www.xinhuanet.com/xhft/20061107/wzsl.htm。

小众的东西加起来就是大众的事情。当然，这显然不能理解为一种简单的数学式的相加，但它在一定程度上表明，在一种社会性的文化消费氛围下，小众的文化往往是不能持久的，它很容易被大众文化所压制、同化。排行榜以及在它下面隐藏的用户投票机制实际上就代表了大众对小众的一种抑制。

在豆瓣网以及类似的网站所提供的这样一种浓烈的社会性的文化消费环境下，小众文化以及每个个体的个性及独立性能否保持，显然已经不是某一个网站要面对的问题。它是网络在社会文化生活中日益渗透时所带来的一个普遍问题。

6. 豆瓣网模式实践了新的营销理念。

虽然豆瓣网的起点可能不是营销，但是正如一些研究者所指出的，它无形中在实践现代客户管理（CRM）的思想，即以客户为中心，建立读者数据库，进行针对性的读者服务，让读者得到最好的购物体验。①

豆瓣网所进行的数据的收集，是通过一种友好的方式。它没有那种“偷窥”式的或强制式的对个人隐私的侵犯，而是使人们在表达个性与需求的同时，心甘情愿地将自己的个人信息交给网站。

豆瓣网的这种做法，并不是它自己的发明，而是在很大程度上借鉴了亚马逊网上书店的经验。但不同的是，豆瓣网的起点首先是读书，而不是卖书。让读书人找到并买到自己喜欢的书，与让自己的书被人喜欢被人买，虽然看上去只是一个主动与被动的差别，但前者更顺应人们的心理需求。

当然，豆瓣网的营销模式过于单一，这是一些人担心的问题。应该说，豆瓣网的整个机制中蕴藏着很多商机，就像杨勃所说的，核心的想法是只要是一个有用的网站、有价值的网站，它的规模足够大，就一定会找到好的收入模式，不用特别着急。② 但是，如果形成了很好的商业模式，对于豆瓣网的既有形象与定位是否会带来损害，用户是否愿意接受过分强烈的商业气息，这些都还需要在实践中观察。

第四节　博客传播

尽管博客的概念在中国引入较晚，大规模的商业化博客平台的运作也是到2005年才出现，但是，在短短的几年内，博客传播不仅得到广泛普及，而且，它对于网络世界及现实世界的双重影响已不容回避。

---

① 《豆瓣模式研究》：http：//www.mangbar.com/document/bd18e8290d54a67d010d58eed555007b。

② 《Web上的文化之旅》，http：//www.xinhuanet.com/xhft/20061107/wzsl.htm。

一、博客的基本含义

本书第一章对“博客”进行了定义，在此不再赘述。总体而言，博客是一种简便的网络信息发布方式，也是网络中一种重要的交流方式。

博客与早已存在的个人主页技术的区别是，利用它进行信息发布的技术门槛非常低，几乎可以认为是“零”，只需几步简单的操作就可以随时发布内容。而对于普通网民来说，建立并维护一个个人网站需要较高的技术水平，且时间成本也较高。因此，博客有助于网上个人内容发布活动的持续化。

与网络中各式各样的BBS相比，博客的特点在于，它可以将“博主”（博客的拥有者）的地位凸显出来，使他成为主角，其他人的留言、评论是以博主的帖子为中心的，可以说这是一种“一对多”的交流。而BBS中的讨论是“多对多”的，不会有唯一的主角。博客的交流方式，较好地保证了某一个体在信息发布与交流中的主导地位。

目前，博客一词具有多重含义，它既指博客活动，又指从事博客活动的人，同时还指博客活动的平台，即个人在网络中的信息发布平台。

早期的博客以文字帖子为主，但随着技术的发展，越来越多的人可以利用“播客”技术发布音频、视频内容。“播客”（包括视频播客）可以看做是博客的一种新的发展。由于传播手段的不同，播客与文字博客的发展轨迹会有所不同。

《圣何塞水星报》专栏作家丹·吉尔摩认为，博客代表着“新闻媒体3.0版”：旧媒体（old media）→新媒体（new media）→自媒体（wemedia）[①]。

当博客作为一种内容的载体时，博客可以被视作一种个人媒体，这不仅丰富了媒体及网络媒体的概念，也使得网络传播的格局进一步多元化与复杂化。

世界上最早也是最著名的博客之一，就是披露克林顿性丑闻的麦特·德拉吉，他开办的《德拉吉报道》（Druge Report）被认为是一个典型的“博客”。德拉吉在传统媒体眼里，是一种潜在的威胁与挑战力量，尽管传统媒体的人们常常对他不屑一顾。

在中国，博客的概念在2002年已经出现，虽然当时已有一些人开始从事博客活动，但是，直到2003年6月，由于“木子美事件”[②] 的出现，博客才成为一

① 方兴东：《何为博客》，http：//jiangeu. blogchina. com/9715/1140048. html。

② 从2003年6月开始，性专栏作家木子美（原名李丽）将其性体验日记在博客中国网站刊登，随即引起了巨大的轰动。一时间，有关木子美和博客中国的网站点击率急剧攀升，木子美“用身体写作”的行为吸引了众多网民的眼球。

个热门话题。虽然木子美并非典型的博客，但是，“木子美事件”对于中国网民了解博客现象，起到了意外的推动作用。2005年，一批门户网站陆续开办博客频道，开始博客平台的商业化运作，这促进了博客活动的迅速普及。

博客的兴起，使人们对于这样一种“自媒体”对专业网络媒体可能产生的影响，以及对于整体网络环境的影响，都产生了关注：博客会成为一种新兴的传播力量吗？它是将促进还是冲击专业媒体的新闻业务？它会降低网络新闻与信息的质量吗？专业媒体应该如何应对？博客实践正在对这些问题作出回答。

但是，博客绝不仅仅只是一种媒体，博客传播也绝不仅仅只有新闻传播方面的价值。博客平台集中体现了网络平台的各种特性，当然，与网络中很多应用相比，它突出了个体作为一种独立存在（而不是群体中一分子）的地位。博客的不断发展，使博客传播对社会文化各个层面的影响不断显现出来。它使个人在信息传播及意见表达方面获得了更高的主动权，它也使个体在记录社会、影响社会方面具有了更大的力量。博客所引发的网络事件已经越来越频繁，而这些事件只是一些表征，在它们的背后，是博客这样一种新的社会工具与社会空间所蕴涵的社会能量的一个蓄积、转化和爆发的过程。

二、博客传播要素的基本特点

作为一种新的传播现象，认识博客传播，需要从认识其传播要素的特点出发。

（一）博客传播者的特点

从传播者的角度看，博客传播与传统的新闻传播的区别在于：

1. 非组织性的传播者为主流。

从现阶段看，对某一个特定的博客平台来说，博客传播大多是以个体为中心的，也可以说这是一种个人的媒体。因此，它才被称为“自媒体”。

与分工复杂、组织严密的传媒机构相比，作为个人媒体的博客，具有较大的自由性、灵活性，但也必然会存在着较强的随意性。因此，它也被称为一种“自组织”，或者从另一个角度说，是非组织的。

除了普通网民开办自己的博客外，现在也有越来越多的媒体从业者开办博客。他们虽然有专业媒体的背景，但是，在博客中他们是以个人的身份出现的。

也有一些企业等组织已经注意到博客在组织传播中的作用，但是，这类博客是少数，在未来也不会成为主流。

2. 传播者构成趋向多元化。

虽然很多人认为博客是平民的专利，博客应该是“草根”媒体，但是，从现实来看，从事博客活动的人是多种多样的。除了普通网民外，利用博客的名人也越来越多，博客甚至也可以成为企业等组织的一种传播手段。简单地将博客视作平民化的媒体，显然是有局限的。

博客传播者的多元化，是博客发展的必然结果。也正是这种多元性，不断丰富着博客传播的内涵，拓展了博客传播的广度与深度，使博客与现实世界的交融进一步加深。

3. 传播动因多样化。

并非所有人都将博客当做媒体，博客传播者的多元化，也意味着传播动因的多样化。稍后我们将对此进行深入分析。

4. 传播活动的非制度性。

多数博客传播不是一种制度化的传播，一个人可能因为偶然的因素开始博客传播，也可能因为偶然的因素中止博客活动。除了相关法律、法规的制约外，个体的博客活动不会受到类似于传媒组织运行规程等这样的制度约束。

（二）博客受众的特点

与传统媒体的受众以及一般的网络传播的受众相比，博客的受众也具有一些较为鲜明的特点，主要表现为：

1. 受众具有高度选择权利。

如果说网民对一个博客的第一次访问，可能是缘于一些外在因素，例如朋友推荐、网站引导等，那么，之后能否形成长期、稳定的访问习惯，则完全是取决于网民自己的选择。可以说，个人的选择对于受众与一个博客之间的关系的形成，起到了十分重要的作用。

网民对博客的选择，取决于以下的一种或几种因素：

一是受众与博客拥有者之间的关系。例如朋友关系、崇拜关系、同事关系、师生关系等。这种情况下，博客成为两者之间互动、交流的一种重要方式。

二是受众对于博客内容的喜好。即内容是促使网民形成固定访问习惯的重要因素。

三是受众与受众之间的关系。有些情况下，博客的阅读者之间可以通过回帖等方式形成稳定的交流。此时，博客成为同道者沟通的桥梁。

2. 受众拥有深度参与可能。

像网络媒体整体一样，在博客平台，受众与博客拥有者之间的互动性是十分突出的。而且由于一个特定博客的受众群体的数量相对较少，受众与博主之间、受众之间的交流可以不断地深化。这种深度的参与使得博客的访问者与博主及博客内容之间产生非常密切的关系，甚至对博客话题的形成与走向产生影响。

3. 受众反馈直接影响博客发展。

一个博客活动能否持续进行，在很大程度上会受到受众反馈的影响。在博客中，受众的反馈非常直接：访问量、回帖数、留言、友情链接等，都能让博主迅速而直观地感受到受众对博客的关注程度与认同程度。受众的积极反馈通常会鼓舞博客活动，有时甚至激烈的批评也可以激励博主。另一方面，如果一个博客的访问量太少或留言、回帖太少，就会使博主对自己博客传播的效果失去自信，从而逐渐丧失博客持续发展的动力。

4. 特定博客的受众群容易演变成社群。

许多博客的稳定受众群的形成，往往是一个"物以类聚，人以群分"的过程。人们以某一博客为平台进行沟通，并不单纯是为了表达对博客内容的看法，更多的时候是出于一种共同的兴趣爱好和相似的价值判断。这时候，特定博客的受众群，容易演变成一种具有群体关系的社区。

（三）博客传播渠道与过程的特点

从整体来看，博客传播的渠道以及过程具有以下特点：

1. 私人空间与公共空间的交织。

博客传播的起点是个人的博客空间。很多人认为这个空间是私人化的，类似于个人日记，但事实上，这种空间并不能简单地视作个人空间，它同时是一个公共性的话语空间。即使有些空间是加密的，但这也不能排除里面的内容会被其他人看到。私人空间与公共空间的边界在博客中并不是那么清晰。

而当博客的文章随着各种渠道进行传播时，更是会不断地进入到公共空间中，有可能产生社会性影响。而这种传播并非博客的作者主观上能加以完全控制的。因此，博客的作者必须事先估计博客内容在传播时将会产生的社会后果。

2. 多层级传播渠道的交织。

博客虽然是一种较新的网络应用方式，但是，它与网络既有的应用方式是一脉相承的，与新闻网页、论坛、RSS、即时通信、手机等，也能实现有效的连通。此外，博客之间也是可以相互连通的。

博客传播并不仅仅借助博客空间这样一个平台，它有着较为复杂的渠道组合方式，也会产生不同的传播模式。博客传播可以是单级传播，也可以是多级传播。

正是由于存在着多种传播的途径，博客传播的范围才会越来越广，扩散的速度才会很快，而且传播效果往往事先很难预料。在这方面，它与网络传播的特点是一脉相承的。

博客的传播以自助式传播为基础，即由博客作者主动进行传播，除了将文章贴在博客中外，还可以通过与他人建立友情链接、设立标签或其他一些方式，使博客文章易于被别人发现与传播。

但博客传播中也存在着他助式传播，例如，他人转贴博文，网站在重要网页对博客文章的各种形式的推介等。有时，虽然网站只是在某些网页中提供博客文章的链接，但这种方式会大大提高博客被受众关注、访问的几率，对于传播效果起到重要影响。

3. 多种传播形态的交织。

像网络一样，博客也是集人际传播、群体传播、组织传播和大众传播于一体。虽然某一个博客主观选择的传播形态可能相对简单，但博客作者对于博客内容的后续传播是难以控制的。而在后来的多级传播中，传播形态与范围可能会发生变化，多种传播形态的共同作用和相互影响，有可能使传播过程和传播结果与传播者的初始意图发生很大的偏离，这也是博客传播复杂性的一个表现。

（四）博客传播内容的特点

1. 个性化。

由于博客主要是以个人为主导的媒体，因此，博客传播的内容，能更多地体现个体的需求与特质。无论是选题、表现形式还是表现风格，都具有较强的个性。

博客的内容也并不局限于新闻，它可以是任何形式的内容。

博客的个性化内容，是对大众传媒内容的一种补充，它可以使更多受众在博客获得更为丰富多样的信息与观点。

2. 自我把关。

博客是以博客的拥有者自我把关（尤其是个人把关）为主的。因此，在内容的价值判断方面会更多地带上个人色彩。它未必符合公众的需求，同时，它也不一定具有权威性与可靠性，甚至有时连真实性都不能保证。

3. 随意性。

博客传播不像专业媒体那样制度化，它没有周期、容量、产品质量等各方面的硬性要求。博客传播更多地受到个人心情与环境以及与网友互动等因素的影响。从内容上看，随意性较强。从发布时间与频率上看，通常没有严格的规则。

三、博客传播者的需求及满足机制

虽然将博客视作一种“自媒体”是一种普遍的观点，但是，对于大多数博客的传播者来说，他们并不是自觉将博客作为媒体来看待的。

博客的传播者主要是个体，他们并不从事制度化的传播，这就意味着，理解博客传播者的行为及其内在动因，不能仅仅放在传播的框架下去观察，而应该从个体自身的需求角度入手。

网民从事博客活动，在外在表现上有着种种不同，但是，他们的内在心理机制是一致的。从总体看，博客活动表现为三个层面的需求：一是内在的根本心理需求，二是对博客平台的直接使用诉求，三是对社会报偿的需求。三者相辅相成，博客活动能否持续，也在很大程度上取决于这三个层面的需求是否得到很好的满足。个体也会通过自我调节来尽可能使三者达到协调一致。而个体需求的满足还需要一些其他因素的支持。

1. 自我形象塑造是博客活动的深层心理动因。

如果说博客是一个舞台，那么其作者便是处于一个清晰可辨的主角的位置。无论博客活动的外在诉求是什么，从深层心理上来看，博客们都会希望通过自我表达、交流分享等这些活动，塑造一个理想的自我。也可以说，自我形象塑造是博客的传播者最主要的心理动因。

从另一个角度看，博客是个体进行印象管理的一个重要平台。印象管理（impression management，也译为“印象整饰”）指个人意图影响他人对自己印象的现象与过程。博客是个体与社会相连接的一个节点，是个体向社会展示自我的一个窗口。鉴于这一点，博客们大多会注重自己在博客中所表达的内容及其表达方式，并试图通过这些来传递一个自己认为理想的个人形象。

与现实社会相比，由于博客在传播方面占据更大的主动权，因此，在印象管理方面也具有更多的控制力。

美国社会学家欧文·戈夫曼的“拟剧理论”认为，在我们的日常交往和生活中，人人都是表演者，在特定的情境、不同的舞台上认识到别人对我们行为的期待以及我们对他人思想、感情和行动的期待，不断根据自己身处的舞台以及交往对象调整自己的行为。戈夫曼认为，人们表演的区域有前台和后台之分。前台是人们正在进行表演的地方，后台则是为前台表演做准备的、不想让观众看到的地方。人们在前台的行为举止与后台是不一样的。一般说来，应防止观众进入到后台来，而且，在前台也必须防止那些与演出无关者进入到表演中来。博客中涉及的自我表达，在过去往往是私人的、“后台”的。有研究者认为，人们有一种借助媒介技术把自己后台行为前移的倾向。①

然而，博客并不是在所有场合都表现出自己的后台行为，对什么样的人表现什么样的后台行为，实际上经过选择的。这表明了人们具有通过博客进行印象管理的心理动因。

博客的印象管理是放在一个开放的社会环境里的，其最终目标是为了强化自我认同，并获得更高的社会认同。而各种博客的内容及活动，便是获得这种社会报偿的途径。

2. 多样化的活动体现多元化的使用诉求。

虽然博客传播者具有相同的深层心理动因，但是，由于各种因素，他们在外在的使用诉求上会表现出不同。下面是人们写作博客的一些重要诉求：

第一，自我表达诉求。许多从事博客活动的人，首要的动因是利用博客来表达个人的情感、思想。对他们来说，博客是一种自我表达的平台，它可以为博客作者表达思想、塑造自我、影响他人提供一种自由的途径。它也可以成为自我调节的一种手段，帮助人们释放消极情绪，改善心情。

在一些社会事件发生时，博客也可以成为人们表达意见与态度的一个渠道。因此，它们也是网络舆论形成的渠道之一。

第二，历史记录诉求。博客的本义是“网络日志”，在其起源阶段，与日记有着相近之处，直至今天，记录个人历史或社会历史，仍然成为不少人博客活动的主要诉求点。

虽然作为日记的博客，与过去人们完全私人化的日记有所不同，但是，博客的“流水账”仍然可以在一定程度上记录个人的行踪。而将个人活动置于公众视野之下，会让博客作者感受到过去只有公众人物才能享受的“受瞩目感”，这往往可以增强个人的自信，放大其个人行为的影响。

而博客中个体记录的片断的个人历史，汇聚起来又成为了社会历史的一部分。过去记录历史的官方特权，在某种意义上，被民间记录所冲击，民间记录成为官方记录的一个补充。

第三，自我推介诉求。如果说自我表达更强调的是内在的情绪释放与思想表达，那么，自我推介则是更重功利性的目的。它通过博客作品来展现个人的能

---

① 王传晓：《博客传播与人的后台行为前台化》，http：//media. people. com. cn/BIG5/22114/52789/66887/4510029. html。

力、才华，赢得他人的尊重，甚至可能借此改变自己的命运。也有一些人和一些组织直接利用博客来进行产品营销。

第四，个人信息传播诉求。在传统媒体时代，个人信息的传播是受到许多限制的。普通人的个人信息只能通过人际关系网络进行有限的传播，而名人或新闻事件的当事人的信息虽然可以通过大众传媒进行传播，但是必须以大众传媒为中介。个体对于传播哪些信息，如何传播这些信息，往往不能进行直接的控制。因此，有时面对媒体的不属实报道，个体也无能为力。而博客则为个体信息的无中介性、无障碍性传播提供了基础。

在这方面，公众人物的需求往往表现得更为突出。公众人物过去需要借助媒体这一中介来传播自己的信息，但是，媒体并不总是会按照公众人物的意愿来运行，媒体中的负面消息、虚假消息的传播，会不断地困扰名人，甚至影响到他们的公众形象。而博客则给了名人一个直接传递个人信息的渠道，他们可以利用这一手段，根据自己的想法，对个人信息的传播进行更有效的控制，有时，博客也成为他们与大众媒体的报道相抗衡的一种渠道。例如，2006 年，演员李亚鹏关于自己女儿患唇腭裂的消息，以及主持人李湘关于自己离婚的消息，都是首先通过他们的博客公开的。当然，个体在进行自我信息传播时，出于各种目的，也可能传递一些不实信息。

第五，公共信息整合诉求。对于部分博客作者来说，将自己感兴趣的公共信息整合起来，利用博客这一“自媒体”发布，不仅是博客作者们进行环境认知的一种方式，也是他们与他人进行互动的一个启动点，是他们表现个人特长的一个途径。

第六，知识管理与分享诉求。博客也可以被看做一种个人化的知识管理平台，是一种个性化的知识库。博客在给其传播者带来自我学习的快乐的同时，也给博客的受众带来了知识分享的可能性。

第七，公共服务诉求。越来越多的政府官员和公务员开设自己的博客，这类博客大多不是纯私人性的，而是以公共服务为主要的目标。这些博客对于提高政府部门的公共服务质量，推进政治的民主化，具有一定的积极意义。

第八，娱乐诉求。也有一些网民从事博客活动，是把它当做一种娱乐方式。在博客中与人的交流，更多地给他们带来娱乐性的满足。

当然，除此之外，博客还有很多其他的诉求。

以上这几种诉求并不是截然分开的，它们之间存在着相互交叉、相互渗透的关系。

而从事博客活动的人也并不一定需要用一个博客同时满足所有的需求，有一些网民会拥有多个博客，每一个博主满足的个人需求有所不同。

每一个博主用博客从事什么样的活动，不仅取决于他们的心理需求，也取决于一些个人的或外在的因素，例如时间、个人特长、外在环境等。

3. 社会报偿成为博客活动的外在追求。

尽管博客与私人日记有相似之处，但人们之所以将这种个人表达放到网络空间里，就说明，他们不仅仅是要进行自我倾诉，还希望获得社会性报偿，即希望通过与他人的交流，通过个人信息或思想的传播，来获得社会影响或认同。跨越时空的交流分享是博客平台与过去的私人话语空间的一个重要区别，是博客们获得社会报偿的基本途径，也是博客活动的另一种推动力量。即使博主只将自己的博客向少数几个朋友开放，这也表现出他们对于交流的需求。

博客中的交流，首先表现为博客的拥有者与博客的访问者之间的互动，交流能给博客带来心理释放或调适，这种互动也会激励博客的拥有者的创作欲望，也可能会影响到他们下一步的博客内容。

当博客的内容引起更广泛的关注时，交流就可能从几个人的小圈子扩散到更大的圈子，甚至可能在网络中产生强烈的反响。这时的交流就变成了更广泛的社会性交流。

博客获得的社会性报偿主要表现为：

一是博客带来的社会影响力。博客的访问量、博客文章被广泛阅读与转载的成就感，博客人气上升所带来的社会名声，等等，都有助于扩大博客作者的社会影响。许多“草根”正是由于博客而一夜成名。这种名声甚至可能成为获得其他功利性报偿的基础。

二是博客形成的人际关系网络。博客是一个社会关系的联结点，它可以为博客的作者吸纳各种社会关系，编织自己的人际关系网络。这种人际关系网络，不但可以拓展博客的交际面，为其工作与生活带来更多的资源，也会使博客作者有更强的社会归属感。

三是博客带来的功利性报偿。功利性报偿的表现是多种多样的。一些博客作者通过博客平台改善了工作或生活质量；一些博客作者成为媒体的专栏作者；一些博客作者得到出版社的青睐，可以将自己的博客文章结集出版；一些流量很大的博客可能吸引到广告，获得广告收入。

可以说，博客活动的社会报偿，一方面是强化博客作者的自我认同，另一方面是争取更高程度的社会认同。

社会报偿获得的多少，是一种反馈与评价，它会反过来促使博客作者对自己的博客活动进行调整，以求获得更多报偿，甚至可能会使他们对自己的自我形象塑造目标加以审视。

4. 支持系统是影响博客持续发展的重要因素。

尽管博客传播活动的核心机制取决于博客的心理需求以及满足，但是，也会受到除此之外的其他因素的影响，受到支持系统的制约。

这个支持系统的构成因素包括：

第一，个人特长。每个个体在利用博客时有不同的心理诉求，但这只是一种主观愿望，它必须外化为某种形式，而这种形式需要相应的手段做保障，个人特长便是主要的保障手段。有时，这些外在手段也会反过来引起博客作者对自己心理诉求的调整，以便两者更好地契合，获得更大的报偿。

第二，时间与精力。虽然博客传播不是一种制度化的传播，但它也需要较多的时间与精力。没有一定的时间做保障，纵使博客作者有良好的愿望，也无法将博客活动持续下去。

第三，外在环境。外在环境会形成对博客传播者的积极或消极刺激，影响他们对博客活动的热情及持续性。这种外在环境主要包括：

一是博客平台的服务质量。博客平台提供的服务种类（例如播客功能、圈子功能等）、服务水平的高低（例如网站访问的速度、提供的空间大小等），都会在一定程度上影响到博客作者的热情。

二是网站的编辑手段。提供博客服务的网站，通常会采取一定的编辑手段对其博客平台进行管理，其中常见的手段是，提升某些博客文章，将它们放到博客频道的首页。这些提升手段对提高博客内容的影响力具有显著的作用。编辑手段成为调控博客流量的一只“看不见的手”，对于某些博客的发展具有重要的影响。

三是博客世界的竞争态势。博客世界也存在着激烈的竞争，诸如访问量、阅读量、评论数、转发量等，都是竞争的主要指标。竞争态势会对一些博客产生直接影响。

四是圈子及其他社会关系。很多网站提供了博客圈子的功能，有共同兴趣爱好的博客们可以组成一个圈子。圈子有利于博客内容在“同好者”之间的交流，也会影响到博客影响力的范围。此外，一个博客所链接的其他博客所构成的社会关系，也会影响到博客影响力的形成与扩散。

图 4—10 说明了博客传播者的需求及满足机制。

从总体看，博客作者的活动，是他们的心理需求、外在活动、社会报偿以及

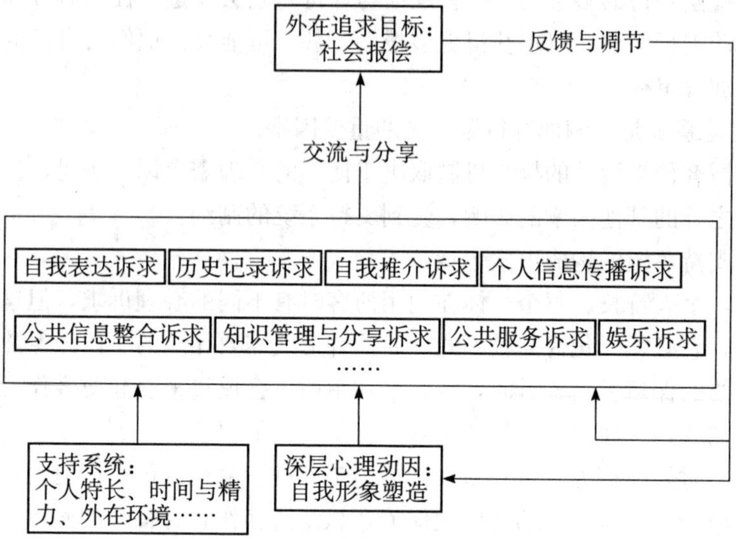

图 4—10 博客传播者的需求及满足机制

保障因素等几者的共同作用。如果博客作者在三个层面的需求中无法获得预期的效果，或者三个层面的需求无法得到协调与统一，那么，他的博客活动就有可能中止。而这种满足，没有支持系统的保障，同样也无法持续。

四、博客受众的需求及满足机制

博客受众的需求及满足机制与博客传播者有着相似之处，它也表现为三个层面，即深层心理动因、直接诉求和外在的社会报偿满足。但是，由于博客受众的地位与传播者不同，因此，其需求的出发点也有所不同。

1. 寻找社会归属感是博客受众的主要心理动因。

如果说博客的作者是在博客这个舞台上进行表演，那么，博客的访问者就是作为“观众”而存在。当然，这些观众对于表演者的表演起着重要的推动作用。作为“观众”的博客受众更多的是处于“人群”中，加入什么样的人群，是一个带有强烈倾向性的选择。这意味着博客受众的活动有着很强的社会归属感的需要。

美国学者唐纳德·肖等人，在最近几年提出了“议程融合”（agenda melding）的理论，他认为，媒体设置的议程具有一种聚集社会群体的功能，这是因为人们都有一种对于“群体归属感”的需要。

尽管博客不是一种像传统媒体那样贯穿社会各个阶层的“垂直媒体”，但是，博客的内容也无形中成为一种凝聚与区分社会群体的“议程”。在博客世界里，实际上也存在着“物以类聚、人以群分”的动态过程，博客的受众都是在通过寻找阅读对象、参与评论等方式，来寻找与强化自己的社会归属感。

2. 博客受众与传播者的外在诉求相互呼应、相互伺服。

在寻找社会归属感的深层动因的推动下，博客受众阅读博客或参与交流，但由于个人兴趣、社会文化背景等各种因素的影响，他们的外在使用诉求可能各有侧重。而这些诉求与博客传播者的活动诉求形成了相互呼应与相互伺服的关系，两者的相适应度与互动程度成为博客活动能否持续的重要影响因素。

博客受众的外在诉求主要表现为如下方面：

第一，环境认知诉求。与博客传播者的自我表达、自我记录、自我信息传播的诉求相呼应，阅读他人的博客及其相关评论，以此获得更多信息，以及他人的观点与态度，是博客受众获得对环境的认知的一个途径。

有人认为，博客的阅读者，有通过博客“偷窥”他人的心理。这种偷窥，事实上也是一种寻求环境认知的表现。

以往的现实生活环境及媒体，更多的是提供公共信息，在关于个体的私生活层面提供的信息数量有限，范围也非常有限。而私生活层面的彼此参照，往往对于人们观念与行为的自我价值判断十分重要，也可以为他们对个人生活的评价提供一个对照体系。博客世界便为博客的受众提供了一个广泛地了解他人私生活的途径。

名人博客之所以能吸引更多人，从受众的心理上看，其中一个原因，就是受众对名人的幕后生活有好奇心，名人的生活成为人们描绘自己生活理想、确定生活道路的参照，成为环境认知的一个重要方面。而名人博客所表现出来的“平常面孔”的名人形象，不仅让很多人觉得更亲切，也可让他们感觉通过名人所投射的自我理想的可触及性。

此外，由于名人博客的浏览量与评论量更大，它可以提供一个更丰富的环境认知的氛围，这就会促进人们的参与，从而形成一种正反馈的效应，即强者更强。

与此形成对比的是，如果一个博客的内容是非常狭窄的个人体验，对于其阅读者来说，环境认知的意义便是非常有限的。

第二，自我表达诉求。与论坛不一样的是，博客的受众不能发主帖，他的表达往往是受制于主帖的，这虽然在很大程度上是一种弱势，但是，从另外一个角度看，它也为博客受众用一种“低成本”的方式进行自我表达提供了基础。

博客受众的自我表达，是以博客作者提供的“文本”为基础，进行个人化的“解码”，以此来表达个人思想与情感。因此，博客作者提供的文本的开放性，直接影响到受众能否找到自我表达的依据。过于专业化的内容，过于深奥的内容，往往“曲高和寡”，封闭性也更强，无法形成作者与阅读者的有效互动。反而是很多生活化、日常化的内容，容易使受众找到各自的解读角度，为受众的自我表达提供广阔的空间。

第三，自我推介诉求。许多博客的读者自己也是博客作者，他们会通过在他人博客上的交流推介自己的博客。此外，利用他人博客来推销个人网站、个人作品、产品等，也是非常常见的。尽管这种推销像垃圾广告一样为博客作者与读者所痛恨，但是，它的确是一个客观存在的现象。

第四，信息或知识获取诉求。与博客作者的信息传播、知识管理与分享诉求相对应，不少博客的读者也是为了获取信息或知识而访问他人的博客。

第五，自我投射诉求。自我投射是指内在心理的外在化，即以己度人，把自己的情感、意志、个性特征投射到他人身上。博客作为公共性空间，为博客受众提供了一个更广阔的自我投射的环境。博客阅读者往往是在他人的博客作品中寻找自己情绪、观点的载体，将个人的情感与态度投射其中，以此去寻求个人心理的社会性支持或认同。这种自我投射诉求，在某些明星博客的“粉丝”的评论与留言中，表现得更为充分。

第六，娱乐诉求。出于娱乐动机看博客的人不在少数，除了博客内容带来的娱乐性外，交流的娱乐感，甚至发帖本身的娱乐化，都是吸引受众的因素。不少博客访问者喜欢抢“沙发”，即争做一篇文章的第一个回帖者。这种娱乐性包含着一种社会性的成就感。

3. 社会报偿成为博客受众流向的重要调节因素。

一个博客能否吸引人、留住人，不能简单地看它内容的水平高低，而需要从它给博客阅读者的社会报偿角度进行综合评价。

对于博客受众来说，他们参与博客活动的诉求是否能满足，有一个外在的衡量标准，那就是社会报偿。社会报偿也是决定他们在整个博客世界里的走向的重要调节因素，而这会反作用于个别的博客的稳定性与可持续性。

对于博客受众来说，衡量他们在博客世界获得的社会报偿的指标主要包括：

第一，群体意见对个体价值取向的支持度。大多数博客受众处于“潜水状态”，即只是阅读博客内容和他人评论，自己并不发言，但是，由于他们阅读博客的一个根本动力是寻找社会归属感，因此，他们时时在将博客中他人的意见倾向与自己的态度进行比较，他们的潜在愿望是，在他人的意见中找到能支持自己的价值取向的依据，这种价值取向可能是针对一人一事的价值判断，也可能是根本性的价值观。如果群体意见对个体价值取向的支持度高，那么，个体的归属感就强。而如果两者之间出现较大程度的冲突，个体心理就会产生较严重的“认知失调”，这时，他有两种选择，一是采取从众的方式，改变自己的态度；二是离开某个博客，到其他博客寻求认同。

第二，群体对个体评论的认同度。评论是博客受众进行交流与自我表达的主要手段，评论的认同度高，意味着其自我也得到更高的社会认同。当然，在有些情况下，评论得不到他人认同，也可能引起一些人的自我辩解与争论，成为另一个方面的激励因素。

第三，他人博客对自我影响力的提升度。通过他人博客进行自我推介是许多博客受众的一个使用诉求，因此实际的提升度，成为一个外在指标，影响着博客受众的“去”与“留”。

第四，博客带来的社会资源。像博客的传播者一样，博客的受众也可以通过他人的博客寻找自己的人际关系资源。虽然相比博客的作者，阅读者在此获得的资源较为有限，但是，博客毕竟是一个跨越时空的交流平台，它对于传统的人际交流空间仍是一个有益的扩充，它为网民结识素不相识的人以及过去可望而不可即的名人提供了更多机会。而且，通过一个个博客之间的链接关系，博客受众获得对自己有用的人脉资源的可能性也在不断增加。此外，博客给受众提供的信息与知识等，也是社会资源的表现。

名人博客之所以能在很短时间内获得很高的浏览量，其中一个重要的原因就是它为受众获得社会报偿提供了更多的可能。

图 4—11 说明了博客受众的需求及满足机制。

五、博客平台的社会属性及影响

对博客的认识，不能仅仅放在传播的语境下，也不能仅仅从个体的“使用与满足”角度来分析。博客的影响，更多的是从它的社会属性角度表现出来。从总体来看，博客的社会属性表现在两个方面，它既是一种社会工具，又是一种社会空间。两者的交织，使博客活动呈现出复杂的过程与影响。

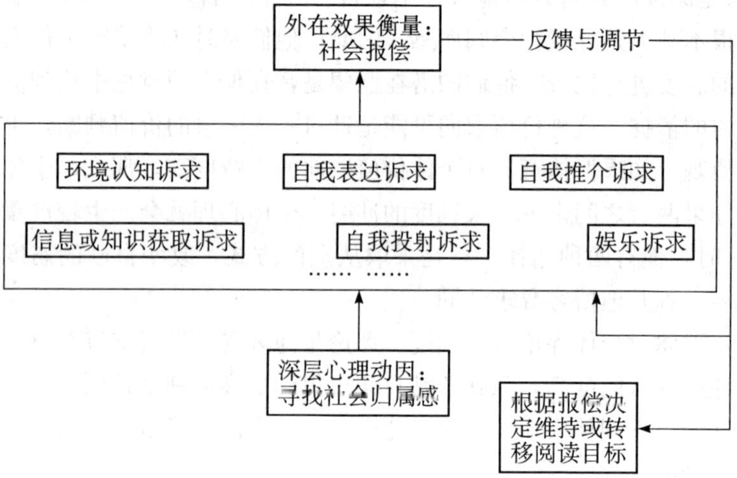

图 4—11　博客受众的需求及满足机制

1. 作为双向媒体的博客成为网络中的“个人中心”。

在目前，博客更多地被人们视为个体向社会发布自己的内容的一种自媒体，也就是被简单地视为一种单向传播的媒体。但值得注意的是，新的技术正在使博客具有个人门户的功能，个体不仅对外发布信息，同时，也可以通过这个界面接收来自于其他媒体或个体的信息，整合别人提供的服务。

在新的技术中，目前流行的 Widget 是一个代表，它可以将来自于某个网站的内容或服务嵌入到个人网页中。如果这一技术不断普及，同时与博客平台结合起来，那么就意味着，人们不用再到其他网站进行访问，而是在自己的博客上“足不出户”就可以获得自己所感兴趣的各种内容，也可以方便地使用自己所需要的各种服务。这意味着网民利用博客这个平台可以实现自己的网络活动在更高程度上的统合，这不仅可以进一步降低时间、精力等成本，而且可以使各种网络信息与服务之间产生更丰富的关联。

此外，许多网站还在对博客平台进行其他方面的功能改善，使博客与邮箱、个人相册、个人空间、圈子、论坛、杂志等功能整合为一体。

这样一种具有双向媒体功能和多重服务功效的博客平台，不仅对于个体有着实质意义，而且也在一定程度上影响着整个网络信息传播的格局。由于这些博客平台和其他形式的个人门户的出现，过去在信息传播中占主导地位、作为信息集散中心的大众门户网站，其地位将受到挑战，其权力将被分散，用户对它们的依赖程度会不断下降。信息传播的权力将由某些“公共中心”分散到更多的“个人中心”。尽管这样的个人中心并不限于博客，还包括 RSS 门户和其他由 Widget 技术构成的网页，但博客所具有的双向信息传播的特性，将使它成为未来的“个人中心”的一个有力的竞争者。

2. 作为社会资源与形象管理工具的博客促进社会交往。

博客不仅支持着个人与社会之间的双向信息交流，而且还支持着个体利用这个平台进行社会资源（如知识资源、人脉资源）的管理。而更重要的是，博客的创作者更多的是通过博客这个窗口进行个人的形象管理，通过精心选择的信息披露过程，来展示一个理想中的自我，以获得更积极的社会反馈。前文已经对此进行了分析。

这样一种工具性功能，使个体在进行社会交往时有更大的控制能力，这种能力有助于个体获得更高的社会性报偿，因而在一定程度上能促进个体与社会交往。

3. 作为社会节点的博客成为个体与社会间的能量交换器。

博客平台是个体与个体相连接的纽带，也是个体与社会发生密切关系的节点。正是这种社会节点的属性，使博客传播超越了自娱自乐，从而产生广泛的社会影响。

博客虽然是一种较新的网络应用方式，但是，它与网络既有的应用方式是一脉相承的，与新闻网页、论坛、RSS 等，也能实现有效的连通。可以说，它并不是网络中的孤岛，而是网络的一个有机组成部分。因此，博客的传播才能产生非常复杂多变的过程。

虽然每个博客都是一个独立的舞台，但是，它们之间也是可以相互连通的。博客之间的相互链接，使博客世界本身成为一张可以不断扩张的关系网络。这张网络对于博客社会关系的扩展，对于博客文章的广泛传播，对于一个博客的影响力的形成，都是重要的。

而更重要的是，博客是人与人产生联系的纽带，人们的博客写作或阅读活动，其实质都不是人与内容的关系，而是人与人的关系。

作为社会节点的博客，使个体拥有了一个社会化的界面，这是个体吸纳与整合社会能量的接收器，同时也是个体能量放大为社会能量的转换器。

通过博客，个人的声音可以放大到社会空间，个人行为放大为社会性行为，普通个体无需通过传统大众传播媒介，就可以在公共话语空间发出自己的声音。这种声音有时甚至可能与多家媒体的声音相抗衡。博客使个体有可能获得前所未有的搅动社会局面的能力，在与权威声音的角力中获得一个“杠杆支点”。

正是因为博客世界具有放大能量的作用，近年来，不断出现的博客事件才能有足够的能量不断地搅动着网络世界，甚至波及网络之外的世界。

也正是由于这种特点，博客才可以成为个体参与社会公共事务的一个重要入口。从整体看，博客这一平台，在激励人们进行社会参与方面，是具有较大的潜能的。

4. 作为生态系统的博客世界与社会生态交互作用。

博客的不断发展促进了博客传播者的多元化，而这种多元化，也造就了复杂的博客生态系统。

把博客视作生态系统，就可以从生态系统各个构成要素的相互依存关系或者说“生物链”的构成中，去认识博客世界。

博客世界之所以充满生机与活力，就是因为它的元素（博客的传播者或受众个体）构成是多元的，既有同质性，更有异质性。每个个体都有着各自的需求，这些需求相互呼应，又相互伺服，甚至在某种意义上构成一种“生物链”。这使这个系统形成了自我生长的机能，博客作为一种“生命”系统的能量得以不断产生、释放与转化。如果这个生态系统只有单一的构成要素与需求，就缺乏这样一种生态循环机制。

博客世界不仅有着与自然生态系统相似的“生长”机制，还遵循着社会生态系统的发展规律。

美国社会学者查尔斯·扎斯特罗把人的社会生态系统区分为三个层面：微观系统（micro system）、中观系统（mezzo system）、宏观系统（macro system）。他指出，微观系统是指处在社会生态环境中的看似单个的个人。个人既是一种生物的社会系统类型，更是一种社会的、心理的社会系统类型。中观系统是指小规模的群体，包括家庭、职业群体或其他社会群体。宏观系统则是指比小规模群体更大一些的社会系统，包括文化、社区、机构和组织。个人微观系统会受到社会环境中与之互动的宏观系统的重大影响。宏观系统的五种主要因素会对个体产生重要影响。它们是：文化（culture）、社区（community）、习俗（convention）、制度（institution）和机构（organization）。[①] 虽然他所研究的是整个社会这个大的生态系统，但是，他的研究思路也可以为我们所借鉴，用于博客这个更具体的社会生态系统的研究中。

博客生态系统也可以有微观、中观与宏观三个层面：博客的作者或阅读者个

---

① 参见师海玲、范燕宁：《社会生态系统理论阐释下的人类行为与社会环境——2004 年查尔斯·扎斯特罗关于人类行为与社会环境的新探讨》，载《首都师范大学学报》（社会科学版），2005 (4)。

体是微观层面；某一个个体的博客平台所吸纳的人群是中观层面；而整个博客世界则是宏观层面。博客世界这个宏观系统，会产生自己所独有的文化、社区、习俗、制度乃至机构。当然，它们都不是无源之水，而是对社会这个更大的社会生态系统的相关因素的继承，同时，博客生态环境的特殊性，又会赋予它们一些特质。博客生态系统三个层面的相互作用，决定了个别博客的兴衰，也决定了整个博客世界的兴衰。更重要的是，这种相互作用，是博客世界对于社会与文化产生影响的深层机理。

博客生态系统应该被视作整个社会生态系统的一个子系统，它的发展不是封闭的，也不只是简单地遵循某种单一维度的发展逻辑，而是在社会整体的生态系统作用下，呈现出动态、开放、多维度的发展脉络。

5. 分权后的博客世界重塑权利关系。

作为 Web2.0 的应用之一，人们总喜欢把博客世界与分权或去中心化联系在一起，博客似乎给了网民同等的表达与传播的权利。但这种传播渠道拥有权的相对平等，是否意味着“话语权”的平等?

如果仅仅将博客视作个人媒体，那么，它在给予个体进行个人表达与意见共享的能力方面是值得肯定的。但是，如果把博客以及 Web2.0 看做一种社会关系或社会网络的话，那么，我们就更应该关注由这种关系或网络结构带来的权利的重新分化。

前面所介绍的社会网络的分析方法有助于我们从结构层面认识博客世界的权力关系。社会网络的分析方法指出，一个社会网络中的行动者，如果与很多他者有直接的关系，该行动者就居于中心地位，从而拥有较大的权利。[①] 如果画出博客这一社会网络里的关系图（哪怕只是一个极小的局部），就可以看到从不同的点上发出的线的数量存在巨大的差异（这些线表明了关系的多少），这是权利落差的一种直观体现。

虽然博客社会里新的权力不平衡，在一定程度上折射着既有的社会权利关系（例如，名人博客更容易形成强势），但同时也可以看到，即使是原本平等的平民，在博客世界里也可能会因为各种因素产生权利上的分层，博客的话语内容、话语方式，博主与阅读者之间的沟通方式与频率，以及网站的编辑手法等，都可能对博客的影响力产生影响，进而影响到博客的权利。而这些，都可以归结到前面所分析的博客传播者与受众的需求及满足机制上，可以说，正是那些深层的作

① 刘军：《社会网络分析导论》，116 页，北京，社会科学文献出版社，2004。

用机制，在影响着博客世界的权力关系。而博客世界之外的政治的、经济的、文化的因素对博客世界权力关系的影响，也是通过这个作用机制来起作用的。

6. 作为民间记录平台的博客有助于描绘更完整的历史图卷。

媒体的一个重要功能，是记录历史。而在传统媒体时代，媒体所记录的历史，只是代表了官方的或某些机构的意志，它所记录的历史片断和画面，是经过筛选的，是不完整的。而博客这些不受主流话语控制的自媒体的出现，可以在一定程度上弥补专业媒体的不足。虽然每一个博客都只是历史画卷中的一个微不足道的碎片，它只是从一个微观的视角反映历史的进程，但当所有博客的碎片聚集在一起时，仍然会构成一种丰富的历史图景，它们反映了不同文化背景、不同社会阶层的人们在历史运动中的生存状态与精神状态，反映了社会变迁中的社会风貌，因此，博客的文字、图片以及音像资料，将成为人类文明中的一笔重要财富。

7. 作为文化沃土的博客世界"助长"多元文化。

博客世界蕴涵着丰富的文化种子，而博客平台本身为这些种子的萌芽、生长提供了肥沃的土壤。博客世界的自由精神，会鼓励非主流性的文化创作，博客的开放性质，一方面使博客们的创作得到广泛传播、检验，并经由互动得以发展、丰富，另一方面也使其文化在形成过程受到更多方面的冲击与磨炼。而博客世界的群体交流，也成为博客文化生长的另一种环境。与传统时代相比，博客世界里的文化，非主流性、多元性表现更充分。当然，博客文化有时互相影响，也可能出现同质化的倾向，在博客世界里也可能出现新的主流文化。但是，总的来看，博客对于多元文化的生长，具有重要的"催苗"和"助长"作用。

六、博客传播在新闻传播中的应用

虽然像美国的德拉吉那样以新闻报道为职业的博客微乎其微，但是，不少博客在自己的博客活动中，已经有意或无意地参与到新闻传播活动中。作为个体的博客参与新闻传播的方式主要表现为：博客介入新闻报道、博客进行新闻评论、博客进行新闻整合。无论采用哪种方式，博客都与近年来越来越受关注的"公民新闻"的概念产生了联系。博客在推动"公民新闻"实践的同时，也对专业媒体的新闻活动产生了一定的冲击。

（一）博客参与新闻传播的方式

1. 博客提供新闻线索。

由于博客分散在各个地域、各个阶层、各个行业，他们往往能直接接触到一些突发事件或媒体尚未关注到的事件，因此，他们可以成为一种敏感的“触角”，为媒体的报道提供相关线索。

2005 年 11 月 26 日 8 时 49 分，江西九江、瑞昌间发生 5.7 级地震，余震波及南昌、宜春等地，以及湖北、安徽、湖南、江苏、浙江等周边省区。

由于此次地震之前没有官方的预警，对此突发事件第一时间作出反应的不是传统的网站或媒体，而是博客。地震发生后，博客网的一个武汉的博友“寻找东海岸”在 9：04 发出了“武汉地震了”的消息：“2005 年 11 月 26 日 9 时整武汉发生地震，有较强震感。”这是最早对此次地震事件作出有记录的文字反应的消息，比各家媒体早了 15 分钟。

博客提供新闻线索，有时是有意识的，他们可能会通过一定的方式引起网站或他人对于这些新闻线索的关注。但有时博客们是无意识的，好的新闻线索可能会在“博客”中“沉没”。所以，网站或其他媒体需要有一定的机制，来发现博客中的新闻线索。

但是，由于博客传播的特点，网络编辑在利用博客的新闻线索时，需要严格把关，特别是对真实性进行把关。

2. 博客从多角度记录新闻事件。

2004 年 7 月 7 日，英国伦敦发生多起爆炸案，许多网民利用手机拍摄了爆炸现场的照片，并将它们传到网上，其中，弗里克（Flickr）作为全球最好的图片博客网站，更是集中了几千张博客拍摄的照片，这些照片给人强烈的身临其境的感受。

而整个爆炸过程里的第一张即时照片也是由非专业记者拍摄的。现场目击者之一亚当·斯塔西在 King's Cross 地铁站内，用手机不停地拍摄即时照片，并将它们发给他的朋友阿尔菲·丹恩，丹恩将照片发到了 moblog. co. uk 这一博客网站。在这之后短短几个小时，斯塔西拍摄的第一张照片已成为各大电视网竞相播放的画面。

由于手机、数码相机、数码摄像机、数码录音笔等设备的日益普及，普通人在新闻现场时可以利用各种方式进行第一时间的记录。而博客则为这些普通人采集的新闻素材的发布提供了平台。

除了照片、视频等手段外，文字也是博客记录新闻事件的一个重要方式。在美国的“9·11 事件”和印度洋海啸发生后，一些博客用文字真实、生动地记录了现场的情形及人们的感受。这些第一手材料，为人们认识这些灾难事件提供了宝贵的资料。

虽然博客的报道一般不会像专业媒体的报道那样专业，但是，他们往往能提供专业媒体报道不会涉及的视角或细节内容，这与他们在新闻现场的位置、观察视野以及个人的价值判断相关。这些多角度的报道，不仅可以弥补专业媒体在新闻素材采集上的不足，也可以为受众提供更为鲜活、直接而丰富的信息。

3. 博客进行新闻评论。

博客身处新闻第一现场、直接发现与体验新闻的几率毕竟不高，而且由于相关政策的限制，一些领域的新闻报道博客也不便涉及。因此，更多的博客参与新闻报道的方式，并非原创的新闻，而是新闻评论，尽管这种评论并不一定是完全规范的新闻评论稿件。

博客进行新闻评论通常有两种形式：

第一种，针对一时、一事而发表的感想。在一些重大事件或特别事件发生时，很多博客会作出反应，利用博客平台这种便捷的手段来发表自己的意见，表达自己的态度。这些评论反应迅速、针对性强、意见多元。其中一些评论可能会产生重大影响力。

例如，2006年6月27日凌晨，中央电视台足球评论员黄健翔在足球世界杯解说中情绪激动，引起轩然大波。事件发生后1小时，童话作家郑渊洁在自己的博客中撰文《意大利万岁?》，文中写道：

> 现在是2006年6月27日凌晨1点，刚看完世界杯意大利对澳大利亚争夺八强的比赛。纵观全场，实在没看出意大利的球技比澳大利亚高在哪里，如果不是终场前意大利获得了一个可判可不判的点球，鹿死谁手很难说。就在意大利获得点球时，我们的电视转播解说员突然使用声嘶力竭的方式高喊“意大利万岁”。看得出，这位解说员偏爱意大利队，这无可非议，但是作为解说员，实在不应该在解说时带出好恶，就像裁判不能在执法时带出偏爱一样。无论如何，听到中国人在有亿万观众收看的电视屏幕里高喊“意大利万岁”，感觉不舒服。可能由于澳大利亚日前以三比一击败了日本，我对这个队的好感油然而生，但是尽管如此，倘若刚才澳大利亚赢了，我也断然喊不出“澳大利亚万岁”来。作为中国人，我的声带除了喊“中国万岁”，很难喊出其他国家万岁，尽管由于种种原因我还从未喊过中国万岁，但我相信，我迟早会喊。我能活到那一天。

这一评论在三天内的点击量突破70万，可以说产生了广泛的影响力，不逊色于发表在传统媒体上的评论。

第二种，将评论作为自己博客的特色，长期发表评论。这类博客的评论往往又会集中在某一个特定的领域中。

在中国，有一位名为“KESO”的博客作者，他在“斗牛士”网站开设的“对牛乱弹琴”的博客，以IT业的评论为特色。由于其视野开阔，信息丰富，见解独到，这一博客已经形成了广泛的影响力。类似的博客，在网络世界里越来越多。

以评论见长的博客，也许会日益成为网络空间中的“意见领袖”，他们将在局部或大范围内影响网络意见的走向。

4. 博客进行新闻整合。

许多博客也许不总是进行新闻的报道或评论工作，但他们会将自己感兴趣的新闻转发在自己的博客上，并根据自己对社会环境与新闻事件的理解，对各种不同来源的新闻稿件进行整合。这种整合中包含了博主的价值判断，而这种价值判断又会在一定程度上影响博客的受众的认识视野与角度。因此，进行新闻整合也是博客参与新闻活动的一种方式。这更类似于专业媒体的编辑的角色。

例如，上面提到的博客KESO，他的博客有一个栏目叫“昨日新闻”，就是将他认为有价值的前一天的IT界的新闻、论文或研究文章整合在一起。他的博客的阅读者在很大程度上会受到他的选择的影响。

而前文提到的“德拉吉报道”（见图4—12），其实也是以新闻的整合为主的，原创新闻只是少数。多数新闻仍来源于传统媒体，特别是主流媒体。

图4—12　美国博客“德拉吉报道”首页

不管“德拉吉报道”在内容的选择上是否存在问题，都可以看出，德拉吉在页面中是具有强烈的编辑意识的。他不仅仅在选择新闻，还在对新闻的重要性进行判断，并通过版面语言来表明自己的倾向性，尽管这种倾向性无疑具有强烈的个人色彩。

在博客发展之初，有人曾称“博客最大的功能当然是充当知识和信息的‘过滤器’和‘指南针’”①，博客是信息海洋的“导航者”②，这些观点都较好地揭示了博客在信息整合中的作用。

这类导航式的博客之所以会产生并为人所需要，是因为在网络世界信息过载的情况下，越来越多的人感觉不堪重负。他们更需要有人为他们在信息的海洋中去粗取精。尽管这也是专业新闻网站的一个主要职责，但是，网站的力量毕竟是有限的。从事信息整合工作的博客，在一定程度上可以起到辅助作用。

（二）博客与公民新闻

近年来，人们越来越多地将博客与“公民新闻”这一概念挂上了钩。“公民新闻”（civic journalism），又称“公共新闻”（public journalism），这一提法始于20世纪90年代的美国，最早提出“公共新闻”理论的学者是纽约大学新闻学系的杰·罗森教授。他认为：“新闻记者不应该仅仅是报道新闻，新闻记者的工作还应该包含这样的一些内容：致力于提高社会公众在获得新闻信息的基础上的行动能力，关注公众之间对话和交流的质量，帮助人们积极地寻求解决问题的途径，告诉社会公众如何去应对社会问题，而不仅仅是让他们去阅读或观看这些问题。”③

《弗吉尼亚向导报》（*The Virginian-Pilot*）的编辑们在一次研讨会上说，他们是“通过在编辑部中改变新闻文化来做‘公共新闻’的”，并且这样总结他们的经验：

（1）让新闻报道揭示出公众带给这些新闻事件的价值，而不是仅仅向公众描述冲突。

（2）普通公众对事件的认识与专家们对事件的认识是同样有价值的，应该同等看待。

（3）在报道谁、什么事、为什么、什么时间和在哪里的同时，要力图向公众解释这个新闻事实为什么值得他们去关注。

---

① 方兴东：《博客论之十》，http://vip.bokee.com/20020821279.html。

② 方兴东：《博客：信息时代的麦哲伦》，http://www.ccw.com.cn/htm/news1/zl/fxd/02_8_27_2.asp。

③ 蔡雯：《“公共新闻”：发展中的理论与探索中的实践——探析美国“公共新闻”及其研究》，载《国际新闻界》，2004（1）。

(4) 记者应该着力挖掘关于人们是如何解决问题的相关事实，并尽可能提供建议，这样新闻媒介才有可能帮助社会公众参与到公共生活中去。①

目前，对公民新闻尚没有一个普遍认同的定义，从博客方面理解公民新闻，也有其特殊的角度。例如，有研究者将其定义为“公民（非专业新闻传播者）通过大众媒体、个人通信工具，向社会发布自己在特殊时空中得到或掌握的新近发生的特殊的、重要的信息”。或者把它称之为“来自业余新闻工作者的第一手新闻报道”②。但是，从博客实践以及“公民新闻”的内涵来看，博客中的“公民新闻”活动，不应仅仅是第一手报道，也应包括新闻评论、新闻整合等其他方式。

尽管由于种种原因，博客参与新闻传播的深度与广度都会受到限制，但是，博客们的种种新闻传播活动，对于专业媒体仍然产生了一定的冲击。这表现在对专业媒体的报道选题、素材来源、报道方式、报道视角与深度等各个层面的影响。博客与专业媒体的新闻报道活动的深层结合也将越来越多。

第五节 搜索引擎传播

搜索引擎不仅为人们在网络中快速寻找特定信息提供了快捷的途径，而且在不断地影响着人们在网络中信息消费的行为模式，并反过来作用于网络信息传播格局的变化。理解搜索引擎传播的特点，是认识搜索引擎影响力的起点。

一、搜索引擎技术的发展及其原因

搜索引擎是在信息海洋中发现与获取信息的一种重要方式。

网络搜索的思想可以追溯到1990年由加拿大蒙特利尔的麦吉尔大学学生阿兰·艾蒙塔吉等三名学生发明的Archie工具。当时万维网还未出现，为了便于查找分散在各地的FTP主机中的文件，艾蒙塔吉等人开发了Archie。虽然它与现在的搜索引擎工具原理不一样，但是它顺应了人们在网络中寻找特定信息的需求，其思想与搜索引擎一脉相承。

受Archie的启发，后来又有人开发出了基于Gopher的搜索工具。

---

① 蔡雯：《“公共新闻”：发展中的理论与探索中的实践——探析美国“公共新闻”及其研究》，载《国际新闻界》，2004 (1)。

② 赵志立：《公民新闻：人人可以作记者》，http：//blog. mediach. com/user1/zzll/archives/2006/609. html。

真正意义上的搜索引擎出现于1994年。1994年4月，斯坦福大学的两名博士生——戴维·费罗和美籍华人杨致远，共同创办了超级目录索引Yahoo。同年7月，米歇尔·莫尔丁创建了Lycos。之后搜索引擎的概念逐渐深入人心。

当今最有影响力的搜索引擎之一Google由斯坦福大学的两名研究生拉里·佩奇和谢尔盖·布林开发。1996年，他们便开始展开网络搜寻器的研究计划，这个计划被命名为“BackRub”。当时业界的流行看法是，某个关键词在一个文档中出现的频率越高，该文档在搜索结果中的排列位置就要越显著。而佩奇和布林则认为，决定文档在搜索结果排列位置的因素是一个文档在其他网页中出现的频率和这些网页的可信度，网页在受众中的知名度和质量是决定性因素。他们将自己的观念应用于BackRub，将它开发成了一个功能十分强大的搜索工具。随着越来越多的人使用BackRub，他们意识到了BackRub的价值，两人准备出售BackRub，但当时各大门户网站对这项技术非常冷漠，于是他们决定自己来运作。他们为自己的搜索引擎取名为Google，1998年9月7日，正式创立Google公司。

与一般网站不同的是，Google的首页非常简单，只有一个简洁朴素的关键词输入框，没有任何广告的干扰。形成这种风格的原因是他们并不精通网页设计制作技术，但随后他们发现，对于搜索引擎用户而言，这就足够了。美国Webtop统计公司的调查报告证实了这一点：人们如果在12秒钟内找不到自己所需的内容，就会超出忍耐的限度，选择离开。所以，Google页面的空白部分包含着巨大的商业价值：每月至少会吸引5 000万忠实用户，并且用户满意率高达97%。[①] 因此，简洁的首页成为了Google的一种商业策略，后来也为一些搜索引擎网站效仿。在短短的几年间，Google也取得了巨大成功。2000年9月，Google启用中文搜索服务。

从时间上看，中国网络的搜索引擎技术的开发与世界各国是基本同步的。

1996年8月成立的搜狐公司是最早参与做网络信息分类导航的网站，1998年2月，搜狐推出的分类目录搜索引擎是复制了Yahoo的模式。

1999年9月，雅虎中国网站正式开通，继承了雅虎全球的分类目录搜索的思想，为中国互联网用户提供了强大的搜索功能。

1999年年底，成立于美国硅谷的百度公司以超链接分析技术为基础，推出新一代中文搜索引擎。2003年11月，百度推出全新的基于社区化搜索概念的搜

---

① 周坚毅：《Google“双雄”共同走过激情创业路》，载《经济观察报》，2003-09-13。

索产品贴吧。在不长的时间内，百度地位迅速上升，成为中国网民最依赖的搜索引擎之一。

2002年9月，中国网、慧聪国际等网络共同推出中国搜索联盟，为门户网站提供搜索技术。2003年8月，名为“中国搜索”的搜索门户网站推出。

2004年8月，搜狐公司推出完全自主技术开发的“搜狗”互动式中文搜索引擎。它的特点是给予多个主题的“搜索提示”，帮助用户在查询过程中实行有效的人机交互，引导用户更快速准确定位自己所关注与寻找的内容。

2005年6月，新浪搜索引擎推出“爱问”专门搜索平台，这是新浪自主研发的搜索产品。

搜索引擎技术推出以后，很快就被网民广泛采用，并一直受到网民的青睐，从CNNIC发布的中国互联网络发展状况统计报告来看，首次出现与搜索引擎有关的调查项目是1999年1月的第3次报告，用户得知新网站的途径这一调查选项，有80%的网民表示是通过搜索引擎，这个结果已经显示了网民对搜索引擎的使用热情。2008年1月发布的第21次报告显示，2.1亿网民中使用搜索引擎的比例是72.4%，即有1.52亿人从搜索引擎获益，半年净增加3 086万人。

搜索引擎在近年得到进一步发展，这主要表现为：

第一，从文字搜索到多媒体搜索。早期的搜索引擎主要是针对文字信息的，但近年来，针对图片、MP3、视频等多媒体信息的搜索功能得到开发与普遍应用。Google Earth更是利用卫星地图来为人们提供真实环境中的特定对象搜索。

第二，从一般搜索到专业化搜索。随着人们对搜索引擎使用频率的提高，人们对专业化内容的搜索需求也增多，因此，很多搜索引擎都开始不断细化、专业化，各类专门的搜索引擎的出现满足了特定人群的需求。

第三，从单纯搜索到与社区结合。尽管社区并不是搜索引擎技术的一部分，但是，将社区功能与搜索引擎功能相结合，可以使人工的力量成为搜索引擎力量的一个有益补充，同时使有共同兴趣爱好的人可以快速地发现彼此，形成社区。

第四，从被动提供搜索结果到主动整合满足搜索需要。过去的搜索引擎只是在得到受众的查询要求后，完全被动地将搜索结果返回网民。但是，一些搜索引擎正在搜集具有普遍意义的网民需求，并针对这些需求主动提供整合后的内容。

未来搜索引擎的发展目标是，实现智能化搜索，语义网技术就是其中备受关注的一项技术。它的目标是，利用语义分析技术，通过“智能代理”从网络中筛选出最相关、最有用的信息，避免现有搜索技术带来的无效信息过多的状况。而与此并行的是社会化搜索引擎思想，它试图通过人工力量的加入，来优化机器搜索的结果。

搜索引擎之所以能迅速普及、不断发展，其根本原因在于，在网络信息日益超载的情况下，它顺应了人们快速定位于特定信息的需求，它真正体现了受众主动“拉出”信息这样一种网络传播的特性。它也使信息的来源多元化，为受众进行多源信息的比较提供了便利。可以说，搜索引擎尊重了受众在传播中的主导意义，使受众在获取信息的过程中具有了更强的控制能力，搜索引擎的终极目标与意义在于，使信息真正为人服务，而不是让人沦为信息的奴隶。

搜索引擎技术的发展，在不断地影响着网民的信息消费行为，网络时代早期人们更多地习惯于被动接受网站提供的新闻与信息，而在搜索引擎普及的今天，网民很多时候是通过搜索引擎去主动寻找自己需要的信息。而这种行为方式的改变，也逐渐作用于整个网络信息传播的格局。例如，不少人上网的首页已由传统的门户网站改成了搜索引擎网站，这对传统门户网站的权力是一种削弱，对搜索引擎网站的权力是一种提升，这就进而影响到不同类型网站的营利模式与营利能力，从而使它们的力量对比发生变化。尽管主动索取与被动获得这两种信息消费模式是并行的，但是，网民主动索取信息的需求将不断上升，这一趋势是值得关注的。

二、搜索引擎传播的特点

搜索引擎工具虽然不是内容的发布者，但是，它是网络中的导航者或“交通指挥”，它同样可以被视为一种传播形式。与网络中的其他传播形式特别是网站传播相比，搜索引擎传播的特点主要表现为以下方面：

1. 搜索引擎对传播者的集中化、显性化和序列化作用。

在很多传播形式中，传播者是明确的，但是，对于搜索引擎这一形式而言，真正提供内容的传播者原本是分散的，对于受众来说，它们是隐藏的、不确定的，在很多情况下，这些传播者也是异质的，这有点像大众传播的受众的特点。但搜索引擎的作用就是迅速地发现这些分散的、隐藏的传播者，使它们在同一个信息搜索目标下集中起来，成为显性的、有共性的整体。

将分散的、隐藏的传播者集中起来，提高了发现特定信息的效率。更重要的是，多样化的信息来源，也有利于提高特定信息的丰富性、全面性与均衡性。与单一传播者模式（例如网站传播）相比，这也是搜索引擎传播的一个重要优点。

搜索引擎对于传播者的另一个作用是它的技术算法使传播者呈现出序列化状态，各方传播者在搜索结果中是按搜索引擎所制定的规则来进行排序的，这种排名会直接影响它们与受众的接触程度。同一个搜索请求在不同的搜索引擎中会获得不同的结果。序列化的能力是搜索引擎对传播者所具有的控制能力。

当然，搜索引擎只是“交通指挥”，而不是把关者，它不能对传播者及其内容进行审查、把关，它对于传播者的集中、显性与排序，并不是基于对内容的质量评判，而是基于技术算法。因此，在搜索引擎传播中，受众对内容的甄别、筛选等自我把关显得尤为重要。

搜索引擎的存在，使得大量传播者可以有机会扩大内容的传播面、形成多次传播。对于网络中的各类传播者来说，如果希望自己传播的信息能得到广泛的、反复的传播，就需要针对搜索引擎传播的特点来提高自己的“可见性”。因为有些网页即使是搜索引擎也不能发现，这些网页完全“沉没”在信息海洋的海底，只有通过某些方法让它们浮上水面，它们才可能被发现与利用。

当然，也有一些传播者并不希望自己的内容被搜索引擎发现，例如，一些人试图将自己的博客作为纯粹的私人空间隐藏起来，但有时却也不能逃避被“曝光”的结果。搜索引擎强大的显性化作用，有时与人们对私密性的需要是冲突的，这也是它的负面作用之一。

2. 网民索求能力直接作用于传播效果。

搜索引擎是一种以需求为主导的传播，即先有需求，再有传播过程，与传统大众传播的被动性接受相比，受众的信息需求明确而强烈，所以很多内容的传播效果会比较好。

但是，网民的索求也并不一定总是得到充分满足，这一方面可能源于相关信息储备的匮乏，另一方面，则与网民搜索请求的技能有关。

尽管大多数网民都使用搜索引擎，但很多时候人们提交的搜索关键词并不能准确反映他们的查询目标，也有不少人并不知道搜索的高级技巧，以及搜索引擎的各种专业功能的使用。搜索能力成为他们使用搜索引擎的一种障碍，也成为影响传播效果的重要因素。

CNNIC 发布的第 21 次中国互联网络发展状况统计报告显示，搜索引擎的使用与网民的网龄相关性很强，网民上网历史越久，则搜索引擎使用率越高，2000 年及以前上网的网民搜索引擎使用率为 89.1％，2007 年新增网民的使用率仅有 48.7％。此外，搜索引擎使用率与学历同样存在很强的相关性，学历越高，使用率越高。初中以下学历的网民搜索引擎使用率为 54.7％，硕士及以上学历的网民搜索引擎使用率则升至 97％，几乎人人都使用搜索引擎。这一数据在一定程度上说明，搜索引擎的使用能力与使用率是相关的。网龄长、学历高，通常使用搜索引擎的能力也更高。而这种能力直接影响到网民在搜索引擎中获得的满足程度的高低。

尽管搜索引擎使受众自我把关的重要性凸显，但是，受众的把关意识却并不强烈。传统大众传播中，由于传播者的显性化，人们对传播者的身份、品牌、可信度等因素往往十分重视，但在搜索引擎方式下，信息来源是分散而隐性的，因此，受众对信息来源的重视程度有所下降。他们往往只注重获取的信息与自己需求之间的吻合度。同时，多数人也常常缺乏主动检验信息真伪的意识和能力。

3. 网民搜索行为的独立性与关联性。

网民的需求是各种各样的，每一个人在网上进行搜索时，是独立地发出自己的请求，所以，网络的搜索行为具有相对独立性，但另一方面，他们也并不是完全孤立的。

许多搜索引擎会将与某一搜索关键词相关的其他网民的搜索请求列出来，这使网民的搜索有了相应的参照，同时，也使网民可以在无意中进行搜索的“重定向”，因为他可能采纳别人的搜索请求来继续自己的搜索。这既可能优化他的搜索过程，也可能使他偏离搜索的既定方向。

此外，有些网站将热门搜索关键词列出来，这在一定程度上刺激了网民对这些关键词的关注与搜索，群体效应影响个人行为，这也是搜索传播中的受众关联性的一个表现。

在搜索引擎的后台，可以记录每一搜索行为的基本数据，并将它们汇聚为总体数据，这些数据在更大程度上体现了个体行为之间的联系，例如，热门搜索关键词实际上体现了受众的某些共性需求，而这些需求背后又是社会环境因素的作用。

4. 传播内容的相对无序性。

搜索引擎的工作是由机器基于算法自动来实现的，在搜索引擎渠道中，并没有编辑对内容进行把关，从一定程度上看，它所传播的内容是无序的。这种无序性主要表现为以下三方面：

第一，搜索引擎的排名结果并不必然反映内容的质量高低。搜索引擎本身并不提供内容，它只是将某一主题的内容从网络中搜寻出来，它对于内容虽然有排序的功能，但是这种排序并不是基于对内容质量的直接判断，而只是基于关键字出现频率或者网站被链接的数量等指标。

第二，搜索引擎不能保证信息的真实性。搜索引擎虽然可以为受众提供众多的相关信息，但是，它没有鉴别信息真伪的作用，对于信息真实性的鉴别，需要由受众自己来完成。

第三，搜索引擎提供的内容并不必然保证与用户需求吻合。尽管用户的搜索目标是明确的，而且搜索结果与用户请求的相关性往往是衡量搜索引擎优劣的一个重要指标，但是，这也不能保证在任何情况下与受众请求的搜索目标最相关的信息总能排在搜索结果的最前列。

三、搜索引擎与社会化搜索引擎

在智能搜索技术还不发达的情况下，搜索引擎对于人们搜索需求的满足还是有一定的限制的，因此，近年来利用人工力量来补充搜索引擎的不足，将人的智慧与机器的智慧结合起来，精确满足人们复杂的搜索需求也成为一种趋势，有人将这样一种方向称之为社会化搜索引擎。

“人肉搜索引擎”机制可以被视作社会化搜索引擎中的一种。前文已经说到，“人肉搜索引擎”这个词起源于“猫扑”论坛，但是，与此类似的做法在很多网站都有，新浪的“爱问知识人”、百度的“知道”等也是运用类似的思想来构建的社区。

与一般的社区不同的是，对于特定信息或知识的需求或分享是人们在这类社区活动的直接动因。这些社区的成员一般可以有两类角色，即求知者和答疑者，当然，一个人的角色是可以随时变化的。对于答疑者来说，他们除了愿意将信息和知识与人分享之外，还希望通过答疑来获得一定的奖励，例如，等级的提升、积分或虚拟货币奖励等。

例如，在“爱问知识人”，主要奖励机制是积分，求知者提出问题时，可以设置一定的悬赏分值，并且根据答疑者回答的情况给予相应的分数。用户平时储备足够的积分，有问题时能提供更多的悬赏分。凭积分不仅可以提高自己的级别，还有机会获得“爱问知识人”颁发的礼物。“爱问知识人”主要设置了“新手”、“学弟\学妹”、“学长\学姐”、“学者”、“大师”、“智者”、“圣人”和“先知”等基本级别。另外，在先知之上从低到高还设置“神”、“神机真人”、“天外飞仙”、“智慧天尊\月神”、“文曲星”和“紫微星”6个级别。这些机制有效地促进了网民的参与。

当然，社会化搜索引擎不限于社区的“人肉搜索引擎”机制，它也可以和维基（wiki）技术结合起来。维基作为人们共同创造的知识的综合体，汇聚了大多数人的智慧，符合提供最精确搜索结果的思路，因此，有些社会化搜索引擎将维基百科中的词条放在搜索结果的第一位。

此外，标签、社会书签等功能，也被一些社会搜索引擎作为重要的资源开发。

社会化搜索引擎是一个开放的概念，目前在国内外出现了很多自称为社会化搜索引擎的服务，但它们的原理与机制其实并不相同，但是，这种多元性恰恰为社会化搜索引擎的未来发展提供了更多的空间。

四、搜索引擎在营销中的应用

由于搜索引擎是满足受众信息需求的一种捷径，受众在主动信息需求的引导下更愿意接受由搜索引擎链接的信息，因此，搜索引擎也越来越多地被应用于产品的营销中。

有研究者认为，利用搜索引擎工具可以实现 4 个层次的营销目标[①]：

存在层：被搜索引擎收录；

表现层：在搜索结果中排名靠前；

关注层：增加用户的点击（点进）率；

转化层：将浏览者转化为顾客。

搜索引擎用于营销主要有两种方式：搜索引擎优化（SEO）和搜索引擎广告。它们都是搜索引擎营销的基本方法，两者的主要区别在于：前者主要是通过网页设计等方面的优化策略，在搜索引擎自然检索结果中获得更好的排名位置，以获得用户的注意；后者则通过向搜索引擎付费的方式获得在搜索结果中被用户发现的机会。

搜索引擎广告是一个发展中的事物，不同的搜索引擎在尝试不同的方式，对于广告形式的称呼也不尽相同，但总的来看，主要有以下三种方向：

第一，关键词排名。关键词排名又分为两类，即竞价排名和固定排名。关键词竞价排名方式，是使要推广的产品或品牌出现在相应关键词的搜索结果中，使其居于优先位置。它按照付费越高者排名越靠前的原则，对购买了同一关键词的网站进行排名。竞价排名不是按照排名的时间长短收费，而是按照给客户网站带来的实际访问量收费。

竞价排名广告出现在搜索结果页面，与用户检索内容高度相关，增加了广告的定向性。同时，它出现在搜索结果靠前的位置，因而容易引起用户的关注和点

---

① 参见冯英键：《搜索引擎营销的目标层次及网站优化设计》，http：//www.marketingman.net/wmtips/p127.htm。

击，效果比较显著。这种广告按效果付费，没有客户访问不计费，广告主可以灵活控制推广力度和资金投入，投资回报较高。

关键词固定排名，指的是在用户进行关键词搜索时，广告客户的网站将出现在关键词搜索结果页面中的固定位置（名次），并按照预先确定的价格支付广告费。固定排名搜索是一种比较传统的搜索排名方式，相对于竞价排名而言其广告效果以及灵活性比较欠缺。

第二，关键词赞助商广告。与竞价排名不同的是，关键词赞助商广告并不直接出现在搜索结果中，而是出现在搜索结果首页的上部或右侧显著位置。但是，它与用户输入的搜索关键词有着强烈的关联性。例如，如果用户输入的搜索请求是“MP4”，那么，选定这个词的广告主的广告信息就会出现在该搜索结果首页的右侧。除了文字信息外，还可以在广告中加入链接，直接指向广告主的相关网站。

关键词赞助商广告同样具有较强的定向性，而且位置醒目，内容突出，因而也容易收到较好的效果。

第三，地址栏搜索广告。地址栏搜索广告主要基于网络实名服务。广告客户将自己的公司名、产品名注册为网络实名，用户输入这些实名时就可以直达相关网站，从而实现营销。

与上面提到的三种搜索引擎广告相比，搜索引擎优化是一种更隐蔽的营销方式，它不易引起人们的逆反心理，因此，在实践中，搜索引擎优化通常效果可能要好于搜索引擎广告。

总之，与一般网站上的营销相比，搜索引擎营销与受众需求的吻合度更高，定向性更强，在相关内容中的嵌入程度更强。可以预期它会取得更好的营销效果。但是，实际的营销效果与关键词的选择等传播策略相关。

五、搜索引擎数据的研究价值

搜索引擎虽然只是一种中转站，其目的是帮助人们发现与获得特定信息，但人们在这个中转站的行为最终会形成一种宝贵的财富，那就是搜索引擎所记录的各类数据，这也是网民搜索行为的一种直接量化统计。这些数据具有重要的研究价值。

通过搜索引擎获取信息虽然看上去是孤立的个人行为，但是，系统的后台数据可以体现分散的个人行为累积后的社会性结果。这些后台数据，不仅可以反映不同信息受人们关注的程度，从而为受众研究、市场研究提供重要的参考依据。同时，它们也能成为一种晴雨表，在一定程度上反映社会环境“气候”的变化。

前文提到，人们的搜索行为既有相对独立性，又有一定的关联性，但是，总体来说，这种搜索行为是不受外力的强制性影响的，它是人们意愿与需求的一种自然流露，它甚至比某些调查更客观真实，更能反映经济与社会发展的内在本质与运行规律。

搜索引擎数据，需要运用不同的坐标体系进行研究，常见的方式包括：按主题或关键词作分类分析、按地区作对比分析、按品牌作分类或对比分类、按时间进行变化规律分析等。

总体来看，通过搜索引擎数据进行的研究，主要有以下三方面：

1. 媒体受众分析。

搜索引擎数据可以直观地反映人们的信息需求与服务需求，也可以反映人们对热点事件的关注程度，这对传统媒体以及网络媒体来说，都是非常好的受众研究资源。

例如，表 4—2 至表 4—6 反映了 2007 年全球、中国大陆地区、中国香港地区、中国澳门地区、中国台湾地区在 Google 上的热门搜索情况。[①] 这些数据反映了 2007 年不同地区人们信息与服务需求的一些共性特点，同时又反映了它们之间的差异。

表 4—2　　2007 年全球搜索排行榜

2007 全球搜索最流行

1	iphone	Iphone 手机
2	Badoo	多语种社交网站
3	Facebook	社交网站
4	dailymotion	视频共享网站
5	webkinz	“网娃”儿童社区
6	YouTube	视频共享网站
7	eBuddy	即时通信工具
8	Second Life	虚拟世界游戏
9	hi5	社交网站
10	Club Penguin	企鹅俱乐部儿童社区

① 表 4—2 至表 4—10 均来源于 Google 网站，http：//www.google.cn/rebang/yuedu/2007.htm，数据均截止到 2007 年 12 月 20 日。

表 4—3　**2007 年中国大陆地区搜索排行榜**

2007 大陆搜索最流行

1	QQ	
2	招商银行	
3	工商银行	
4	股票	
5	小游戏	
6	建设银行	
7	Google Earth	Google 卫星地图软件
8	迅雷	下载工具
9	卡巴斯基	杀毒工具
10	MSN	即时通信工具

表 4—4　**2007 年中国香港地区搜索排行榜**

2007 香港搜索最流行

1	YouTube	
2	Dictionary	
3	Map	
4	中原地图	
5	TVB	香港无线
6	HSBC	香港汇丰银行
7	BT	P2P 下载方式
8	Cathay Pacific	香港国泰航空公司
9	Winrar	压缩软件
10	Kmb	香港九巴公司

表 4—5　**2007 年中国澳门地区搜索排行榜**

2007 澳门搜索最流行

1	澳门日报	
2	YouTube	
3	Ctm	澳门电讯
4	QQ	
5	澳门黄页	
6	BT	
7	MP3	
8	Macau	
9	Qoos	
10	Air Macau	

表 4—6　　**2007 年中国台湾地区搜索排行榜**

2007 台湾搜索最流行

1	104	台湾 104 人力银行
2	统一发票	
3	Pchome	台湾 pchome 网站
4	中华电信	
5	台铁	台湾铁路
6	YouTube	
7	无名小站	台湾的博客网站
8	史莱姆	台湾的游戏与软件下载网站
9	台湾大哥大	台湾电信公司
10	Hinet	台湾门户网站

从上述搜索排名可以看出，2007 年，YouTube 在世界范围内，包括中国的香港、澳门、台湾地区都进入了搜索前十名，这不仅说明了 YouTube 这个网站的受欢迎程度，也表明，视频分享已经成为网络中一项引人注目的新应用方式。

与计算机以及网络应用有关的搜索也是世界范围内的热门，其中，即时通信工具、社交网站备受关注，这表现出人们对于网络交往的需要，而下载工具同样流行，其背后的原因是人们对音乐与视频下载需求的激增。手机通信同样是人们最关心的信息之一。

特别值得注意的是，在中国大陆地区，与金融有关的搜索在前十名中占了四席，这反映了整个中国经济在这一年的一个重要特征，那就是股票、基金市场的火热，这一大环境刺激了人们在这方面信息需求的剧烈增长。

利用搜索引擎数据，也可以对媒体的报道效果进行检验，对媒体影响公众议程的能力进行评估。

例如，表 4—7 反映了 2007 年网民最关注的国内事件，这些事件既有主流媒体报道的热点，如“十七大”、“嫦娥一号”等，也有因网络的广泛传播而成为热点的事件，如“华南虎”、“最牛钉子户”等。这个榜单反映了受众需求与主流媒体报道若即若离的关系，也反映了网络媒体在影响公众议程方面越来越强大的能力。

表 4—7 **2007 年中国网民国内事件的热门搜索**

2007 上升最快之国内事件

1	十七大
2	嫦娥一号
3	台风
4	奥运会门票
5	2008 北京倒计时
6	死了都不卖
7	央行调息
8	华南虎
9	九江大桥
10	重庆钉子户

除了对网民的信息、服务需求进行分析，还可以利用搜索引擎来分析不同时段人们搜索行为的变化，例如，一天 24 小时内人们搜索量的变化，搜索对象的变化。也可以分析不同时期人们搜索焦点的变化等。

2. 消费市场分析。

针对特定的消费品市场，通过对相关搜索数据的分析，来研究人们的消费倾向与偏好，以及各种不同品牌的影响力。

例如，表 4—8 是 2007 年中国不同地区的最热门搜索品牌，四个地区的热门品牌具有很大程度的相似性，除了 DHC 和 Gucci，其他所有品牌都是电子类产品，这充分说明了信息时代的重要消费特征。多数品牌同时在三个以上地区都成为热门搜索，这也充分反映了这些品牌的影响力。

表 4—8 **2007 年中国不同地区的热门搜索品牌**

	大陆	香港	澳门	台湾
1	诺基亚	NOKIA	NOKIA	ASUS
2	DHC	Sony	Sony	HP
3	三星	Apple	HP	Sony
4	惠普	HP	Gucci	技嘉
5	戴尔	SAMSUNG	Canon	Acer

3. 社会发展动态分析。

搜索引擎数据是一个重要的窗口，它反映了社会的各种动向，有些甚至是隐藏的并没有通过舆论表现出来的社会的深层本质状态。

前面的表 4—2 至表 4—6 反映了中国大陆地区金融市场异常活跃，也反映了中国经济高速增长的阶段性特征，以及人们生活方式与观念上的一些变化。对这一现象形成印证的还有 Google 搜索最多的大陆博客中，前十位有 80%是金融类博客。而表 4—9 的两组数据显示人们在“求知榜”中问得最多的问题，与金融相关的问题占 65%。这些数据令人感慨，但的确是对 2007 年中国社会的一个侧面的真实写照。

表 4—9　　2007 年中文谷歌答疑解惑“求知榜”

“什么”是什么

1	什么是蓝筹股
2	什么是股指期货
3	什么是 cpi
4	什么是 qfii
5	什么是 qdii
6	什么是 oem
7	什么是 erp
8	什么是市盈率
9	什么是基金净值
10	什么是印花税

“如何”能如何

1	如何炒股
2	如何购买基金
3	如何看 k 线图
4	如何申购新股
5	如何减肥
6	如何打开注册表
7	如何化妆
8	如何重装系统
9	如何购买封闭式基金
10	如何显示隐藏文件

与之形成对比的是英文的同类搜索结果（见表 4—10）。可以看到，处于经济高速增长期的中国人，对如何挣钱更感兴趣，而在英美等发达国家，人们更关心如何提高生活质量。这实际上反映出社会发展不同阶段人们需求的差异。

表 4—10　　2007 英文谷歌答疑解惑“求知榜”

What is...

1	what is love	爱是什么
2	what is autism	孤独症是什么
3	what is rss	聚合新闻是什么
4	what is lupus	狼疮是什么
5	what is sap	sap 技术是什么
6	what is bluetooth	蓝牙是什么
7	what is emo	情绪是什么
8	what is java	java 技术是什么
9	what is hpv	hpv 病毒是什么
10	what is gout	痛风病是什么

How is...

1	how to kiss	怎样接吻
2	how to draw	怎样画画
3	how to knit	怎样编织
4	how to hack	怎样黑客
5	how to dance	怎样跳舞
6	how to crochet	怎样钩织
7	how to meditate	怎样思考
8	how to flirt	怎样调情
9	how to levitate	怎样漂浮
10	how to skateboard	怎样玩滑板

如果用不同的统计时段、不同的类别等来统计搜索引擎的后台数据，那么就

可以更加细致地看到社会热点的变化轨迹。

搜索引擎的后台数据，也可以在很大程度上反映一些社会热点事件及其影响。图 4—13 是 2008 年 5 月 19 日 Google 的搜索数据图。在这一天的 14：28，来自中国的搜索量几乎下降为零。这是因为，5 月 12 日，四川汶川等地发生八级地震，造成了巨大的生命与财产损失。为了悼念遇难同胞，国务院决定，5 月 19 日至 21 日为全国哀悼日，5 月 19 日 14：28，全国人民默哀三分钟。尽管很多网民没有参加集体默哀仪式，但是，在那一时刻，他们仍自动地停止工作，包括停止上网，进行默哀。这条被 Google 工程师称为“哀悼与团结的曲线”[①]，反映了在自然灾难面前人们表现出的同情、善良，也反映出中国人民空前的团结。

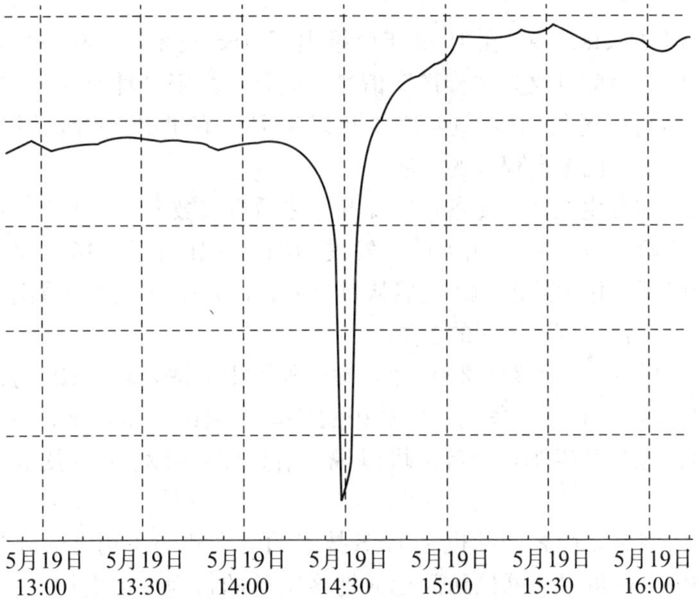

图 4—13 2008 年 5 月 19 日下午 Google 搜索流量图

作为人们行为记录器的搜索引擎，它的各类数据的确给了人们丰富的研究资源，只要善于利用它，一定能更充分挖掘出这些数据的潜能。

搜索引擎既是一个信息的导航者，又是受众信息消费行为的记录者，对搜索引擎的研究，需要从信息的生产角度和信息的消费角度综合考察。而在信息传播层面之外，搜索引擎的社会学意义、营销学意义等，也不容忽视。

---

① 方坤：《哀悼与团结的曲线》，http：//googlechinablog. com/2008/05/blog-post _ 22. html。

第六节　RSS 传播

RSS 是近年来发展迅速的一种新技术，它已对 Web 网站传播形成了一定的冲击，而且在未来，将可能对网络信息的生产与消费产生更大的影响。

一、RSS 技术的发展

本书第一章已经初步介绍了 RSS 技术的原理。RSS 所代表的是信息的“推送”技术。

网景公司（Netscape）在 1999 年就推出了 RSS 技术，其核心是将网络用户自己上网“拉”出信息改为“推送”信息。但是，由于种种原因，“推送”的概念始终没有得到市场的响应。但 2004 年以来 RSS 的再次兴起，引起了技术公司、新闻网站和网民更高程度的关注。

RSS 技术在诞生之初受冷落，却在 5 年之后再次被人们提出来，这与网络信息传播发展的阶段性特点是相关的。发展初期，它违背了市场需求，而若干年后，它却顺应了变化中的市场。虽然从目前来看，它还没有达到像浏览器那样的影响力，但是，它也有着广阔的前景。

从信息传播者这端来看，2004 年，国内外不少网站启动了 RSS 技术的运用。如中国的“博客中国”、新华网等，英国的路透社网站（Reuters. com）、美国的《纽约时报》、网上书店亚马逊等。可以说，信息传播者对 RSS 技术表现出了较大的热情。

除了一般网站，博客网站也是 RSS 技术的一个热心采用者。因为，RSS 与博客技术的融合，可以使网民访问他人博客网站的行为变得更加“制度化”，博客的影响力由此也可进一步提高。

RSS 技术能否全面推行在很大程度上取决于网民的习惯。虽然网民上网的习惯在某种程度上已经形成并且会顽固地发生作用，但是，它未必没有改变的可能。20 世纪末 RSS 诞生之时，还是互联网普及的初期，人们对于网络信息海洋还处于新鲜与兴奋的状态，在各种各样的网站随意浏览，在各种链接之间跳来跳去，是人们的一种乐趣，“推送”技术却要过早地剥夺人们的这种享受，可以说在当时它是超前的，也是生不逢时。但是，网络在变，网民也在变，随着网络信息的一再爆炸，网民对于信息阅读的需求与心理也在发生着微妙的变化。这时，推送技术的普及就有了市场基础。有资料称，2004 年，美国已经迎来了 RSS 的飞速发展期。到 2004 年年底，美国 RSS 用户数已近千万，而提供 RSS 订阅服务的网站超过了 20 万个。[①]

按照美国社会学家罗杰斯的“创新与普及”理论，新事物的接受是从一些早期采用者开始，逐渐扩散到其他人群的。RSS 技术的早期采用者已经出现并且队伍日益壮大，特别是在一些 IT 从业人员和博客中，使用 RSS 已经成为一种时尚。这令人回想起 10 年前中国最早的一批网民。虽然不能肯定这些人群的影响力将以多快的速度扩散，但是“星星之火可以燎原”。

从市场开发的角度来看，RSS 技术的应用前景既与相关技术产品的开发有关，又与商业应用的可能性有关。

值得关注的一个事件是，微软已经将 RSS 融合到它的新一代操作系统 Vista 当中。微软的举动将可能推动 RSS 技术的主流化，从而带动相关技术的开发。

从经营的角度来看，RSS 能否带动相关的营利模式也许是其推广过程中至关重要的一种因素。虽然不少人认为 RSS 阅读器的优越性之一，就是可以使用户避免在信息消费过程中受到各种广告的骚扰，但事实上，也许广告正是 RSS 向前推进的商业动力之一。RSS 阅读器未必不能成为广告商的下一个阵地。Google 在 2005 年 5 月宣布，他们将在 RSS 聚合中安插广告，而具体的广告内容将通过计算机自动匹配。[②] 从理论上来说，RSS 阅读器完全具备加入广告的可能性。通过 RSS 订阅、收集自己感兴趣的产品广告也可能成为一种新的广告形式。这种广告形式是以人们的需求为前提的，它将过去“要你看”的广告变成“我要看”的广告，因而也许能有效改善人与广告之间的关系，提高广告的效果。

RSS 技术与浏览器界面的融合，也许将对它的未来发展起到重要的推动作用。在国内，已出现了“抓虾”这样的网站，它虽然保持了浏览器的界面，但却是以 RSS 为内核的，它可以帮助人们轻松地在成千上万个博客中订阅自己喜欢的内容。这样的网站看似向万维网和浏览器技术妥协了，但实质上却实现了对万维网的底层改造。

目前的 RSS 技术主要是实现多来源内容的整合，但未来，它还应该实现多来源服务的整合。RSS 阅读器既应是内容的纽带，又应成为关系的纽带，这才是

---

① 《微软 MSN 秘密突袭　盛大新浪雅虎腾讯何去何从》，http：//news. CCW. com. cn/internet/htm2005/20050304 _ 09MTG _ 2. htm。

② 《Google 推 RSS 文本广告测试服务　扩大收入来源》，http：//www. enet. com. cn/article/2005/0518/A20050518415759. shtml。

它的更高价值所在。否则，它就会面临着发展上的瓶颈。

二、RSS传播的特点

与传统的网站传播相比，RSS传播的特点是鲜明的，这主要表现为：

1. 相对稳定的多来源组合式传播主体。

与Web网站传播相比，RSS的传播主体也是分散、多来源的。但是，与搜索引擎相比，RSS平台上的传播主体具有一定的稳定性。传播主体的组合，取决于受众的订制，虽然理论上来说，用户可以随时新订或退订频道，但是，由于用户的信息消费行为容易形成习惯，因此，通常这种订制也具有相对稳定性。

这种组合式传播主体，可以使用户获得更为广泛的信息来源，因而有可能弥补单一来源信息的不足。

而传播主体的相对稳定性，又可以在一定程度上保证信息质量的稳定性，同时可以使信息消费行为更为制度化。

2. 消费个性得到体现的受众。

RSS提供了一种由受众进行自由选择与控制的平台，受众不仅可以订阅某一网站的某一频道，还可以订阅包含某一关键字的新闻。对于每一个受众来说，这个平台是一种个人化的门户，他所选择的内容都是其个性需求的表现。这个平台的基本组合格局不会受到网络信息发布者或其他网民的直接控制。

在个性化消费意愿的控制下，受众可以有效地屏蔽自己所不需要的内容，将信息消费焦点集中于自己所感兴趣的范围内，这在一定程度上保证了对所选择信息的有效关注与利用。

但从另一方面看，过于个性化的信息消费也可能使受众在信息消费中形成"偏食"现象，感知与认识世界的很多窗口被受众自己关闭，这会造成受众全面感知社会能力的下降。

但RSS平台的提供者往往也会预设一些频道，这些频道在一定程度上会扩大受众的信息接触面。

3. 定向、高效的推送式传播。

作为一种推送式的传播方式，RSS传播具有定向和高效的特点。

受众的订制行为直接受到他们需求的驱动，因此，订制内容与受众需求的吻合程度相对较高。内容是定向地发送给有相关需求的受众的。

只要在线，RSS便可以即时自动更新各个频道的内容，这降低了用户查找最新信息的成本，因此，这种推送式传播，对于受众来说也是高效获取信息的途径。

4. 无“版面语言”的简单传播界面。

RSS的阅读界面与Web网页还有一个重要的区别，那就是在Web页面中，编辑的意图可以左右信息所处的版面空间与信息的表现形式，即编辑对信息的价值判断可以通过种种版面语言表达出来。而在RSS界面中，没有“版面语言”。信息只是按照时间或标题等指标进行简单排序，各个信息的呈现风格也是一致的。编辑对表现形式的控制能力在此被大大削弱。

RSS平台不是将订阅内容所在的原始网页直接嵌套在自己的界面中，而是将所有内容按照RSS自己的界面风格进行排列与呈现，只有用户点击相关链接后，才会打开原始网页，因此，它的界面风格更为简洁统一。很多时候，界面只提供信息的标题与内容提要，这便于用户对内容进行扫描，当然，有时这也会使受众对信息的接收停留在这个层次上，妨碍对信息的完整接收与理解。

RSS平台也在越来越多地吸收Web平台的长处，例如，信息的搜索功能、转发功能、评论功能、标签功能。但是由于它的技术特性，它仍然会保持界面的简洁和简单排序这些特点。

三、RSS传播的影响

从理论与实践上来看，RSS技术在网络信息生产领域将会得到广泛应用，只是它的成熟还有待时日。当天时、地利、人和等条件一应俱全时，RSS的应用将不断加速。虽然它未必会完全取代现今的浏览器阅读，但至少可以对它形成强劲的挑战。到那时，RSS技术究竟会给网络信息的生产与消费带来什么样的冲击？可以预见，以下三个方面将发生变化，有些甚至是革命性的。

1. 网络信息生产模式的变化。

到目前为止，网络媒体最大的竞争力似乎仍然是快速与全面，而达到“全面”主要是靠人工的拷贝加粘贴模式。这是以人海战术对抗海量信息的一种办法。但是，这意味着网络编辑的工作既繁重又机械，既扼制了编辑的创造力，又使他们过早体力透支，从而使网络编辑这个职业无法吸引到更多的优秀人才。而利用RSS技术，用户可以自己广泛订阅信息，“全面”的实现不再依赖于某一个网站，而是通过多家网站共同完成。因此，网络信息编辑的基层工作将在很大程度上通过RSS技术交给机器自动完成。

以此为前提，网络信息生产的层次更加清晰。高层的信息加工、信息整合及信息解读等工作，可以得到更好的保障。而未来网络新闻的竞争主战场也将由此发生重大偏移。

当然，机器生成内容的前提仍是人的工作。目前的RSS阅读器推出的信息仍然过于庞杂，信息分类过粗。为了满足用户的需要，需要进一步细化信息分类。一些搜索引擎利用RSS技术提供关键词订阅信息服务，但是，只有在搜索的智能化进一步提高的情况下，这种订阅才会有意义。此外，信息内容可以采用分级的方式，使用户可以订阅不同数量、不同重要程度的信息，以便更好地适应个性化需求。这一切都意味着，网站编辑的智慧将通过某种方式注入机器中，在基础的处理层面，网站生产的标准化、程式化程度会进一步提高。

2. 网络信息生产格局的变化。

由于RSS技术的运用，网络用户不必再看重一家网站内容的整体质量，而是更关注其某一个频道的质量，因此对于垂直信息的生产质量要求大大提高。网站需要逐渐摆脱大而全的生产架构，集中精力做好一个或几个专业内容，并且使之尽早占领用户的RSS阅读器。可以说，谁起步早且工作到位，谁就有可能在未来的RSS内容大战中获得有利地位。未来在RSS平台上的竞争格局，在一定程度上取决于现今网站觉醒与行动的先后顺序。

RSS技术使信息的原始生产者与用户之间的关系变得更加直接，中介性网站的作用退居其次，因此，传统媒体在下一轮的新闻竞争中，将有可能摆脱一些商业网站强大的习惯势力的影响，更好地将自己的原创能力转化为影响力。

RSS技术使得博客的活动进一步冲出了个人的樊篱，使博客成为更加具有竞争力的信息来源。个人在未来的网络信息生产中，地位将继续提升。他们与专业传媒机构之间将实现更加有机的结合甚至是无缝集成。

3. 网络信息消费方式的变化。

运用RSS可以守株待兔似地等着信息送上门来，这意味着信息消费成本的降低。另一方面，信息消费将在更大程度上受到习惯的约束，或者说用户可以为自己制定消费制度，并受到这种制度的强烈制约。用户的频道订制决定了他们信息消费的范围与路径，以人的本性而言，习惯一旦形成，就会很顽固，对于网民来说，更是如此。因此，争夺阅读器市场以及频道的地位对于信息的生产者来说，意义十分长远。

RSS及相关技术将使网络信息消费朝着更加个性化的方向发展。用户信息消费的起点不再是某些大众化门户，而是由阅读器所定义的个性化的门户。这也可能使整个互联网信息消费模式呈现出“分裂”特征。过去网站同时充当着信息的采集、加工与集散（即整合与发布）三个角色，而未来，在集散这个环节上，门户网站的能力将被削弱，即使它们仍然会承担这一工作，但是，网民未必总是依赖于这些网站所提供的那种统一的集散平台了。每一个网民都可以制造出自己的集散终端。

本章学习与研究指导：

网络中的各种传播形式是网络传播研究的核心之一。一方面，它是网络的特点、网络传播的特点等抽象概念的具体体现；另一方面，它也是网络中的传播者与受众实在活动的依托。对网络传播诸要素的认识，只有放在各种具体的传播形式及相应的传播情境中，才能真正理解其本质过程，在此基础上，才能真正理解网络媒体的影响、网络社会的影响。

就像本章开头所提示的，研究网络中的传播形式，虽然必然要涉及相应的技术，但是，技术只是研究的基础而不是目标，我们的关注重心应该是网络技术手段所营造的实在传播模式和传播情境，更具体地说，是这种技术带来的人与内容的关系，以及人与人的关系。

案例研究是对网络传播中各种典型形式进行深入研究的一种重要方法。案例研究既是一种个性的研究，也是一种共性的研究。每一个案例都会丰富我们对一般原则与原理的认识，同时，也会强化我们对一般原则与原理的认识。限于篇幅，本章中有些案例没有进一步展开。而网络中还在不断涌现出各个方面的案例。如果读者能结合相关知识的学习，自己进行一些有代表性的案例研究，不仅在学习上会有很大提高，也会使自己在研究的选题、角度及方法等方面得到有益的训练。

本章延伸学习与思考：

1. 如何认识网站传播这种形式在整个网络传播中的地位？
2. 为什么即时通信工具会对许多网民产生深刻影响？
3. 试分析一个与即时通信工具有关的网络事件。
4. 试比较分析 MSN 与 QQ 对使用者影响的差异。
5. 社区对于个体的影响是基于哪些因素形成的？

6. 社区在网络社会的发展中有何意义？
7. 试选取一个具有代表性的社区进行个案研究。
8. 博客对社会的影响从哪些方面体现出来？
9. 一个博客要成为博客世界里的“明星”，受到哪些因素的影响？
10. 试选取某一个具有代表性的博客进行个案研究。
11. 搜索引擎是如何影响网络信息传播的各个层面的？
12. 试利用某个搜索引擎提供的某一阶段的后台数据，进行一项实证研究。
13. 试运用罗杰斯的“创新与扩散”理论，研究RSS技术的普及过程。

第五章 网络传播的符号系统

CHAPTER 5

网络传播所利用的符号，从本质形式上看与传统媒体没有太多差异。但是，在应用方式上出现了很多变化，这些变化有些是“量”的，有些则是“质”的。目前，在文字与图像符号方面，网络传播所带来的影响更为突出，因此，它们也是本章重点探讨的内容。

而作为符号的结构集合的网络文本的特性，同样值得研究，它们从另一个角度体现了网络传播的主要特质。

网络传播中的符号变化，也是社会文化发展的结果，在很大程度上，它们是网络文化的一种外在表现。因此，对符号的研究，不仅要关注符号本身，还需要从符号与文化的互动过程中去加以认识。

在不同的网络传播形态中，符号的使用特点有所不同，下文分析的有些特点主要在人际传播和群体传播中表现突出，而有些则在大众传播中表现更为突出。

第一节 网络传播中的文字符号

一、网络文字符号系统与网络语言

在网络中，交流的主要符号是文字。网络文字符号系统是以现有的文字符号如汉字、拼音、标点、西文、数字等为基础。在某些网络空间，如新闻网站、政府网站、企业网站等，所采用的文字符号系统及规则，与常规的文字符号系统是一致的。也就是说，在网络中的大众传播渠道、组织传播渠道，文字符号系统通常是对现有的文字符号系统的直接继承。

但是，在有些网络空间中，网民使用文字符号的方式与传统的语言符号系统有着很多的不同。网络中独有的文字符号系统，通常又被人们称为网络语言。网络语言更多的是在社区、即时通信工具、电子邮件等人际传播和群体传播的渠道中使用。

网络语言具有以下特点：

1. 开放性与兼容性。

与普通的语言相比，网络语言是十分开放的。

这首先表现在网络语言使用的符号数量更多，而且允许它们进行自由、灵活的组合。它体现了对现有一切语言符号的开放与兼收并蓄。

根据国家语言资源检测与研究中心的调查，网络上汉字使用数为 9 793 个，比平面媒体汉字使用多了 1 568 个。同时，BBS 上标点符号使用率达到了 55.07%，高于汉字的使用率。①

网络语言的开放性，还表现在它不受现有的语言规则的限制，它更多的是鼓励网民发挥想象力，对现有的语言符号进行创造性的使用。

2. 民间主导性。

网络语言完全是网民的创造。一个新的语汇如果能契合网民心理，适应网络特点，且易于理解与记忆，就容易得到传播。如果一个语汇与某些热点事件结合，就更容易得到推广。

网络语言的逐步发展，也是在网络中发生的一个自然选择过程，网民对某一词汇的采用或不采用，充当着“投票”机制，使一些词汇推广开来、流行起来，而另一些则可能无法流行。

3. 流行性与周期性。

网络语言不是一成不变的，在不同阶段，网络中会有不同的流行词汇或流行语。多数网络流行语汇都有自己的阶段性，或者说“生命周期”。

在 2006 年 5 月 22 日由教育部和国家语委公布的《中国语言生活状况报告》中，网络用语排行榜前 20 强分别为：②

---

① 参见《网络语言使用频率排名首次公布　顶字用最多》，载《北京晨报》，2006-05-23。

② 同上。

(1) 顶(支持)
(2) 555(呜呜呜)
(3) ding(顶)
(4) mm/MM(妹妹)
(5) LZ(楼主)
(6) DD/dd(弟弟)
(7) 88(拜拜)
(8) 偶(我)
(9) 马甲(ID)
(10) ID
(11) 斑竹(版主)
(12) 恩(嗯)
(13) 汗或寒(敬畏)
(14) 晕(非常惊异)
(15) ps/PS(photoshop的简称)①
(16) 灌水(发帖子)
(17) ddd(顶顶顶)
(18) bs/BS(鄙视)
(19) 楼猪(楼主)
(20) 滴(的、地)

这一调查显示,网络发展初期使用频率较高的美眉、菜鸟、大虾等词汇,在2006年已经不再流行。

可以看出,网络语言是一种“生长性”很强的语言,它不会停留在某一个阶段,而是在不断地完成自己的吐故纳新,不断发展,而且新旧语言的更替十分频繁,速度很快。

产生这种现象的原因,首先是网民求新、求变的心理,他们会不断地创造出新的词汇来显示自己的想象力与创造力,显示自己的个性。

其次,网络技术的飞速发展,不断带来新的应用方式。这些应用方式又会促使新的词汇的产生。

网络文化本身就是一个十分活跃的事物,作为网络文化重要基础的网络语

---

① 也有网民认为PS还有其他含义,本书后文将作进一步解释。

言，必须有足够的自变能力，才能承载网络文化的丰富性与变化性。

另外，网络语言和网络文化是对一般流行文化的一个折射，有时也与其他媒体的流行文化相互作用。社会上的一些新现象，其他媒体反映的一些新事物，都有可能很快被网民吸收成为新语汇的素材。

4. 区隔性。

在网络中，并非所有的地方都会同样地使用网络语言。有调查显示，在网络新闻中，使用的语言与传统媒体没有太大差异，而在 BBS 和博客中，网络语言更为流行。此外，在不同专业类别的网络社区中，流行词汇也表现出较大的不同。

这表明，特定网络语汇的应用是有一定范围的，也就是说网络语言的使用是有区隔的，这种区隔，体现了网络不同部分社会功能的差异性，也体现了网络语言作为文化特质的标识符号的作用。

在未来，网络语言也许会出现更明显的分化，在不同的网络交流圈子中，会出现不同的网络语言。

二、网络语言的构成

网络语言虽然是对现有的文字符号的灵活自由的运用，但是，也有一些主要的规律可以遵循。从目前来看，它主要有以下五种构成：

1. 标点符号等构成的表情符号。

下面是网上关于表情的一些符号：

:—) 这是最普通的基本笑脸，通常加在句尾或文章结束的地方。表示开玩笑的意思，或表示微笑。

:—D 非常高兴地张嘴大笑。

8—) 同样是笑脸，但笑的人眼睛很大。

;—) 抛媚眼，含有别意！

:—0 表示吃惊或恍然大悟。

|—) 眯着眼笑，也表示回信回得快睡着了。

|—D 呵呵笑。

|—P 捧腹大笑。

:—< 难过时候的苦笑。

:—9 舌头舔着嘴唇地笑。

(—_—) 神秘笑容。

(:—& 暗示这个人正在生气。

(:—(紧皱眉头，又愁眉苦脸。

(0——< 面无表情，目光呆滞。

:—! 带着一脸不屑的笑容。

:—" 嘟哝着嘴。

:—(悲伤或者生气的脸。

:—(*) 恶心，想吐。

^O^ 不必转头就可以看的笑脸，或是一只可爱的小猪。

^—^ 不必转头就可以看的笑脸。

^_< @_@ 挤眉弄眼。

^_^ 快乐的人儿。

=^—^= 脸红什么？

？_？ 瞪着充满疑惑的眼睛，茫然。

~~~~>_<~~~~~ 大声哭用力哭。

:—Q 向您吐舌头啦。

:—x 嘴巴被封起来了。

:—[带着吹毛求疵的嘲讽式微笑。

:@%&$%& 骂人的话

这些“网络语言”通常是用一些键盘上可以找到的符号代替人的表情，很多符号需要将头转 90 度才能看明白。事实上，很多人都根据自己的想象在不断发明自己的符号。

2. 数字谐音。

7456：气死我了。

555555~~~~~~~~：几个 5 加上波浪线，其意思是表示痛苦不堪，几欲落泪。

687：对不起，向你道歉了。

555，526，886：呜呜呜，我饿了，拜拜了。

你真是个 286：与 250 相同，286 现在差不多是运算速度最慢的处理器，机器运算速度慢就跟人智商低一样，意思是说人傻。

3. 汉字的变异使用。

伊妹儿：电子邮件。
~~~~

美眉：第一批伴随网络诞生而创造出的词汇。网络上姑娘不叫做姑娘，统称美眉。

斑竹：原来正确的词应该是版主，即电子公告板的管理者。但是由于输入的时候选字困难，就成了程序生成的词汇斑竹。与此同意的词还有“版猪”、“斑主”等。

米国：指美国。

来乐：网民打招呼的时候，说“我来了”。

待会儿再打铁：一会再来。

大虾：超级网虫。

菜鸟：网络新手。

烘焙鸡：个人主页“Homepage”的谐趣音译。

偶：我。

马甲：ID。

灌水：是说在聊天室或BBS版上的发言随意写，BBS上的常用词汇，指大量上贴0字节到50字节以内的帖子。

造砖：用心写，指上贴者比较用心写的东西。

屁兔：奔腾处理器芯片第二代PII，硬件设备的外号。

猫：调制解调器Modem，硬件设备的外号。

酒屋：WIN95操作系统的简称。

酒吧：WIN98操作系统的简称。

酱紫：也作“糨子”、“绛紫”，是“这样子”的快速省事读法。

恐龙：在《第一次亲密接触》中，称外型不佳、性格非常外向的女网民为“恐龙”。与此类似的是“青蛙”，指形象不佳的男性网民。

酷：也作“裤”、“库”，为英文“cool”的音译。

东东：即指东西。

当：英文“down”的音译，“当机”表示电脑死机，单独使用常表示在网上下载文件。

回：回复的简称，通常在讨论区使用。

沙发：通常指BBS或博客文章的第一个回帖或评论。

楼上楼下：BBS上常使用的词汇，用以指上面的帖子和下面的帖子。

楼主：BBS或博客上第一个发帖者。

楼猪：楼主。

隔壁：是指属于一个网站的不同主题的BBS。

顶：支持。

恩：嗯。

汗或寒：表示敬畏。

晕：表示惊异而无奈。

滴：的、地。

稀饭：喜欢。

4. 汉语拼音或英语缩略形成的符号。

TMD：他妈的。TMD的学术解释是弹道导弹防御系统，TMD刚好与中国的国骂“他妈的”的简写相同，于是就别有一番韵味。

GG/MM/DD/JJ：汉语拼音头字母简写，即哥哥、妹妹（美眉）、弟弟、姐姐，是亲昵的称谓。

BB：可能的意思是Baby、小孩、情人，但是很多时候BB在网络中的意思是表示再见，英文单词Bye-Bye的简写。

QQ：你去Call我吧，意思是可以用网络寻呼机或者传统通信手段。

VC：网络公司的维生素——风险资本（Venture Capital）。

NB：奉承别人在网上很酷。

NQS：是MM们常用的嗔怪语言，意思是你去死吧。

XXX：意味着某种级别，例如，不愿意提及某人的大名，于是就采用XXX代替，另外还有不便于直接说出来的东西，就是有难言之隐，采用XXX代替。

PMP：意思是您跟在后面拍马屁呢。

BT：变态。常用于网络笔战。现在BT也指一种下载文件的技术。

BF：男朋友。

GF：女朋友。

LP：老婆。有时也指个人的心爱之物。

LG：老公。

CXO：首席某总监。

CU：See you，再见。

IC：I see，我知道了。

LZ：楼主。

D：顶。

ps/PS：Photoshop 的简称，由于 Photoshop 软件可以对图像进行各种处理，所以，PS 也指对图像进行处理。此外，ps 也是 postscript 的缩写，意思是注释，它也有“附言”的意思，这个词还可以有多种释义。

ddd：顶顶顶。

bs/BS：鄙视。

FB：腐败，指聚会＋吃饭＋活动。

FT，分特：faint 的简称，晕倒。

JS：奸商，原指一些不法商人，现在已经有扩大化的趋势，只要是卖东西都称 JS 了。

JC：集体采购，简称集采。指很多人凑在一起去购买某商品，以便获得价格的优惠，这也成为网络购物的一个趋势。

NB：牛逼。另一个意思是笔记本电脑的英文缩写。

PFPF：佩服佩服。

P：“臀部”的文雅表达，常见于网络笔战。

PG：屁股。

PK：player kill，砍人，攻击。

PLMM：漂亮美眉。

PP：多义词，可代表票票（钞票）、漂漂（漂亮）、片片（照片）、屁屁（屁股）、怕怕（害怕）、婆婆，需结合上下文理解。

Q：多义词。一义指 ICQ 的简称；一义为英文“cute”的音译，“可爱”的意思。

YY：意淫，衣服，衣衣。

5. 某些流行语汇。

在网络语言中，还有一种情况，那就是语言虽然都是正常的表达方式，但是，它们主要在网络中流行，而且这些语言的流行，实际上是社会热点、文化现象等多重社会现实的一种反映。

例如，在一些网站举行的 2004 年网络流行语评选中，由近 7 万名网民投票选出的十大流行语中，名列第一的是“做人要厚道”。这句话原出自于 2004 年的贺岁片《手机》，后来在网络中以极快的速度流行开来，并且意义上也有所变化，主要用于数落不发下文的版主。同一评选中名列第七的是“出来混，迟早都是要还的”，这是香港电影《无间道》中的台词，意为“报应”。①

网络流行语虽然仍然遵守传统的语法规则，但是它体现了网络文化的内在特质，例如它的自由开放性、幽默感，因此，它也应被视为网络语言中的一个组成部分。

三、网络语言形成与发展的动力

网络语言的形成与发展不是孤立的，在传播、交流需求这些直接动力背后，还有更复杂的社会原因。

（一）网络语言形成与发展的直接动力

1. 降低网络交流成本的需要。

与面对面交流相比，网络交流是一项高成本的交流，因为人们需要支付较高的上网费用。为了节省时间以便省钱，人们往往会采用缩略的办法，如用一些数字或字母来代替原本比较复杂的词。这一点，在英文里特别明显。

从汉字输入方面来看，大多数网民采用的是拼音输入法，拼音输入带来了重码问题。为了节省时间，或者出于一种好玩的心理，人们会选择同音字（词）来代替原来的字（词）。

虽然现在对很多人来说上网的金钱成本已经不是障碍，但是为了减少时间成本，他们仍然会愿意用简洁的语言来表达。

2. 彰显个性的需要。

由于网络交流多是文字的交流。在人们相互不能见面的情况下，增加个人的吸引力与影响力的一种强有力的手段，就是增加自己的文字表现力。为了达到“语不惊人死不休”的效果，人们会有意识地造出一些词来使自己的语言别具一格。

网民的主体是年轻人，年轻网民是网络语言的最主要的创造者。他们开放性强，愿意吸收各种文化，又富于想象力与创造力。为了表现年轻人独有的个性，他们不会甘于让网络语言停滞不前，而是会不断地推动网络语言的发展。

3. 表达情绪的需要。

在以文字符号为主的网络交流中，情绪的表达手段不像面对面交流中那么丰富，因此，网民需要不断挖掘文字符号的潜力，网络语言的形成，在一定程度上，也是出于情绪表达的需要。例如，将“妹妹”演变为读音相近的“美眉”，

---

① 参见《2004年十大网络流行语：做人要厚道》，载《新京报》，2004-11-26。

更容易传达出欣赏喜爱的情绪。将东西称为“东东”，将“漂亮”称为“漂漂”，表现出轻松、俏皮的感受。在不同心境下，对同样的概念，网民可能会选择不同的语言表达。从一个概念演变出多种不同的表达方式，这也是网络语言的一个特点，而这其中，就有“情绪相关性”。

4. 昭示态度的需要。

使用网络语言，在某种意义上表达着一种文化认同，即对反主流的网络文化的一种认同。因此，即使没有任何功利性的目的，一些网民也会选择使用网络语言。在某些时候，内容的作用在某种意义上退居其次，而采用网络语言这一特定的形式自身，就具有一种宣言性的作用，清楚地传达了一种姿态。

在选择具体的网络词汇时，网民也可能会受到这种心理的影响。

5. 形成网络社交圈的需要。

在网络中，有很多社交圈，从大的层面看，整个网络就是一个交流圈，而从具体层面看，社区、论坛、博客圈、QQ 群、MSN 好友等是不同层次的小的社交圈。寻找社会归属感的心理需要，会使很多网民都想融入某些交流圈中。

在网上形成一个稳定的社交圈，实际上并不是一件简单的事。尽管可能没有技术上的门槛，但是，文化上的门槛是存在的。能否形成自己圈子所独有的文化，是决定一个圈子形成与发展的重要因素。而网络语言就是网络交流圈中的一道文化门槛。某些网络语言会成为一种交流圈的标志，它的存在，会表明某个圈子的个性，后来者会借助它来识别这个圈子的文化特质。

而对个体来说，能否认同某个圈子的文化，能否被某个圈子的文化认同，都关系到个体能否顺利地成为某个群体中的一分子。要融入某个圈子中，也必须跨过网络语言这一道文化门槛。

因此，圈子自身稳定发展的需要，以及个体融入圈子的需要，都会直接刺激网络语言的形成与发展。这也可能使未来的网络语言，出现更多的群体性的或代际的分化。网络语言不再是“一统江山”，而是在不同网络群体或社区中，会出现不同的网络语言分支。不同资历的网民，也可能会使用不完全一样的网络语言系统。

（二）网络语言形成与发展的社会动力

从大的背景来看，网络语言的发展有复杂的社会动力。这主要体现在如下方面：

1. 网络应用的不断发展推动网络语言的发展。

很多网络语言是与网络中的相应技术和应用直接相关的，黑客、博客、维客、顶客、试客（指遵循“先试后买”的理念，购物前先从互联网第三方试用网平台上免费索取相关商家的试用赠品的网民）等都是如此。这些新技术和应用不仅提供了多样化的网络服务，而且从很多技术应用中逐渐衍生出具有丰富内涵的文化，这些文化正是网络语言生长的一个土壤。

2. 网络文化的反主流基调刺激网络语言的发展。

网络的整个发展脉络，决定了网络具有一定的平民性与非主流性，在其发展的初级阶段，这种特性表现得更为强烈。而在此基础上形成的网络文化，更是把反权威、反主流作为一个基调。

网络语言的产生与发展，也是基于这样一个基调。网民在发明与使用网络语言的过程中，也或多或少体验了挑战现有的语言系统的规则的一种快感。

网络语言给既有的语言系统带来的挑战，引起了一些相关管理机构与语言文字专家的担忧。2007 年 3 月 1 日起开始生效的《上海市实施〈中华人民共和国国家通用语言文字法〉办法》明文规定，国家机关公文、教科书和新闻报道中将不得使用不符合现代汉语词汇和语法规范的网络语言。这也是国内首部将规范网络语言行为写入法律的地方性法规。

语言本身是一个发展中的事物，网络语言对现有语言规范的冲击虽然可能产生一定的负面作用，但是简单地加以否定或限制，并不一定能达到主观的愿望，也不一定能产生积极的效果。

3. 网络与一般大众文化的互动推动网络语言的发展。

网络语言是在网络文化以及整个社会文化的基础上产生的，它们更多的是文化发展的一个外在表征。网络语言的发展动力之一，是网络文化与一般大众文化的互动。

在 2006 年新浪网举行的网络流行语的调查中，15 000 多名网民参与了调查，结果名列前五名的分别是：“饿滴神啊”、“别针换别墅”、“那是相当的……”、“我顶你个肺”、“灵魂附体/不是一个人”。在这五个流行语中，有四个都表现了其他媒体所传播的大众文化对网络文化的影响。

“饿滴神啊”一语出自流行电视剧《武林外传》，“那是相当的……”一语源自这年的春节联欢晚会上赵本山与宋丹丹合演的小品，“我顶你个肺”则反映了 2006 年足球世界杯比赛中法国运动员齐达内用头撞人的戏剧性一幕，同样出自这届世界杯的流行语“灵魂附体/不是一个人”，是时任央视体育节目解说员的黄健翔的一次“激情解说”事件带来的流行语。

流行语是大众文化的产物，也是其主要表征之一，流行语的传播，越来越离不开网络。作为一个开放性极强、网民成为重要传播主体的媒介，网络是各种大众文化、流行文化的吸纳器与放大器。因此，网络流行语在很大程度上是社会流行语的一部分，甚至是其典型代表。

除了流行语之外，网络语言整体也是随着大众文化的发展而不断演变，一些特定的大众文化事件或形式会带来特定的网络语言。例如，由“超级女声”等大众文化事件所推动的“粉丝文化”，也带来了相应的网络语言，“粉丝”们相互称呼“亲”就是一例，而这种语言也会逐渐被其他一些社区所接受。

网络语言是大众文化的灵敏的“温度计”，同时又反过来对大众文化起着推波助澜的作用。对于网络语言的研究，只有放在大众文化等更广阔的社会背景下，才能认识到它的本质动因。

除了文化上的原因外，社会其他方面的变革，也会对网络语言的形成与发展产生一定作用。因此，网络语言不是一种单纯的网络文化，而是社会运动的一个表征。虽然它在年轻群体中更普及，但是，它却能在一定角度折射出有普遍社会意义的现象与问题。

第二节　网络传播中的图形、图像符号

图形、图像也是网络中使用非常广泛的一类符号，这类符号在网络的人际传播与群体传播中运用时，也会出现一些与传统媒体时代不同的特性。

一、网络情绪的图形化

在网络的人际交流或群体交流中，网民常常会产生丰富的情绪。这些情绪除了可以用文字（包括网络语言中的表情符号）来表达外，往往还会通过表情图标来表达。

网络表情图标是一种特殊的图形符号，它通常是用简明的图形来代表不同的表情或态度，从而成为人们交流时表达情绪的特殊方式。

尽管网上视频交流的采用越来越多，但网民多数情况下还是偏好用文字等手段来进行间接交流。这是为了方便交流者能更好地保持自己在交流中的“神秘性”，或者更灵活地把握自己对交流状态的控制。而在交流符号相对较少的情况下，网络表情图标就可以作为文字交流的辅助手段来传达交流者的情绪，调节交流的气氛。

网络表情图标的运用场合主要有：

第一，邮件和聊天。人们在发送邮件和聊天时，可以在文字交流中插入代表微笑、大笑、哭、愤怒等不同心情的符号，以表达自己的心情，强化感情色彩。

第二，社区交流。例如，在 BBS 中，如果要发表对某些帖子的看法，可以加入“竖起大拇指”、“献花”、“扔酒瓶”等图标。

第三，新闻评价。一些网站在新闻的正文后也会加入某些图标供网民选择，以便收集与反映网民对某条新闻的评价态度。

网络表情图标不可能像现实生活中的人的表情那么丰富，通常只能抽象出人类的若干种表情，形成象征特定情绪与态度的图示，但是这种抽象的图标，可以用直截了当的方式来表达人们的情绪，有时比面对面交流中的表情传达的情绪更准确强烈。在某些情况下，它也可以掩饰网民的某些情绪，避免无意识流露的某些情绪对交流的干扰。它是网民有控制地进行情绪披露、形象管理的一种手段。

二、网络 ID 的图形化

早期人们在网络中的 ID 都是使用文字符号，而现在，图形化的 ID 也在一些场合被人们运用。

例如，在一些即时通信工具中，人们不但可以用文字形式签名，也可以加入个人图像。个人图像并不一定就是某个人的照片，而可以是任何图片。个体对图片的选择，往往也是受到兴趣、个人情绪、特定事件等多种因素的影响。个人图像像文字签名一样，是个体的一个印象管理手段，也是个人信息披露的一个窗口，是对文字签名的一个补充。

在 BBS 等社区中，有时人们也会在签名中加入图像以彰显个性，同时，在某些时候也可以表达强烈的情绪。

虽然 ID 的图形化只是一个小小的传播手段变化，但是它丰富了网民自我表达的方式，多种传播手段的组合，使网络中的交流呈现出更生动多元的面貌。

三、网络文字符号的图形化

在表情图标的基础上，网络交流中又出现了另一种现象，那就是文字符号的图标化。一些常用的文字，如“我”、“看”、“高兴”、“哈哈”、“再见”等，被人们制作成生动的带有动画效果的小图标，与纯文字符号交织在一起使用。它们在交流中的作用，与表情图标的作用异曲同工。

这些图标与文字的关系不是固定的，它完全取决于网民的创造，同一词语可以有不同的图释，而网民在使用的过程中，也可以自由转换其文字释义。

文字图标化，在一定程度上表明，在网络交流中形象化手段得到人们越来越多的重视，它同时也暗合了读图时代这样一种大的环境。

文字符号本身是抽象的，而现在的网络却似乎反其道行之，使其重新回归形象化。它是否会带来人们阅读体验和思维方式的改变，这是一个值得关注的课题。

这类图标更多地通过 MSN、QQ 等即时传播渠道得到推广。在某种意义上，这些图标的扩散过程，也能够标示出网络中的人际关系网络的结构，追寻一个图标的扩散轨迹，可以了解人与人之间的关系链条、关系的紧密程度及其扩张脉络。

这些图标的扩散，除了依赖人际关系的链条外，还包含着一种自然选择机制，一个图标能否流行，也体现出网民的文化趣味与价值取向。

四、网络图形符号的动态化

由于技术上的进步，图形符号的动态化变得越来越方便，动画在网络中的运用也越来越普遍。在网络广告、网络新闻中，动画的运用更有代表性。

网络是海量的，在信息表现的平面空间上不受限制。如果要承载更多信息，只要扩大页面即可。但要使某些信息在海量信息中凸显出来，争夺受众眼球，增加点击率，就需要采取一些手段，动画正是提高信息的形式吸引力的一种手段。

当然，静与动的吸引能力是相对的，当页面中其他元素都处于静的状态时，动的元素容易形成视觉上的强势点，但如果页面中多数元素是动的，那么这时能吸引眼球的可能反而是那些静态元素。因此，动画的运用需要根据信息的环境来进行选择。

除了吸引眼球的目的外，网络中动画的流行还在于，网络动画特别是结合了多媒体手段的 Flash 动画，体现了独特的文化诉求。

南京大学新闻传播学院秦州副教授指出，“Flash 囊括了新时代的一切时尚元素：网络、互动、即时、音乐、动画，俨然是技术与艺术的‘完美联姻’”①。

---

① 秦州：《网络“客”文化》，93 页，福州，福建人民出版社，2006。

Flash 动画生动、形象，表现形式多样，制作手段相对简单，制作成本较低。更重要的是，它不像电影电视那样依赖于现实的物理对象，它为人们想象力的高度释放提供了空间，同时，也为人们思想的自由表达提供了一个宽广的舞台。

而商业性的力量，则逐渐推动 Flash 成为另一种大众文化形式，它也为网络广告、网络游戏、电视等产业提供了一种新的表现手段。以网络动画为基础，逐渐衍生出一种新的文化产业。

由于网络动画的独特文化满足，网络中出现了一批“闪客”，即以 Flash 动画创作为爱好或职业的人。他们中多数人是出于个人表达需要而成为闪客，如老蒋、小小、拾荒、卜桦等。他们逐渐形成的鲜明的文化个性，也丰富了 Flash 文化的内涵，推动了 Flash 文化的普及。

随着网络 Flash 文化的发展，很多闪客也已经商业化、职业化，这反过来推动了网络中动画的进一步普及。

五、网络图像的“PS”与“恶搞”

数字技术的普及，使得图像的加工变得简单方便，人们往往将数字图像加工处理称为“PS”，这个词源自最有代表性的图像处理软件之一的 Photoshop。

“PS”可以方便地弥补照片由于拍摄或其他原因造成的缺陷，根据人们的需要对图像进行加工。在网络信息传播中，它的运用也是非常普遍的。

利用 Photoshop 等技术对图片进行 PS，也会带来很多令人担忧的负面作用。其中，新闻照片的真实性问题就是其中最令人关注的问题之一。

2004 年 7 月 15 日，美联社刊登了一张有意夸大中国陕西省西安市区水灾的新闻照片（见图 5—1），后经确认，此图片是经过电脑处理的。7 月 16 日，美联社对提供照片的摄影记者给予“开除”的处罚。事实上这张照片是《三秦都市报》的一位记者提供的。后来，有专业人士指出，它的处理是通过 Photoshop 的橡皮图章工具，将原本只漫到小腿的水位“抬高”到了腰部。如果仔细分析图片是可以看出破绽来的，因为，一般来讲，水的波纹是呈发散状的，大小和形式不可能完全一样，但这张照片显示的水纹大小和形式都是一样的，可以判断出，它是经过了“复制水纹”的人为造假。[①]

① 《西安暴雨造假新闻照片出笼始末》，http：//news.china.com/zh_cn/international/1000/20040721/11794045.html。

图 5—1　西安暴雨的伪照片

事实上，伪新闻照片并非个案，近年非常著名的一个伪新闻照片的例子是《洛杉矶时报》摄影记者布莱恩·沃斯基关于伊拉克战争的一张图片。作为派驻伊拉克前线的摄影记者，布莱恩·沃斯基于 2003 年 3 月 30 日传回一张英军士兵和伊平民的照片（见图 5—2），《洛杉矶时报》将其刊登在头版，照片同时被发往《洛杉矶时报》所属的论坛报系的其他报社，很多报社都采用了该照片。

图 5—2　用电脑合成的英军与伊拉克平民的照片

但报系中的《哈特福德报》的一位雇员无意间发现了这张照片的蹊跷——背景有些人是重复的，当照片在电脑上放大到6倍的时候，人们清清楚楚看到，这是一张合成照片，是由图5—3的照片和图5—4的照片合成的。[①] 2003年4月1日，《洛杉矶时报》在其网站上刊登更正声明，并作出开除布莱恩·沃斯基的决定。

图5—3 用于合成的第1张照片

图5—4 用于合成的第2张照片

尽管传统媒体也有采用伪造的新闻照片的失误，但是相对来说，传统媒体通

① 任悦：《我们还能相信自己的眼睛吗?》，http：//www.photocome.com/。

常在新闻图片方面把关仍是较为严格的。伪造的或加工过的新闻照片在网上流行的可能性则比较大。

在美国，《华盛顿邮报》等7家报纸制定了图片编辑的15项原则，在国内通常被人们称为"《华盛顿邮报》图片处理15条'军规'"，它的主要内容是：①

(1) 所有的原始数码图像都必须由数码相机直接下载到图片库以备所需时编辑和回顾。在进行本地传输时，原始文件需存盘。所有用于编辑目的的打印输出都必须来自数码相机的原始文件。

(2) 图片应标注清晰的图片说明。

(3) 读者认为图片应当是对事件的真实记录，我们决不能背叛这种信任。纪实照片的完整性具有最高优先权，纪实照片边框内的所有内容都不能改变，包括改变背景，增加颜色，制造图片蒙太奇或者拼接图片。不能对图片中的内容作任何的增减，这意味着即使是一只手或者一根树枝出现在图片中的不合适的位置，我们也不能去掉它。

(4) 摄影记者不能对新闻事件进行设置、重现、导演或者采取其他人为行为干扰新闻事实。

(5) 报纸的任务是刊发纪实图片，导演现场只在下列状况下被允许：肖像摄影、时尚或室内设计摄影、工作室摄影，这些照片在使用时必须加以区别，其图像不能给人以纪实照片的错觉，一般情况下，这些照片在使用时应做文字说明。比如，某人是为了被拍照而在现场工作，则图片说明不能是"某人正在办公室工作"。

(6) 纪实照片应尽量减少侧面影像的图片的使用，这些图片容易造成特征性元素的缺失。

(7) 纪实照片不得被拉伸、变形以适应版面需要。

(8) 应减少标题压图片的用法，如使用则必须与摄影者和图片编辑共同论证。

(9) 数字图像改造技术的使用必须明显地显示出其虚构性。如果必须使用图片说明才能让读者明白此图片经过了数字技术的处理，那么这张图片不能被采用。

(10) 可以创造性地使用照片图示（photo illustration）来表达编辑思想。照片图示一般不使用纪实照片。照片图示的制作必须会同摄影者本人、图片编辑、

---

① 许林：《解读〈华盛顿邮报〉图片处理的15条"军规"》，载《新闻实践》，2005 (7)。

文字编辑、美术设计，使用的手法必须明显或者夸张，以避免读者误认为其为纪实照片。这种方法使用时必须得到新闻美术总监或其助理编辑的同意。

（11）应读者需要刊登的从读者那里获得的有关婚礼、讣告等的图片不能做任何改动。比如，讣告图片必须与原图保持一致，重现性是最重要的。

（12）允许为了使图片有更好的效果而对锐度和对比度的一般性调整。为了增加清晰度和精确度而对色彩或灰度进行的调整必须被限制到最低程度。

（13）可以通过加光或者减光改善图片的技术质量，可以使用数码技术修补照片中由于过多的灰尘和其他非人为因素造成的图片缺损。

（14）美术总监、责任编辑和编辑部应当对有疑点的图片及时作出质疑，必要时总编辑应参与决策。

（15）所有在本报刊登过的照片在参加摄影比赛时都必须遵照本报图片处理原则，依照原始图片加以调整。

这些原则对数字新闻摄影及处理的各个环节提出了具体的要求，以尽量减少对技术的滥用。

美国白宫摄影记者协会（WHNPA）在 2005 年 2 月通过的新的摄影比赛指南中，明确界定了如何使用 Photoshop 才是合法的，协会指出，“以 Photoshop 或其他任何数码方法增加或减少任何元素均不容许，唯一可以的，是以编修技巧除尘及清除刮花的痕迹”①。

也有摄影工作者在各种媒体或机构制定的类似原则中提炼出以下四项原则：②

（1）决定性瞬间。

新闻照片内的所有景物的几何关系以拍摄到的影像为准，换言之，摄影影像内所有影像元素的相互关系及位置不能在后期制作时作任何改变。

（2）传统暗房所准许。

新闻照片内所有后期编修的尺度，原则上应限于以传统暗房对新闻照片所准许做的效果。

（3）修饰技术错误。

可以对光学上、物理上或电子上的摄影影像偏差进行适当修改，但应局限于：矫正色差、矫正白平衡、矫正镜头光学变形、矫正影像边缘失光、矫正透视变形及电子噪音等。

---

① 伍振荣：《影像谎言》，载香港《摄影杂志》，2005（12）。

② 同上。

（4）清楚注明插图。

超乎上述任何一项原则的照片，均不应刊登，或只在明显及充分注明为“插图”、“设计图片”及“数码制作插图”等，以及不会误导读者的情况下才可刊登。

综合目前各媒体的一般规定，可以看出，在运用相关技术对新闻照片进行加工时，需要遵守的原则是：①

（1）不能对图片中的内容作任何的增减或篡改；不能造成视觉信息的改变或视觉符号相互关系的改变；不能有任何对读者接受信息造成误导的做法。

（2）允许的操作包括：剪裁照片；加光减光，将照片的局部加黑或增亮；修掉照片上由于洗印、扫描、打印而产生的污点；改变照片的反差；对照片的局部进行漂白。

数字技术给图形、图像符号的加工带来了极大的方便，网络技术给非专业人员进行图像传播提供了很好的平台。在这样的环境下，防止滥用技术带来的危害显得更为重要。

图像的PS也渐渐成为网络“恶搞”的一种手段。“恶搞”一词来自日语的Kuso（日语“くそ”）。Kuso可做名词，意为“粪”；可做动词，意为“不那么善良地对待某事物”；还可做形容词或副词，意为“非常搞笑”。这个词由日本游戏界传入台湾地区，继而传到香港地区并扩散至内地，意义也逐渐拓展。

网络红人小胖，就是因为其照片被网友们恶搞而成名。小胖被恶搞的照片的原形是他在学校时参加一个活动留下的照片，由于人们认为那张照片上小胖的表情为“蔑视状”，于是纷纷用PS的方法将他的脸嫁接到各种照片上，例如蒙娜丽莎、加勒比海盗、机器猫等，各种版本的小胖在网络中层出不穷。

2007年6月5日，成都春熙路上一位持刀的男子，在与警方对峙两个小时后，被警方成功制服。后来此男子被证实患有精神病。但是，他与警方对峙的照片被网民在一家论坛发表后，引发了PS狂潮。网民称此人为“蓉城刀客”，纷纷以他为原型进行PS，他的头像则被嫁接到了近百个电影人物的身上，手中的刀被改成了黄瓜、厕所刷等数十种道具，针对这些PS图像的回帖数多达上千条。

除了上述典型的恶搞事件外，网络中还存在着大量的恶搞行为，恶搞形式也不限于图片，文字恶搞、视频恶搞也非常流行，恶搞作品也广为流传。网络恶搞成风，有着深刻的社会背景：

---

① 曾璜等：《图片编辑手册》，63～64页，北京，中国摄影出版社，2003。

1. 恶搞是新技术刺激下非主流文化对主流文化的一种挑战。

在社会文化领域，长期以来，主流文化一直占据着垄断地位，大量普通人，即使不认同主流文化，由于无法获得大众传播渠道，便无法表达个人意见、传播自己的作品，他们一直处于主流文化的抑制之下。因此，一旦有机会，他们就会用自己的方式发起对主流文化的挑战。

用恶搞的方式对主流文化进行挑战，一是直接，二是成本低，三是比较容易引起公众关注。恶搞不一定都是理性的挑战，但是，它至少反映了人们对于过去被奉为神灵的主流文化的反思。这种反思与挑战，虽然是以破坏性为特征，但是，它对于打破垄断，促进文化的多元化，有着一定的积极作用。

非主流文化能对主流文化形成对抗，新技术手段功不可没。数字技术的普及，例如，家用DV的出现，简单易用的图片、音视频制作软件的普及等，为恶搞作品的生产提供了基础。而网络技术的普及则为这些非主流作品的传播提供了一个平台。网络低门槛、去中心化、多通道等特点，使传播平台的障碍不再存在。非主流文化可以与主流文化在相同平台上较量，在网民们鼠标“投票”的选择机制中，在裂变式的传播中，不少非主流文化作品效应得以不断放大。

恶搞不仅是针对主流文化的，也是针对过于单一的文化模式的。它表达了人们对于文化多元化的一种追求。

2. 恶搞体现了人们对自由表达权利的向往。

恶搞不仅体现了人们对主流文化的挑战，也体现了人们对自由表达权利的向往。在很多情况下，恶搞是一种发表意见的方式，恶搞的作品只是其外壳，它实际上承载了人们的价值观与态度。

在中国环境下，人们在这方面的诉求也比较强烈，因此，恶搞在很多时候，不是一种文化上的需要，而是文化之外的需要。

3. 恶搞是娱乐化潮流推动下的一种文化走向。

在整个大众文化以及传媒业的娱乐化潮流之下，恶搞也成为了一种娱乐方式。事实上大多数网民进行恶搞时，并没有反抗主流文化的自觉意识，更多的是在娱乐心态推动下的一种游戏。很多恶搞只不过是以解构主流文化的方式，来刺激人们的想象力与创造力，在这种颠覆中获得娱乐快感。可以说，恶搞顺应了大众文化的娱乐化走向，同时又在某个方面推动了这种走向。

4. 恶搞是社会转型期社会情绪释放的一种通道。

恶搞不仅是一种文化现象，也是一种社会现象。恶搞不仅给了人们娱乐，也给了人们释放。就像人们往往需要用暴力方式来发泄自己一样，网络恶搞是另一种形式的“暴力”，这种暴力常常不是简单针对某一个恶搞对象，而是针对整个社会环境。很多参与恶搞的人都有特定的心理释放诉求，恶搞作品本身往往是他们满足这种诉求的载体。当然，这种情绪释放所导致的暴力，常常需要一些靶子，这就难免常常伤及无辜，“很黄很暴力”事件[①]中的小女孩便是一个典型的受害者。这也表明，恶搞的破坏性效果是值得警惕的。

5. 恶搞是网络社区文化交流的一种依托。

恶搞与网络文化的特质是相适应的，那就是反中心、反权威，因此，恶搞作品、恶搞话题，往往是人们在网络中交往的一个“触发装置”，特别是在网络社区中，恶搞文化可以让人们放下在现实世界里端着的庄严的架子，让人们用轻松游戏的方式参与交流。恶搞甚至已经成为某些社区的重要文化特征。如果人们不能适应这些社区里恶搞这样一种基调，可能也就难以适应在这个社区生存。

除了上面这些社会性的需求外，恶搞文化也可以给一些个体相应的满足：

恶搞是个人观点的一种载体，是人们自娱自乐的一种方式。这一点与恶搞文化本身的功能是一致的。

恶搞也是迅速成名的一种手段。由于恶搞往往针对一些知名人物、知名作品，恶搞很容易产生连锁效应，这种连锁效应不仅有利于作品的传播，也可能使恶搞的始作俑者一夜成名，即使他们本身没有这种诉求。《一个馒头引发的血案》的创作者胡戈便是这样一个典型代表。

恶搞是人们跟风时尚、加入社群的一种方法。当某一恶搞事件或恶搞作品成为某一时间的热点时，关注它、讨论它、参与它，便成为一种时尚，不少人是通过这种方式来保持自己的“不落伍”，同时也可以使自己更好地融入社区。

但是，恶搞文化的破坏性特点，也决定了它会带来很多消极影响。这主要表现在：

其一，对个人隐私权、名誉权、肖像权等的侵害。恶搞往往要竖立靶子，这些靶子包括某些个人。PS某些人的照片来实现恶搞，对某些人的言行进行戏谑与嘲讽，把恶搞对象的个人资料“挖”出来公之于众，这些方式，虽然使恶搞者得到了释放和娱乐，但是，被恶搞者却因此可能在身心上受到伤害，甚至正常生活无法得到保证。尽管在中国，目前尚无由恶搞带来的侵犯个人权利的司法判

---

① 2007年12月27日，CCTV播出一则题为《净化网络视听环境迫在眉睫》的新闻，新闻报道了网络视听节目淫秽色情节目泛滥、暴力视频日渐增长、恶搞泛滥等不良现象。报道中记者采访了北京市13岁的小学生张殊凡，张殊凡说道：“上次我查资料，突然蹦出一个窗口，很黄很暴力，我赶快给关了。”这几句话，却在网络中引起轩然大波，并引发恶搞潮。

例，但是，被恶搞者的生活受到很大困扰的事例却是存在的。

其二，对作品版权的可能侵害。大量恶搞是以已有的艺术作品为素材的。这种解构性使用，什么情况下是对原作品的合法使用，什么情况下构成对原作品版权的侵犯，目前也没有可以直接借用的法律条文，也没有出现相关司法判例。在《一个馒头引发的血案》事件中，尽管陈凯歌声称要起诉，但最终不了了之，也说明了这样的问题在法律上解决的复杂程度。

恶搞的合法界限在哪？目前仍没有明确的法律依据，但是，这一现象正在引起有关部门的重视。在2008年1月17日的国务院新闻办新闻发布会上，新闻出版总署副署长、国家版权局副局长阎晓宏针对“很黄很暴力”事件表示，对网络“恶搞”的行为，也需要作一些法律上的区别和界定。阎晓宏表示，有一些“恶搞”行为属于娱乐性的，而且当事人彼此都不介意，也不一定要深究责任。但是，对作品的使用量如果过大，也没有经过许可，或者恶搞的内容对当事人的名誉、对当事人的人身产生了负面影响，这样的行为是不提倡的，如果权利人主张权利，需要通过法律程序，这是一种民事行为，需要由法院界定他是否需要承担责任。[①]

其三，恶搞可能演化为新的网络集体暴力方式。恶搞本身的挑战性与破坏性，使它具有暴力的效果。网络环境又会使这种暴力由个人性暴力转化为一种集体性暴力，产生累加与放大效应。这种集体暴力的能量可能会超出人们的想象，也是难以控制的。如果纵容这种集体暴力的狂欢，其后果可能不仅仅是对某些个人的权利侵犯，更多的可能是社会性的混乱。

其四，恶搞可能带来新的文化趋同。尽管很多人参与恶搞是对过于单调的文化模式的一种“反动”，恶搞似乎在一开始也是在鼓励多元化和自由表达。但是，当恶搞成为一种时尚时，更多的人则采取盲从的态度与行动。很多人只是为了获得认同感与归属感而加入恶搞，他们的作品，更多的只是对他人的一种简单模仿。在恶搞中也会出现新的“主流”话语，越来越多的人会因为各种原因追随这种恶搞中的主流话语。这就有可能使恶搞最终又回到了它的对立面——文化的趋同与单一化。

作为一种亚文化，恶搞在目前是代表了以嘲讽、颠覆、解构等为基本特征的亚文化潮流，但是，在这种特征之下的亚文化，是否具有长久的生命力，还难以判断。事实上，很多恶搞只是一种大众游戏，它们的目的很简单，那就是破坏与娱乐，而这些简单的游戏后果却常常是严重的。这种捣毁一切的方式，可能会带

---

① 参见《出版总署回应很黄很暴力：网络恶搞需法律界定》，中国新闻网，2008－01－17。

来文化上的一片片废墟。这些废墟是建设的基础还是永远毁灭的象征，取决于恶搞潮后人们的反思。

第三节 网络传播文本的总体特点

从传播学角度看，“文本是传播活动中必不可少的符号与符码组成的某一表意结构”①。理解网络传播的符号，不能仅关注其单一符号层面，还需要从它们的组合，即文本层面来进行研究。网络传播文本是文字、图形、图像、声音、视频等多种形式的结构性集合。网络中的文本不是简单地表现为孤立的一篇文章等，网络传播的特性赋予了网络文本更为复杂的特点。

尽管每一个传播活动中，人们使用的文本都不尽相同，但是，网络文本有一些共性值得关注。

一、层次化文本

网络中的文本往往由多个层次构成，每一个层次都只是传达作品信息的某一部分。在阅读时，读者通常需要通过点击超链接获得下一个层次的信息。在网络新闻作品中，这种层次化方式运用得更多。

一篇文章的完整层次包括：

层次一：标题；

层次二：内容提要；

层次三：文章主体（包括图片等）；

层次四：关键词或背景链接；

层次五：相关文章等延伸性阅读。

当然，不一定每一篇文章都有五个层次，但是大多数都至少分为三个层次，即标题、主体、相关链接。

图像、音频、视频等内容，也可以与文字内容结合在一起，用层次化的方式进行组织。

从积极的方面看，文本的层次化可以更好地满足受众的个性化的选择，使他们可以各取所需。

---

① ［美］约翰·费斯克等：《关键概念——传播与文化辞典》，291页，北京，新华出版社，2004。

但是，本文的层次性直接导致了网络信息消费的多级性：并不是所有受众都会逐级点开信息作品，获得完整的信息。大多数情况下，他们可能会随时中断信息的消费过程，这就意味着有些层次的信息处于闲置状态，有些信息作品的使用效率会受到影响。

影响信息消费过程的主要因素有：

第一，受众对信息的需求程度。不同受众在这方面的习惯有所不同。一些受众愿意了解事件的来龙去脉，而有些受众则习惯于“知其然，而不知其所以然”。网络层次化的作品给他们的这种选择提供了实现途径。同一个受众在不同时候，对不同信息的需求也是不同的。对于重大事件，或与自己关系更为密切的事件，受众一般会趋向阅读多级内容。

第二，时间上的影响。在上网时间从容的情况下，受众信息消费的级数会有所增加。反之，则会以单级或二级消费为主。

第三，作品的引导技巧。如果采用合适的技巧，作品就会产生引导受众向下一级消费的能量。

层次化方式分解了文本，这也可能使每一层文本的信息与意义都不再完整，只有当它们集合在一起时，才能全面、完整地传播信息，表达意义。受众对信息的误读、对意义的误解频率，也可能由于层次化文本的普及使用而增加。

二、网络化文本

网络文本往往不是孤立的单元，而是通过超链接，与其他文本发生联系，一个文本中的信息也与其他文本中的信息产生了丰富的联系，由此发展出一个极具扩张力的网络。

网络化文本的影响表现为：

1. 文本结构的开放性。

网络化的特点直接导致了网络文本在结构上的开放性，理论上所有网络文本都不是封闭的，是开放、可扩张的。其扩张程度与文本的生产者提供的链接数量与对象有关。

2. 信息组合方式的立体化与“魔方”化。

在一个特定主题下，网络信息的组织方式，不是一个封闭单元中信息的线性组合，而是开放空间中信息的网络式组合，因而这种组合方式是复杂、多变的。它呈现的不是一个平面的“画面”，而是一个立体的多维“魔方”。不同受众的兴趣不同，阅读顺序不同，透视角度不同，他们得到的信息组合方式也就不同。

3. 互动网络下信息意义的多重性。

将文本中的信息用超链接连接起来，意味着这些信息之间往往可以进行相互解释、补充、延伸，或相互观照或对比。信息本身构成了互动的网络。信息存在的意义，不是仅仅服务于它所在的某一文本的某一主题，而是可以同时服务于其他文本的其他主题。而且由于信息互动关系不同，某一信息对于其他信息的作用也可能有所不同，信息的意义显得更为多重。

在网络中，单一文本的意义也许不再像传统的文本那样重要。人们对于信息意义的认识与解读往往会基于多重文本而不是单一文本。

三、多媒体化文本

网络文本可以是多种信息形式的结合，包括文字、图片、图表、动画、声音、视频等。这种结合可以是松散的组合，例如，用网页形式来包装各种形式，构成一个多媒体文本，也可以是各种形式的高度融合，例如，用 Flash 或电子报纸、电子杂志的形式来包装多媒体文本。

与电视所拥有的多媒体化文本相比，网络中的多媒体文本具有更强的互动性与可控性。例如，受众可以控制整个观看的过程，还可以用某些方式参与其中。同样，这种多媒体文本也同时具有层次化、网络化的特点。

在新一代电子杂志中，高融合度的多媒体化文本得到了更充分的体现。它更强调多媒体符号的结合，强调不同形式符号的分工与配合。尽管电子杂志的形式可能还会发生变化，但是，它所带来的高融合度多媒体文本的发展方向是不会改变的。

加拿大传播学家麦克卢汉认为，不同的媒介技术对人们的感官平衡的影响是不同的。多媒体技术是使人们的感官恢复到自然平衡，还是进一步打破平衡？多媒体文本是否会使人们的抽象思考能力下降？现在还难以对此作出准确判断。但是，从技术的走向看，多媒体化文本特别是高融合度多媒体文本，将越来越多地成为网络文本的主流。

四、“可进入”性文本

传统的文本内容只取决于文本的生产者，受众只是内容的接收者与解读者，而不能“进入”到文本之中。虽然文本的意义可由受众作出多重解读，但文本内容不会因受众而发生变化。

新的技术正在赋予网络文本更大的可参与性，即受众可以“进入”到内容中，例如，修改内容，或通过与内容的互动来使内容产生特定的变化。

例如，图5—5至图5—8所展示的是一个极具代表性的可“进入”式的网络文本，它是一则将互动功能发挥得淋漓尽致的Flash新闻。[①] 这个新闻的主题是美国某地区的城市建设问题。图5—5用八个按钮作为进入该地区八个不同县的报道的入口。图5—6中，在画面上方有三个控制按钮，点击左边的那个，画面用地图的方式显示出某一县的道路状况，其中，带有惊叹号的红色区域是需要整治的道路。用户将鼠标移到每一需要整治的地段时，图中都会出现一个提示，说明这个路段的修整需要的花费。同时，也出现了发出“修整”指令的互动按钮，当用户点击“修整”命令时，画面右方的预算窗口中会出现完成当前用户所指示的修整工程所需要的总费用以及当前的资金情况，例如，已经获得的资助，或者用户选择的增收措施带来的收入。点击图5—6上方中间的按钮，会打开图5—7所示画面，显示出该县所需进行的其他整治工程的情况。点击图5—6上方最右边的按钮，便打开图5—8所示画面，在此，可由用户提出增收方案，如增加税收等，以便实现收支平衡，完成该用户所希望进行的那些整治工程。

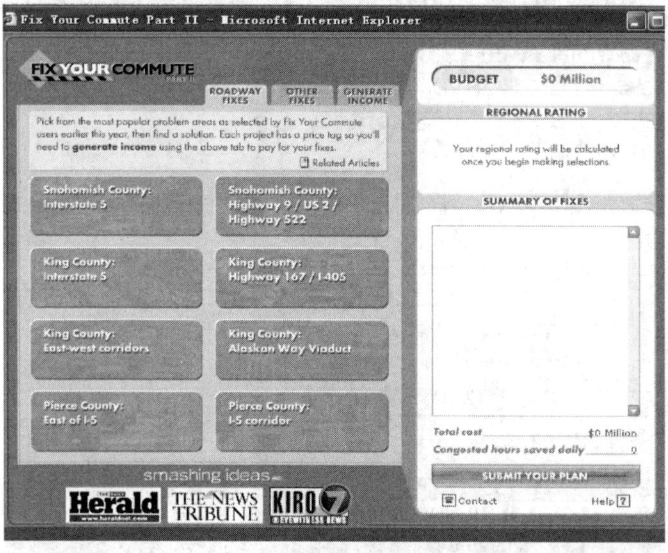

图5—5 美国heraldnet.com网站制作的关于城市改造的互动新闻界面之一

① 资料来源：http：//www.heraldnet.com/fyc/#。

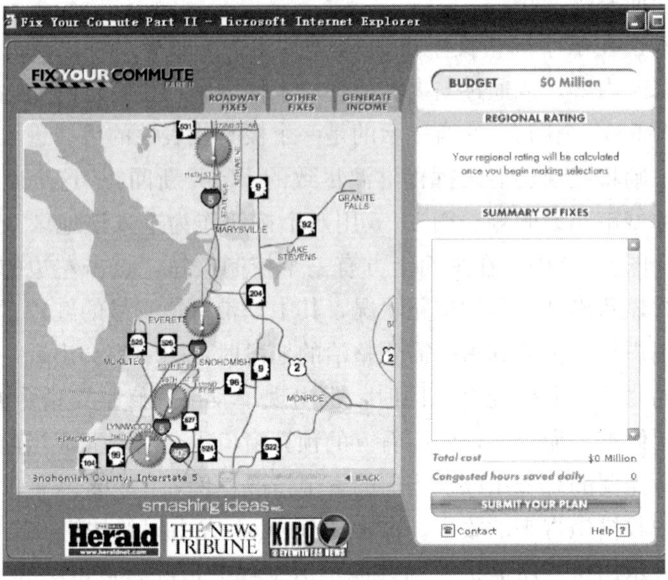

图 5—6 美国 heraldnet. com 网站制作的关于城市改造的互动新闻界面之二

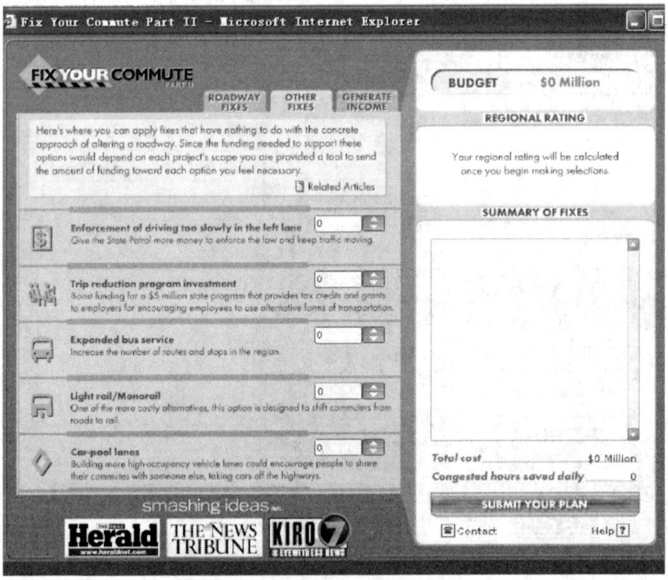

图 5—7 美国 heraldnet. com 网站制作的关于城市改造的互动新闻界面之三

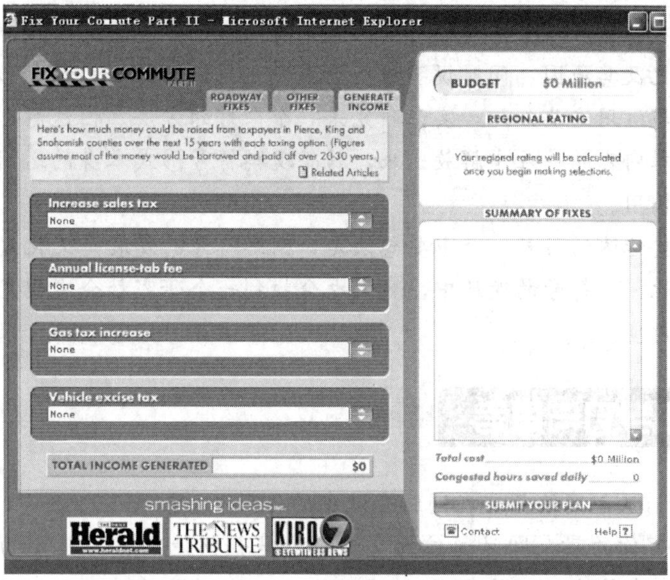

图 5—8 美国 heraldnet. com 网站制作的关于城市改造的互动新闻界面之四

这个案例，不仅是网络新闻报道形式的一次创新，更代表了未来网络文本的“可进入”性这一趋势。在这个文本中，每一个受众都在通过点击来与内容发生互动，甚至进行自己的内容生产。受众消费的过程就是生产过程，原始文本只是提供一个生产的框架。

在网络游戏这样的文本中，这是一种极为普遍的方式。现在这种方式也越来越多地被多媒体互动杂志以及一些新闻报道所借鉴。

总体上看，网络文本的所有特点，都是网络媒介以及网络传播各种特点的综合表现。从文本角度去思考网络传播的特点，可以为网络传播现实策略的探索提供一些认识基础。

本章学习与研究提示：

符号是网络传播的基本手段，没有符号就没有各种传播和交流行为。虽然基于符号或文本的分析方法已经越来越多地被网络研究者所采用，但人们似乎更多只是关注其内容层面，而对于符号形式层面的关注似乎有所不足。而符号形式不仅是内容的载体，也是某种意义的载体，形式对于内容也会起到或加强或削弱的不同作用，这取决于人们所选择的符号是否恰当。

因此，本章从网络中采用的符号的形式特点入手，说明网络传播中这些形式所发生的变化及其原因，同时说明这些形式变化对内容传播的潜在影响。

要理解与运用这些知识，实证研究是一个很好的方法。但这时，大家需要从单一的对文本内容的关注中解放出来，转而观察符号形式本身的运用，以及形式对于内容的作用。

本章所要传达的另外一个重要想法是，网络符号的发展是文化发展的一个外在表现，因此，从符号的变迁中，我们也会找到一个研究社会文化尤其是大众文化发展的好角度。

本章延伸学习与思考：

1. 你如何认识网络语言在网络交流中的作用？

2. 试研究你的某个即时通信的交流对象是如何使用各种符号的，并分析这些符号形式本身传达了何种意义。

3. 有人认为网络语言是一种“语言污染”，你如何评价这种观点？

4. 为什么在网络中会出现文字的图形化现象？

5. 你如何评价网络图像的“PS”和“恶搞”现象？

6. 试分析一个有代表性的网络多媒体文本。

7. 试分析一个有代表性的网络“可进入”文本。

网络中的专业新闻传播者

第六章

CHAPTER 6

由于网络传播的融合性与复杂性，网络的传播者构成也是十分复杂的。但从大众传播的传播者角度看，目前网络中最值得关注与研究的，还是专业的新闻传播者。本章将以中国的网络媒体为主要对象，分析网络中的专业新闻传播者的构成及其各自的特性。

在本章中，分析的语境多是在网络媒体这一前提下。尽管媒体与媒介这两个词有时可以通用，但是，媒介一词在使用时更强调传播介质这一属性，而媒体一词强调的则是传播主体，即传播机构，而且一般多指大众传播媒体。因此，在本书中，网络媒体有两个层面的含义，一是指利用网络这样一种媒介从事新闻与信息传播的机构或个人，二是指作为大众传播媒体的网络。

第一节　网络中专业新闻传播者的构成

一、网络新闻传播者构成的多元性

在传统媒体时代，从事新闻传播的都是具有一定资质的专业媒体机构。但是，这种局面在网络中受到了挑战。

从传播资源方面看，随着网络时代的到来，过去只为大众传媒组织享有的“特权”，也开始被广大公众享用。传统的公共传播资源由大众传媒独享，但网络作为一种公共传播资源，却可以为任何上网的人利用。技术的发展，也使得新闻采访、制作及发布所需要的设备与成本等有了很大变化。一些人形象地称之为“门槛低了”。

利用网络这种渠道，个体可以随机地、无意地参与新闻传播，而且有时也能产生重要的影响力。一些新的技术，如博客、播客等，更是使得个体可以用一种制度化的方式进行新闻传播。尽管个人目前并不是网络专业新闻传播者的主体，但是，一些具有一定新闻素质的网民，已经成为专业的新闻传播者。美国的麦特·德拉吉就是一个代表。他的“德拉吉报道”（http：//www. drudgereport. com/）由于在1998年披露了时任美国总统克林顿的绯闻案而闻名于世。他虽然是一名自由撰稿人，但却是一个职业化的新闻传播者。事实上，多年来，他一直被美国媒体认为是与专业媒体力量相抗衡的一个个人媒体的代表。未来像他这样的个体的专业传播者可能会越来越多。

从网络传播的模式来看，网络中信息的传播者与受众之间具有连通性，两者之间的界线模糊了。一些新闻报道的全过程，都有网民的参与，因此，在普遍意义上，网民也成为网络新闻传播中的重要角色。

除了一般受众，政府、各种机构与组织、企业等，也可以利用网络来发布信息，尽管它们发布的内容不全属于新闻，但是，其中也存在不少新闻或新闻素材。这些内容不需经过专业媒体的把关便可以到达广大范围的受众。当然，它们的影响目前相对有限。

网络集人际传播、群体传播、组织传播、大众传播于一体，这意味着，不同渠道传播的信息会相互交叉、渗透。尽管网络中的新闻传播是以专业新闻机构为主导的，但它也是一个多种传播形态共同作用、多种信息源共同作用、多种信息传播中介者共同作用的过程。这样一个复杂开放的过程，意味着传播者的多元性。这也是网络新闻传播与传统媒体新闻传播的一个重要区别。

从网络媒体的整体构成来看，主力的结构性要素包括专业新闻机构和网民。专业新闻机构又由两个主要部分构成：有传统媒体背景的网站和商业性新闻网站。

二、多元化格局中专业网络新闻机构的角色

网络新闻传播者构成的多元性，是否意味着专业网络新闻机构没有存在的必

要，或者地位不再重要呢?

网络新闻传播格局的特殊性，传播者与受众之间界限的模糊，以及受众在新闻传播中作用的不断加强，曾使一些人认为：在未来的信息社会，专业的传播者将会消亡。

我们可以从两个层面来认识传播者与受众。

第一个层面，传播者与受众是指某个特定的信息传播过程的双方。在互动性不够强的传统媒体中，传播过程基本是单向的，即从传播者流向接收者。而在网络媒介中，传播者与受众之间的互动变得十分便捷，二者之间的关系甚至超过了简单的互动交流，在互动中共同作用于网络信息传播的全过程。

第二个层面，这两个概念指的是专业分工的两种不同角色。传播者是信息的专业生产者，即指传媒；而受众是信息的消费者。从总体看，网络传播者仍然以专业机构为主力，但个人或非专业组织参与大众传播的现象也是存在的。

承认非专业人员可以参与大众传播，是否就意味着专业媒体存在的必要性的丧失？也许事实并非如此。这是因为：

参与传播人数的增加，并不意味着对信息需求的充分满足。一般情况下，人们在网上发布信息，具有偶然性、随机性，即当他有了某种需要与他人分享的信息时，才会将它发布。否则，他不会花费精力去做新闻或信息的搜集、发布工作。这样的信息，也只是出于发布人的愿望，而不是受众的需求，因此，不能保证它总是有价值的。但对现代社会来说，信息是一刻都不可缺少的，而且必须保证其全面性、稳定性。只有专业机构才能通过规范的、持续的信息采写、发布活动，满足整个社会的信息需求。有些个人虽然不从属于任何专业媒体，但其从事的工作性质与专业媒体一样，因此，也应视为专业人员。如前面提到的德拉吉。

非专业人员参与网络传播，会导致信息的复杂化。信息来源的多样性，使信息质量也良莠不齐。于是，人们在信息时代，面对过剩的信息，反而会有一种信息匮乏感。因为，他们很难判断什么信息是准确的，或是需要花费更大的精力来证实或证伪信息。因此，从无数传播者中凸显出具有权威性、可靠性的发布者，成为一种必然。而从整体看，专业媒体最具备成为权威信息发布者的可能。因为，它们身份公开，便于接受监督；它们更具有专业经验、专业规范，也有长期形成的职业道德的约束。一旦它们的品牌确立，由此带来的品牌效应，将更加巩固其权威地位。

专业大众传媒作为一种产业，是国民经济的一部分，它的存在，不仅仅是新闻与信息传播的需要，也是经济有效运行的需要。与很多服务性行业一样，它的规模化、高效率，能够更好地满足社会的需求，它也可以带动广告、商务等相关产业发展。

因此，对于传播者与受众关系的变化，应该从不同层面加以认识。从第一个层面看，承认信息传播过程中传播者与接收者之间界限的模糊，有助于更好地认识网络新闻传播的特殊性，并加以充分利用。而在第二个层面上，承认界限的存在有助于帮助网络中的专业新闻机构认识自己的责任与使命。

国外一些学者曾建议，将传播者与受众的概念，演变为“信息的生产者”与“信息的消费者”。这种说法有一定道理，但与前者似乎没有本质的区别。

在承认专业网络新闻机构存在必要性的前提下，我们可以进一步总结在多元化新闻传播格局下它所扮演的角色。这体现在以下五方面：

一是新闻传播的主导者。专业新闻机构用制度化的持续的新闻生产，来满足社会对新闻信息的全面需求。它们的活动构成网络新闻传播的“主旋律”，其他的非专业的新闻生产，都是对它的补充。没有主旋律的统合，网络中的新闻传播就是杂音、噪音。

二是新闻专业水准的标杆。专业新闻机构的新闻生产，体现了新闻传播的职业水准，在真实性、权威性以及新闻的加工水准上，它们都是一种标杆，可以为受众鉴别其他来源的新闻提供参照。

三是信息海洋的导航者。网络是一个自然形成与扩散的信息海洋，受众要高效率地在这个海洋中寻找对自己有用的信息，需要导航者的帮助。专业新闻机构正是这样的导航者。它们通过对网络信息进行收集、筛选、梳理、整合，为受众指明获取有用信息的方向与路径。

四是社会环境的主要监测者。大众传媒的一个重要功能，就是记录社会发展的轨迹，反映社会环境的变化。网络中虽然有各种各样的新闻传播参与者，但是，多数参与者并不会自觉地担负环境监测的任务。而专业新闻传播机构，则会有意识地把环境监测作为新闻传播的任务之一。

五是产业的重要支柱。未来的传媒业仍然是信息产业、文化产业等多种产业的重要组成部分，而这个产业的主要支柱，一定是专业的新闻机构，其中网络中的专业新闻机构，其地位将日益上升。

三、我国专业网络新闻机构的发展历程

我国专业网络新闻机构的队伍，是由两种力量集合形成的。一种力量是上网

的传统媒体，另一种力量是国家管理部门认可的某些商业网站。它们都可以称为新闻网站。

从现有的材料来看，一般认为世界上最早上网的报纸是美国的《圣何西信使报》（*San Jose Mercury News*）。1987 年，这家位于高科技中心——硅谷的报纸，首先将报纸通过当时尚处于初级阶段的互联网发行。进入 20 世纪 90 年代，互联网技术的发展和各国基础设施的建设，使得许多报纸都看到互联网的潜力，于是纷纷上网。有关资料表明，1996 年初，全球上网报纸有 900 家左右，1997 年 10 月，达到 2 300 家，而到 1998 年，上网报纸超过 3 000 家。①

1995 年 1 月，由教育部（当时称国家教委）主办的《神州学人》杂志，经中国教育和科研计算机网（CERNET）进入互联网，向广大在外留学人员及时传递新闻和信息，成为我国第一份在互联网上的中文电子杂志。1995 年 10 月 20 日，《中国贸易报》正式上网，成为中国国内第一家进入互联网发行的日报。

1997 年 1 月，《人民日报》网络版创刊，揭开了国内媒体大批上网的序幕。

1999 年，是中国媒体上网的一个高潮期。据大陆研究学者进行的个人调查，1999 年 6 月，国内上网的报纸有 273 家，占 1998 年全国报纸总量的 13.2%，其中有独立域名的有 116 家，没有独立域名但在网站上设有主页的有 157 家。②

另一项调查表明，到 1999 年年底，全国已建立独立域名的网上新闻报道机构达 700 多家。③

在中国，商业网站介入新闻传播始于 1998 年。从 1998 年下半年起，为了向“门户网站”转化，一些中国商业网站开始把“新闻”作为其内容的一个增长点。许多网站开辟了“新闻中心”或“新闻频道”。其中最具代表性的是这年年底成立的新浪网。

1999 年以来，中国网络媒体发展迅速。尽管 2001 年至 2002 年，中国互联网的发展转入低潮，但是，网络中专业新闻机构的发展并没有受到太大的影响。2003 年，中国网络媒体的影响全面形成，此后，各种新技术的发展以及传媒业格局的不断变化，促使新闻网站进入了一个新的历史时期。

从中国专业网络新闻机构的发展道路中，我们可以看到以下几条发展脉络：

1. 媒体网站从传统媒体附属品向独立的网站发展。

随着网络技术的不断成熟以及人们对网络传播特点认识的不断深入，媒体上

---

① 参见闵大洪：《传播科技纵横》，196 页，北京，警官教育出版社，1998。

② 参见唐绪军：《网上报纸现状及发展思路》，载《中国记者》，1999（10）。

③ 参见郭乐天：《前瞻 2000 新闻传媒走势》，载《中国新闻出版报》，2000-01-26。

网从简单到复杂经历了三个阶段：

第一，传统媒体翻版阶段。对于印刷报纸来说，它们早期上网的形式，是在互联网上建立自己的网站，将印刷版直接搬上网络。除了版面的设计无法沿袭印刷报纸版面外，其内容基本上与母报没有区别。这种网络版所起到的作用主要是扩大传统媒体的读者范围，提高其知名度与国际影响力。对于广播电视等媒体而言，它们上网初期，重点在于介绍自己，包括一些知名栏目，其作用基本类似于广播电视报。总之，在这个阶段，无论是报纸，还是广播电视的网站，都没有充分发挥网络传播的优势，设计比较单调死板。

第二，网络化阶段。从1999年开始，上网媒体已开始自觉地利用网络传播的特点来进行内容与形式的取舍，开始真正的“网络化”了。报纸网站在内容上已与其印刷版有了较大区别，新增加的内容主要是针对网络读者对象的特点和利用网络优势开设的新服务项目。广播电视的网站也开始增加内容与服务。一些网站除了介绍电视或电台新闻外，也开始提供自己编辑的新闻。

从形式上看，网站的设计开始注重网络传播的特点，例如，注重追求时效性，开始建立有关的数据库，对关键字或有关背景建立超链接，以方便读者查阅相关信息。

第三，独立、综合发展阶段。媒体网站的进一步发展，一方面，是摆脱传统媒体的思维方式与制作方式的影响，使网络成为一种真正的独立媒体。这时它可综合多种媒体形式，即声音、图像、影像、动画等，来进行新闻报道。另一方面，新闻网站不再依附于其母体，而是以相对独立的方式进行运作与经营。

这时的新闻网站也不仅局限于新闻业务，而是成为一个综合性的信息服务者，并在此基础上发展商务服务、娱乐、网上社区等其他服务手段和营利模式。

以上三个阶段，既是中国网络媒体的成长过程，也是某些新闻网站自身的发展轨迹。

当然，由于人力、财力的限制，也由于缺乏足够的成长空间，一些新闻媒体现在仍然只是经营着网络版，即利用自动发布系统将原媒体内容传上网。事实上，并非所有的媒体都需要成立网站，网络版未必不是一条经济可行的道路。

2. 传统媒体网站从单打独斗转向联合发展。

早期的媒体上网，基本上是各自为政。但是，形势的发展表明，所有媒体都各自建一个网站，不仅是不现实的，也是不必要的。这既会形成重复建设，带来浪费，又会使各个媒体网站的视野与发展空间受到限制，同时，还可能造成各媒体网站之间的互相残杀。2000年11月出台的《互联网站从事登载新闻业务管理暂行规定》从政策上对此作出了限定。

因此，很多传统媒体通过横向联合，集中物力、人力和财力，实现信息资源的整合。于1998年10月开通的四川新闻网（www.scnews.com.cn）在这方面是一个成功的范例。仅一年多的时间，它便整合了省内9家综合类报纸、42家专业类报纸、16家杂志、21家广播电台电视台共88家媒体。再如河南报业网（www.hnby.com.cn），虽为河南报业集团所创办，但它已成为河南省内众多报刊上网的平台。

2000年开始，这种转变趋势更加明显。2000年5月8日，千龙新闻网（www.21dnn.com）开通。它是由《北京晨报》、《北京日报》、《北京晚报》、《北京青年报》、《北京经济报》、北京人民广播电台、北京电视台、北京有线广播电视台和《北京广播电视报》9家北京市属新闻媒体联合创办的。由上海多家新闻媒体，包括解放日报社、文汇新民报业集团、上海人民广播电台、上海电视台、东方广播电台、东方电视台、上海有线电视台、青年报社、劳动报社、上海教育电视台集中资源优势共同建设的大型综合网站东方网（www.eastday.com.cn）也于2000年5月28日零点正式开通。

当然，多家媒体整合为一个网站，也会带来相应的问题，在实践中，这种模式也在不断探索、调整。

3. 商业网站进入新闻传播领域。

伴随传统媒体上网的进程，商业网站涉足新闻登载也成为网络媒体发展中一种值得关注的现象。

作为商业新闻网站中最有影响力的新浪网，其前身为"四通利方"公司。"四通利方"本是一家纯技术性的公司，为了进行技术支持，它开通了"利方在线"网站。凭借其在1998世界杯报道中快速、灵活的反应和全面、丰富的信息以及独树一帜的网友评论，"利方在线"的论坛渐渐形成了自己的影响力。1998年年底，在"利方在线"基础上成立的"新浪"网，则标志着这家商业网站正式进入了新闻传播领域，这也带动了一批商业网站介入网络新闻传播。

在中国网络媒体发展的早期，新浪等商业网站之所以异军突起，是因为在一系列国际国内重大事件尤其是突发事件上它作出了及时的反应。例如，在弹劾克林顿总统、美英军事打击伊拉克、北约空袭南联盟、韩国货机在上海附近失事、北约轰炸中国驻南使馆等事件中，新浪等商业网站的新闻报道有着突出表现，在时效性、连续滚动报道、全方位报道、多种形式报道等方面令传统新闻媒体切实感受到了网络传播的威力与威胁。

当然，商业网站涉足新闻登载业务，也暴露出不少的问题。商业网站本身不具备传统新闻媒体的资源，因此通常只能采取“整合新闻”的办法，即对国内外网站发布的新闻进行广泛搜集和加工整理。为了适应网民需求，这些网站的策略，一靠快，二靠多。这样做的负面效果也是明显的。

一方面，“求快、求多”可能导致这些网站登载未经证实或人为编造的假新闻、假信息，混淆视听，甚至造成很坏的社会影响。另一方面，早期的这些网站，往往是在没有取得其他网站同意的情况下就使用其稿件，侵犯了这些网站的知识产权。为此，1999 年 4 月，包括《人民日报》、新华社在内的 23 家中国新闻媒体，在北京召开了网络新闻媒体会议，并原则通过了《中国新闻界网络媒体公约》，其目的是呼吁加强网上新闻的知识产权保护，形成公平的竞争环境。商业网站也逐渐认识到公平竞争的必要性。经过有关管理部门的规范和传统新闻媒体的呼吁努力，这种状况从 1999 年下半年开始扭转。传统媒体网站与商业网站在新闻发布方面的合作也日益增加。2002 年 8 月，在苏州召开的“第二届中国网络媒体论坛”上，一批商业网站与新闻网站一起签订了《保护网络作品权利信息公约》。设立此公约的目的是进一步规范网络新闻转载行为。新闻网站联合商业网站共同签订公约，也意味着新闻网站与商业网站间合作的进一步加强。

随着 2000 年 11 月《互联网站从事登载新闻业务管理暂行规定》的出台，商业网站参与新闻传播受到了更多的限制：在商业网站中，只有综合性网站具有登载新闻的资格，它们登载的新闻只能是出自国家指定的传统媒体。商业网站要与传统媒体签订协议才能使用其新闻。此外，从事登载新闻业务的网站新闻编辑应该具有一定的基本条件。2005 年 9 月，信息产业部和国务院新闻办公室颁布了对《互联网站从事登载新闻业务管理暂行规定》作出修订后的《互联网新闻信息服务管理规定》，这一规定也仍然对商业网站的新闻业务范围作出了严格的限定。这些规定的目的，是为了规范商业网站的新闻登载行为，促进网上新闻传播的健康发展。

中国网络媒体从 1994 年开始萌芽，发展到今天，经历了两个不同的历史时期。1994 年至 2003 年这 10 年是中国网络媒体确立自己作为第四大媒体地位的奠基时期，这个时期中国网络媒体发展又可划分为五个阶段。这五个阶段分别体现了网络媒体的每一次实质性的进步：

第一个阶段（1994—1995 年）：中国网络媒体实现了从无到有的突破；

第二个阶段（1996—1998 年）：中国网络媒体实现了从少到多的发展；

第三个阶段（1999—2000 年）：中国网络媒体实现了从单一模式到多种道路

的探索；

第四个阶段（2001—2002年）：中国网络媒体实现了向规范化、规模化运营的转折；

第五个阶段（2003年）：中国网络媒体开始跻身主流媒体的行列。

而2004年以来，中国网络媒体则在新一代互联网技术的引领下进入Web2.0时代，也可以说，中国网络媒体进入了一个多元发展的腾飞时期。

随着媒介融合相关技术的发展，网络媒体与其他媒体的界限也将日益淡化，越来越多的传统媒体将用不同的方式来利用网络，在那样的前景下，网络中的专业新闻机构，将不再仅仅是新闻网站这一个形式。

四、中国网络媒体的构成要素及其特征

前文提到，中国网络媒体的构成有三大主力要素，即传统媒体背景的网站、有新闻业务资质的商业新闻网站以及网民。

如果我们把传统媒体网站视为网络新闻传播的第一极力量，那么，商业网站和网民的加入，使网络这一新兴媒体产生了第二极与第三极力量，这三极力量之间形成了新的力量对比关系。三极力量分别位于网络新闻生产流程中不同的环节上，因而也可以看做网络新闻传播能量形成与释放的三个梯度。

中国网络媒体地位的迅速上升，离不开这三极力量的共同作用。研究这三极力量在中国网络媒体格局中的作用及相互关系，是理解中国网络媒体结构特性的基础。[①]

（一）传统媒体网站：作为信息基础生产力量的第一极

作为中国网络媒体核心力量的传统媒体网站，虽然受到种种制约而显示出发展过程中的各种缺陷，但是，它们是中国网络媒体的基石，是新闻的基础生产者。它们在中国网络新闻传播中所扮演的角色，受到比商业网站更为复杂的环境因素的影响。

最早的一批传统媒体上网时，有关的管理政策与法规还未出台，1997年3月，国务院新闻办公室就利用互联网开展对外新闻宣传问题下发了一个文件。这是中国政府对新闻媒体上网实施管理的第一个以文件形式出现的规定。此后，关

① 参见高钢、彭兰：《三极力量作用下的网络新闻传播——中国网络媒体结构特征研究》，载《国际新闻界》，2007（7）。

于互联网新闻宣传的管理政策与法规越来越多。这些管理政策与法规，在很大程度上直接影响了传统媒体在网络中的发展道路以及中国网络媒体的格局。

目前，传统媒体网站可以分为几个层级：第一层级为八大国家级重点新闻网站，它们是：人民网、新华网、中国网、国际在线、中国日报网站、央视国际网站、中青网、中国经济网；第二层级为地方重点新闻网站，如千龙网、东方网等；第三层级为其他传统媒体的网站或网络版。

国家或地方扶持的重点新闻网站是具有中国特色的网络媒体发展模式。建立重点新闻网站的出发点，是为了促进传统媒体网站的发展，使中国网络媒体在一个开放的全球化的新闻传播环境中，报道中国的变动，描绘中国的形象，传递中国的声音，加入国际范围的舆论竞争，使其具备更强的竞争力。

在重点新闻网站的发展过程中，扶持与限制成为一对相生相伴的矛盾。尽管重点新闻网站取得了一定的影响力，但是在全球网络新闻信息的传播竞争中，普通网民受到国际范围新闻传播市场，特别是国内商业网站新闻传播力量的争夺，致使中国国家重点新闻网站的用户群数量和稳固度都受到影响。

联合发展模式也是有中国特色的媒体网站发展模式。但是多家媒体的联合，往往不是媒体的一种自觉行为，而是行政干预的结果。多家媒体的资源是否真能实现有效整合，多家媒体的利益如何协调，网站能否找到有效的运营方式等，这些问题始终在困扰着走这一道路的网站。

2005 年 8 月 25 日，北京青年报社成为千龙网的控股股东，千龙网的董事长、总裁都出自北京青年报社。这在一定程度上表明，千龙过去集九家北京市属媒体资源于一身的联合模式已经发生了改变。同样的变化也出现在湖南“红网”等其他走联合道路的网站。

传统媒体网站似乎拥有政策、母体资源、人才等各方面优势，但其发展却并不像预期的那样顺利。当它们与商业新闻网站在同一个平台上竞争时，与具有强大的运营能力以及灵活的运营体制的商业新闻网站相比，传统媒体网站所受到的媒体体制的约束、传统媒体思维方式与业务方式的束缚以及对传统媒体资源认识与利用上的误区等，都一一体现出来。这一点不仅引起了传统媒体网站从业者的思考，也引起了国家管理部门的关注。

但是，无论怎样，传统媒体网站作为网络媒体基础性生产力量的地位是不可动摇的，也是不会被其他两极力量所取代的。

（二）商业新闻网站：作为信息聚合扩张力量的第二极

国务院新闻办公室和信息产业部于 2000 年 11 月 7 日颁布的《互联网站从事

登载新闻业务管理暂行规定》第 7 条指出，非新闻单位依法建立的综合性互联网站，具备本规定第 9 条所列条件的，经批准可以从事登载中央新闻单位、中央国家机关各部门新闻单位以及省（自治区、直辖市）直属新闻单位发布的新闻的业务。

2005 年 9 月 25 日颁布的《互联网新闻信息服务管理规定》第 5 条指出：互联网新闻信息服务单位分为以下三类：新闻单位设立的登载超出本单位已刊登播发的新闻信息、提供时政类电子公告服务、向公众发送时政类通信信息的互联网新闻信息服务单位；非新闻单位设立的转载新闻信息、提供时政类电子公告服务、向公众发送时政类通信信息的互联网新闻信息服务单位；新闻单位设立的登载本单位已刊登播发的新闻信息的互联网新闻信息服务单位。

这两个法规，是中国网络媒体新闻管理的最重要的法规，后者是对前者的一个修订。而且无论是旧的“暂行规定”还是新的“规定”，都认可将综合性商业网站作为中国新闻网站的一个重要组成部分。这意味着商业网站打破了过去中国新闻媒体构成的传统格局。

这一现实，既表明商业新闻网站在网络媒体不可替代的地位，也反映了中国网络媒体在发展过程中的一个重要特点：那就是商业网站有意无意进入新闻传播领域，不仅对网络媒体的格局产生了重大影响，也给中国媒体的改革带来了重要冲击。

商业网站之所以能进入新闻传播领域，首先是因为，网络本身起源于技术领域，对于它的媒体属性，传统媒体和有关管理部门的认识都相对滞后，这就为一支外来力量进入网络新闻传播领域留下了空间。

几大门户网站，如新浪、搜狐、网易、腾讯等，都是先从技术起家的。可以看出，商业网站大多数并非从一开始就将网络作为媒体对待，但在中国情境下，将网络作为媒体发展的需求显得格外突出，这种需求成为商业网站介入新闻传播的一种牵引力量。

商业网站从事新闻传播不具备传统媒体那样广阔的空间。根据有关法规的规定，商业网站在时事新闻领域没有采访权。但是，即使如此，商业网站还是通过整合多家媒体的新闻、在非时事新闻领域进行原创报道及通过评论提升新闻价值和网站影响力等方式，成为中国网络媒体中一支充满活力的生力军。

在没有时事新闻原创能力的限制下，商业新闻网站却能获得成功，这似乎违背新闻工作的规律。但是仔细分析，却会发现，这其中有着合理的逻辑：

从外部环境来看，因为种种原因，传统媒体并未充分满足中国受众的需求，这为商业网站留下了发展空间。

而从内部来看，商业网站也有自身的成功因素支撑，这主要表现在：商业网站在进行新闻的选择与编辑时，能更多考虑普通网民的需求；商业网站没有传统媒体工作惯性的约束，敢于探索，对于网络传播特性的运用，它们往往更充分、更到位；商业网站往往以客观中立的面貌出现，这使它们更容易为人接受。

除了新闻业务自身的特点外，商业网站各种服务的相互支撑与配合，以及网站整体机制与运营能力上的优势，也对其在新闻领域的影响力的形成，起到了重要作用。

但是，没有背后的传统媒体资源的支持，国内的商业网站就不可能在网络新闻领域扮演重要角色，而这一点，恰恰也是它们比一些国外的商业网站占优势的地方。

中国网络媒体整体上可以称为一种整体的大联合模式，实际上是举全国之力办网络，作为前台的网站，尤其是那些影响力大的商业门户网站，只是所有后台力量的集成者。

在中国，商业门户网站扮演着类似信息大超市的角色，它们将传统媒体的资源集中起来，再"批发"出去。这为网民提供了"一站购齐"式的新闻服务，使他们在得到充分满足的同时，形成对这些信息超市的牢固的依赖性。

而在美国、英国等国，甚至中国的香港地区，传统媒体不会这样甘愿为网站"打工"。甚至在传统媒体的网站之间，通常也没有资源的共享，相互不设链接，表现出"各自为政"的态势。

网络媒体之所以在中国会形成这样一种大联合的模式，是基于以下几个原因：

一是商业网站的抢先行动，造成了它们以信息超市这样一种方式去统合传统媒体资源的既成事实。这一事实又转化为网民的信息消费习惯，反过来强化了这种信息模式，传统媒体即使不愿意接受，也无能为力。

二是中国传统媒体的网站在初期希望借助商业网站扩大其影响力，因此，对自己资源的保护问题并不太看重，而一旦资源分享出去后，就很难再收回。

三是大联合的模式更符合网络平台的特性，也能更好地与网民信息需求相吻合。因此各个媒体的联合，造就了中国网络媒体整体的竞争力，进而强化这种模式。

具有中国特色的大联合模式，不仅说明了商业网站在中国网络新闻传播中的重要地位，也证明了传统媒体网站的基础性地位。

作为一支新生、活跃的媒体力量，商业网站所建立的新闻集散平台不仅在很大程度上聚合与扩张了传统媒体网站的新闻传播能量，弥补了传统媒体及其网站的不足，也在某种程度上促进着传统媒体及其网站的改革。

（三）网民：作为信息增值转化力量的第三极

从某种意义上来说，网民不应仅仅被视作影响中国网络媒体结构系统的一种外力因素，更应该被视作网络媒体结构系统中的一个部分。这是因为，在网络条件下，网民在作为新闻的消费者的同时，也扮演着新闻的生产者的角色。这也正是网络媒体时代受众角色的一个重要转变。这种新的角色，使网民不再仅仅是被动地吸收来自网站的新闻传播能量，更成为了一个积极的能量转化者。

虽然网民所承担的并不是一种制度性传播，也不是以专业传媒机构的面目出现，但是，他们的力量日益渗透到网络媒体，与传统媒体网站和商业网站的力量交织在一起，影响着新闻传播的进程和效果。

作为生产者，网民的力量具体表现为：

首先，网民评论成为最具活力的网络新闻意义解读的原创内容之一。这些评论不仅丰富了网络新闻传播观察视角，对于提升新闻报道与新闻事件的影响力，更是起到了重要作用。

其次，Web2.0 技术的发展，使得网民可以利用诸如博客这样的手段，来进行新闻的原创、新闻的整合与新闻评论等，这进一步冲击了专业媒体。新的技术应用还将日益加大网络新闻生产中网民影响力的权重。

在实现网络媒体的主要功能诉求之一——形成网络舆论方面，网民是一支主要力量。网络舆论不仅不断提升了网络媒体的地位，也在社会生活中起到了重要作用。

近几年网络媒体发展的一个新动向是，网络事件与网络人物不断冲击社会生态，而这正在成为中国网络媒体影响力不断提升的重要因素。

理论上看，网络赋予世界各国网民的权利是等同的，但是，由于以往中国网民在公共话语平台上表达意见和主张的渠道相对有限，因此，他们在利用网络进行自我表达以及社会参与方面，表现得更为积极。

网民在网络新闻传播中的作用，还表现为它是传统媒体网站与商业网站较量的砝码。

从现实来看，网民的这种活跃能量，更容易与商业网站结合在一起。他们与商业网站之间的互动、相互激发效应更为明显。

除了作为直接的生产者，网民也是影响商业网站与传统媒体网站的力量对比的一个重要力量。网民的选择对网络新闻的传播以及新闻网站起着“正反馈”的作用，使强者更强、弱者更弱。而网民的选择，并不注重新闻媒体的既有业务标准，也不看重网站所依附的传统媒体品牌，他们更多的是靠直觉，更多的是用市场的方式作用网络媒体格局的形成。

（四）中国网络媒体的总体结构特征：三极相互渗透、能量相互交换

通过以上分析可以看出，中国网络媒体的结构，是由传统媒体网站、商业新闻网站以及网民这三极力量的相互渗透、共同作用形成的。总体来看，它具有如下特征：[①]

第一，由传统媒体兴办的多种类、多层级、多区域、多行业的网站集群成为中国网络新闻信息的直接提供者，它们控制着中国网络新闻特别是时政新闻的内容门类和数量规模，是基础性的生产力量。

第二，商业门户网站以极大的热情全面进入新闻传播领域，成为中国新闻信息的集散平台。这一平台对于传统媒体及其网站所生产的新闻起着能量聚合与扩张的作用。

第三，网民积极加入新闻传播的过程，成为中国网络媒体结构中影响能量转化的第三极信息力量。他们提供的新闻评论观点为观察新闻提供了多元视角，也在解读新闻之时酿造着舆论元素。在 Web2.0 技术的支持下，网民更是能深入新闻信息的直接生产过程之中，从而对新闻传播的效果产生更大的影响与作用。

第四，传统媒体网站、商业网站、网民三者之间已经形成稳定的信息能量交换关系，商业网站和传统媒体网站分别受到这种信息能量交换过程的影响，从而演进出各自的运行结构和运行方式。在这个过程中，网民在网络环境中获取信息、合成信息、传播信息、利用信息的活动在加剧，能量在不断增长，对商业媒体网站和专业媒体网站的影响不断加大，从而推进着中国网络新闻传播结构形态的改变。

第二节　网络新闻传播格局中的竞争与合作

网络媒体所面临的新闻传播竞争局面是较为复杂的，它通常包含了以下几对矛盾关系：

---

① 参见高钢、彭兰：《三极力量作用下的网络新闻传播——中国网络媒体结构特征研究》，载《国际新闻界》，2007（7）。

传统媒体与网络媒体的竞争；

传统媒体背景的新闻网站之间的竞争；

传统媒体背景的新闻网站与商业网站的新闻频道之间的竞争；

商业网站的新闻频道之间的竞争；

国内新闻网站或新闻频道与国外新闻网站的竞争。

在这几对矛盾中，根据中国网络新闻传播的现状，处于主要矛盾的是两对：传统媒体与网络媒体的竞争；传统媒体背景的新闻网站与商业网站的竞争。从未来发展看，国内新闻网站与国外新闻网站的竞争也会越来越令人瞩目。

同时，我们也应该认识到，不同性质的网络新闻传播者之间的关系，并非只是竞争，也存在合作的多种可能。

一、传统媒体与网络媒体的竞争与合作

（一）网络媒体的竞争力

作为一种新兴的媒体，网络在与传统媒体的竞争中，究竟具有什么样的核心竞争力？

对于这个问题，从业者与学者有一些不同的认识角度：

一般认为，网络媒体的竞争力在于它的时效性、海量性、互动性和多媒体性。

南京大学的杜骏飞认为，网络的竞争力在于它的丰富性与时效性、汇聚力与多元化、宽容性与参与性、表现性与个性化。[①]

研究者李方认为，作为一种新的媒体形态，网络的价值并不在于与传统媒体拼新闻，甚至不在于比传统媒体新闻吞吐量更大或者更快捷，而根本在于无障碍地表达民意。[②]

这些观点可以帮助我们从不同角度认识网络相对于传统媒体而言所具有的竞争力。

要全面认识网络媒体的竞争力，应该将网络媒体的所有特点综合起来加以考虑，可以说，网络媒体的竞争力来源于网络新闻的从业者对于网络的整体特征的

---

① 参见杜骏飞：《网络新闻业的 SWOT 分析》，http：//www. zijin. net/05it _ critic/dujunfei/2001/net/SWOT%20analysis%20of%20net%20journalism _ a%20. htm。

② 参见李方：《网络媒体的最大特征：无障碍地表达民意?》，http：//www. southcn. com/it/ittodag/200202041540. htm。

把握。

另外，在与传统媒体的竞争中，网络的竞争力，实际上并不来自某一个网站，而是来自于网络这个大平台。任何一个网站单凭自己的力量，都很难实现与传统媒体的有效竞争。各个网站的新闻互相转载，才带来了网站新闻内容的丰富与多元化，才真正地满足了受众的需求。因此，网站的相互合作，是网络竞争力的保障。前面提到的中国网络媒体的大联合模式的成功，也说明了这一点。

（二）现阶段网络媒体与传统媒体的合作方式

现阶段网络媒体与传统媒体的合作关系可以体现为两个层面：第一个层面是作为整体的网络媒体与传统媒体之间的合作；第二个层面是个别的新闻网站与传统媒体机构之间的合作。

网络媒体与传统媒体的合作可以表现为以下三个方面：

1. 受众圈方面的合作。

传统媒体与网络媒体有各自的受众群，这其中当然也有交叉。但是，即使是那些既上网又使用传统媒体的受众，他们对于不同类型的媒体的需求侧重也是有所不同的。

网络媒体和传统媒体各自服务于不同的受众群，或者以不同的内容与方式服务于相同的受众群，因此，他们的合作，完成了对受众圈整体的服务。

从某种意义上看，传统媒体所服务的受众更多的是“近”受众，这种近主要是地理上的。而网络媒体有可能面向“远”受众。对于一家上网的传统媒体来说，它的网站是应该继续维持近受众，还是开发远受众？这取决于网站的选择。但是，如果要维持近受众，网站就应该提供更多传统媒体所不能提供的内容或服务，例如新闻论坛、商务等。而如果要开发远受众，则需要找到一个合适的诉求点。因为，争夺远受众比维持近受众面临更多的竞争对手，而人们对新闻的“接近性”的需求，也会阻碍他们对远距离网站的认同。新加坡《联合早报》的网络版以其报道的相对中立性作为诉求点，赢得了一大批中国内地及美洲地区的华人读者。这是一个成功的案例。从国外的一些案例来看，以本地旅游信息与服务作为开发远受众的一个基本资源，也是比较成功的。

但是，这样的成功是不能无限度地复制的。每一个试图以网站来扩大自己受众圈的传统媒体，都应该找到自己的合适受众对象，以及相应的诉求点。

在与受众的互动方面，传统媒体显然有着先天不足。因此，在一些传统媒体的新闻报道或新闻节目中，引进网络手段，可以将人际传播更好地融入大众传播过程中，使之相互作用，获得更好的收益。

2. 新闻报道圈方面的合作。

网络媒体与传统媒体在新闻业务上有不同的表现方式与流程规律。它们的共同合作，可以构成一个丰富而完整的新闻报道圈。

从时效性看，网络、广播与电视的时效性都是很强的。但是，广播电视的实时报道往往受到新闻现场的条件的限制，并不是在所有的场合下都可以进行，同时也不能实现文字的实时报道。网络的长处也就在此表现出来。但是，网络的实时报道容易造成新闻报道的碎片化，影响人们对新闻的完整把握，报纸则可以在一定程度上弥补这种不足。

因此，当突发事件出现时，网络与三种传统媒体可以利用各自所长，从不同的落点进行新闻报道。

从报道方式看，不同媒体显然各有不同。在一些重大事件的报道上，采取多种媒体联动的方式，往往能够使它们发挥各自所长，用不同的方式来加强报道的声势和报道的广度，推进报道的深入。

从新闻的提供方式看，传统媒体采用的是“推”的方式，即将新闻整合加工后送到受众面前。而网络则多是采用“拉”的方式，即由受众根据需要进入自己喜爱的站点，选择自己需要的新闻。“推”方式的长处是，新闻经过了编辑的选择与加工，以打包的方式推送给受众，受众在此过程中所付出的费力程度是较小的，因此，效率也较高。但是，这也意味着，受众的自主权处于被抑制的状态，无法保证每次推送到受众面前的新闻都是他们所需要的。“拉”方式较好地满足了受众对自主权的拥有，使他们的选择与判断成为新闻获得过程中的主要控制因素。但是，这并不表明受众真正避开了媒体的“把关”。同时，新闻的获得过程的代价要高于传统的“推送”方式，受众常常需要在大量的新闻中进行选择，其效果不一定非常理想。一些重要的、能满足普遍兴趣的新闻，采用“推”的方式，其传播效果会更好。传统媒体的“推”与网络的“拉”相互补充，也是提高新闻传播整体效率的一种方式。

3. 业务圈方面的合作。

无论是传统媒体还是网络媒体，除了新闻之外，都还可能有其他业务。在这些方面，它们之间的合作都是可能的。

例如，在广告业务上，网络媒体不仅可以为传统媒体扩大广告覆盖范围，还可以将广告与营销相结合，创新广告形式，增强广告效果。“中青在线”近年来将广告与信息服务合成一体，形成一种新的广告服务。在这样一种服务中，由于数据库的应用，广告主与广告的目标受众，有了更直接的联系。在招生、人才（招聘、求职）、培训、图书等方面，网站已经成功地建立起一种超越传统广告的新型服务方式。充分发挥不同平台广告的长处，可以获得 1+1>2 的效应，这些都可以为媒体带来新的赢利增长点。

在媒体的形象宣传与品牌推广上，传统媒体与网站也可以进行交叉合作。在网站开展电子商务服务时，报纸的发行体系可以成为电子商务配送体系的基础。而网络也能为报纸的发行与促销提供服务，例如，进行网上订报服务，通过网络发行电子报纸、电子杂志等。

目前，在报纸媒体中，“报网互动”的思想受到越来越多的关注。从过去强调网络媒体为报纸服务，发展到“报网互动”，这表明传统媒体从业者对网络媒体的作用与前途认识的深入。“报网互动”不应仅是报道业务上的互动，也应包括上面提到的其他各个方面的互动。而广播、电视、杂志等媒体，也需要尽早探索与网络深层结合的各种可能性。

（三）中国网络媒体与传统媒体的总体合作思路

从总体来看，中国网络媒体与传统媒体在内容生产方面的合作，可以称为“整体联合”思路下的“网状合作”模式。新闻网站把传统媒体整体作为它的支持系统，反过来，传统媒体机构把网络媒体的整体作为它的延伸平台。与国外常见的一家媒体只支持一家网站的“线性合作”模式不同的是，中国各个网站与传统媒体之间形成了多向度的合作网络。新闻网站可与多家传统媒体以及它们的网站基于各自的发展需求结成合作联盟，新闻网站就此获得了复合的而不是单一的新闻资源，网站根据自身的定位对这些资源进行筛选与重组，为网民提供“超市式”的“一站购齐”的信息服务。对于传统媒体来说，它们的内容也可以通过多个网站传播，而不仅仅是依赖自己的网站。这种模式不仅满足了网络媒体自身的需要，也使新闻网站成为了中国新闻内容的集散平台。它们不仅有效聚合、重组了传统媒体的资源，而且实现了自身的能量扩张。

这样一种模式的形成，首先是基于中国媒体自身对网络传播特性的认识以及对网络时代媒体发展走向的思考。网络时代的传媒业需要打破不同形态、不同地域与不同行业的媒体之间的壁垒，需要对传媒业的生产模式进行改造，对传媒业、IT 业、电信业的资源进行融合、重组，对产业进行重新布局。“整体联合”思路下的“网状合作”模式，正是中国传媒业顺应这种趋势所进行的自发调整，是向媒体融合趋势发展走出的第一步。

这样一种模式的形成，也与政府的积极支持与引导有关。在政府的倡导下，传统媒体与新闻网站之间的合作不断加强、扩大。

这种模式的形成，还与中国网民的需求相关。由于中国社会处于急速的全面变革中，中国网民对于新闻信息的时效性、丰富性的需求显得更为突出，同时，在中国互联网发展的早期，出于对上网的成本等因素的考虑，中国网民更希望在少数几家类似大超市式的网站里获得全面的新闻信息，现在虽然上网的成本已经大大降低，但是，网民这种习惯仍然保持下来。只有“整体联合”才能更好地满足他们的需求。

当然，这种模式也带来一些问题，最突出的就是内容的同质化倾向。由于新闻来源的趋同，以及“大而全”思想的驱使，中国新闻网站出现了“千网一面”的局面。新闻网站的个性越来越少。同质化的竞争，也使越来越多的网站的生存空间受到很大限制。合作方式的创新，对于未来的网络媒体以及传统媒体的发展，都意义重大。

（四）网络媒体与传统媒体合作的发展趋势

有媒体从业者指出：“报纸是一个时代，这一页已经翻过去了。在互联网价值链中传统媒体必须找到自己的位置，而不只是简单贱卖内容。”① 这种认识，反映了传统媒体从业者已经开始思考网络时代传统媒体的转型这一更具有前瞻意义的问题。

未来媒体业的发展趋势，是多种媒体的融合。在这样一种走向下，业务形式的发展，客观上要求对现有的各种媒体进行生产流程的改造。

媒介融合时代的新闻报道会在更高层次上形成一个大的报道体系，报道不再是单落点的、单形态的、单平台的，而是将在多平台上进行多落点、多形态的传播。报纸、广播、电视与网络是这个报道体系的共同组成部分。

在媒介融合时代，新闻或其他信息生产与发布的技术更为多样、复杂，习惯于传统媒体生产流程的任何单一机构，也许都不足以承载多媒体内容生产的完整架构。因此，整个传媒业的机构需要在一个新的层次上进行融合、重组，每一个小机构都是作为一个大机构中的一分子，完成自己所擅长的某一个“部件”或某一环节。传统媒体也许更多的是作为内容的提供者，而更多专业网络公司则作为内容的包装者、发布者与推广者。

除了新闻业务之外，媒体间的重新整合，也意味着其他业务模式的变革。

因此，媒介融合时代的业务形态整合，是对于传媒机构的现有运行体制的挑

① 《传统媒体寻找网络定位　一份报纸的互联网实验》，载《互联网周刊》，2007（12）。

战。正像电视业的发展轨迹所昭示的那样，一个整合了所有媒体的“大媒体”（mega media），应当针对新的平台特点和传播模式重新定义它的“生产线”。在这样一条新的“生产线”上，传统媒体与网络媒体不是简单地进行资源的互通有无、业务上的互补，而是会找到各自的新角色。

（五）传统媒体与网络媒体的未来前景

传统媒体与网络媒体未来的关系及前景问题，一直以来备受关注，对此问题的讨论形成了几种具有代表性的观点：

观点之一，旧媒体不会灭亡，且会保持它现有的地位。

提出这种看法的依据之一是，从历史上看，广播媒体的出现没有替代报纸，而电视的出现，也没有敲响报纸和广播两大媒体的丧钟。由此可以看出，网络媒体不可能替代传统媒体。

但是，历史事实只能作为一种参照而不能成为推论的绝对根据。报纸、广播、电视三种媒体之所以不能相互替代，是因为三种媒体分别承载了三种不同的“媒质”形式：文字、声音、影像。这三种媒质形式对于人的感官的调动是不同的，单纯一种媒质形式不能满足人们全面的感官需求。而网络却是多媒体的。

依据之二，以网络目前的发展水平、普及应用状况来反证传统媒体的优势，例如，报纸的廉价性、便携性等说明网络不具备替代传统媒体的实力。

但是，从网络与计算机技术本身的发展来看，网络将在若干年后，得到广泛的普及，至少可以达到今天的报纸、广播、电视的普及程度，信息基础设施的建设，将大大增强网络带宽，使音频、视频信息的传送不再存在瓶颈。新型的无线上网技术、网络信息阅读设备的改进，也可改变网络媒体在便携性方面的劣势。以今天的状况推断明天是不科学的，这种观点可以说是“技术近视”的表现。

观点之二，网络媒体必然代替传统媒体。

理由之一，网络可以做到将文字、音频、视频等多种媒质形式结合在一起，即它可以实现传统媒体的所有功能。此外，它还具有极强的时效性、海量存储能力、互动式传播等其他优点，在与传统媒体的竞争中，理所当然地占据优势地位。当网络发展到一定阶段，传统媒体就没有存在的意义。

理由之二，未来的传播将是个人化传播时代，也有人称之为“后传播时代”，传统传播媒介难以适应个人化传播的需求。

这些分析，似乎仍然只是考虑到技术上的可能，而忽略了其他方面因素的影响，例如，人们使用媒体的习惯，人们使用媒体的多样化目的与需求，一种媒体在经济生活中的地位等。我们可以用别的领域的例子来说明这个问题。在西方国家，汽车已成为一种理想的陆地交通工具，但仍然有很多拥有汽车的人喜欢骑自行车。这里有种种因素，有的出自传统习惯，有的出于环保的考虑，有的则为了健身。但无论如何，自行车仍是没有被替代。

如果人们已经形成了使用某一种媒体的习惯，那么，即使这种媒体有种种不足，人们还是能够接受它的。例如，在印刷媒体环境下成长起来的人，即使也看电视，还是会保持阅读的习惯。因此，如果希望保持某种媒介的存在，就需要保存使用这种媒介的传统。例如，1998 年，英国发动了一个“全国阅读年”（National Year of Reading）的活动，目的是把英国转变为一个更具有文字知识水平的国家。①

此外，根据“使用与满足”理论，我们知道，人们使用媒体的需求是多种多样的。目前，人们论证网络媒体必将代替传统媒体时，主要考虑的是网络媒体在信息传播方面的种种优势，而没有考虑到人们使用媒介的其他需求。人们的其他需求是否会在网络中得到满足，是否会引发其他的问题，这些都需要在实践中去寻求答案。无视这些方面，是不够科学的。

观点之三，传统媒体将与网络媒体融合。

即传统媒体最终走上网络并趋同融合。亦即未来的媒体是以网络为统一的平台及传输管道的。

媒介融合是传媒业发展的必然趋势，但是，现有的互联网是否就是未来“统一”所有媒体的唯一平台，现在下结论似乎为时尚早。从技术的发展来看，更先进的平台的出现并非不可能。

观点之四，网络媒体将成为一种主流媒体，传统媒体将让位于网络媒体而边缘化，非主流化。

这种观点，虽然肯定传统媒介还有继续存在的价值，但认为网络媒体与传统媒体的地位将发生“颠覆”。

无论网络与传统媒体的未来格局如何，从目前人们关于传统媒体和网络媒体前途的分析预测看，存在着以下误区：

其一，以对一种媒体的感情，代替对它前途的理性关注。无论是认为传统媒体不可战胜的，还是认为网络媒体必胜、传统媒体必亡的人，大都是先入为主地带着对某一媒体的感情和偏好，这难免会让他们从自己的既有立场出发，拼命寻找有利于自己的证据。

---

① 参见赵斌：《出版的变与不变》，载《中国出版理论与实务》，北京，中国书籍出版社，1999。

其二，孤立考虑技术因素的可能性。

事实上，现在要对未来作出明确的论断是不可能的。一种媒体是否能成长壮大，另一种媒体是否要退出历史舞台，除了技术的因素之外，还要受到社会、政治、经济等诸多因素的影响。美国学者罗杰·菲德勒指出，传播媒介形态的变化，通常是由于可感知的需要、竞争和政治压力，以及社会和技术革新的复杂性相互作用引起的。[①] 而在目前的有关争论中，总是把技术因素放在首位。

另一方面，结论正确与否并不重要，重要的是这些观点中是否存在有益的因素。一种结论和推论如果限制了我们的思维，从而进一步束缚我们的行动，就是有害的。相反，如果它能让我们从中看到合理性，并对未来产生启发，那么就是有益的。

罗杰·菲德勒在《媒介形态变化——认识新媒介》一书中，提出了媒介形态变化的六个基本原则：[②]

一是共同演进与共同生存。一切形式的传播媒介都在一个不断扩大的、复杂的自适应体系以内共同相处和共同演进。每当一种新形式出现和发展起来，它就会长年累月和程度不同地影响其他每一种现存形式的发展。

二是形态变化。新媒介绝不会自发和孤立地出现——它们都是从旧媒介的形态变化中逐渐脱胎出来的。当比较新的形式出现时，比较旧的形式就会去适应并且继续进化而不是死亡。

三是增殖。新出现的传播媒介形式会增加原先各种形式的主要特点。这些特点通过我们称之为语言的传播代码传承下去和普及开来。

四是生存。一切形式的传播媒介，以及媒介企业，为了在不断改变的环境中生存，都被迫去适应和进化。它们仅有的另一个选择，就是死亡。

五是机遇和需要。新媒介并不是仅仅因为技术上的优势而被广泛地采用的。开发新媒介技术，总是需要有机会，还要有刺激社会的、政治的和/或经济上的理由。

六是延时采用。新媒介技术要想变成商业成功，总是要花比预期更长的时间。从概念的证明发展到普遍采用往往至少需要一代人（20～30 年）的时间。

这些原则，目的并不在于给某种媒体开出未来的处方，而是说明了新媒介技术在推广中，以及旧媒介技术在遇到新技术挑战时，可能出现的情况。应该说，这是一种比较客观、科学的态度。

---

① 参见 [美] 罗杰·菲德勒：《媒介形态变化——认识新媒介》，19 页，北京，华夏出版社，2000。

② 同上，24～25 页。

这些原则中，第四条“生存”原则尤其启示我们，实际上，任何一种媒介都不会束手待毙。它们总是想方设法要为自己找到新的发展空间。这一点，无论对于传统媒体还是网络媒体，都有着重要意义。

二、传统媒体背景网站与商业网站的竞争与合作

为了更好地估量新闻网站和商业网站在竞争中所处的位置，它们各自的优势或劣势，我们可以用 SWOT 方法来进行衡量。

在西方国家，在制定一个企业或组织的发展规划时，或在进行一个项目的企划时，通常会从以下几个方面来考虑：

strengths ——优势

weakness ——弱势

opportunities—— 机会

threats—— 威胁

这四个方面，通常合起来简称为 SWOT。

SWOT 的前两个方面，是对企业或组织内部的状况进行的分析，其目的是发现自己的潜能与漏洞，以便与竞争对手进行比较，为自身找到一条合适的发展道路。而 SWOT 的后两个方面，则着重从外部环境考虑组织面临的发展机会或威胁。只有把内部与外部因素结合起来考虑，才能正确分析组织或企业的处境。

但是，应该指出的是，任何一个因素所能起的作用，都不是一成不变的。有些因素，在一定条件下，可能是一个网站的优势，但如果不能正确地认识与利用它，优势就会变成弱势。另一方面，如果某一个本来是弱势的因素，如果我们能正视它，并想方设法去克服，那么，弱势也可能转化为优势。

（一）传统媒体背景网站的 SWOT

1. 优势与机会。

新闻信息是一种质量要求很高的信息。因为新闻信息影响面广，与人们的生活关系密切，任何虚假的、失实的新闻，都可能造成极为严重的不良影响。因此，选择与加工新闻信息是一项要求很高的专业任务。

传统媒体背景的新闻网站，可以从其母体那里继承新闻业务经验，相对商业网站而言，它具有更高水平的专业人才。在新闻信息的采写、加工方面，会更加驾轻就熟。特别是在新闻处理的政策把握上，会更加慎重。

尽管传统媒体所具有的新闻工作经验是一笔宝贵财富，但另一方面，如果我

们教条地理解与运用它，就可能把它变成一种束缚。

与一般的商业网站相比，在品牌方面，传统媒体的网站具有较高的起点。一些在传统媒体领域里知名度高的品牌，在网络世界里，也容易受到信任。但值得注意的是，对于同一个媒体，它在网络世界的受众与在物理世界的受众，可能并不完全一致。而它的固有品牌，是在物理世界创造的，未必能以相同的水平“逻辑延伸”到网络世界。

此外，传统媒体网站在物理世界创造的品牌，也可能会给受众带来一种“刻板印象”，这可能妨碍一些受众对它的认同。例如，一些传统媒体庄重、严肃的形象已经牢固地存在于人们的心中，它们的网站可能会因此让网民产生敬而远之的心态。所以，对于传统媒体网站来说，品牌并不是它的绝对优势。

但是，在中国，传统媒体一般在人们心目中具有较高的地位，传统媒体的公信度也比较高，因此，相对来说，人们还是会更加相信传统媒体网站提供的内容。

传统媒体在网站的广告宣传方面，拥有自己得天独厚的优势。因此，较之商业网站，传统媒体网站的推广成本更低。

传统媒体一般与政府、社会各阶层有广泛的接触，因此，传统媒体网站在公共关系方面，也会有一定的优势。

国家对于媒体背景的网站在政策上与经济上的扶持，是媒体网站发展的重要机会。

近年来，国家制定了一系列政策、法规，如《互联网站从事登载新闻业务管理暂行规定》、《国际互联网新闻宣传事业发展纲要（2000—2002 年）》、《互联网新闻信息服务管理规定》。这些政策、法规确立了传统媒体网站在网络新闻传播中的主导地位。

国家对于重点新闻网站的经济支持始于 2000 年中，新闻媒体网站的投入状况和工作环境发生了重大的变化。

但是，传统媒体网站应该辩证地看待国家给予的支持。如果把国家支持作为一种靠山，而丧失自我发展的动力，那么，就可能停滞不前。

2. 弱势与威胁。

对于传统媒体来说，从事网络传播，可能出现的问题，往往也是由其传统媒体的惯性所带来的。

每一种传统媒体都有自己独特的新闻表现方式和相应的工作流程。一些媒体上网以后，往往还不能摆脱这方面的束缚。例如，很多报纸的网站，只是把印刷版拷贝到网上。而一些电台、电视台的网站，很容易办起一份网上的广播电视报。各种媒体上网的初期，不同程度地都会有“不适应场地”的现象。经过一个时期的发展，这种现象有所改善，但是习惯势力的影响还是会在不同程度上体现出来。

一些传统媒体上网只是迫于形势，媒体自身无论是在认识、观念还是人才等方面，都准备不足。因此，上网以后对自己的发展方向感到茫然。

传统媒体经验的束缚，往往会使其网站的工作人员在理解与应用网络技术并使之为新闻传播服务方面，比商业网站要显得滞后。

这些因素都可能使传统媒体网站的发展不尽如人意，甚至错失良机。

网站的竞争，也不仅仅在于新闻内容的竞争。从长远看，新闻虽然是传统媒体网站的主导产品，但为了维持生存，网站必然也要不断延伸自己的服务项目，也可能涉足商务。但是在这些方面，传统媒体网站在人才、技术等方面，存在着不足。与一些大型的商业网站相比，大部分传统媒体在网站的资金来源上，也要受到更多限制。

传统媒体网站在体制上，相比商业网站，也显得不够灵活，这也使它在发展中会遭遇很多瓶颈。

（二）商业网站的SWOT

1. 优势与机会。

与传统媒体网站相比，任何一个商业网站的出现，都是对网络市场进行分析后的产物，因此，商业网站本身具有较明确的定位，其发展思路一般也是比较清晰的。大多数商业网站，具有较雄厚的资金与技术背景，发展的动力更加强劲。

网站建设的成功与品牌的树立，为商业网站从事新闻业务，提供了一个良好的平台。至少从访问量上来看，一些成功的商业网站的优势是极为显著的。

从现行政策看，商业网站没有时政新闻的采访权，但是，它们可以获得媒体网站的新闻资源，并根据自己网站的需要来重新组织编排这些新闻，扩大这些新闻的传播面。在非时政新闻领域，它们也可以有自己的原创内容。因此，新闻成为中国一些重要的商业网站的主要内容产品，这些网站也凭借新闻传播方面的影响力强化了自己整体的影响力。

此外，这些商业网站并不把新闻当做唯一的支柱产品，它们努力开拓多种特色化的内容与服务。这有助于网站经营的多元化，有利于受众多样化需求的满足，也就使其更容易产生一种综合优势。

商业网站的内容编辑，多数是网上经历丰富的网民。他们来自于网民，因此，更容易把握其他网民的脉搏，更容易了解网民的需求，因此，提供的内容会更适合一般网民的口味。

商业网站的公司化体制，一般来说，具有更多的灵活性，这使商业网站的经营更充满活力。

按照2000年9月颁布的《中华人民共和国电信条例》，电信业务分为基础电信业务和增值电信业务。基础电信业务，是指提供公共网络基础设施、公共数据传送和基本语音通信服务的业务。增值电信业务，是指利用公共网络基础设施提供的电信与信息服务的业务。互联网接入服务和互联网信息服务，都属于增值电信业务，而国家对从事增值电信业务的企业要求是较为宽松的。按规定，只要经营者为依法设立的公司，有与开展经营活动相适应的资金和专业人员，有为用户提供长期服务的信誉或者能力，符合国家规定的其他条件，就可以开展相关业务，包括互联网信息服务。

这也表明，商业网站可以吸收风险资金，包括国外资金。与此相比，传统媒体网站，由于其性质的缘故，在这方面，局限性就大得多。因此，商业网站的整体发展的经营环境更为宽松，这也就为其新闻业务的发展提供了较好的经济保障。

2. 弱势与威胁。

从国家政策来看，商业网站从事新闻业务，有着较严格的限制。它不具备新闻的采访与发布权，因此，网站不具备新闻的原创能力。从长远来看，对于网站的新闻业务的发展，这是一个极为关键的制约。

商业网站从事新闻业务的空间主要在于新闻的加工整合。但是，内容编辑与加工并不是它们的强项。目前，商业网站的内容编辑人员，大多并没有受过新闻专业训练。在内容的选择、制作上，存在着一定的随意性，编辑往往只从个人的喜好出发来挑选内容，即把自己的口味“投射”给他人。虽然这样做往往也会得到网民的认同，但是，这可能只适合于常规信息的处理。如果遇到重大的新闻事件，编辑处理起来，就会觉得力不从心。

没有受过专业训练的商业网站的编辑人员，可能缺乏对信息进行分辨的能力，也就不能做到“去伪存真”。而虚假信息的发布，不但会给网民造成不良的影响，也可能将一个网站的声誉毁于一旦。

商业网站的不少编辑都不能很好地把握新闻或其他内容传播的政策尺度，有时会出现打“擦边球”的现象，甚至出现失误，这些方面，都容易对网站的形象造成影响。

（三）传统媒体背景网站与商业网站的合作

从 1998 年商业网站涉足新闻传播以来，传统媒体背景的新闻网站与商业网站之间的关系，始终有两条线索，一是摩擦与竞争，一是合作。但是，合作的声音越来越强大。

商业网站没有新闻的采访权与发布权，它们只能转载传统媒体网站的新闻。但商业网站的网民流量比传统媒体网站的网民流量通常要高很多。因此，在商业网站上转载传统媒体网站的新闻，给传统媒体网站及它们所依附的传统媒体的新闻的传播，带来了“宽带”式的通道，无形中也提高了传统媒体网站的知名度与影响力。

一般商业网站使用传统媒体网站的新闻，采用的是付费、广告或其他合作方式。这在一定程度上使传统媒体网站的新闻实现了增值。

而对于商业网站来说，如果没有新闻，就会失去一个注意力的支柱。传统媒体网站的新闻，支撑它吸引网民的长期注意力。

当然，一些传统媒体网站也会因此损失自己网站的直接流量，最终影响到网站的品牌与经营。因此，传统媒体网站如何处理好与商业网站合作的模式，仍然是一个需要不断研究的问题。

除了新闻转载这样一种合作方式外，传统媒体网站与商业网站还可以本着公平、互利等原则进行其他各种合作。

传统媒体网站与商业网站合作的走向，实质上反映的是传统媒体与网络媒体的合作走向。正如前面所分析的，在媒体融合的大趋势下，两者的合作，可能不是简单的业务的相互支援，而是在一个全新的新闻生产流程中各自角色的重新定位。

第三节　新闻网站的任务与业务构成

目前，网络中的专业新闻传播者主要是新闻网站。它们的任务与目标既在很大程度上继承了传统媒体的共性要求，又在一定程度上体现出网络的个性要求。

一、新闻网站的任务

新闻网站的主要任务包括：

1. 新闻报道。

网站的新闻报道，不仅要报道事实，还要揭示新闻事件之间的关系，及新闻事实的意义。

新闻网站的新闻报道，应该把质量放在更高的地位。这不仅是网站自身核心业务的需要，也是树立网络中的新闻业务标准的需要。

前面已经提到，在网络中，传播格局是十分错综复杂的。在受众面前，新闻网站并没有特权。如果受众更愿意接受新闻网站的新闻与信息，那是出于对新闻网站的公信度与新闻报道水平的信赖。

新闻网站的新闻报道水平，无形中在网络中树立起了一种行业标准，或者说，这是建立一种新的“门槛”的方式。虽然网络整体的信息发布的门槛是很低的，但是新闻传播本身的特殊性要求，仍然要以一个高门槛来保证网络新闻传播的质量。新闻网站如果能将门槛建立起来，就会使自己在新闻传播中占据优势地位，也能较好地保证网络新闻传播的正常秩序。

2. 信息导航。

在网络信息日益超载的情况下，信息的导航工作显得尤为重要。尽管有搜索引擎这样的机器导航系统，有博客中的信息导航“自由职业者”，有“人肉搜索引擎”这样的发挥集体智慧的导航团队，人们在网络信息的寻找、解读等方面的困惑仍然不能完全消除。专业新闻机构的专业力量，可以为网民提供另外一个层面的信息导航。

这一方面表现为对信息的严格筛选、有效整合，另一方面表现为对信息内涵的解读，对与信息相关的背景的介绍，对其发展动向的判断。它不仅要指引获得信息的途径，还要阐释信息的价值与意义。而这些工作，往往是网民这些业余导航者所不能胜任的。

3. 舆论监督。

舆论监督一直是新闻媒体的一个重要职责。近十年来，国内许多媒体或媒体的节目，正是由于其在舆论监督方面所发挥的作用而受到广泛欢迎。新闻网站同样也肩负着这样的职责。

我们可以看到，新闻网站的舆论监督功能正在开始发挥，这方面的典型事例是关于广西南丹矿难的报道。2001 年 7 月 17 日凌晨，广西南丹龙泉矿业总厂所属拉甲坡矿，发生了特大透水事故，大量涌入的水在瞬间淹没了相邻 7 个矿井和正在工作面上采矿的 81 名矿工，酿成了震惊全国的“7・17”矿难。事件发生后，私营企业主和地方当局刻意封锁消息，欲以金钱与受难家属私了，使事件被隐瞒了半个月。但是，《人民日报》记者从南丹民间和一位对南丹情况十分熟悉的新闻界同行处获得消息，便以《广西南丹矿区事故扑朔迷离》为题，于 7 月 31

日15时在人民网刊发了关于这一事故的第一篇报道，人民网因此成为首家揭露该事件的中央新闻单位。随后，“扑朔迷离”一稿被大量网站广为转贴，引起了世人对南丹事故的密切关注。其后几天，人民网每天都刊发10多篇与此相关的报道和照片。因为当时地方媒体不能对此作任何报道，这使《人民日报》采写和提供给人民网发布的这些报道，一连多日成为“独家”报道，引起了国内外诸多媒体的关注，并被广泛转载和引用。8月4日起，大批新闻记者从北京、上海、广州等地陆续赶赴南丹报道事故进展情况。在南丹矿难中，以人民网为代表的网络媒体对于事件真相的曝光，起到了重要的作用。这只是专业网络新闻机构行使其舆论监督功能的一例。

新闻网站行使舆论监督功能的方式是多种多样的。在批评性新闻报道外，新闻评论也是一个有力的武器。因此，不少新闻网站都建立了自己的特色评论栏目。

另外一个最具网络特色的舆论监督手段是新闻论坛或其他网民意见的表达方式。

4. 民意表达。

作为一个受众可以参与其中的媒介，网络在民意表达方面的任务比传统媒体要更为重大。网络中的民意表达，更多的是网民利用各种手段来直接地发表自己的意见，而不需要经过媒体的筛选。新闻网站要尽可能地为民意的表达提供方便的渠道。

民意表达的自由与畅通，是了解舆情民意的基础。

当然，网络中表达的民意并不一定能全面地反映全社会的民意。在目前阶段，网民还是社会中的一些特殊人群，他们并不能代表社会的各个阶层。另外，在网络特殊的情境中，网民的表达可能会受到一些外在因素的影响，因而，会出现一些偏激的情况。

网民意见表达的目的，也并不一定总是要参与或干预社会生活，有时他们是把意见的发表过程当做一个“泄压阀”，来排解个人的心理压力。个人的、非理性因素的干预是时时存在的。

因此，新闻网站既要尊重网民的意见表达权利，又不要简单、片面地看待网络中的民意，要能透过现象来洞察网民意见形成的动因，以及这些民意中所蕴涵的真正的社会意义。

5. 舆论引导。

从网络所具有的民意表达的功能来看，网络时代相对来说是一个舆论更加分散的时代。但是，正如德国学者诺依曼所说，舆论是社会的皮肤，在维持社会整合方面起着重要作用。舆论的极度混乱可能带来社会的崩溃。所以，网络时代仍然需要一定的主流舆论。

对于在网络时代如何营造意见气候、形成主流舆论，我们还需要做更多的研究。但是，新闻网站应该有一定的优势来行使舆论引导的功能。这一方面是新闻网站的传统媒体背景更容易受到人们的信任，另一方面，传统媒体对于新闻传播规律的把握，以及过去的舆论引导的经验，对于网络环境仍然有一定借鉴作用。

6. 网站经营。

网站经营可以指包括网站的内容经营在内的所有经营活动，也可以指内容之外的经营活动。通常人们所说的经营指后者。网站经营的主要目标是保持网站具有持续的发展动力，但同时，网站的经营活动又能以丰富多样的服务来满足受众的需求。

网站经营与新闻传播并不是截然分开的。这也是一些网站的经营者将内容看做经营的一部分的原因。新闻网站的定位、整体发展方向与策略，都会同时影响到内容的规划与服务和其他经营项目的规划。

当然，就像传统媒体一样，虽然内容与经营之间的界限越来越模糊，但是不能由此影响网络新闻报道的客观性与公正性。

从更广阔的视野上来看，新闻网站所要达成的目标，是承担它作为大众传媒的社会功能：在政治功能方面，包括环境监视、社会协调和社会遗产的传承；在经济功能方面，包括为其他产业提供服务以及保证自己作为信息产业一部分的发展等；在一般社会功能方面，包括传递社会规范、行使社会规范的强制功能，公众协调，以及娱乐等。

只有在这样的视野上，新闻网站才能更好地理解自己的各项任务的意义，以及自己的努力目标。

二、网络新闻业务的构成及特性

从整体上看，网络新闻业务的主要构成框架与传统媒体是基本一致的。但也有一些特殊的业务形式。网络新闻业务主要包括：

1. 新闻采访。

新闻采访是发挥网站新闻的原创能力的重要途径。由于《互联网新闻信息服务管理规定》对新闻网站的采访权有明确限制，目前，网络新闻业务中新闻采访的比重还不是太大。但是，一些有传统媒体背景的网站可以利用其母体的身份进行采访。此外，上述规定主要的限制在时政新闻领域，在除此之外的信息频道中，原创的内容也是允许的。因此，一些网站还是有一定量的采访业务。随着网络媒体的发展，一些新闻网站可能会获得更多的采访权，它们必然会把采访放到更重要的地位。

与传统媒体一样，网络新闻的采访可以利用传统的采访手段，也可充分利用网络本身，如邮件采访、即时通信工具采访、聊天室采访等。利用网络进行采访有它自己的特点，需要认识与把握。但是这类采访手段有着自己的局限性，应该避免滥用。

网络新闻的多媒体化，也意味着采访时素材采集的多媒体化，这既可以由记者身兼数职完成，也可以是一个团队合作完成。

2. 新闻制作。

新闻制作是将采访的素材转化为新闻成品的必经环节。由于网络新闻在朝着多媒体方向发展，因此，新闻制作不仅包含文字新闻的写作，也包含了新闻图片的加工、音视频的制作、Flash 新闻的制作、多媒体新闻的制作等多种制作方式。

从一定意义上看，网络新闻制作与编辑之间的界限并不是很清晰。例如，利用超链接手段来实现新闻文本的层次化，从业务流程上来看，应该属于写作部分，而从技术实现上来看，往往是由编辑完成的。因此，无论是网络新闻的采访者还是编辑，都应该具备同样的新闻意识与技能。

3. 新闻编辑。

与传统新闻编辑一样，网络新闻编辑也是新闻报道的核心组织者。

与传统媒体有所不同的是，网站登载的新闻，并不全是网站自己组织的，有相当数量的新闻是转发传统媒体或其他网站的新闻，因此，网站的新闻编辑面临的稿源更加多样化。编辑不但应该具有很好的选择判断能力，还应该具有娴熟的加工、整合能力。随着网络新闻竞争的加剧，对于新闻报道单元、新闻专题的策划与组织，成为网络新闻编辑的一个重要任务。

网络新闻报道单元，是对日常稿件进行整合的一种手段，常常是围绕一个特定的主题，由不同层次、不同形式的信息和手段等共同组成一个小的相对封闭的集合，通过内容的相互补充、相互配合，更完整、清晰地展现新闻事件发生的背景、发展的进程，增强新闻报道的深度，提高受众参与新闻报道的能力。

网络新闻专题是以网络为平台，运用各种媒体手段对特定的主题或事件进行组合或连续报道的形式。它是网络新闻整合的一种重要方式。

网络新闻专题是网络特色的深度报道方式。利用网络的巨大容量、可资利用的丰富资源，以及多种媒体的报道手段，网络新闻专题可以在多个层面、多个视角上展开立体化的报道。它可以更好地满足人们对于一个事件或主题在广度上与深度上的信息需求。其次，网络新闻专题是帮助受众克服时空迷失感的一个途径。此外，网络新闻专题可以被视作一种原创性的新闻整合方式，好的选题与角度，出色的专题制作，是网站原创能力的体现。在网站采访权尚未完全放开的情况下，即使是以编辑为主的网络新闻专题在网络新闻的竞争中也具有重要的地位。

此外，互动手段的设计与实现，也经常是网络编辑工作的一部分。互动可以包括受众评论、受众调查等不同形式。

4. 新闻评论。

编辑业务与评论业务往往是分不开的。有些人甚至把评论视作编辑的一部分。从某种意义上看，新闻评论的确是新闻编辑的一个高层次的手段。但新闻评论有着自己的独特价值。参与新闻评论的主体也是丰富多样的，不限于媒体内部人员，在网络新闻传播中尤其如此，因此，应该将它视作一个独立部分。

网络新闻评论大致分为：网站评论、专家评论、网民评论。

网站评论是代表网站立场的新闻评论。它通常是由网站或网站所依附的传统媒体的编辑或记者，或网站的特约评论员来撰写的。

专家评论指由网站特邀的专家对某个事件发表的评论。专家评论的形成有几种方式：专家撰写、网站采访或与网民的论坛式交流。

网民评论则是指任何方式的网民意见的自由表达。它们主要存在于论坛、博客等渠道。

网站编辑需要根据不同的报道要求，组织、编辑不同类型的评论。

5. 新闻网页的设计与制作。

新闻网页的设计与制作是网络新闻业务流程中的另一个主要组成部分。新闻网页与报纸版面的功能有着一定的相似之处，但是，新闻网页的设计与制作并不是由编辑每天来进行的，而是由专业设计人员以模板的方式来设计制作完成。一种页面模板，通常可以利用很长一段时间。

新闻网页的设计，所体现的也不是个别版面的内容，而是网站所有内容资源的结构关系及表现方式，所以，它与网络的整体规划紧密相关。网站页面进行改版，通常体现的是网站的经营思想与编辑方针的改变。

6. 互动的管理。

由于网络的互动性，网络还有一种特殊的新闻业务，这就是互动的管理。常见的互动管理工作包括：新闻论坛的管理与应用、博客的管理与应用、在线访谈或讨论的组织、网络调查的组织等。

新闻论坛通常指网站所设立的与新闻相关的BBS论坛，也可以泛指各种形式的受众意见表达手段。新闻论坛是提高新闻传播效果的一个重要手段，也是体现舆情民意的重要渠道与窗口。新闻论坛的开办与组织已成为新闻网站和从事新闻业务的商业网站所不可忽视的一种业务。论坛的主持人或版主，更是一个非常具有挑战性的角色。

博客传播的主体虽然是网民，但是，在博客频道的运作中，网站也扮演着重要角色。网站可以对博客内容进行提升、整合等，也可以将博客的内容与网站的报道相结合。

在线访谈通常是网站邀请一些嘉宾在线与网民交流，在某种意义上也可以被视为一种采访形式或网络评论形式。但是，它们与传统的采访或评论有很多不同。网站编辑在采访主题的确定、嘉宾的遴选、访谈进程的把握以及访谈内容的整合等方面，都起着重要作用。在线讨论则通常是以网民为主体进行的即时的多对多交流，没有嘉宾。在这些讨论中，网站仍然起着重要的引导作用。

网络调查是对受众的意见与态度进行调查的一种手段。开设受众调查的目的，一方面是吸引受众的注意力，提高新闻的受关注度。另一方面，也可以作为新闻报道的一个补充或发展。有时受众调查可以直接印证报道中的一些判断，而另一些时候，调查可能会对报道中的判断提出冲击，从而引起媒体进一步的报道与分析。更重要的是，受众调查是了解社会舆论走向的一种方式。网络调查业务包含调查主题的确立、问卷设计、问卷投放及调查结果统计分析与应用等多个环节。

从业务方面来看，网络新闻与传统新闻的核心区别在于以下几个方面：新闻资源的全面循环利用；层次化、网络化、集成化的新闻组织方式；动态的全天候的报道状态；多媒体的采访与制作；受众能力的有效导入。

三、网络新闻的快餐化与碎片化

网络新闻业务虽然具有自己的一些优势，但是，如果对这些优势不能加以恰当运用，也可能会带来一些问题。其中最突出的问题表现为快餐化和碎片化。

1. 网络新闻的快餐化。

网络新闻的动态发布过程、层次化的信息组织方式、海量信息等，都可能带来网络新闻的快餐化。这同时表现在信息生产和信息消费两端。

从生产端来看，由于网络平台的“全天候”特点，无形中，人们对网络新闻传播的时效性要求在不断提高。在这样一种时效性的压力下，网络新闻的生产者越来越多的是以快餐化的生产方式应对。

很多时候，网络编辑只是在进行简单的“复制”与“粘贴”。对于新闻与信息的甄别、筛选过程有时不像传统媒体那样严格，这导致了假新闻、假信息在网站的出现与传播。还有很多编辑在没有充分理解信息内容的情况下制作标题，出现以偏概全、“挂羊头卖狗肉”等现象，对受众产生误导作用。

很多网站编辑缺乏新闻的精加工意识，新闻加工越来越变成一种机械化、程序化的工作，编辑的判断与思考能力没能在新闻加工过程中得到充分体现。

网络新闻生产快餐化的现状，使很多人认为网络媒体只适合于做短、平、快的报道，而不适合于做深度新闻报道。但事实上，网络平台本身与深度报道是不冲突的，网络的多媒体性、海量性也为网络新闻的独特深度报道形式，例如新闻专题，提供了空间。网络编辑需要改变自己的观念，提高新闻素质，才能真正发挥网络媒体的优势，改变人们对于网络新闻的“固定成见”。

从消费端来看，网络新闻的快餐化体现为受众对新闻的浅层次阅读、扫描式阅读、跳跃式阅读等。这使得受众往往对新闻一知半解，或知其然，而不知其所以然。对新闻信息把握的不全面，也容易使他们在表明相应的态度与作出行动反应时产生偏差。

2. 网络新闻的碎片化。

网络新闻的碎片化体现在如下方面：

一是在时效性压力下形成的新闻碎片。时效性强是网络新闻传播的突出特点，动态写作、实时更新，成为网站处理新闻的一种常规方式，特别是在突发事件或重大事件的报道中。但是，在高度的时间压力下，新闻的写作更注重各个点的状态，注重信息的简单传递，而事物发生、发展的完整线索，常常不能在一条新闻报道中加以表现。对于受众来说，从单篇新闻中得到的信息总是片断的、零碎的，这妨碍了受众对于一个事物全面、清晰地了解。

二是新闻简单堆积带来的碎片化。网络的海量性特点，使网站可以将有关一个对象的各种相关报道都集成在一起，但这种集成多数只是一种简单的堆积，编辑常常不能对信息之间的关系进行有效梳理，有时信息之间甚至相互矛盾、冲突。虽然网站提供了很多条新闻，但仍然会使受众在阅读时感觉支离破碎。可以说，简单堆积的网络信息只是给人们提供了一个拼图中的若干碎片，人们很难将这些碎片拼成一个完整的图景。而且，这种“拼图”的工作，也本不应该由受众来完成。

三是不同形式的新闻之间缺乏有效整合带来的碎片化。在媒介融合的时代，网站的新闻形式越来越丰富，除了文字、图片外，也包括音频、视频等，但是，由于机制的原因、技术系统的原因，以及思维方式的限制，各种形式的新闻往往被分割在不同的频道或栏目中，未能形成一个有机的整体。

新闻的碎片化往往会造成受众在网络新闻时空中的迷失感，使受众支付的代价与获得的报偿不成正比，他们对于新闻事件的认识广度与深度受到限制。在一定程度上，在新闻报道方面的碎片性也会加大人们对于社会认知的片面性与局限性。

网络新闻要能形成更强大的竞争力，就需要克服以上弱点，不断改善传播手段，提高内容生产的层次与水平。

四、新闻网站的整体产品构成

从经营角度来看，网站的所有活动，最终是围绕着产品的生产以及相关营利手段而展开的，因此，网站经营活动的起点是根据自身的特点筹划产品以及产品结构。

总体来看，新闻网站的产品至少包含以下几大类：内容产品、服务产品、社区产品、技术产品。

（一）内容产品的开发

新闻网站的主要内容产品是新闻与资讯。尽管新闻网站承担着国家的新闻宣传任务，内容的生产是实现此目标的主要手段。但从经营角度看，网站的内容也是经营活动的一部分，它是不能与其他经营活动分开的。内容质量的高低，直接影响到网站的营利模式的形成，也影响到网站竞争力的高低。

在媒体网站发展的早期，内容产品的观念，大都并未建立起来。各个网站主要是从提升原媒体影响力的角度进行内容经营，因此，网站的内容主要是对母体产品的简单复制或延伸。

商业网站对于内容产品的重视始于1998年左右，但在1998—1999年间，中国新闻网站经营者的经营思路是相对狭窄的，大家共同认定的一条经营捷径就是：内容——制造注意力——带动广告或上市。

这样一种模式造就了“内容为王”的口号，在这样一种单一的经营思路之下，网站的产品也显得十分单调，网站间的同质化现象十分严重。

而通过注意力吸引广告这一营利链条，在此时也无法正常建立起来。实际上，这一模式是对传统媒体营利模式的一个直接拷贝，但是，在网络广告效果并不显著、网络广告前景尚未明朗的情况下，网站虽然可以创造出惊人的注意力，广告的增长却并不像人们想象的那样乐观。为创造注意力，一些网站大搞免费服务、大量烧钱做广告宣传，由此出现了投入与产出严重失衡的现象。

在沉重的生存压力下，新闻网站自觉或不自觉地开始重新审视自己所拥有的内容产品的价值所在以及价值转化的途径。

对于新闻网站来说，内容产品可能带来两种营利思路：内容——注意力——广告；内容——收费。

第一种思路在中国网络媒体发展之初占了上风，但是2000年后网络泡沫的破灭，似乎宣告了此条道路的受阻，于是，2001年开始，第二种思路开始被越来越多的网站所关注。

无论是通过产生注意力而获得广告，还是通过内容直接收费，都意味着网站的内容产品需要有相应的价值。

许多从业者和研究者认为，内容产品的价值主要在于它的独特性，或不可替代性。但是，中国的网络媒体发展，从一开始走的就是一条联合发展的道路，即大多数网站都是在相互交换新闻。因此，单一网站的产品的独特价值，实际上很难保证，也就是说，中国网络媒体由于采取了新闻共享这种方式，而使新闻本身遭遇了“集体贬值”。

为了应对这样一种困境，一些网站也在试图不断开发更多的独创性新闻或资讯。而它们采取的主要措施，是沿着扩大产品线这一思路来进行新产品的开发。于是，网站的内容从一般新闻扩充到财经、体育、娱乐以及更多资讯。2002—2003年间，大批网站推出了新的资讯类频道，如房产频道、汽车频道等，以适应火爆的房产、汽车市场。许多网站的内容一再膨胀。但是，这样一波一波地扩版，却并不能阻挡网站的趋同化倾向。

于是，一些网站又提出了新的使内容产品增值的思路。如2003年成立的中国经济网，从一开始就将内容产品作为它的重要营利手段，并提出了以“原创性与公信力”来使已经“贬值”的新闻增值的想法。①

---

① 参见吕彤：《原创性和公信力——网络媒体发展的起点和生长点》，载《崛起的力量——中国网络媒体1995—2003》，北京，中华书局，2003。

无疑，上述使内容产品增值的思路，对于改善中国网络媒体的经营状况是有益的。但是，原创性与公信力虽然是内容产品的两个重要价值，却并非它蕴涵的所有价值。

如果从产品的多层次来进一步分析内容产品的潜能，也许能找到更多的开发中国网络媒体内容价值的途径。

从营销学的角度看，产品是指为留意、获取、使用或消费以满足某种欲望和需要而提供给市场的一切东西。产品包括有形物品、服务、人员、地点、组织和观念。[①]

每一个产品都具有五个层次。

核心利益：指顾客真正要购买的服务或利益。

一般产品：产品的基本形式。

期望产品：购买者购买产品时期望的一整套属性和条件。

附加产品：产品包括的附加服务和利益。

潜在产品：此种产品所有可能的增加和改变，即产品可能的演变。

从核心利益的层面看，相同的内容无论放在哪个网站上，在满足用户的单纯信息需要方面都是一致的。而独创性的内容的开发，即是要创造出与众不同的核心利益。

但是如前面所指出的，对于综合性新闻网站来说，在核心利益层面上进行相关的开发是较为困难的，而且往往意味着很大的投入。中国经济网为了体现自己的独特性内容，推出了 CE 指数这样一个产品。但是，这背后的投入是很大的。

相对而言，与综合性新闻网站相比，专业新闻网站的报道领域更为集中，在这些领域拥有较多的独占性资源。因此，创造具有独特核心利益的产品，是专业新闻网站的优势与希望所在。

从期望产品的层面看，消费者购买产品时，不仅要获得其核心利益，还希望能获得一整套的相关条件或属性。对于内容产品来说，这种期望就是对内容时效性、可信度、权威性、实用性等的期望。在这方面，传统媒体开办的网站具有一定的优越性，在未来的竞争中也可能占有更多优势。

从附加产品角度看，网络媒体的内容产品所包含的附加利益是多重的，人们在接收内容产品时的界面、一个网站的整体氛围、网站提供的服务系列等，都可以成为一种附加利益，为内容产品增值。在这方面，商业网站比媒体网站做得更

---

① 参见［美］菲利普·科特勒等：《市场营销管理》(亚洲版·下)，66 页，北京，中国人民大学出版社，1997。

成功些。这就说明了为什么同样的内容放在商业网站往往会比放在新闻网站能带来更高的点击率。

从潜在产品角度看，新闻产品的演变也许不在于内容本身，而在于包装形式、发布对象和发布途径的演变。这些手段包括：

1. 改变内容的包装方式。

对于新闻网站来说，内容产品不但可以通过新闻网页的方式提供，还可以用如下方式重新包装：

一是利用数据库重新包装。在一般的新闻网站中，新闻都会进入数据库。数据库中的新闻与在新闻网页中出现的新闻，虽然本质上一致，但是包装方式不同，利用的方式也就不同。新闻网页中出现的新闻满足的是受众即时的新闻需求，起到的是告知的作用；而数据库里的新闻，则可以满足受众长期的需求，更多地起到资料的作用。因此，一般新闻无法在发布时直接收费，但数据库的新闻却是可以收费的。人民网就计划对其数据库查询服务开展收费。

二是技术性再包装。如将文字、图片内容重新包装为Flash新闻等。虽然目前这样的产品还很难直接创造经济效益，但是它们无形中提升了网站的品牌。

2. 开发新的内容接收对象。

从发布对象看，中国新闻网站的新闻主要是面向“个体用户”，即一般网民，在这个方面，一开始就建立起来的信息免费模式已经很难打破。但是，新闻网站的新闻与资讯还可以面向“集体用户”，例如，其他网站、企业等。在国内，许多媒体网站的新闻都以各种有偿的方式提供给不具备新闻采访权的商业网站，实际上，它们的新闻是产生了价值的，只是目前收费标准可能偏低。美国的《纽约时报》就尝试过将自己的网络版提前几小时传送给世界各地的大饭店，使这些饭店的客人可以比美国本土的读者更早地阅读到报纸，这样，报纸也可以向这类集体用户收取较高的费用。

3. 开发新的内容发布平台。

内容发布平台的再开发，是近年来中国网络媒体在经营方面追求的一个重要目标。

2002年开始的网站短信热，实质上就是其内容产品发布渠道的一次成功开发。将放在网站的免费内容通过新的渠道——手机发布，就可以获得可观的收益。

与网络相比，手机在信息接收方面的优势体现在：

一是便携性。这也就意味着用户对于信息接收条件（如环境、硬件等）的限制更少，在突发事件发生时，信息传递的时效性更强。

二是“推送”的信息发布方式。除了互动的短信内容外，用户定制的手机短信内容是由网站经过编辑筛选定时发送给用户的，这也是一种“推送”式的发布方式。这种方式可以避免由于用户个人因素而遗漏重大新闻的现象，也可以降低用户在获得信息上所付出的时间与精力代价。

三是自由的信息传递机制。短信内容的流动常常不是在到达一个用户的手机终端后停止，而是可以由用户方便地再转发出去。信息流动的自由与灵活，也使信息覆盖面大大拓宽。

从网络延伸到传统媒体，是开发内容平台的另一个思路。央视国际在 2003 年推出了其“CCTV. com 新媒体文化丛书系列”。这些书是央视国际在线内容的一种延伸。无论其目前是否获得预期的经济效益，但是，这一做法，无疑使网络内容产品得到二次开发与利用，从品牌拓展的角度看，也是非常有益的。

实际上，对于新闻网站来说，在产品的其他层面的价值开发都或多或少受到限制，而用合理的方式使产品发生演变，则大大扩展了提升产品价值的思路，因此，也将成为使产品增值的重要途径。

（二）服务产品的开发

网站的各类服务都是产品。目前新闻网站可以提供的服务主要包括：面向个人的服务、面向企业的服务、面向社会的服务。

1. 面向个人的服务。

大多数网站的服务是从面向个人的服务起步的。其服务类型包括电子邮箱服务、游戏、交友、个人主页服务等多种。

在中国网络起步阶段，电子邮箱服务是收费的。但是，由于来自美国的以免费邮件服务吸引眼球以求以其他方式获利的思路被引入到中国，1999 年前后，中国的网站也开始刮起免费邮箱风。在商业网站之后，许多媒体网站也加入到了提供免费邮箱的行列。

但是，对于一个网站来说，维持一个邮箱系统，投入是相当大的。据称，新浪一年在维持邮箱系统方面的投入超过 1 亿元人民币。

从收益方面看，免费带来的注意力，并没有带来相应的回报。因此，2001 年开始，国内网站又开始刮起一股邮箱收费风潮。

无论是收费还是免费，面向个人的服务，都是网站经营中的重要环节。从品牌建立的角度来看，面向个人用户的服务十分关键。同时，这类服务也有利于未来的个人用户市场的培养。

还应该看到的是，网站对于个人用户群的培养，也为面向企业用户的服务开发提供着新的机会。例如，“中青在线”在面向企业开展招生、招聘等广告业务时，其重要基础之一就是个人用户。因为，网站为个人用户与企业用户之间的信息沟通充当桥梁，也是一种营利方式，这时，网站并不需要对个人用户收费，但是，个人用户群的存在，却构成了对于企业收费的基础。“中青在线”的这一新思路，虽然还没有被多数网站所认识，却是十分重要的。

2. 面向企业的服务。

从单纯面向个人用户，转而面向集体用户，是近年来中国网络媒体经营的一种新思路。企业就是最重要的集体用户。这种服务包括企业上网服务和企业信息交换平台等。

两大商业网站在2002年都推出了它们面向企业的服务。

新浪企业服务（sina. net）的理念是，通过自身完善并不断丰富的企业产品服务系列，并和行业优秀合作伙伴一起共同努力为企业及政府提供行业软件、ASP服务及网络营销等全面信息化解决方案。这些服务包括：基础应用型服务（虚拟主机、主页建设、企业邮箱、搜索引擎、企业黄页、企业社区、招商引资等）和行业应用解决方案等。

搜狐企业在线（sohu. net），同样是专门针对企业级用户提供包括搜狐黄页、网站登录、分类广告在内的网络营销推广服务和域名虚机、建站模板、企业邮箱在内的技术应用服务。

一些媒体网站也开始将眼光转向企业级用户。例如，千龙网为北京的各大媒体提供解决技术方案，如帮助交通电台建设音频网站，向其提供技术平台和技术服务。

面向企业的服务开发，其直接的动力是这类用户的消费需求及消费能力。无疑，与个人用户相比，企业用户的需求更为多样化，并且消费能力也更强。

3. 面向社会的服务。

网络媒体产品的另一类用户是社会性用户。例如，社团、现实世界的社区等，它们都像企业用户一样，有着各种各样的需求。

面向社会的服务既可以在网络平台上实现，也可以在网络之外实现。例如，东方网一方面提供了为社团建设网站的服务，另一方面，又通过开设网吧连锁店，提供直接的上网服务。

社会本身是一个抽象的概念，它包括各种层次的、各种需求的潜在用户。当网站经营者的目光投向这个大用户时，会感觉天地更加广阔。

（三）社区产品的开发

本书第四章将社区作为一种传播形式进行了分析。事实上社区也可以作为一种产品来看待。

从产品的角度看，社区作为产品的质量取决于社区的成熟与稳定程度，而一个社区稳定的标志主要体现在以下几个方面：多数成员对社区的高认同度、社区成员需求的相互吻合、成员参与社区活动可以获得报偿、社区具有一套行之有效的规则。

从经营的角度看，社区的价值包括：需求满足价值、注意力维系价值、广告价值、直接营销价值等。

（四）技术产品的开发

技术产品虽然目前还不是新闻网站的主流产品，但是，它的价值，已经被越来越多的网站所认识到。

技术产品与前面提到的三种产品相关，好的内容产品、服务产品与社区产品，都离不开技术产品的支持。同时，技术产品也有着在技术市场流通的独立价值。一个网站如果有能力开发出好的技术产品，不但能提高网站自身的服务质量，也可以通过技术产品的经营获得利益。

综观国内网络媒体的产品开发，我们可以看到，一个网站的产品开发成功与否，并不单纯取决于某一个产品的成功与否，而是取决于产品的结构，即网站的一切构成产品及它们之间相互关系的合理性。

一些网站尽管有不错的内容产品，但是，缺乏很好的服务产品与社区产品作支撑，因此，相对那些具有良好的社区与服务的网站来说，竞争力就会受到削弱。

因此，产品结构的不断调整与优化，在新闻网站的产品开发中，将始终占有重要位置。

本章学习与研究提示：

网络中的传播者正在变成一个内涵非常丰富、开放的概念。在开展研究时，需要注意自己研究的语境，以便界定好研究对象。

本章将网络传播者的研究定位于专业新闻传播者，就是为了描述一个清楚的研究范围，只有这样，才不会将一些概念混淆起来，才能在一个统一的逻辑层面上进行分析与思考。

在中国的实务界与研究界，网络媒体这个概念在很多时候就等于专业新闻传播者，这一点本章已经作了说明。当然，在某些时候，这一概念也有其他的含义。对于它的理解，同样需要注意特定的语境。

本章将网民也作为中国网络媒体的构成要素之一，这是本书的一个创新观点。这既是因为网民在新闻传播中参与的程度不断加深，影响力不断加大，同时，也是因为它具有对专业新闻机构的传播能力进行放大与转化等作用。网民作为网络新闻的一种生产性力量，必须得到重视。

本章没有把重点放在抽象的理论描述上，而是结合中国网络媒体的实践来分析。因为传播者这个概念只有放在具体情境中，才有实质的意义。中国网络媒体发展的一些特殊轨迹，不仅可以为网络传播的研究提供一个重要的视角，为其他相关研究提供基础，也可以给其他国家的网络媒体发展提供一些参照。

本章没有将国家的传播政策与体制对网络传播者的影响独立出来研究，但是，在很多分析中都涉及这一问题，有兴趣的读者也可以专门进行这方面的研究。

本章延伸学习与思考：

1. 如何认识专业新闻机构在网络传播中的地位与作用？

2. 如何认识中国传统媒体背景网站的发展现状？

3. 如何认识中国商业门户网站在新闻传播方面的成功？它们的不足又体现在什么地方？

4. 为什么说网民也是网络媒体的一个重要构成要素？

5. 中国网络媒体与传统媒体之间的合作模式给我们带来了什么启发？它有何问题？

6. 如何才能将网络媒体在新闻传播方面理论上的优势转化为实际的竞争力？

7. 新闻网站要克服新闻传播的快餐化与碎片化，你认为需要在业务上作哪些改进？

8. 国家的传播政策与制度是如何对中国网络媒体产生影响的？

第七章

网络传播的受众

CHAPTER 7

在网络传播的情境下，“受众”这个词的合理性已受到挑战。一方面，传播者与受众的界限模糊了，受众不再是信息的被动接受者与消费者，他们也可以用各种方式参与到网络内容的生产与传播中；另一方面，网络传播中，过去表现为“不定量”的“多数”的“群体”（众），开始演变为个性化需求凸显的“个体”。但是，从传播学方面看，目前人们并没有找到更好的词来取代它。所以在本章中，我们仍然沿用这个词来表示那些与职业信息传播者相对应的网络信息消费者。

沿用受众这个词也表明，本章我们的分析，主要是在把网络作为“大众传播媒介”或“网络媒体”的前提下进行的。

但是，从一个更高的层面看，网络受众是带着各种特定目的与诉求的网络使用者，是网络社会的构成基础。他们的网络活动，受到个人与社会两个方面因素的共同作用。对作为受众的网民进行分析时，不能仅仅停留在信息传播的层面上，而是需要将他们的信息行为与其他的网络活动结合起来加以考察，尤其要关注他们所处的网络环境及心理因素对他们的影响。

第一节　中国网络媒体的受众构成

了解网络受众的基本构成情况与特点，是研究网络传播的一个重要前提。

与传统媒体相比，网络受众的门槛是最高的。成为网民，意味着要拥有上网的基本物质条件，例如有电脑、上网的设备与线路；其次，使用网络需要掌握一定的技能。在目前的现实条件下，上网还意味着一定的经济支出。由于这些因素，网络受众的构成便形成了一定的阶段性特点。

下面，我们以 CNNIC（中国互联网络信息中心）自 1997 年来的 11 次调查为基础，选取其中 5 个具有代表性的指标，说明中国网民的构成情况以及变化趋势。①

一、网络受众的性别构成

表 7—1 显示了 10 年来受众性别构成的变化。可以看出，互联网在中国普及之初，网络几乎是男性一统天下。但是，随着网络的发展，上网男性与女性的比例正在趋向平衡。2001 年以来的调查表明，目前，中国上网的男性与女性比例基本保持在 6∶4。而 2007 年 6 月的调查结果则显示了男女比例趋向平衡的可能。

表 7—1　　　　**网民性别构成（%）**

	1997 年 10 月	1998 年 6 月	1999 年 6 月	2000 年 6 月	2001 年 6 月	2002 年 6 月	2003 年 6 月	2004 年 6 月	2005 年 6 月	2006 年 6 月	2007 年 6 月
男	87.7	92.8	85	74.68	61.3	60.9	60.1	59.3	59.6	58.8	54.9
女	12.3	7.2	15	25.32	38.7	39.1	39.9	40.7	40.4	41.2	45.1

总体看，女性上网比例仍然低于男性。主要的原因可能是女性受教育水平、女性的社会角色与社会地位的影响。特别是在一些经济不发达地区，女性甚至连受教育的机会都很少。其次，女性更可能怀有一种技术恐惧心理，特别是在年纪较大的女性中更是如此。

台湾研究者林宇玲通过对台北市劳工局举办的"电子商务妇女专班"的研究得出如下结论：②

---

① 资料来源：www.cnnic.net.cn。CNNIC 的调查到 2007 年 7 月为止共进行了 20 次，每半年一次。此处只是说明其动态变化过程，因此，只选取了其中的 11 次作为分析基础。表格中的时间指调查数据的统计截止时间。

② 参见林宇玲：《弱势妇女学习网际网路之初探性研究》，见陈卫星主编：《网络传播与社会发展》，292 页，北京，北京广播学院出版社，2001。

对女性学习科技来说，主要影响因素包括：年龄、电脑素养、妇女的家庭角色与劳务分配。

因此，如果要吸引更多的女性上网，一方面要改善她们的社会地位，调整她们在家庭中的角色，为她们上网提供基本保障；另一方面则应在技术上给予女性更多的支持，帮助她们树立起学习电脑与网络的信心，促使她们更多地利用网络来满足自己的生活、工作与学习需求。

此外，开发更能针对女性需求的网站，也是吸引女性上网的一个途径。目前虽然有不少的女性网站与频道，但这些网站通常只是把女性的需求狭隘地设定在穿衣打扮、家务育儿等范围内，忽视了女性的深层需求。这也带来了网站内容的趋同化现象。

了解网络受众的性别比例，并不仅仅是要把女性作为“弱势群体”提出来，给予特别关照。更重要的意义在于，以男性与女性不同的网络需求结构和心理行为习惯为依据，来确定网络的服务策略。

《中国社科院社会发展研究中心 2005 年互联网报告》就揭示了各种指标与新闻阅读习惯与偏好之间的关系，这一调查虽然只是针对当前这个阶段，但它仍然具有一定的启发意义。

调查指出，在阅读网络新闻时，性别也是影响内容选择的因素之一。男性网民更加倾向于阅读体育新闻和 IT 新闻，而女性网民则更加倾向于阅读娱乐新闻和社会新闻。网民阅读网络新闻的性别差异如图 7—1 显示。另据美国学者的调查，女性在阅读地方性新闻上的比例高于男性，而男性在阅读全国性新闻上的比例高于女性[①]。这种现象应当与不同性别的社会地位与角色相关。

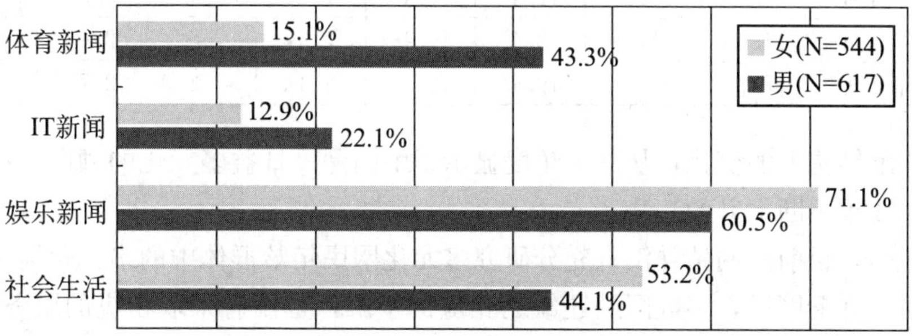

图 7—1　网民阅读网络新闻内容的性别差异

资料来源：林宇玲：《弱势妇女学习网际网路之初探性研究》，见陈卫星主编：《网络传播与社会发展》，292 页，北京，北京广播学院出版社，2001。

① 参见李希光：《新媒体新闻学：讲故事的新环境》，http：//www. woxie. com/study/woxie. asp? id=342。

二、网络受众的年龄构成

表7—2与表7—3显示，总体来看，18～24岁的年轻人是网络受众的主体。但是自2001年以来，出现了一个明显的迹象，那就是18岁以下网民的比例激增。与2000年6月相比，2001年6月该年龄段的网民比例增加了13.45%。

表7—2　　网民年龄构成（%）

年份	15岁以下	16～20岁	21～25岁	26～30岁	31～35岁	36～40岁	41～50岁	50岁以上	60岁以上
1997年10月	0.3	5.3	36.3	29.0	13.2	4.3	6.8	4.8	
1998年7月	4.0	7.9	39.9	28.6	10.7	4.2	3.5	1.2	
1999年1月	0.7	9.4	41.3	27.1	11.3	4.9	4.0	1.3	
1999年7月	0.7	9.8	39.9	27.1	11.4	5.1	4.4	1.2	0.4

表7—3　　网民年龄构成（%）

年份	18岁以下	18～24岁	25～30岁	31～35岁	36～40岁	41～50岁	51～60岁	60岁以上
2000年6月	1.65	46.77	29.18	10.03	5.59	5.07	1.30	0.41
2001年6月	15.1	36.8	16.1	11.8	8.3	8.0	2.7	1.2
2002年6月	16.3	37.2	16.9	11.6	7.2	6.8	3.1	0.9
2003年6月	17.1	39.1	17.2	10.3	7.4	6.0	2.1	0.8
2004年6月	17.3	36.8	16.4	11.5	7.3	6.7	3.3	0.7
2005年6月	15.8	37.7	17.4	10.4	7.3	7.4	3.0	1.0
2006年6月	14.9	38.9	18.4	10.1	7.5	7.0	2.4	0.8
2007年6月	17.7	33.5	19.4	10.1	8.4	7.2	2.7	1.0

年龄结构上的变化，从一个角度显示了中国网民日益多元化的倾向，以及低龄网民比重不断上升的趋势。

但是，目前的网站并没有充分研究多元化网民年龄群体中的多元化需求。例如，对于低龄网民，多数网站还缺乏相应的了解，也没有采取相应的服务策略。而对高龄段网民的需求满足也存在很多的空白，包括网络新闻方面。

中国社科院的调查表明，受众的年龄与其新闻阅读偏好也存在相关性。图7—2显示的是不同年龄的网民阅读网络新闻的类型（只列出差异显著的类型）。

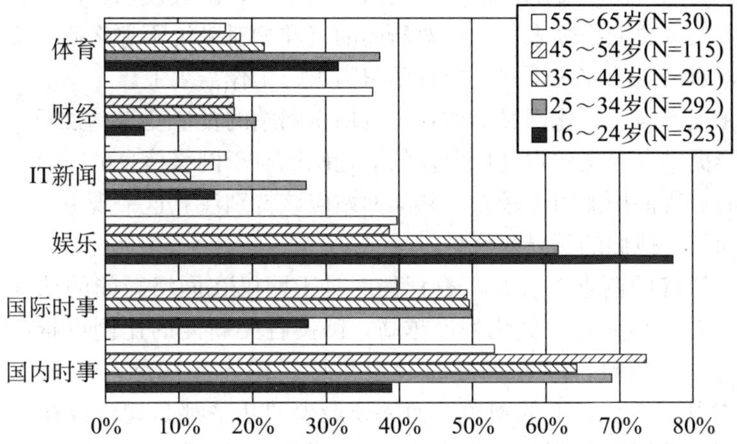

图 7—2　网民阅读网络新闻内容的年龄差异

资料来源：中国社会科学院社会发展中心 2005 年互联网报告。

三、网络受众的文化程度分布

表 7—4 显示了 10 年来网民在文化程度上的分布状况及其变化。从中可以看出，增长最快的人群是高中及高中以下的人群。这同时印证了网民的低龄化趋势。

表 7—4　　**网民文化程度情况（%）**

年份		中专以下	中专—大专	大本	硕士	博士
1998 年 6 月		6.9	34.2	49.6	7.5	1.8
	高中（中专）以下	高中（中专）	大专	本科	硕士	博士及以上
1999 年 6 月	2.0	12.0	27.0	48.0	9.0	2.0
2000 年 6 月	2.54	12.79	32.81	45.93	4.94	0.99
2001 年 6 月	8.7	28.8	26.7	33.6	1.8	0.4
2002 年 6 月	11.5	30.5	26.3	29.2	2.1	0.4
2003 年 6 月	13.9	30.9	27.1	25.5	2.1	0.5
2004 年 6 月	12.6	30.6	26.0	28.2	2.1	0.5
2005 年 6 月	14.2	31.3	25.6	26.0	2.6	0.3
2006 年 6 月	17.8	31.6	23.0	24.7	2.3	0.6
	初中以下	初中	高中（中专）	大专	本科	硕士及以上
2007 年 6 月	4.8	17.1	34.2	20.1	29.1	1.9

文化程度的高低，影响了网民的网络需求结构，游戏娱乐、网上交友成为了低文化人群的主要网络需求。他们对新闻的兴趣相对来说不那么高。而文化程度高的网民，对网络的需求更多表现在学习需求、工作需求上。

低文化程度与低龄化网民的增长，也使得网站的责任变得越加重大，特别是网络的内容提供者。文化程度低以及低龄化网民对于网络信息的辨别能力是较差的，他们的自我保护能力也较差，新闻网站应该特别注意这一现象，并采取相应的措施来加强对他们的引导与保护。

中国社科院的调查也表明，教育程度对于网民在网络新闻的选择方面也有明显影响。总的趋势是，文化程度越高，阅读各类新闻的比例也越高。无论是体育新闻、财经新闻、IT 新闻还是社会生活、国内和国际时事新闻，阅读最多的都是本科或本科以上的网民，而阅读最少的几乎都是初中或初中以下的网民（除最少阅读财经新闻为高中网民外）。图 7—3 显示了教育程度与阅读偏好之间的关系。

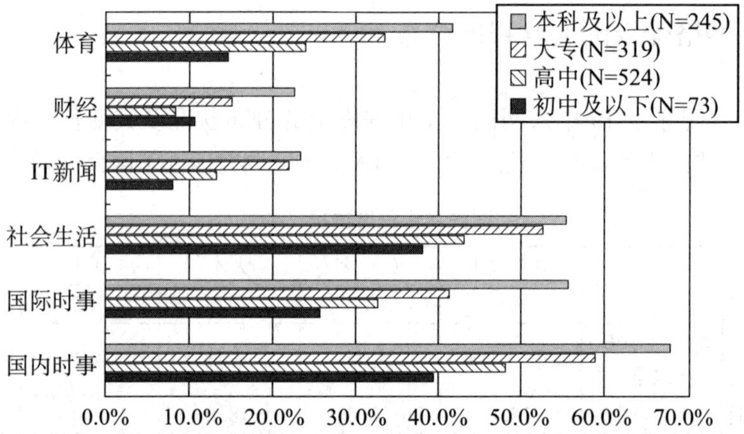

图 7—3　网民阅读网络新闻内容与受教育程度的差异

资料来源：中国社科院社会发展研究中心 2005 年互联网报告。

四、网络受众的收入分布

表 7—5、表 7—6 显示的是中国网民在收入方面的分布状况。

网民的收入水平直接影响了他们可以在网络上投入的成本。但是，从以上数据我们可以发现，低收入水平者上网的人数比例并不低，且一直在增长。这里面的原因主要有：

表 7—5　　网民收入情况变化（%）

年份	400 元以下	401～1 001 元	1 001～2 000 元	2 000 元以上		
1997 年 10 月	7.0	58.0	32.0	3.0		
	400 元以下	401～1 000 元	1 001～2 000 元	2 001～5 000 元	5 000 元以上	
1998 年 6 月	9.7	39.9	32.4	14.4	3.6	
	500 元以下	501～1 000 元	1 001～2 000 元	2 001～4 000 元	4 001～6 000 元	6 000 元以上
1999 年 6 月	21.0	29.0	28.0	15.0	4.0	3.0
2000 年 6 月	8.26	28.19	37.77	18.45	4.48	2.85

表 7—6　　网民收入情况（%）

年份	500 元以下	501～1 000 元	1 001～1 500 元	1 501～2 000 元	2 001～2 500 元	2 501～3 000 元
2001 年 6 月	20.0	25.5	16.3	9.0	5.6	3.7
2002 年 6 月	24.8	24.1	16.5	8.2	4.6	2.6
2003 年 6 月	20.8	18.3	15.9	9.8	4.6	3.7
2004 年 6 月	27.7	16.3	13.2	9.6	6.2	6.4
2005 年 6 月	25.1	18.7	15.2	11.5	6.3	4.5
2006 年 6 月	26.9	15.9	15.8	12.0	5.3	5.0
2007 年 6 月	30.3	17.8	14.4	10.9	5.8	6.3
	3 001～4 000 元	4 001～5 000 元	5 001～6 000 元	6 001～10 000 元	10 000 元以上	无收入
2001 年 6 月	3.1	1.4	0.5	0.5	1.1	13.3
2002 年 6 月	2.7	1.3	0.7	0.6	0.9	13.0
2003 年 6 月	2.4	2.0	0.9	1.0	1.1	19.5
2004 年 6 月	4.4	1.7	1.3	1.1	0.8	11.3
2005 年 6 月	3.4	2.6	1.4	1.2	0.5	9.6
2006 年 6 月	4.8	2.6	1.3	1.1	1.9	7.4
	3 001～4 000 元	4 001～5 000 元	5 000 元以上	无收入		
2007 年 6 月	4.1	3.2	3.6	3.6		

青少年自身虽然没有收入，但他们却具有较强的消费能力，这是因为他们可以依靠父母的经济支持。

大部分青少年除了可以在网吧、家庭上网外，还可以利用学校的网络资源。大部分学校的上网是免费或低收费的。

在一些中小城市，虽然居民的普遍收入并不高，但相应的网络消费水平也不高，特别是在网吧，收费非常低廉。但是，在网吧中上网者，网络游戏功能是他们使用得最多的。

与之相反，一些高收入人群虽然具有上网的经济基础，但他们的工作性质也许决定了他们不能花太多的时间来上网。时间对于他们来说，是比金钱更重大的代价。从信息传播角度看，对于他们，手机短信等传播方式更为有效。

社科院的调查还显示，网民的个人收入不同，选取的网络新闻也差异显著。总的来看，收入越高的网民阅读的网络新闻越多。除了娱乐新闻以外，收入越高的网民，阅读国内外时事、社会生活、财经新闻以及体育新闻的比例也就越高。但不同收入的网民阅读娱乐新闻的比例差别相对较小。图 7—4 显示了收入与阅读兴趣间的关系。

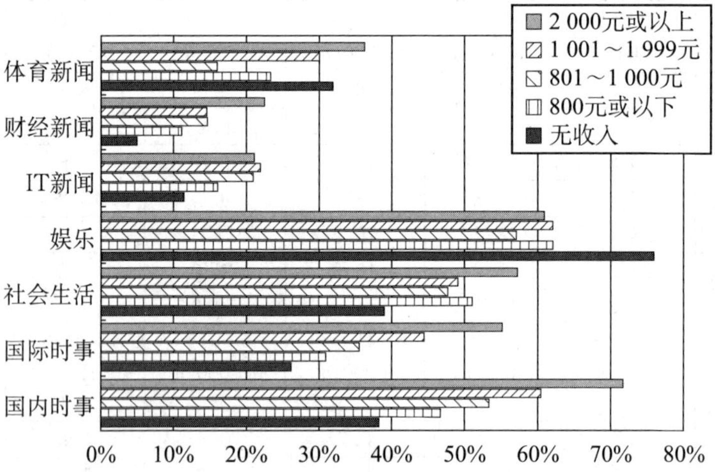

图 7—4　网民阅读网络新闻内容的个人收入差异

资料来源：中国社科院社会发展研究中心 2005 年互联网报告。

五、网络受众的地域分布

表 7—7　　网民的地域分布（%）

年份	北京	上海	天津	重庆	河北	山西	内蒙古
1997 年 10 月	36	8	1.6	0.7	2.5	0.6	0.3
1998 年 6 月	25.3	7.8	2.4	0.6	2.7	0.8	0.4
1998 年 12 月	23.93	4.34	1.68	1.48	1.65	1.03	0.39
1999 年 6 月	21.02	8.71	2.05	1.45	2.09	0.93	0.65

续前表

年份	北京	上海	天津	重庆	河北	山西	内蒙古
1999年12月	21.24	11.21	2.68	1.90	2.59	1.04	0.50
2000年6月	18.72	10.79	2.79	1.84	2.22	0.95	0.43
2000年12月	12.39	8.97	2.53	2.03	2.47	1.34	1.21
2001年12月	9.8	9.2	2.7	1.6	2.8	1.2	1.2
2002年12月	6.6	7.1	2.3	2.5	3.7	1.6	1.2
	辽宁	吉林	黑龙江	江苏	浙江	安徽	福建
1997年10月	2.9	0.9	1.4	5.9	3.7	2	2.8
1998年6月	5	2	2.6	6.1	3.9	2.6	3.1
1998年12月	3.64	1.06	2.09	5.31	4.63	1.4	3.07
1999年6月	3.43	1.06	2.16	6.76	5.97	1.53	3.72
1999年12月	4.27	1.50	1.66	5.91	4.51	0.97	2.69
2000年6月	3.34	1.40	1.67	6.76	4.92	1.16	1.94
2000年12月	4.66	2.41	2.46	5.43	6.62	2.43	3.59
2001年12月	3.8	1.8	2.8	8.0	6.6	2.5	3.6
2002年12月	4.8	2.4	3.8	8.1	5.5	1.9	3.8
	江西	山东	河南	湖北	湖南	广东	广西
1997年10月	0.7	4	2.8	6	1.8	8.3	1.3
1998年6月	1.8	4	3.4	4.1	1.6	11.5	1.6
1998年12月	1.66	3.65	2.14	3.28	1.69	20.93	1.96
1999年6月	1.19	4.19	1.54	3.74	2.23	11.77	1.56
1999年12月	1.14	5.19	2.11	3.32	3.44	12.94	1.34
2000年6月	0.91	8.53	2.22	4.64	2.05	12.82	0.91
2000年12月	2.07	5.33	2.33	3.52	3.97	9.69	2.02
2001年12月	1.8	4.3	3.1	4.3	3.4	10.4	2.6
2002年12月	2	6.5	2.8	5.4	2.7	9.5	2
	海南	四川	贵州	云南	西藏	陕西	甘肃
1997年10月	0.3	2.4	0.4	0.8	0	1.2	0.5
1998年6月	0.4	2.8	0.3	0.5	0	1.4	0.4
1998年12月	0.52	3.54	0.49	0.44	0.02	2.4	0.58
1999年6月	0.44	5.11	0.31	1.03	0.02	2.76	0.72
1999年12月	0.49	3	0.46	0.63	0.03	1.96	0.57
2000年6月	0.27	3.35	0.36	0.70	0.03	2.83	0.56
2000年12月	0.31	5.03	0.80	1.46	0.03	1.47	1.13
2001年12月	0.5	5.2	0.6	1.5	0.1	1.5	1.3
2002年12月	0.4	5.2	0.8	1.7	0.1	2.2	1.2

续前表

年份	青海	宁夏	新疆	香港	海外		
1997年10月	0.1	0	0.1				
1998年6月	0.2	0.1	0.6				
1998年12月	0.1	0.25	0.65				
1999年6月	0.10	0.19	0.92	0.07	0.58		
1999年12月	0.08	0.16	0.47				
2000年6月	0.07	0.18	0.64				
2000年12月	0.31	0.48	1.51				
2001年12月	0.2	0.3	1.3				
2002年12月	0.3	0.3	1.4				

注：CNNIC的调查有些不涉及此调查项目，此处的数据为到目前为止包含此调查项目的所有结果。

地域分布方面的数据清晰地显示出，直到目前，中国网民在地域分布上还集中于北京、上海、广东、江苏、浙江等省市。一些西部不发达地区的上网人口，在网民总数中所占的比例是很低的，而这些地区网民在总人口中的比例也是很低的。

网民在地域分布上的不平衡，反映了经济因素对于人们上网的影响。这种差异也在很大程度上体现了“数字鸿沟”的存在。

“数字鸿沟”（digital divide，也有人翻译为数码区隔），目前并没有统一的定义，比较流行的一种定义是，指在信息时代因地域、收入、教育水准和种族等原因而形成的在数字化技术掌握和运用方面的差异，以及由此导致的不同群体在社会中面临的不平等现象。

地域因素是造成“数字鸿沟”的重要原因，即使是在信息水平较高的发达国家也是如此，在中国，这一现象也十分突出。

从内容方面看，目前，多数网站定位的服务对象是大中城市和经济发达地区的网民，而对欠发达地区的网民需求的研究，还有所不足。从某种意义上说，这种空白，也是未来新的发展空间。填补这一空白有助于缩小与消除“数字鸿沟”。

第二节　网络受众的需求

网民都是基于各种需求上网，网民需求可以表现为显在的功能诉求和内在的心理诉求两个层面。

一、网络受众的显在需求

表 7—8 显示了 2008 年 1 月发布的 CNNIC 的网民调查的部分结果。虽然这只是一次的调查数据，但是，它在一定程度上反映了这些年来网民显在需求的基本状况。

表 7—8　　　　　　　　　　　　中国网络应用使用率

网络应用		使用率	用户规模（万人）
互联网基础应用	搜索引擎	72.4%	15 204
	电子邮件	56.5%	11 865
	即时通信	81.4%	17 094
电子政务		25.4%	5 334
网络媒体	网络新闻	73.6%	15 456
	更新博客/个人空间	23.5%	4 935
数字娱乐	网络游戏	59.3%	12 453
	网络音乐	86.6%	18 186
	网络影视	76.9%	16 149
电子商务	网络购物	22.1%	4 641
	网上支付	15.8%	3 318
	网上银行	19.2%	4 032
其他	网络求职	10.4%	2 184
	网络教育	16.6%	3 486
	网上炒股票基金	18.2%	3 822

资料来源：www. cnnic. net. cn。

总体来看，网络受众的显在需求主要为：信息需求、交流需求、娱乐需求、生活需求、工作与学习需求等。

从横向比较来看，网民对于网络的首要需求仍在信息需求方面。但是交流需求与娱乐需求已经在接近信息需求。相对来说，在生活方面对于网络的依赖程度还较低。

从纵向发展来看，网民对于网络作为信息渠道的需求是在下降的。1999 年 1 月 CNNIC 发布的调查报告显示，将查询信息作为上网首要目的的网民比例达 95%，而 2008 年 1 月发布的调查显示的数据出现了明显的下降，例如，上网以看网络新闻为主要目的的网民比例为 73.6%。与之形成对比的是，1999 年 1 月的调查显示，为娱乐游戏目的上网的网民比例为 35%，2008 年 1 月的调查数据中，网络游戏为9.3%，网络音乐为86.6%，网络影视为76.9%。

2008年1月发布的CNNIC调查结果显示中国网民前七类网络应用的使用率高低排序是：网络音乐＞即时通信＞网络影视＞网络新闻＞搜索引擎＞网络游戏＞电子邮件。这体现出中国网民娱乐需求、社交需求的进一步增强。

艾瑞咨询整理IBM的数据则显示，美国网民对社交主题的网站的兴趣度要高于其他类型的网站。约有45%的美国用户使用过社交网站，29%的用户访问过由用户产生内容的网站，24%的用户使用过类似于iTunes这样的提供音乐服务的网站以及提供付费电视内容的网站。美国网民对这些类型网站的访问比例情况折射出当前整个美国互联网的整体环境，诸如Facebook、YouTube、last.com等具有鲜明特征的网站正在成为人们访问互联网的首要选择之一。①

这样一种需求变化，也从一个方面体现了网络的功能与角色的发展，网络在初期表现得更为突出的是媒体属性，而随着它的不断发展，网络作为一种多功能的生存平台以及作为社会存在的属性在日益凸显。网络不再仅仅是拟态社会，而是正在变成社会的一部分。

从显在需求看，网民需求在一定时期后会达到停滞状态。如果不能有效地激发他们的新需求，他们对网络的满意度就会下降。

二、网络受众的内在需求

传统媒体时代的相关研究已表明，在人们对媒体的直接功能需求下面，隐藏着更为复杂的动机，也可以说内在的需求。美国传播学者卡茨、格里维奇、赫斯等人，将人们对媒体的需要分成以下五类。

认知的需要：获得信息、知识和理解；

情感的需要：情绪的、愉悦的或美感的体验；

个人整合的需要：加强可信度、信心、稳固性和身份地位；

社会整合的需要：加强与家人、朋友等的接触；

舒解压力的需要：逃避和转移注意力。

学者D.麦奎尔则通过在20世纪60年代开始对人们利用电视媒介的情况进行调查，提出了电视媒介的几种功用②：

---

① 参见《美国网民对社交网站的兴趣普遍高于其他类型网站》，http：//news.iresearch.cn/charts/70159.shtml。

② 参见郭庆光：《传播学教程》，182页，北京，中国人民大学出版社，1999。

心绪转换效用——提供消遣和娱乐，帮助人们“逃避”日常生活压力，带来情绪上的解放感。

人际关系效用——包括两种，一种是“拟态”的，即对节目中的出场人物、主持人产生的“朋友”或“熟人”的感觉；另一种是“现实”的，即通过谈论节目内容，可以融洽家庭关系，建立社交圈子等。

自我确认效用——即电视节目中的人物、事件、状况、矛盾冲突的解决办法，可为观众提供自我评价的参考框架，通过这种比较，引起对自身行为的反省，并在此基础上协调自己的观念和行为。

环境监测效用——通过观看电视节目，获得与自己生活直接相关的各种信息，及时把握环境的变化。

网络受众的需求，实际上也是在这样一个框架里的。具体来说体现为：

1. 心绪转换。

网络作为一个虚拟空间，可以使人们在不暴露自己身份的情况下，与他人进行交流，也可以按照自己的意愿去接触与使用信息，因此，网络通常也被看成一个减压阀。人们在网络中减轻压力的方式主要有：通过接触轻松的信息，改变自己的心情；通过聊天室、BBS等发表自己在现实空间不敢发表的言论，或者通过与人辩论、争吵进行宣泄。

有人把网络的这种功能，称为“去抑制”功能。所谓抑制是指现实生活中人们因为各种内心准则或社会规范的制约而表现出的行为自我克制。这种克制，是保证社会秩序和和谐的必要条件。而在网络上，由于种种不同于现实生活的环境条件，这种克制大大减弱甚或不复存在。人们的行为便出现一种“解除抑制”的特点。

很多人认为，网民在网络中是无聊的、庸俗的、非理性的，并由此对网民的素质提出质疑。但是即使在网络发展的早期，在中国网民整体构成以高学历网民为主的情况下，网络中也同样充满了无聊的、发泄性的言行。事实上，从需求角度入手进行分析可以在一定程度上认识网民行为的深层原因。

2. 人际关系。

与传统媒体相比，网络本身虽然是“虚拟”的，但它带来的交流感却是现实的。例如，在传统媒体中，人们与节目中的人物、主持人的关系只能是“拟态的”，只能在远距离观看，并且，很少能实现与他们一对一的交流。而在网络中，受众可以通过电子邮件或聊天室等实现与记者、编辑、主持人或新闻人物的一对一的交流，直接感知对方。

除了这种与传播者的交流外，受众之间的人际交流，是网络中最普遍的需要之一。在人际交流的范围、方式、深度、频率等方面，网络人际交流也有一定优势。从某种意义上看，网络促进了人际交往，也改善了一些人的人际交流质量，同时，也可能带来另一种负面影响，即一些人与身边人的交流反而会减少。但是，我们并不能简单地认为网络带来人际关系的疏离，而需要对现实的人际交流进行反思。

3. 自我确认。

传统媒体传播的新闻或其他节目，大多具有明确的、社会公认的价值观。这为人们的自我确认提供了清晰的参考。而在网络中，各种价值观都可能被传播，人们常常处于一个十分矛盾、复杂的环境中，这可能使他们难以判断什么样的行为或观念是可以作为参考的，因此，对有些人来说，这增加了“自我确认”的难度。但是，这也可能带来另一种倾向，即他们会更依赖于自己所处的某个狭小的社区空间来进行自我确认，而不太关注网络社会这个空间的整体环境。这意味着，社区对人们的自我判断与社会认知的影响会日益增加。

4. 环境监测。

网络会像传统媒体一样，成为人们了解外界信息、把握环境变化的一种重要手段。

但与其他媒介不同的是，网络不仅仅是一个信息传播的渠道，还是一个生活的空间。这使得网络不仅仅是一种拟态环境，它也成为真实环境的一部分——尽管这个环境是以数字化为基础的。也就是说，网络不仅是环境监测的手段，它本身也将成为一种环境。

应该注意的是，网络受众的活动，往往是多种需求的相互缠绕。也就是说，网络受众并不是孤立地去实现某个方面的需求的。一个网站越是能多方位地实现用户需求，就越容易使用户产生对它的忠诚度。

第三节　网络受众的总体特征

与传统媒体的受众不同，网络受众具有自己鲜明的特点。这些特点的产生，一方面依赖于网络技术，另一方面则依赖于网络所提供的环境。

一、个体性

在传统媒体中，受众的概念指的是“较大数量的”、“异质的”传播对象，即传统媒体的传播对象是“不定量的多数”。传统媒体正是在这一前提下，来研究自己的受众定位，并采取相应的传播与服务策略的。

网络技术使受众作为一个“个体”存在有了意义。如尼葛洛庞蒂所说，在数字化生存的情况下，我就是“我”，不是人口统计学中的一个“子集”①。从这个意义上看，网络“受众”更应该称为“受者”。

传统媒体的传播方式是“点对面”的，个体只是作为受众中的一员存在，任何一个传媒组织都不会针对某人的特别需求来进行传播。在传统大众传播媒介中，受众的个别需求通过受众自己在“大众化”的信息产品中进行挑选而得以部分满足。而网络却使“点对点”传播成为可能，也就是网络能够为个体“量身定做”，提供他所需要的有关信息。这就是我们所说的“个性化”服务。

当然，由于技术的限制，目前网络中所提供的“个性化”服务还只是处于初级阶段。它更多地指将网站已有的内容，按照用户的需求进行组合。如一个网站有时事、文化、体育等方面的新闻，那么，给甲提供的是时事、文化，给乙提供的可能是时事加体育，而给丙提供的则是文化与体育。有些网站的界面可以提供几种简单的选择，即什么样的内容放在什么位置，读者有一定的决定权，但挑选余地也是很小的。这些应该说只是一种粗略的个性化的满足。

真正的个性化服务的含义是什么，现在很难下一个定义。尼葛洛庞蒂对此有几个理想化的设想，也许可以成为一种参照：

> 在后信息时代里机器与人就好比人与人之间因经年累月而熟识一样：机器对人的了解程度和人与人之间的默契不相上下，它甚至连你的一些怪癖（比如总是穿蓝色条纹的衬衫）以及生命中的偶发事件，都能了如指掌。②
>
> 假如有家报业公司愿意让所有采编人员都按照你的吩咐来编一份报纸，又会是什么情景呢？这份报纸将综合了要闻和一些“不那么重要”的消息，这些消息可能和你认识的人或你明天要见的人有关，或是关于你即将要去和刚刚离开的地方，也可能报道你熟悉的公司。……你可以称它为《我的日报》。③
>
> 数字化的生活将改变新闻选择的经济模式，你不必再阅读别人心目中的新闻和别人认为值得占据版面的消息，你的兴趣将扮演更重要的角色。……未来的界面代理人可以阅读地球上每一种报纸、每一家通信社的消息，掌握所有广播电视的内容，然后把资料组合成个人化的摘要。这种报纸每天只制

① ［美］尼葛洛庞蒂著，胡泳、范海燕译：《数字化生存》，192页，海口，海南出版社，1997。
② 同上书，193页。
③ 同上书，182页。

作一个独一无二的版本。[①]

但是，他的这些描述在目前还只是一种理想。

“个体化”是网络媒介的技术特点所带来的理论上的结果。但是，它的真正实现，靠的是“人”，即提供网络信息服务的网站。而网站的观念、人员及提供个性化服务所需成本等问题，都可能成为种种障碍。

而过分个性化的服务，也可能削弱网络作为大众媒体进行社会整合的功能，人们沉浸在个人的世界里，一种可能的危险是他们对于环境的感知与判断能力的下降。因此，单纯强调网络服务的个性化也是不可取的。

另外，网络受众还具有“社会性”的特点，这个特点会限制他们的个性的形成与发展。“个体性”更多地只体现在服务的理念与手段方面，而不是体现在网民的行为与观念方面。

二、社会性

虽然网络传播中的受众有着“个性化”的一面，但是，也应该看到，他们还有社会性的一面，而且这一特点与传统媒体时代相比显得更为突出。前文提到，网络传播带来了受众的连通性，受众在网络中进行信息消费或从事其他活动，往往会受到别人的影响或干扰，他们的“个性化”行为的背后，往往隐藏着非常强烈的网络社会环境的因素。

这种社会性突出表现在以下几方面：

1. 网民个体的信息消费作为一种社会行为直接作用于信息生产。

网民的点击、转发、评论、“投票选举”（digg）等，都会对他人产生影响，当个别行为集合起来时，更是有可能对网络信息传播的大局产生影响，并由此形成一种调节机制，作用于信息生产。

2. 受众间相互信息引导的线索越来越深地编织到整个网络信息引导网络中。

“人肉搜索引擎”在近两年越来越受关注，“爱问知识人”、“百度知道”、“大众点评”等社区或网站人气不断攀升，运用社会书签技术的“网摘”类网站广受欢迎，这都表明受众间的信息引导已经与由搜索引擎等所形成的信息引导网络紧密交融。

尽管受众间的相互引导在一定程度上会降低人们在网络中获得特定信息或知

---

① ［美］尼葛洛庞帝著，胡泳、范海燕译：《数字化生存》，181页，海口，海南出版社，1997。

识的成本，但是，这种引导未必总是正确的。毕竟受众间的引导只是一种义务奉献而不是一种职业工作，没有职业水准约束的受众间的相互引导，很难保证整体水平。有些意见领袖带来的从众与跟风行为，甚至可能产生严重的后果。

但不管怎样，受众之间的相互引导的线索日益复杂，其力量也在日益强大，人们对于信息的选择，对于知识的获取，已经越来越多地受到这种力量的影响。

3. 网络的互动氛围在很大程度上影响着个体态度与行为，并形成群体效应。

在网络中，人们最终对信息的评价，往往不是基于自己的独立判断，而是在人际传播或群体传播渠道中与他人互动后形成的一种认识。这种认识，甚至会超越某一个别信息，而影响到个体对更高层面事物的判断。人们的意见表达以及行为方式，也是与他人互动的一种结果。

4. 网络成为个体能量聚合为社会能量的一个重要方式。

网络特别是 Web2.0 技术赋予了个体更大的潜在能量，这种能量可能随时被激发为社会能量。而网络还可以将个体能量聚合起来，产生强大的社会冲击波。这种能量的聚合效应，主要表现在网络议题、网络舆论、网络事件等方面。当然，由于群体效应的存在，这种聚合力并不只是产生积极的效果，它所产生的消极影响也是令人忧虑的。

这种能量聚集不仅作用于网络信息生产与消费，更是作用于网络社会与现实社会这些更宏大的系统，它们将影响到社会生态的变化，也会对社会文化的形成与发展产生不可忽视的作用。

网络技术的发展，正在使网络受众的社会性特征表现得越来越明显，其影响也越来越深刻。

三、虚拟性

与传统媒体的受众不同，网络的受众是在网络这一虚拟环境下，来接受网络信息或服务。很多时候人们完全不使用名称而进入“全匿名”状态，或使用昵称这样一种假名进入“半匿名”状态。但“匿名”状态并不一定意味着人们的表现是虚假的。美国网络专家埃瑟·戴森认为：“假名更可能是这样一种面具：人们使用它来表现自己的真实面目而不是隐藏自己的本性；或者说它允许一个人真正表现其性格的某一方面。”① 相对现实空间而言，网络为人们提供了一种放开自

① ［美］埃瑟·戴森著，胡泳、范海燕译：《2.0 版数字化时代的生活设计》，70 页，海口，海南出版社，1998。

己的环境。在“匿名”的状况下，受众会更加追求在物理世界里得不到满足的需求。网络提供了一种满足边缘性与补充性需求的功能。

但网络中其实很难有完全的、无条件的“匿名”，从技术上来说，对网民进行定位与跟踪都是可以实现的。“匿名”是有条件的，有时甚至是网民的自我错觉。网络受众可以在网络空间中自由决定身份这样一种特性，用“虚拟性”来表达更为确切。

虚拟性意味着受众是用符号的方式来进入网络世界，这个符号可以是他的本名，也可以是昵称，即使他不用任何名称，那么他的IP地址也是与其对应的一个符号。尽管目前更多的人是用动态地址方式上网，因此，IP地址是经常变化的，但是，IP地址可以提供网民所在位置的线索。

虚拟性意味着网络受众对自己的角色可以进行多重设定，自由分解。人在网络环境下的表现，往往不是单一的。有时人会在不同心情下或不同环境里扮演不同的角色。这样，一个受众可能会分化成几个不同的看上去完全不相关的人。有时甚至受众自己，都很难对自己作出准确描述。

因此，网络受众不像物理世界的受众那样清晰可感。传统媒体通过统计数据来描述受众的方法，在网络世界也往往显得有些无能为力。

要更好地了解“虚拟化”的受众，仍应借助传统的心理学、社会心理学等理论。埃瑟·戴森认为：“网络会对人类机构带来深刻变化，而对人性则没有什么影响……网络会使人性和人类的多样化得到张扬。”[①] 她的话是有道理的。虽然从表面看，有些人在网络中面目全非，但一个人在网络中会变成什么样子，总是有他的现实基础。应该说，网络生活还是一面镜子，只不过更像哈哈镜，它把人的某些特征夸大，某些特征缩小。但是如果没有现实的人，就没有镜中的像。

在现实与虚拟世界中，人的心理并没有发生本质的变化。只是因为环境的变化，有些心理表现会较现实环境中更强烈一些，有些则要淡薄一些。因此，只有通过对人的深层心理研究，才能更好地理解与把握网络受众。

四、自主性

网络技术使得受众根据自己的需要“拉出”信息成为可能，也就是说，受众可以更加自由地选择自己喜欢的网站、信息或服务。更重要的是，受众的媒介消

---

① ［美］埃瑟·戴森著，胡泳、范海燕译：《2.0版数字化时代的生活设计》，15页，海口，海南出版社，1998。

费行为，在时间上和空间上有更多的自主性。他不必再根据电视台、电台的时间表来安排自己的行动，也不一定要在某个固定的空间里来看电视。在传统媒体时代特别是电视时代，人们的生活规律，往往要更多地受到媒体节目的影响，例如，为了收看一个自己喜欢的电视节目，人们也许不得不放弃其他社交活动。而在网络时代，人们对于自己的日程，有了更多的决定权。

受众的自主性对于媒体的权力是一个挑战，因为这意味着媒体的传播意图并不总是能得到充分实现。这促使网络媒体不断研究受众的需求、心理及行为习惯，在传播内容、手段、方式等方面作出相应的变革。

五、参与性

我们一直在强调，与传统媒体的受众不同，网络受众不仅仅是接收者与旁观者。网络受众更多地加入到传播过程中，他们可以提出自己对信息的需求，可以对传播的内容提出看法，也可以将自己认为有价值的信息放到网上传播。正如上一章所说，网络受众不仅是新闻的消费者，也是新闻的一种生产力量。

参与性不仅仅意味着传播者与受众之间界限的模糊，也不仅仅意味着受众地位的提高，它还意味着网上信息内容的多样性、传播过程的复杂化，以及网络意见的多元化。

第四节　网络受众的代际差异

网络中存在着各个年龄段的网民，从另一个角度看，也表明网民可以划分为不同的代际群体。

对生活在不同年代的人来说，呈现在他们面前的社会景观不一样，所拥有的社会机会和所受到的社会限制不一样，当社会变化对一代又一代的同龄群体产生不同影响时，生命轨迹的历史效应就会以同龄群体效应（cohort effects）或代际效应表现出来。

这种代际效应在网络中也可以表现出来。按照目前的统计数据，如果粗略地划分的话，目前中国网民主要可分为四代人：20 世纪 60 年代出生的一代、20 世纪 70 年代出生的一代、20 世纪 80 年代出生的一代、20 世纪 90 年代出生的一代。尽管以十年来分“代”也许并不科学，但是，本书只是试图提供一种网民研究的视角，这一方面可以为研究社会的变革提供一种新的视野，另一方面，也可以为更充分、深入地研究网民的行为方式与价值观以及网民差异提供一种基础。

每一代网民，由于其出生与成长的时代背景不同，会显现出不同的行为特点。

有人是这样描述20世纪60年代出生的人的成长历程的：

> 童年。没人管没人问，在野地里疯玩，时代的震荡偶尔经过他们并非十分在意的眼帘。
>
> 少年。上中学，毕业后有的上大学，有的赋闲；经历平凡，校园平静。写诗、唱歌、读书、幻想。
>
> 成年。上班，进入社会。社会开始变幻。从国家而言，这是从政治本位向经济本位的转化；就他们而言，生活开始从玩味滑向无玩味，从精神世界落向无精神的世界。世界突然开始加速度了。①
>
> 我们的前一代有他们沉重的历史碎片咀嚼，而更为年轻的70年代后出生的一群已紧迫我们，让人徒生一事无成之叹。在他们中正在盛行的是轻的美学：冒险、游戏、情调、节日氛围、情人节和生日派对、好奇、有用和对发迹的向往。他们因此要比我们活得更漂亮、更轻松。但我们还是得勉为其难地表演着……这一群人或许是具有根的意识、具有历史感的最后一代，紧随他们身后的一群，已用轻的美学消解了历史的沉重。但这一代在看到神界的同时，也不放弃世俗的体味和玩乐，这又与他们的前辈区别了开来。他们在精神形态上的“悬空”，使他们有可能在50年代到90年代成为最不引人注目，又最容易被忽略的一代……②

当然，要对一代人作出准确的描述与分析，显然不能靠这寥寥几行文字。但是，总体来说，20世纪60年代出生的人最重要的背景就是，这一代人经历了建国后两次最重大的转折：“文化大革命”与改革开放。作为“红小兵”的一代，与他们的兄长“红卫兵”一代相比，他们没有机会参与“文化大革命”，对它所造成的灾难也没有深刻的感受。但他们是改革开放的体验者和受益者。与他们的下一代不同，他们亲身经历了国家从封闭走向开放的全过程，国家的开放也是他们走向成熟的过程。他们受到的外来思潮的冲击，比其他几代人更直接。但他们需要自己去伪存真。因此，他们更具有怀疑精神，他们接受新鲜事物的过程相对

① 李皖：《这么早就开始回忆了》，载《读书》，1997（10）。

② 赵柏田：《出生于六十年代》，载《书屋》，1998（3）。

来说会更慢一些，但一旦接受，可能就会非常执着。

对于这一代人来说，网络对他们的生活也带来了影响，也有些人热烈地投身到网络，成为网络的建设者或使用者。但是，与更年轻的网民相比，20世纪60年代出生的人，更多的是把网络作为一种工作与学习的手段，而不是生活方式的全部。相对而言，他们在网络中从事的活动更多的是使用邮件和其他信息服务，而不会把时间过多地花在聊天室里。一般来说，他们的网上活动更有规律，例如常访问的站点，常去的BBS等。

20世纪70年代出生的人，是目前中国网民的主力。但这一代人比60年代出生的人更特殊，按照70年代出生的人自己的看法，这一代人实际上又可分为三"代"：

> 70年代可划分为早中晚三个时期。70年代初期出生的人，儿时很多是伴随着各种票证长大的，配给式的供应，家家户户一样的三十来元钱工资，每逢中午在刘兰芳的长篇评书《杨家将》中写作业，而作文的结尾总有这么一句："我现在要好好学习，长大了为四个现代化贡献自己的力量。"物质匮乏的生活，简单一致的传统教育，在观念上70年代初期出生的人与60年代出生的人没有太大的区别。
>
> 70年代中期出生的人，随着那一年那个重大历史事件的产生，渐渐地，统一模式的生活开始有所打破。在黑白电视机前，兴冲冲地看铁臂阿童木看姿三四郎，看父母调工资了买有奖贴花了使劲地攒钱买冰箱彩电洗衣机，星期六忙着去学琴学画上奥林匹克数学班，要学有所长这是家长和老师的期望。
>
> 70年代末期出生的人，像那首歌中所唱的"我们讲着春天的故事，改革开放富起来"，快速发展的经济生活让这一茬人从小就尝到蜜糖。物质生活自不言说，肯德基麦当劳比萨如家常便饭，港台歌星耳熟能详，国外巨片流行榜上的川流不息，到外企工作到国外念书，70年代末的人选择的空间更加广阔。①

尽管70年代人的整体特征不是那么明显，但70年代出生的人属于承上启下的一代。这也表现在他们的价值观与生活方式上，正像他们自己所宣称的：

> "文革"我们没赶上，所以我们不需要指挥，也不需要英雄。我们有自

---

① 云淡风轻：《七十年代和沟》，http：//www.xici.net/b84066/d1671354.htm。

己的个性和自由。我们呐喊，但不打砸抢；我们尖叫，但不“一言堂”；我们实干，但不拿“五一”劳动奖章。我们就是放纵和自由，就是自己给自己找乐，就是苦苦寻求自身价值。我们尝试，尝试用灵魂来拷问人性，尝试用皮肤来写作文学，尝试用眼球来衡量价值；我们自主，旅游玩自助，未婚先同居，看球踢掉老婆，开发软件与打麻将一样可以连熬三个通宵；我们放纵，在酒吧玩蹦极跳，在厨房玩爱情，在网上玩虚拟；我们自由……这就是我们，这就是70年代。50、60年代正在老去，我们正在成为这个社会的中坚。

我们没有赶上新人类，但跳舞毯我们一样地玩，袋袋裤我们一样地穿，摇头丸我们一样地吃，我们也把头发染红，穿迷你裙也穿旗袍，也出国念书，也逃学旷工。总之，80、90年代的新人类，还不能说我们老。我们没有文学，但有思想；没有艺术，但有个性。哪像80、90年代的新人类，把人家的垃圾当饰物戴在头上，把国外的洗澡水当香水浇在身上，把50、60年代的老皇历和指挥棒扛在肩上；脚上穿着旱冰鞋还只能在自家院子里溜，放个风筝还被父母拽着线，摇头丸一吃就吃到了海洛因。……①

20世纪70年代生人更直接地体会了国家改革开放，特别是社会转型中发生的一系列变革。这些变革既给他们带来沉重的压力，也给他们带来了丰富的机会。与20世纪60年代出生的人相比，70年代出生的人更容易接受和尝试各种新鲜事物。对于网络，更是如此。他们会积极地追逐新的网络技术，尝试不同的服务，以不同的身份活跃在不同的聊天室或BBS里，他们花在网上的时间更长。他们更容易接受网上消费乃至其他网上生活、工作方式。

20世纪80年代出生的网民，目前是一支正在兴起的新生力量。而很快他们就会成为网络受众的主力。他们也常常被称为“80后”。他们也是中国最早的独生子女一代。这一代人，特别是城市出生的人，有着天然优越的环境。这一代人自称为“新新人类”。他们一般有很强的进取心和成就欲；敢于自我设计，行为自主，个性独立，富有冒险和创新精神；爱学习，不断追求新知识、新技能，注重个人综合素质的提高；视野开阔，追求高品质时尚的生活。

“80后”的人，对自己这一代人的特点，也作了很多的描述，一个在网络中被广泛转贴的帖子说道：

我们是怎样的一代人：

---

① 熊平等：《告诉你一个真实的70年代》，http://culture.163.com/edit/000711/000711-31960.htm。

当我们读小学的时候，读大学不要钱；
当我们读大学的时候，读小学不要钱；
我们还没能工作的时候，工作是分配的；
我们可以工作的时候，撞得头破血流才勉强找份饿不死人的工作做；
当我们不能挣钱的时候，房子是分配的；
当我们能挣钱的时候，却发现房子已经买不起了；
当我们没有进入股市的时候，傻瓜都在赚钱；
当我们兴冲冲地闯进去的时候，才发现自己成了傻瓜。①

上面这段文字生动地说明了中国社会环境发生的变革，这种环境的变化也在很大程度上影响到这一代人的行为方式与价值观。有网友总结了“80后”的100个特点，其中包括：

打折卡比银行卡多
长期喝一个品牌的饮料
如果戴眼镜，一定是扁平黑框的
所有电器都不看说明书
尽量使用自助办理业务
饿了就吃，饿了才吃
使用最多的称呼是同学
可能有两个手机，但没有一个座机
痛恨人际关系
早晨从中午开始
认为幽默感是做人的根本
英语的听说能力大大强于读写能力
鄙视娱乐报纸，但要上娱乐网站
永远觉得别人不可能了解自己
写博，但绝不呕心沥血
不看500字以上的帖子
网友成为朋友，朋友成为网友
MSN名字一天至少换一次
不问问题，只查Google

① 其原始作者与出处已无法查证。

熟知每家K房的歌曲
喜欢看广告
热衷于研究星座运势
任何工作都和电脑有关
拥有一个以上的MP3
很少打电话，经常发短信
…………[1]

虽然这些特点的总结未必是全面的、准确的，但是仍得到很多“80后”网友的认同。

这一代人接触网络大多是十分自然的，不必经过“扫盲”的过程。网络深刻地渗透到他们的生活中。与前两代人相比，他们的生活才是真正意义上的数字化生活。

20世纪90年代出生的网民，主要是中小学生。根据CNNIC的调查，他们在中国网民中的比例已经达到17%左右。这一群体更天然地与网络融合在一起，他们虽然现在还没有充分显示出代际群体的特征与影响力，但是，作为完全在网络媒体时代中成长的一代人，他们对于未来的网络媒体及其他大众媒体的影响是至关重要的。天天上网却几乎不看报纸的这一代人，可能会在传统媒体形态的变化及市场变局中，成为重要的砝码。

第五节　网络受众的类别划分

受众的网络活动既带有时代特征，也会因为需求、个人性格、年龄、上网的阶段等因素形成一定的类别差异。从宏观来看，研究不同类型网民的需求与行为特征，对于研究网络文化以及网络社会生态的形成与发展具有重要意义；从微观来看，这种研究，也可以指导网站的管理与经营。而研究网络受众的类别，需要找到科学的类别划分方法。

下面我们借用西方学者的研究，来说明科学地进行网络受众类型划分的思路。[2]

一些西方研究者在研究人的交往时，对人的社交类型进行了分类，指出，人

① 其原始作者与出处已无法查证。
② ［澳］迈克·高弗雷著，魏知明译：《目标营销策略》，6～21页，北京，中央编译出版社，1998。

的社交类型可以由“控制指标”和“情绪指标”两方面来加以衡量。

“控制指标”衡量的是一个人的主动性。在这方面，根据相应指标的高低可以分为“主动行为”和“被动行为”两个极端。

主动行为被描述为：好强的、武断的、健谈的、爱支配别人的、好打断别人的、不可抗拒的、强制的、固执己见的……

被动行为被描述为：安静的、依从的、附和的、注意倾听的、随和的、易合作的、平和的、不肯定的、优柔寡断的……

“情绪指标”被用来衡量人际交往中的情绪成分。在这方面，根据相应指标的高低可以分为“外向的行为”与“内向的行为”两个极端。

外向的行为被描述成开放的、热情的、友善的、快乐的、感情丰富的、冲动的、善于表达的、合群的、善交际的、外向的、想象力丰富的、具有创造性的……

内向的行为被描述成封闭的、保守的、谨慎的、迂腐的、小心翼翼的、没有感情的、井井有条的、难以交流的、逻辑性强的、守纪律的、神秘的、固执的……

用这两个指标的四个维度，可以将人分成四种类型：

主动＋外向＝开创者

被动＋外向＝促进者

主动＋内向＝控制者

被动＋内向＝分析者

而不同类型的人，他们的需求是不尽相同的。

控制者：成就、结果、成功、取胜

开创者：被认同、被注意、赞扬

促进者：关系、协调、友谊

分析者：信息、完美、精确

以上四种类型的人，在网络中都是存在的，人的不同类型与他的需求相结合，就会形成他们网络活动的不同特征。

网络是人际交往的重要空间，人际交往也是多数网民的重要网络活动。因此，从社交类型的角度来研究网民的类型是有价值的，在实践中也具有指导意义。

当然，上述划分仍然只是网络受众类型划分的一个角度。但它说明了进行网络受众类别细分的一种思路。

要进行科学的分类，首先需要选取若干具有典型意义的指标。

如果指标只有一至三个，每个指标有两个极端值（如最大值与最小值），则可以运用它们来构造相应的坐标体系。这种坐标体系的构造，应该使每一个研究对象都能并且只能位于坐标中的一个点上。一个人的类型是由其他几个指标（变量）的取值来决定的。上述社交类型正是依据这种思路建立起二维坐标系的。

如果指标很多的话，就需要进行多维变量的组合。但如果要进行简单明了的分类，一般情况下，指标不宜过多，否则就会使类型划分过于复杂而失去分类本身所应有的归纳意义。

在不同的目标下，网络受众类型划分的指标体系是不同的。例如，如果以市场定位为目的，那么，划分的指标可主要参照市场营销学进行人口细分的指标，包括地理变量、人口变量、心理变量和行为变量等，后文将对此作进一步介绍。如果研究网络社区的结构关系，那么，社交类型指标体系是可以借用或参照的。另外，也有研究者专门构建了网络社区成员的划分指标，本书第四章也作过相应介绍。

第六节　网络环境下的受众心理

对于网络的研究，很多时候涉及网民的心理。网络环境是否改变了人们的心理作用机制，这是很多研究者非常关注的。但不少研究表明，网络并不会改变人们的心理，它只是改变了心理机制作用的环境。因此，研究网络中的受众心理，仍然需要从传统的心理学、社会心理学研究中寻找基础与依据。

一、匿名环境与网民心理

当我们谈到网络时，最容易想到的就是匿名，很多人由此联想到匿名心理。但网络匿名环境是否就一定引发匿名心理呢？

匿名心理，在社会心理学中，指的是在一种没有社会约束力的匿名状态下，人可能失去社会责任感和自我控制能力。

这里所指的匿名，是指人们确确实实彼此互不认识，也很难存在事后追究责任的可能。在这种情境下，人们失去自我控制，是可以理解的。

而在网络环境中，人们也常常自认为处于一种“匿名”状态。正如国外学者斯普拉尔和基斯勒 1986 年提出的“缺失社会情境线索假说”所指出的，在面对面的互动中充满着各种社会情境线索，包括个人的职位、环境、表情、动作等，这些线索会影响人们的行为，但是源于网络上的匿名因素，以网络为媒介的传播则无法承载这些社会线索，一旦去掉这些线索，社会的控制和规范会减少，从而使网络成为一个参与者平等的领域。①

但是，缺失社会情境线索这一条件，并非在网络的任何空间中出现。一般情况下，网民都有自己的代号，如果是在一个比较稳定的社区里，每个人的代号也是相对固定的。这时，虽然网民之间不一定知道彼此的真实身份，但是，每个人在社区里扮演的角色是相对稳定的，社会情境也是比较确定的，这种情境虽然不一定带来物理空间的功利性影响，却会对网民在网络空间中的价值判断、行为方式、情绪态度甚至去留产生影响。例如，如果一个人做出了违背大家意愿的事，他就可能遭受冷落甚至被赶出社区。

另外，每一个上网者都有 IP 地址，对于网络管理者来说，他们可以通过 IP 地址来查找某一个违法行为的责任人。在网络技术进一步发展的情况下，如果每个人都拥有静态的 IP 地址，那么，个人与 IP 地址间更容易形成一种固定的对应关系。这时网络受众会更加体会到，IP 地址实际上使他们在某种意义上不再是匿名的。这会促使他们加强对自己的约束。

台湾研究者魏荣君将网络匿名传播分为四种类型：可追踪匿名传播、不可追踪匿名传播、可追踪假名传播、不可追踪假名传播。② 他所说的假名指用 ID 的方式。但是，事实上，从技术角度看，网民的活动都是可以追踪的，只是有时成本较高。因此，在网民活动没有引起太大的社会影响的情况下，相关部门不会对他们进行追踪。

所以，网络的匿名并不是完全意义的匿名。在人们对于网络的技术特性还不太了解的情况下，可能会自认为是匿名的，在初期，他们基于这种一种判断，可能会出现自我控制能力减弱、攻击性增加等情况，这往往是为了解除现实世界带来的心理抑制，进行自我宣泄。但是随着他们对于网络了解的日益加深，他们对于网络“匿名”的实质的认识会加深，因此可能会调整自己的行为。

从长远来看，网络匿名的“保护性”，主要只能作用于网民在网络中的孤立的个人行为方面，其前提是，他们的所作所为不会给他人带来危害，不会产生不良社会影响。而在与其他网民交往，特别是在熟人社区活动时，约束力仍然存

---

① 参见崔倩、周葆华、刘芊芊：《网络上的沉默者和活跃者——以复旦大学计算机系局域网（8net）BBS 使用者为例》，http：//bbs. chinalabs. com/277074. html。

② 参见魏荣君：《资讯伦理与规范》，http：//210. 240. 226. 95/jcw/attachment/1192070525 _ 0. ppt。

在，匿名带来的影响也会越来越有限。当然，个体可能会受群体影响而出现一些不良的言行，但这并非一定是匿名带来的结果。例如，在网络中出现的所谓“暴民”现象，更多地表现了“群体心理”，而非匿名心理。

二、虚拟环境与网民心理

从长远来看，网络环境给网民的主要影响不在于匿名环境，而是由于虚拟环境给个体带来的角色的自由选择与转换。

社会心理学认为，角色是指处在一定社会地位的个体，依据社会对个体行为的期望系统，在社会化过程中将社会期望内化为对自身的期望系统而获得和形成的外在行为模式。社会身份是社会赋予个体的，比如年龄、性别、国籍、职业、财富等。每一个个体都会拥有多个身份，这在社会心理学中被称之为“角色丛”（role set）。在社会生活的不同场景中，人们必须不断地变换自己的角色，以适应这些场景的特殊要求。根据角色的特征，可将其进行划分，如先赋性角色与获得性角色、活跃性角色与潜隐性角色、正式角色与非正式角色，以及现实角色与虚拟角色。

角色的社会心理学功能可以分为三种：互动（interaction）、规范（norm）和自我表达（self presentation）。

角色扮演（role playing）心理过程可以分解为角色获得（role taking）、角色扮演（role playing）和角色转换（role changing）几个方面。角色的卷入程度可以根据个体卷入（involvement）所扮演角色的程度来判定。

但网络赋予人们的是一种“虚拟角色”（virtual role）。与真实的社会角色相比，网络受众的角色不受社会环境的影响。它是一种获得性的角色，并且这种获得完全是出于个体的意愿。这种虚拟角色的功能，应以“自我表达”为主，兼有“互动”的功能，相对来说，“规范”的成分会少一些。

在网络中常常会有人谎报自己的性别，这实际上也是网民自由主动选择角色的一种表现。有些人是因为自己本来就存在性别错乱，在网络中选择另一个性别角色可以在一定程度上满足他们的心理需要。有些人是为了某些功利目的（例如取得别人的好感）而扮演另一个性别。也有些人纯粹是出于好玩。不管出于什么目的，这些人都是通过选择性别角色来表达自己或者与他人进行自己所希望的某种交往。

一个网络受众会在何时何地扮演何种角色，实际上是他内心的心理的一种直接反应。在某种意义上，受众在网络世界里的表现，主要与他在物理世界里的心理感受相关。因此，借助心理学的理论，我们可以从一定程度上来解释网络受众在自我角色认定背后的复杂心理。

心理学上有一种理论叫“认知失调理论”，它最早是由美国心理学家利昂·费斯汀格提出的。这一理论的基本出发点是，人们在观点、态度、行为等之间具有一种一致或平衡的取向，即两个认知元素之间要达到一致的趋向。[①]

所谓认知元素，是指一个人对自身、对自己的行为及对环境所了解的事情。两个认知元素之间的关系可以是无关、失调、协调。失调即指不一致、矛盾、不合适。

在费斯汀格看来，失调的原因包括：

第一，逻辑上的不一致，即两个认知元素在逻辑上是冲突的。例如，如果一个人认为人任何条件下也不能摆脱地球引力，但同时又认为人可以登上月球，那么，这两个认知元素就是处于失调的关系。

第二，文化习俗的相异。两个认知元素在某种情境下可能是完全不失调的，但由于某种文化习俗的规定，在特定的情况下就成为失调。例如，在某些国家，给人送白菊花是一件非常不礼貌的事，如果某人事先知道这一习俗而给他人送白菊花，那么，这就是一种认知失调。但换了一个环境，也许就不会有任何失调。

第三，观点的普遍性（一种观点包含在另一种更普遍的观点中）。两个认知元素从表面看并无失调，但由于其中一个认知元素是包含在另一个更普遍的观点中，而那个观点可能会与另一个认知元素产生失调。例如，一个美国的共和党人投票支持民主党的候选人。从表面看，这里不存在失调。但这个人是共和党人的认知，包含在这个人应该支持共和党候选人这个认知中，因此，失调就产生了。

第四，过去的经验。如果一个人站在雨中而没有被淋湿，那么，这两个认知元素是失调的，这是从他站在雨中必然被淋湿的经验中得到的。但如果这个人从来没有过淋雨的经验，那么，就不会有失调。

此外，其他学者认为，认知失调的原因还应包括：承诺、意志、责任等因素。费斯汀格还认为，认知失调的程度取决于认知元素的重要程度。越是重要的认知元素，所能带来的失调也就越严重。

当出现失调时，人们会努力减少失调，其方法是，改变行为认知元素（改变自己的行动）、改变环境认知元素（改变对环境的看法或改变环境）或增加新的

---

① 参见［美］利昂·费斯汀格著，郑全全译：《认知失调理论》，杭州，浙江教育出版社，1999。

认知元素（用新的认知元素来加以平衡）。同时，人们还会主动地避免可能增加失调的情境和信息。这导致人对于信息的高度选择性。

费斯汀格还研究了失调程度与人们的信息行为之间的关系。他发现，当很少或没有失调时，个体既不追求也不避免失调信息。中等程度的失调，导致最大限度地主动追求减少失调的信息，避免接触增加失调的信息。极度的失调，导致追求增加失调的信息，使失调增加到不能容忍的程度，从而使情境的某些方面发生变化，最终减少失调。

认知失调理论从一定意义上可以帮助我们认识人在网络世界里为什么会扮演某些角色。因为人在网络中的自主性，受众在网络中扮演的角色往往是要减轻他的某种认知失调，特别是在物理世界里的认知失调。例如，一些人在物理世界里，在对自我的价值认定方面，与他周围的人对其价值的认定会产生冲突。这就导致了他的认知失调，也就是我们通常说的“怀才不遇”。在物理世界，要改变这种失调是很困难的。因此，如果他有机会接触网络，他会认为这是改变失调的一种很好的手段，即通过改变环境来减少失调。这样的人，往往不满足于在网络中做一个看客，他必然要通过在网络中的积极参与，来体现自己的价值，并获得承认，他们给自己确定的角色，也就不是普通的受众，而是积极的传播者。一些网络写手，在物理世界默默无闻，在网络世界却是声名显赫。有人甚至以透支生命的方式沉迷于网络写作。在这背后，也许就存在着认知失调的强大动力。

因此，研究不同受众在网络中自我认定的角色或角色丛，以及这背后的心理动因，有助于认识不同受众在现实生活中的压力与困惑。

网络受众对自我角色的认定，不仅表现为他们在网上的行为，也可以直观地体现在他们的“代号”或“昵称”中。这些符号，可能产生于有意识，也可能产生于无意识，但都是自身的一种心理反应。

与此相关，目前在网上还有一种有意思的现象，就是网民通过停止使用某个“昵称”，来表达某种强烈的情绪。有些人将这称做一种“ID 自杀”。这种“自杀”现象的背后，除了包含某种潜台词外，还表明，网民已经意识到，网络虚拟角色的存在或消亡，已经有了某种实际意义。

三、互动环境与网民心理

网络也是一个社会。受众在网络中的活动，更多地体现为与他人的互动以及群体活动，网民的行为在较大程度上会受到他在网络中与他人的关系以及群体氛围的影响。

本书第三章已经介绍了一些社会心理学的理论，说明群体心理对于网络受众的影响。此处将进一步探讨网络互动环境对于网民心理的影响。

(一) 他人因素与个体心理

对于群体可能给个体产生的心理影响，费斯汀格的“认知失调理论”作出的解释是，社会群体是个体认知失调的主要来源，也是个体消除和减少可能存在的失调的主要来源。

减少由群体引起的失调的方法有：

一是改变自己的观点，使之与其他人的认知一致；

二是影响他人的观点，使之与自己的观点一致；

三是以某种方式使自己与别人不可比。例如，贬损别人，认为别人是白痴等。

与费斯汀格的理论相类似，很多社会心理学家都是研究个体如何在态度、信仰、价值观、行为等方面，追求与他人的和谐一致的。因为，“一致”才不至于让人产生“心理的紧张”或不舒服感。这方面的代表有：海德的“平衡”理论、纽科姆的“对称”理论、奥斯古德的“调和”理论等。[①] 这些理论有助于我们理解网络群体中个体之间是如何相互影响的。

1. 海德的“平衡”理论。

海德平衡理论的主要观点是，不平衡的状态产生紧张，并产生恢复平衡的力量。对于平衡状态，他的定义是：“在这种状态中被感知的个体与所感觉的情绪无压力地共存。”

海德建立的研究模型是：一个个体 P（这个人也是研究对象）、另一个个体 O 以及一个物质的客体（或观念或事件）X。海德需要研究的是，这三者之间的关系如何组成，什么情况是“平衡的”，什么情况是“不平衡的”。

海德的结论是：如果三者关系在所有方面都是正面的，或者，如果两种关系是反面的，一种关系是正面的，那么，平衡状态就会存在。除此之外的所有其他组合都是不平衡的。

例如，如果 P 对 O 的评价是正面的，P 和 O 对对象 X 的评价也都是正面的，这就是一种典型的平衡状态。如果 P 对 O 的评价是负面的，即 P 并不喜欢或接受 O，但 P 和 O 对 X 的评价都是正面的，这时 P 就会因为 O 与自己的看法一致

① 参见［美］沃纳·赛佛林等著，郭镇之等译：《传播理论：起源、方法与应用》，156～159 页，北京，华夏出版社，2000。

而产生不平衡。

2. 纽科姆的“对称”理论。

纽科姆提出了“对称”（symmetry）的概念，来区别于“平衡”。与海德类似的是，他也提出人有对和谐的需要。他用“趋向对称的持续张力”（persistent strain toward symmetry）来表达这种需要。

纽科姆研究的对象是一个最简单的传播行为模式，即个体 A 传达信息给个体 B 有关某事 X 的信息。在这个模式中，假设 A 对 B 与对 X 的倾向（态度）是相互独立的，那么这三者之间便组成了一个包含四个取向的系统：

（1）A 对 X 的倾向，包括 A 把 X 作为一个对象接近或回避的态度（以标志和强度为特征）以及对 X 的认知态度（信念和认知建构）。

（2）A 对 B 的倾向，与第一种情形一样。但纽科姆描述对人的倾向时，用的词是“正面的吸引”或“反面的吸引”，而描述对 X 的倾向用的词是“喜欢”或“不喜欢”。

（3）B 对 X 的倾向。

（4）B 对 A 的倾向。

纽科姆进一步分析道：

如果 A 与 B 对 X 的意见不同，那么，这种“趋向对称的张力”取决于 A 对 X 的态度有多强，以及 A 对 B 的吸引力有多大。当 A 对 B 的吸引力增强时，如果同时 A 对 X 的态度也增强，那么便会有如下结果：A 会竭力与 B 达到对 X 态度的对称——而这很可能会实现，并且 A 很可能加强对 B 有关 X 的传播。

纽科姆的理论更强调个体之间为了达到“一致”而进行的传播。

3. 奥斯古德的“调和”理论。

奥斯古德的“调和”理论（congruity theory），着重研究个体与“对象”及对象的“来源”三者之间的关系。他认为，当个体对“来源”和“对象”态度相似、而“来源”对“对象”主张否定时，或是当个体对“来源”与“对象”态度不同，而“来源”对“对象”主张肯定时，不调和都会存在。即三者之间只有一个否定关系，或者所有关系都是否定的，就会出现不平衡。这一点，与海德的“平衡”关系的模式是一致的。

例如，当一个人从一个他不信任的媒体那里得知一个评价负面的事件，如果这个人同样对这个事件持负面评价的话，会产生“不调和”，因为这时三个关系都是否定的，因此，为了达到调和，个体很可能改变自己对这个事件的态度。

奥斯古德的理论，更强调个体对“来源”的态度的意义。因此，从传播者角度看，赢得受众的信任与好感，是让对方接受自己观点的一个有效方法。

以上三种理论虽然角度有所不同，但它们都揭示了一个现实：人们的心理状态并不仅仅取决于自身，而是会受到很多外力的影响，包括与他人的互动。

在网络交往中，人们的情绪、心理状态也往往会受到他人的影响，甚至人们选择看什么样的信息以及对于信息作出何种判断，在网络中发表什么方面的意见以及意见走向等，常常是在论坛、社区等互动环境中作出的一个综合反应。

（二）“从众心理”与网络

当我们研究网络环境可能给个体带来的影响时，另一个十分值得关注的问题是，网络里是否存在从众心理？它的作用范围和程度是否与在物理世界里一致？

社会心理学里，把个人因团体压力的影响，在知觉、态度、判断与行为上表现出的与团体内大多数人一致的现象叫做从众。

从费斯汀格的理论我们可以看出，个体采取从众，是为了减少在群体中的认知失调。但是根据费斯汀格的理论，减少群体中认知失调的方法，可以有几种，为什么人们更多地采用从众的方式呢？

应该说，从众是减少失调最简单的方式，因为改变他人特别是多个人的看法是一件非常困难的事，而把自己变得与别人不可比的方法，在大多数情况下也是行不通的。所以，个体常常会通过认同别人的观点来减少失调。

但是，一个人是否一定要减少失调，与他的失调程度有关。越是重要的认知元素，越能带来严重的失调。所以，“从众心理”并不会随时随地发生，它更多地出现在与个体的利益直接相关的情境下。

由于不同网络环境对个体的意义不同，因此，它们所带来的压力程度也是不同的。例如，在一个自己经常活动的群体里所感到的群体压力，与在一个陌生的社区里所感到的压力相比，会大得多。网络受众可能不会在所有情况下表现出从众，但在某些社区里，从众行为甚至比现实空间更为明显。应该说，网络从众心理的动因还会存在，但是在不同情境下作用的程度不同。

社会心理学研究认为，人们对自己的判断越不确定，就越容易受其他人的影响。此外，群体特征对于从众心理的影响也很明显，如果群体由 3 个或更多个体组成、凝聚力高、意见一致、地位较高，则从众的程度最高。如果在公众场合作出行为反应，并且事先没有任何承诺，那么从众的比率也很高。①

---

① 参见［美］戴维·麦尔斯著，侯玉波等译：《社会心理学》（第 8 版），167 页，北京，人民邮电出版社，2006。

研究网络中的从众心理，不能抽象地将网络作为一种“匿名”、“虚拟”空间来谈，而必须具体地研究每一种网络情境，以便分析从众心理出现的影响要素及其影响。

可以断定的是，社会心理学的“从众心理”理论并不会因为网络环境而失效，只是它发生作用的条件起了变化。

社会心理学的理论，并不是针对网络环境提出来的，但正如一些学者指出的，“网络社会也是一个真实社会，也是由人们的沟通和互访而形成的结构系统，只不过是一种全新的互动和沟通方式。但人这种社会符号，实体是不可靠的，只有理念思想才是真实的东西。新的互动方式并未改变人际互动的实质”①。因此，传统的社会心理学的理论，仍然是适用于网络传播的。

研究网络中的社会心理，既可研究网络中的群体传播对个体的影响，也可研究网络中的人际传播对个体态度的影响。而群体传播与人际传播，又可能对网络中的大众传播产生作用。

四、网络环境与网民选择性心理

即使是在传统媒体时代，受众也总是按照一定的需求来选择媒介或信息的。美国传播学者约瑟夫·克拉帕曾把受众的选择分为以下几种：

一是选择性注意（接触）。受众接触传媒并非来者不拒，而是只将事实上的传播媒介、传播内容作为自己的注意对象。

二是选择性理解。受众在注意到部分传播内容之后还会根据自己的认识对内容进行解释。

三是选择性记忆。在大众传播的内容中，受众只能记住其中一部分，其中，被记住的内容往往是与个人的兴趣、需要相符合的。

受众这种选择心理的内在动因，仍然可以用“认知失调”来加以解释。如果人们是被动地接受信息，那么，一般会选择性地形成防卫过程，防止这个认知牢固地建立，不让它成为自己认知体系中的一部分。

费斯汀格还研究了人们作出决定后产生的失调问题。他认为，人们在作出决定后，往往会处于失调状态。为了减少失调，人们往往主动追求能支持决定的信息，以减少失调。

---

① 夏学銮：《网络社会≠虚拟社区》，http：//www.cycnet.com/education/lecture/000922037.htm。

费斯汀格的理论与研究，在一定程度上可以帮助我们认识受众的选择性心理是如何产生的。

在网络这样一个信息的海洋中，受众的选择会显得更加突出，这一方面是由于受众必须对信息有所挑选才能在有限的时间内获得必要的信息，另一方面则是由于网络的信息发布方式更好地给予了受众主动权。搜索引擎的兴起，在更大程度上迎合了受众的选择性心理。

第七节　中国网民的阶段性典型特点

从20世纪90年代末互联网第一次热潮出现以来，中国网民队伍不断扩大，作为一个整体，他们在各方面也表现出越来越多的共性特点。这些特点与中国互联网发展的水平有关，也与中国特定的历史阶段有关，同时，还体现出中国的政治、文化传统等的影响。对这些特点进行分析，不仅是网络传播研究的任务，也是研究社会发展的一个重要方面。

本书在此尝试对中国网民的一些典型特点进行总结与分析，分析的依据是对多个网络论坛以及近年来的一些典型的网络事件的观察。这里并不一定能提供完全科学的结论，而只是试图给后来的研究者一些借鉴。

当然，下面所讨论的是中国网民整体的特点，而不是个别网民的特点。这些特点不适用于所有网民。它们只是从整体上表现出某些典型特征。而且这些特点往往是在网络的互动环境下才会表现得比较充分。

下面所分析的，只是中国大陆的网民的特点，而不是整个中国。

一、需求特点

网民的需求是他们在网络活动的主要动因，中国网民的需求特点主要表现为以下方面：

1. 环境认知需求凸显。

由于中国社会正处于高速增长并发生根本转型的时期，“公众日益深刻地受到社会变革带来的影响，在这样的社会环境中，公众要求更全面地了解生存环境的变化，了解看似孤立的新闻事件与自身利益的关系及对自身命运的影响”[①]。

---

① 高钢、彭兰：《三极力量作用下的网络新闻传播——中国网络媒体结构特征研究》，载《国际新闻界》，2007（6）。

因此，对环境认知的需求，成为中国网民的显著需求之一。

网络为人们迅速而全面地认识社会环境的即时变动和长期变化提供了更好的服务，这表现在："一是网络信息传播的广泛性，便于为分散于各个区域各个行业的公众平等地提供新闻信息，特别是能够为那些因地域、经济、生理、传统媒体布局等诸多因素的制约而不能共享新闻信息的人群提供新闻信息；二是网络信息传播的承载量，便于为公众提供充分的新闻背景信息、新闻分析信息，从而增强新闻对公众及社会的影响范围、影响方式和影响程度的解读，满足公众深入了解生存环境变化状况和意义的信息需求。"①

中国网民对环境认知的需要，不仅表现为对新闻信息的高度关注，还表现在对"知情权"的高度重视。在一些重大突发事件，特别是灾难事件发生时，他们希望能最快地获得信息，同时了解事实真相。而在低门槛、四通八达的网络传播环境里，试图阻止信息流通、掩盖事实真相，是很难做到的，媒体的不作为，反而会使网络中小道消息、谣言泛滥，造成人心混乱。网络媒体必须及时作出反应，才能在纷繁复杂的局面中向网民说明真相、指点迷津。而网络媒体的行动，也会推动传统媒体作出改进。近年来，在诸如矿难等灾难报道中，中国媒体的报道不断进步。在 2008 年 5 月的四川地震报道中，中国媒体及时、透明的报道，得到了公众的高度认同。这与这些年在网络媒体推动下的渐进改革是分不开的。而前者离不开网民知情权需求这样一种推动力量。

在一定意义上，网民对于知情权的追求，推动了网络新闻业务的发展，提升了网络媒体的地位，也推动了中国的新闻改革，同时，还在不断促进政府信息的公开、政府工作的改进。

当然，网民在追求知情权的过程中，也会出现一些问题。例如，一些人对于小道消息、谣言缺乏识别判断能力，为流言的传播推波助澜。有时人们出于对知情权的追求，会侵犯某些个体的隐私权。把握知情权的界限，并不是一件容易的事。

2. 自由表达与社会参与的需求强烈。

与突出的环境认知需求相关，中国网民需求的一个重要特征在于，他们有强烈的自由表达的愿望，同时也把这种愿望在网络中付诸行动。这种表达不仅表现为语言，也表现为行为。

美国 IAC/Inter Active Corp 所做的一项关于中美网民对比的调查显示，将

---

① 高钢、彭兰：《三极力量作用下的网络新闻传播——中国网络媒体结构特征研究》，载《国际新闻界》，2007 (6)。

近3/4的中国用户认为其可以在网络上自由地做任何事情，说任何他们不能在现实生活中所说的话，而这个数字在美国只有不到32%。①

中国网民对网络中自由表达需要的强烈，源于现实空间的某些限制，也与中国社会高速发展中各种矛盾积累产生的压力有关。而网络空间的相对匿名性，在一定程度上给了人们心理上的安全感。

更重要的是，网络中人与人的互动，促进了人们的表达愿望，也使个人表达可能汇聚为集体表达，显示出强大的力量。

与此相关，中国网民参与社会事务的需求也是十分强烈的。它是自由表达需求的延续与发展，也是自由表达的一种行动实施。

中国网民的表达与参与主要表现在四个层面：

一是社会讨论层面。多数情况下，网民在网络中的讨论不是针对某个事件或人物，而只是一般性地讨论社会公共话题，虽然这些讨论不会起到舆论监督等即时性的作用，但是，它对培养人们公共参与的意识和习惯，提高人们公共参与的能力，是具有意义的。

二是舆论监督层面。网民对一些社会问题积极发表意见，试图通过舆论力量影响问题的解决。“孙志刚”事件、刘涌案、宝马案、“华南虎”事件等，都是网络舆论的强大力量，作用于事件的发展进程。

三是权利维护层面。网民对于自身权利的维护，可以表现为个体的行动，也可以表现为集体的行动。网络往往具有将个体维权变成集体维权的能力。人们通过网络表达的维护权利的诉求主要有三个方面：（1）特定事件中个体偶然受到权利侵犯后进行的维权；（2）某些群体遭遇相同问题而进行的维权，如“肝胆相照”论坛是乙肝病毒携带者所成立的维权论坛，很多业主论坛则是小区居民进行小区集体维权的意见表达与行动组织场所；（3）网民并非为个体实质的权利受损进行网络参与，而是出于对公民一般权利的保护愿望进行网络参与，在“孙志刚”事件中，尽管权利受到侵犯的只是孙志刚一个人，但是，人们积极发表意见，在更普遍意义上寻求个体权利得到尊重与保护。

四是社会行动层面。网络不仅是公众的意见表达渠道，也是社会行动的组织、动员渠道。2005年中国网民组织的“反日游行”、2005年以来的“厦门PX事件”、2008年的“抵制家乐福事件”等，都是通过网络这一渠道发起的、以网民为主体的社会行动。

---

① 参见《中国网民与美国网民观念对比》，http://www.bitscn.com/news/internet/200803/129615.html。

中国网民在自由表达与社会参与时，也出现了一些值得注意的问题，后文将从其他角度来展开说明。

3. 边缘性需求增加。

边缘性内容是在传统时代大众传媒较少涉及或禁忌的某些内容，例如，在中国，色情内容就属于此列。在很多网民对网络的需求中，边缘性需求显得较为突出，他们希望通过网络来实现自己在现实空间和传统媒体中得不到的那些满足。在中国环境下，这一点尤为明显。

这种边缘性需求，在各个网站的新闻排行榜，以及一些提供社会书签服务的网摘类网站的收录排行榜上，得到了充分体现，从搜索引擎的搜索数据中也得到了体现。

2007年11月15日，百度发布的《2007视频搜索行业研究报告》指出，每日的视频检索量统计中，成人类视频占到了34.14%，比排名第二的明星类视频（14.74%）高出了一倍多。

在传统时代，中国的大众传媒更多的承载的是主流价值观和主流文化内容，对于一些另类的、边缘的内容，人们没有太多获取渠道。而网络空间的海量性和传播主体的多元性，使边缘性内容激增。而网络的“拉出式”信息传播模式，也为他们快速找到相关信息提供了途径。

另一方面，处于相对匿名环境中的网民，自认为法律与道德的约束力减弱，因此，他们在接触一些边缘性内容时更少顾忌。如果用弗洛伊德的“本我”、“自我”、“超我”的理论来解释这种现象，那就是，在网络中，人们往往基于对环境的认识，“本我”的表现更为充分些。

有些网民对于网络的泄压功能诉求明显，这也会导致他们对边缘性信息需求的增加。

网民的需求与网络中的边缘性信息形成一种互动关系，网民需求刺激了信息的提供，而信息的膨胀反过来又推动了网民的需求。

尽管网民的边缘性需求的增加有着深刻的现实原因，是一种必须承认的现实存在，但也应该看到，网络提供的这些边缘性、补充性满足，并不能从根本上解决人们的心理问题或现实困境，有时甚至可能是一种“饮鸩止渴”的行为。

但显然，对网民行为的认识，需要放在社会的背景下。网民之所以表现出强烈的发泄需要和对边缘性信息的追求，在很大程度上是因为现实生活中压力与矛盾的困扰。只有解决这些社会矛盾，才能真正改变网民的需求方向。

二、行为特点

网民在网络中发表的各种内容，参与的各种活动，都是网络行为，在现阶段，中国网民在行为方面的特点主要表现为以下几方面：

1. “解构性”行为容易产生轰动效应。

“解构”本是一个哲学上的概念。解构主义缘起于20世纪60年代的法国，解构主义领袖雅克·德里达不满于西方几千年来传统的哲学思想，对自柏拉图以来的西方形而上学的哲学传统进行了强烈的批评。他“反对形而上学、逻各斯中心，乃至一切封闭僵硬的体系，宣扬主体消散、意义延异、能指自由。换言之，它强调语言和思想的自由嬉戏”①。作为一个哲学流派，德里达的解构主义的理论是晦涩的。但是，解构主义的思想后来也被引入语言学、文学、政治、建筑、时装等领域。在各个领域的解构思潮的共同推动下，现在，解构主义更多地代表了一种精神，那就是打破现有的单元化的秩序。这里的秩序并不仅指社会秩序，还包括个人意识上的秩序，比如，创作习惯、接受习惯、思维习惯和人的内心较抽象的文化底蕴积淀形成的无意识的民族性格等。总之，其精神实质是反传统、反理性、反中心的。

尽管中国网民绝大多数没有受过解构主义的直接影响，但是，一些网民的行为特点，与解构主义的精神是相契合的，那就是追求对既有体系、观念、事物的挑战、否定甚至破坏。而从总体看，网民的“解构性”行为容易引起普遍关注，在网络中产生广泛传播和其他影响效应。

“芙蓉姐姐”在网络中的表现就是典型的“解构性”行为。她自恋式的张扬的话语与举止，对中国传统所强调的“含蓄”、“低调”、“谦逊”、“内敛”等价值观念、行为准则是一种挑战，尽管有不少网友对此不以为然，但是，也有很多人欣赏她敢于表现自己愿望与个性的精神，一些人也把她视为尊重个性、追求自由的符号。不管是欣赏还是批评，人们的议论、关注，使“芙蓉姐姐”很快成为网络红人。

“恶搞”也是一种典型的解构性行为。“恶搞”风不仅成就了胡戈、“后舍男生”这样的网络名人，也带来“很黄很暴力”这样的网络事件。“恶搞”风的兴起，有着深刻的社会背景，本书第五章已经对此进行了分析。

---

① 王泉、朱岩岩：《解构主义》，载《外国文学》，2004（3）。

"解构性"行为容易产生轰动效应，与整个社会的价值体系的转变有关。在社会转型时期，人们的价值观也发生了很大变化，挑战传统与主流的价值观，已经为越来越多的人所认同、所追捧，这种叛逆性尤其会表现在文化方面。而这些价值取向，被一些网民付诸实践时，就表现为"解构性"行为。这种行为不是孤立的，而是与整个社会的价值观的渐进变化过程相吻合的，因而能引起普遍的关注，有时会产生较广泛的共鸣，产生明显的传播效果。

"解构性"行为在网络中表现得更多，这是因为网络的相对匿名性让网民产生安全感，网络行为对于现实社会的直接影响也相对较小，因而网民常常以网络为试验场，将现实生活中所积蓄的压力，以破坏性、"解构性"方式释放。网民的心理需求，一方面促进了"解构性"行为的形成，另一方面促进了"解构性"行为传播效应的放大。

当然，轰动效应不等同于社会的普遍认同，有些"解构"行为能得到广泛的支持，而有些则会引起激烈的争论，但不管怎样，在网络空间中人们可以普遍讨论反传统、反权威的"解构"行为，这也是中国网络社会开放性的一种表现。

但是，在中国网民的"解构"行为中，也表现出一种自我矛盾性。人们在"解构"某种权威与中心的同时，似乎又在维护某种权威或成规，尽管他们自己有时并没有感知到它们的存在。

网友"恶搞"现代诗人赵丽华的事件，就是这种矛盾性的典型体现。作为中国作协会员、国家一级作家的诗人赵丽华，在近年进行了创作风格的转型，开始"大白话"式的诗歌创作。2006 年 9 月，她突然在网上"走红"，众多网友模仿并嘲笑她的诗歌风格，并用各种形式对她及她的诗歌进行"恶搞"。在赵丽华本人看来，这场"恶搞"体现了"一种新生事物与传统的对抗，这种对抗一方面是中国现代诗歌，另一方面是少数网民和大众的诗歌观，而他们背后则是整个传统的诗歌教育制度"①。不管赵丽华的诗歌价值如何，也不管她的诗能否代表中国现代诗歌，但她的这段话的确在一定意义上反映了这场"恶搞"的实质。网友在挑战一个拥有主流话语权（作协会员、国家一级作家）的诗人的同时，似乎又在维护某种传统的诗歌观。这个事例只是一个代表，它反映出一些网民的"解构"行为更多的只是形式上的本能反应，但在人们的精神内核上，传统的思想、观念甚至由社会长期积淀形成的"集体无意识"，都会对人们产生长久的作用。

---

① 《诗人赵丽华：大众为什么恶搞诗歌》，载《中国青年》，2006（11）。

2. 暴力行为易被激发。

近年来发生的多起网络事件，如“铜须门”事件[①]、“史上最毒后妈”事件[②]、“很黄很暴力”事件等，使网络暴力、网络暴民这样的词越来越多地被人们提起，尽管有人认为“网络暴民是伪命题，如果我们把注意力过分集中在这个词汇本身，不但偏离解决问题的方向，而且我们自己也容易陷入以暴易暴的尴尬境地”[③]，但是，一些网民行为中的暴力倾向，是不容回避的现实问题。这些倾向被频频激发为现实行为，所带来的侵犯他人权利等后果也是值得警惕的。

《中国青年报》社会调查中心与腾讯网新闻中心在2006年9月联合开展的一项在线调查（3 226人参与）显示了网民对于“网络暴民”特征的认识。[④]

主观上有恶意制裁别人的倾向 62.6%
出口成“脏”57.4%
不经当事人允许就擅自公开其隐私 56.8%
威胁当事人的人身安全 54.3%
动不动就质疑当事人的道德品质 48.2%
盲目跟随别人的意见 44.8%

“主观上有恶意制裁别人的倾向”、“出口成‘脏’”、“不经当事人允许就擅自公开其隐私”、“威胁当事人的人身安全”这几个在调查中网民所认同的网络暴民的特征，都具有暴力的行为特点。

网民所认同的上述特点，只是在某些事件中表现出来的暴力特点，但是主观的暴力动机、威胁人身安全等，并不是网络暴力的必然要素。

网络暴力可以表现为个体层面，也可以表现为集体层面。

从个体层面看，暴力主要通过两个方面表现出来：

一是语言性的暴力，即通过语言来对他人进行攻击。

---

① 一网名为“狂野之城”的网友在《魔兽世界》中国官方网站论坛发帖，称妻子“幽月儿”出轨，第三者的魔兽游戏ID为“铜须”，该帖公布了偷情双方的聊天记录，还有“铜须”的QQ号码。此帖引起网民对幽月儿和“铜须”的激烈声讨，“铜须”的相关信息也被“人肉搜索引擎”搜索出来。

② 2007年7月，有网友发表题为《史上最恶毒后妈把女儿打得狂吐鲜血》的网文称，江西省上饶市鄱阳县一位后母把6岁女孩打到不停吐血，六块脊椎断裂、小便失禁，极可能下半身瘫痪。这些描述与惨不忍睹的图片引发了网民愤怒的声讨，甚至有“正义之士”威胁要索取该后母性命。事后被证实小女孩患有血友病，并非遭后妈毒打。

③ 李方：《直斥网络暴民相当于以暴易暴》，载《南方都市报》，2006-06-16。

④ 谢小亮：《六成多网友认同主观恶意是网络暴民首要特征》，载《中国青年报》，2006-09-18。

二是行动性的暴力，例如，将他人隐私暴露在网上，甚至直接到现实世界中去实施攻击或惩罚行为。

但是，网络暴力之所以引起人们的担忧，更多的是因为集体的效应。在集体层面上，由于群体效应等影响，网民可能形成强大的舆论声势，通过道德声讨与道德审判来围攻某些个体，甚至形成越权，威胁、侵犯他人隐私或其他权利。

当然，网络暴力并不是一个简单的网民素质的问题，它是一个复杂的、综合的社会现象，其背后有着深层的社会原因。

第一，网络暴力是社会现实压力的一种表现。人们在一些事件中表现的暴力行为，看上去是针对某些特定的当事人，但实际上，它是人们针对普遍社会压力的一种泄压行为，特定事件或人物只是一个启动阀门。而网络表达的相对自由性，为这种压力释放提供了可能。当然，从本质上来说，任何人的内心都或多或少隐藏着暴力的倾向，而中国网民的暴力倾向更容易被激发出来，也许与社会转型期的各种复杂矛盾及生存压力有关。

第二，网络暴力在一定程度上体现了网民社会参与的不成熟性。虽然有一些网民是有着主观的攻击动机的，但也有不少网民并没有明确的攻击动机，他们仅仅是为了参与到某些公共事务中，但是，他们更多的只有社会参与的热情，而没有社会参与的经验，这个过程中感性的行为多于理性的行为。很多网民在追求民主、法制社会的过程中，思维与行为方式却仍然受到人治时代的影响，在某些时候，这表现为简单的道德声讨、审判，集体暴政，置法律于不顾。

用集体的力量形成道德上的审判，这是现阶段中国网络暴力的一种突出表现，它反映了中国社会传统的强大惯性力量，以及它在向现代社会转变过程中的困境。

第三，网络暴力的负面作用，更多地体现在集体行为层面。个体的暴力行为虽然在网络中也存在，但与现实社会相比，并没有太多不同，一般来说也不会造成太大的社会影响。网络暴力的主要破坏性力量，来自于群体效应。前文所提到的调查中，网民认为“盲目跟随他人意见”也是网络暴民的一种特征，这也表明了群体氛围对网络暴力的影响。很多时候，网民本来并不强烈的暴力倾向，由于群体的互动而被激发出来。集体互动，也会造成极化效果，使网民的某些观点更为激烈、极端。对此，本书第三章所介绍的群体心理的相关理论，可以为我们提供深入研究的基础。

尽管有人认为“并不是网络造就了‘暴民’，而是中国社会在转型过程中遇到了道德真空乃至需要道德重建的问题”[①]，但是，仅仅把网络暴力作为现实社会矛盾的某种表征去研究，也是片面的。因为，网络环境毕竟对于暴力行为的触发和激化，起到了推波助澜的作用。

除了对个体的权利形成直接伤害的网络暴力外，还有一种现象，那就是多数人的声音对少数人意见的压制，虽然这种意见上的压制并不会造成现实的伤害，但是，从影响来看，这种现象也具有一定的暴力特征。

以网络暴力为由阻止网民的自由表达与社会参与，也是无益的。也许一些网络暴力事件是中国网络社会逐渐走向成熟的必然代价。在这个过程中所积累的经验、教训，可以为相关法制的健全，为网络公民素养的培养，提供宝贵的借鉴。

3. 群体感染性强。

正如上面所说，网民的暴力倾向很多时候是由于群体的作用才变得强烈起来。而在中国的网络中，群体的感染显得更为明显。这可以从中国的网络事件的发展过程中得到证明。反过来，中国网民的言行之所以有更大的社会影响力，也正是因为这些言行最终会表现为一种集体的言行，这是与网民的群体互动深度相关的。

当然，中国网民易受群体感染，不仅表现为暴力行为方面，也表现在一些积极的行为中。

中国网民之所以更容易受群体的感染，是因为他们有更强的寻找集体归属感的需要。这源于中国文化的集体主义的传统。在跨文化研究中，一些学者认为，东方文化与西方文化的一个重要区别在于，东方文化强调集体主义，而西方文化强调个人主义。集体主义以紧密的社会结构为其特征，在这个结构中，人们对内群体和外群体加以区分，人们期望他们的内群体（亲属、氏族、组织）来照顾他们，作为这种照顾的交换条件，他们对内群体拥有绝对的忠诚。个人主义表现为一种组织松散的社会结构，在这个结构中，人们应该自己照顾自己和直系家庭。[②]

尽管现实社会的结构没有原样复制到网络社会中，但是，新的结构仍然不会完全脱离原有的社会传统，中国网民对于群体的心理需要，对内群体与外群体的区分，仍然是强烈的。他们不满足于网络中的独来独往，也不满足在网络中随机的互动，而更多地希望在稳定的群体中找到自己的心理归属感。对于群体的依赖，使他们受群体内的权力关系、情绪感染等的影响更强，受群体压力更大。

---

① 谢小亮：《六成多网友认同主观恶意是网络暴民首要特征》，载《中国青年报》，2006-09-18。

② 参见［美］史蒂夫·莫腾森编选，关世杰、胡兴译：《跨文化传播学：东方的视角》，5 页，北京，中国社会科学出版社，1999。

三、思维特点

1. 质疑成为一些网民思维的基调。

质疑，是一些中国网民思维方式的基调即对于各种正面的信息，多数网民首先的反应是不相信、不认同，有些人在此基础上会用相应的方式来证实自己的判断，而更多的人，仅仅是维持着怀疑这一直觉。

2007年年末的“华南虎”事件，使网络质疑达到一次高潮。对陕西一农民拍的华南虎照片的真实性的质疑，从少数人很快波及整个网络，尽管多数人并没有华南虎或照片数字化处理方面的专业知识，但是，他们出于各种各样的原因，在没有任何依据的情况下，对华南虎照片的真实性作出断然的否定性判断。

之后，在中国发射“嫦娥”探月卫星后，又有人针对“嫦娥”卫星拍摄的月球图片提出了质疑：通过和美国2005年绕月卫星拍摄的照片比较后，判断中国发回的首幅“月球脸”照片与之完全相同，并因此而认为其是“拷贝”、“做手脚”。

有人指出，“对于这种‘猜疑一切’的舆论氛围，我过去曾认为这是一种社会信任制度缺失下的制度性焦虑：由于社会在透明度、法治化、规范性、诚信度等基础秩序上非常差，在看惯了一个个黑幕和丑闻后，在遭受过一次次的权力排挤和关系暗算后，人们总感觉每件事后必有一双罪恶的双手在操纵着一切。所谓‘一朝遭蛇咬，十年怕井绳’，猜疑，是缺乏制度预期下公众对现实一种悲观的过度防卫。

“后来经过了‘华南虎’事件，质疑越来越多，猜疑思维越来越普遍化，甚至毫无根据地怀疑‘嫦娥’失踪和月球图片造假，我感觉问题并非都出在制度上，‘猜疑一切’中也有人们自身的毛病和网络的弊病。作为一种吸引关注和制造轰动的姿态，怀疑越来无厘头和娱乐化，已经成为一种大众狂欢的方式。”①

应该说，一些中国网民的思维方式中的质疑基调，是由多种社会原因造成的。

第一，它与社会普遍的诚信缺乏相关。处于现代化进程中的中国社会，尚没有健全的诚信教育，也没有完善的相关法律与自律系统，各个层面的诚信缺乏，使人们对于他人、企业甚至一些政府机构都不得不保持警惕。而一些制度造成的信息不透明，使人们对于与自身相关的各种信息缺乏判断依据，不得不以猜疑作为基调。

---

① 曹林：《虎照事件，怀疑一切或许也不是好事》，载《今日快报》，2007-12-03。

第二，质疑是对传统教育的一种反叛。中国的传统教育讲求服从、接受、遵守等，这些教育的过度，会带来逆反心理。人们需要在某些时候对这种教化进行反叛，去除过度教化产生的抑制，网络恰好提供了这样一种自由的氛围。尤其对那些正在接受各种不同层次教育的年轻网民来说，他们的质疑思维，是对他们在学校中受到的遵从教育的一种自我改造，是一种心理的释放。

第三，网络中信息发布者成分的多元化，信息源的不确定，也易使人们对于网络中的信息真伪失去判断。在这种情况下，质疑成为一种基本的防卫姿态。

第四，质疑被一些网民当做表现个性的一种方式。他们通过怀疑、挑战来展现自己的个性。当然，当质疑成为一种普遍的思维基调时，它也就难称为个性了。

一般来说，质疑的声音容易产生较强的传播效应。因为，它会引起各种不同角度的关注、反思与讨论，这个过程会不断吸引新的注意力。质疑的风气在网络中容易形成，同时由于网民的互动而放大。在现实空间里，由于很难形成公共交流空间，人们的猜想、怀疑，只是一种孤立的个人的感觉，由于得不到他人的呼应，人们往往不会坚持这种感觉。但是，在网络中，由于互动的影响，个人的质疑会集合起来成为一种集体的质疑，在集体力量的影响下，很多网民会强化、放大质疑的心理，甚至可能有些人会形成质疑一切的偏执。

应该说，网民的质疑思维有各种现实的原因，质疑的思维，可以促进人们去寻求事物的真相，也在一定程度上有助于揭露社会问题，推动某些问题的解决。

但是，质疑可以作为认识事物的起点，却不应该成为其终点。在质疑心理的推动下去探求真相，找到答案，才是积极的思维方式。而如果只是毫无根据地维持自己的质疑心态，甚至将质疑变成一种条件反射，对任何事都质疑，也容易使人走到狭隘与极端的境地。网民普遍的质疑心态，也与他们行为上的“解构性”与暴力性相辅相成，在一些时候，会产生较为明显的负面影响。

2. 易被简单化思维主导。

从总体来看，很多中国网民易被简单化思维主导，这表现为他们对一些事物或人物的判断，是基于简单的价值框架，如“对”与“否”，同时，他们喜欢用贴标签式的方式、符号化的方式来简化复杂事物。

例如，将复杂的社会事件简化为弱者与强者、善与恶的对立，就是一种典型的简单化思维。同情弱者是多数网民的一种思维定势，而这种思维定势直接影响到人们对真相的判断以及意见的表达。一些网络事件发生后，人们的第一反应是对弱势者不假思索的同情和对强者不假思索的声讨，在这里，弱者被当成了善的符号，而强者被当成了恶的代表。人们对事物的认识，往往被局限在这样的简单对立的关系中。

基于这样一种简单的思维定势，一些中国网民在对待民与官的关系、贫与富的关系方面，也容易受到简单思维的主导。

同情弱者的心理定势，在某种意义上也是一种固定的成见。当它与别的某些固定成见（如社会中对第三者、后妈、富人、官员等的固定成见）结合起来时，带来的情绪更为强烈。

在一系列网络事件中，网民的简单思维都表现得很充分。在这种思维的主导下，人们并没有去寻究真相的愿望，往往基于一面之词便对当事人作出评判，例如，“史上最毒后妈”事件就是如此。有时网民用想象去填补那些事实的空白之处。例如，“宝马撞人”事件中①，人们对于撞人者与原黑龙江省政协主席韩桂芝的关系的传言，正是如此。

把事物简化为弱者与强者、善与恶的对立，体现了一个更耐人寻味的社会现象，那就是在现阶段，不少网民习惯于用简单的道德化框架认识复杂的社会问题。

有学者认为：“我们好像陷入了一种道德焦虑之中，对于社会道德问题的高度警觉和敏感超过了我们对于具体问题认知的愿望和应对的能力。这种道德化的倾向对于揭露明显的社会丑恶，批判社会的不良问题，是非常有效的，也有积极的贡献。但它的限度和问题其实也暴露得相当明显。它使复杂的社会问题变成了一种简单的善恶是非的道德对立。当代社会其实有大量问题的认识和判断不能仅仅从道德问题出发。”②

此外，对于一些网民来说，参与公共讨论的根本动因，是要解决自身的一些困惑，释放自身的心理压力，他们所议论的事件或人物，只是一个载体。他们所关注的，是这些事件或人物所折射出来的自身的命运。

正如在“宝马撞人”事件发生后有分析者指出：“它真实地反映了社会分层的现状以及由此引发的社会矛盾。25 年的经济改革，不可回避的是我们已经开

① 2003 年 10 月 16 日，哈尔滨无业人员苏秀文驾驶宝马车与一农用四轮车相撞，造成 1 死 12 伤，死者是一位卖葱农妇。当地法院对苏秀文案的一审判决结果是：判处两年徒刑，缓期三年执行。针对这一判决结果，网民开始了热烈的讨论，各论坛也开始流传一些说法，如，撞死了人却“逍遥法外”是因为“苏秀文是黑龙江省某领导亲属”，另外，苏秀文的丈夫是大老板，“用钱买通了关系”、证人被“封口”等，更有人直言推断这是一起典型的司法不公的审判。但这些说法最终也没得到证实。

② 张颐武：《网络愤青患了道德焦虑症》，http：//qnck. cyol. com/content/2006-09/02/content _ 1498637. htm。

始进入一个社会结构和利益明显分化的社会，不同社会群体的利益往往是不一致的，甚至有时会存在不同程度的利益矛盾和利益冲突。现在比较突出的劳资矛盾就是证明。回到'宝马案'上，当'王子犯法，能否与庶民同罪'这中国人千百年来的疑问撞上了少数富豪为富不仁、权钱交易、操纵司法的现实阴影时，无数的讨伐声就顺着'宝马车撞人案'这一决口喷发出来，积攒了一段时间的社会情绪找到了一个总爆发的导火索，难以描摹的种种不平衡心理夹杂其中。"①

基于自身利益考察这一坐标，人们往往会将问题简单化，将事物放在顺应自身利益或违背自身利益两个方向去思考，这也是一些网民简单化思维的一个原因。

在对名人的态度上，中国网民表现出两种倾向。一种倾向体现在"粉丝"群体上，那就是对名人的绝对认同。另一种则表现为绝对否定，这种思维往往是名人的社会地位、财富等方面的优势让人们产生的心理反应。

在中美关系问题、中日关系问题等复杂的国际问题上，简单化思维也是时有表现。

简单化思维并非中国网民所特有，但是中国网民似乎更容易受到简单化思维主导，这可能与他们长期所受到的教育有关。中国式的教育，让人们习惯于从"是"与"否"、"对"与"错"等二元对立中去进行价值判断。

此外，这也与网络中的群体心理相关。社会心理学家扎伊翁茨认为，他人在场时，会形成一种社会唤起，促进优势反应，其结果是促进简单行为，削弱复杂行为。即在这种情况下，简单的事，人们能做得更好，而复杂的事则会做得更差。这种心理现象，被称为"社会助长作用"②。中国网民的群体互动非常频繁，这也会使群体的影响程度变深，使简单化思维这样一种简单行为得到"助长"。

从传播的角度看，基于简单思维尤其是简单的二元的意见表达，更便于传播，因为它们更容易被人理解，也容易吸附别人的认同。它们在网络传播中更容易得到放大，或者成为优势意见。这也反过来会强化一些人的简单化思维。

四、价值取向特点

1. 道德上的双重性。

在道德方面，中国网民常常显示出矛盾的双重倾向，即开放性与保守性并

---

① 郑亚楠、姜德锋：《网络新闻传播对中国政治民主进程的促进作用——兼析哈尔滨"宝马撞人案"》，http：//academic. media china. net/article. php? id=1545。

② ［美］戴维·麦尔斯著，侯玉波等译：《社会心理学》（第8版），209～211页，北京，人民邮电出版社，2006。

存。例如，一方面，与性有关的内容在网络中随处可见，关于多角关系、乱伦关系的"社会新闻"、"八卦新闻"也在网络中广泛传播，并为一些人津津乐道，各种形式的网络色情也越来越泛滥。另一方面，在一些网络事件的讨论中，人们又表现出道德上的保守性。对于与传统道德观相违背的事件或人物，人们的声讨非常激烈。例如，在"铜须门"事件、姜岩事件①、"史上最牛小三"事件②等一系列网络事件中，对于"第三者"这样一种违背传统道德观的现象，网络中无一例外的都是由谴责之声甚至更激烈的讨伐行为占了上风，出现了"一边倒"的舆论。

在2008年年初的"艳照门事件"中，这种双重性表现得更为明显。2008年2月，网络中逐步出现某香港艺人与多位女艺人的激情照，随着照片的不断公布，涉及的女艺人也越来越多，此事引起香港娱乐界的轩然大波，也引起网络热议。一方面，一些网民想方设法在网络中搜寻与传播"艳照"，另一方面，网络中的舆论又表现出对这些艺人行为的不齿。

这种双重性与网络中私人空间与公共话语空间相统一的特性有关。人们的"开放性"更多地表现在私人空间里，而"保守性"更多地体现在公共话语空间里。这体现出人们的一种自我平衡与自我保护。这也许可以用"认知失调"来解释。人们既希望通过网络来满足"本我"需求，但由于受到传统道德观的长期影响，人们对于本我状态下的需求以及满足，往往又会产生"罪恶感"，这时需要通过某些方式来减少这种失调，而在公共话语空间中参与声讨那些违背社会道德的行为，就是一种减少失调的方式。因为在这个过程中，人们感觉自己成了道德的化身或卫士，这对他们的犯罪感是一种平衡。

人们在公共话语空间的"保守性"，也受到群体互动的影响，由于社会传统的原因，保守的价值观更容易成为公共话语空间的主流意见或优势意见，人们受到他人的影响和环境的压力，大多会选择服从优势意见，这也会加强这些保守性意见的力量。

这种道德上的双重性，也在一定程度上表现出中国人在社会走向开放过程中的复杂心态，也折射出整个社会的现代化进程中出现的困惑。中国社会的文化习俗、道德传统，长期作用于个体，对个体产生了根深蒂固的影响。但它们在社会的开放过程中，开始受到种种因素的冲击，已不像传统时代那么牢固。而另一方

---

① 姜岩是一位女白领，她因为丈夫外遇而自杀，自杀前在其博客披露丈夫外遇一事，她自杀后网民中爆发出强烈的声讨她丈夫及第三者的声音。

② 一名网名为"糖果儿"的女性与某有妇之夫发生婚外情，后来成为他的妻子，但因不满丈夫把房子给了前妻，于是发短信骚扰丈夫的前妻，并在博客中披露其隐私。"糖果儿"丈夫前妻的好友在天涯论坛上发表帖子，披露"糖果儿"当"第三者"的插足过程和她对丈夫前妻的辱骂。此事件引起了网友的公愤。

面，面对“开放”的道德观，人们又充满疑惑、担忧，特别是担心在此过程中自身利益和社会稳定受到影响。网民的双重道德取向，正是传统社会道德动摇过程的一种表现。

2. 文化上的叛逆性。

如果说在道德上中国网民还在两极之间徘徊，那么，在文化上，中国网民的表现就没有那么矛盾了。反叛成为其主要的特征。

这种反叛性主要表现在两个方面，一是网民所创作的作品，二是他们的意见表达。

反叛性成为主流，是因为年青一代网民需要找到一个缺口来挑战传统，表现他们的创造力与激情。而文化是最容易攻击的一个突破口。它既不会带来政治上的麻烦，又不会受到道德方面的困扰，它对于整个社会的破坏性也相对较小。

而从社会背景来看，中国改革开放的进程，也为文化的发展带来了较为自由宽松的环境，在年青一代身上，多元的、自由的文化价值观表现得更为充分。从文化方面看，他们视野开阔，思维活跃，不拘一格，

文化挑战的门槛很低，也有大量的现成工具和“道具”可以借用。人们可以用各种方式，找到各种对象，来表达他们对文化传统的质疑、不满或嘲讽。对于文化传统或权威的挑战，往往可以通过对传统文化或主流文化的代表人物或作品的挑战来完成。《一个馒头引发的血案》这个视频短片，正是因为挑战了陈凯歌这样一个权威，而受到网民的广泛拥趸。

文化上的叛逆性，也是网民彰显个性、自我传播的需要。

网民的创作，大多没有专业水准，如果遵循传统标准去创作，他们的作品很难得到传播，只有反传统的作品，才能显示出其另类的力量，才能引起人们的关注。有时，搭成熟作品的“便车”也是一种创作的捷径，但为了显示出自己的个性，网民往往会采用“恶搞”等方式，通过对原始作品及其价值观的反叛，来形成传播的“卖点”。

而在意见表达中，挑战权威的声音容易引起人们的注意，也容易产生较强的传播效应。这也刺激了网民在文化上反叛性的增强。

3. 政治上的激进性。

中国网民在政治上的激进，一方面表现为他们政治参与的积极程度，另一方面表现为他们在政治态度上的激进。

中国网民在政治上的激进性的结果，是网民在政治上出现了派别的分化，尽管对派别分类的表述不一，如有人称之为民族主义与自由主义，也有人称为新左

派与新右派，等等，但是，不管如何称呼，它们都反映了网民在政治立场上出现分化的事实。而这种分化，是中国社会思想分化的体现。当然，实际的分化，不是简单的两派，而是更复杂。

北大未名BBS读书版网友曾集体讨论创作模仿著名的英文“政治指南针”测试建立了一个“中国政治坐标系测试”。测试从政治、经济与社会观念“左与右”的坐标来衡量当代中国人的政治坐标。X坐标反映政治观念，负值为左（authoritarianism），正值为右（libertarianism）。Y坐标反映经济观念，负值为左（communism，collectivism），正值为右（neoliberalism）。Z坐标反映社会文化观念，负值为保守（conservatism），正值为自由（liberalism）。这些指标建立在中国政治价值体系基础之上，试图充分反映中国的特殊国情与政治文化。很多问题反映的并非严格意义上的西方政治语汇中的“左右”，而是中国现实语境中的“左右”。①

尽管这个测试不一定是一个科学的研究，但是，它的出现以及它的相关指标的设定，都是基于社会思潮分化的背景。

研究者莫之许在分析这个测试所设定的指标体系时，也分析了这个体系中所反映的当前中国复杂的思想流派。他指出：

> 左派大致包括了支持特定政治制度稳定化、正统意识形态、民族主义、新左派、文化保守主义这五个大致群体，他们之间本是有诸多冲突的，但由于他们有一个共同的对手——拥护自由市场、市民社会、有限政府、民主选举的右派，而在这一段时间内，所有这5个群体被统统划入了左派这一驳杂的光谱之中。这也就是这个题目的左右定义中左派含义的全部内容。并因此造成了未被西方原初定义的后果：即将支持特定政治制度稳定化和支持传统文化这样原本应该看做是右的东西，当成了这套题目中左的范畴。
>
> 右派则大体沿袭了20世纪80年代的立场。但也有新的变化。部分右派信奉自由至上主义的理念，将信奉国家作用最小化视为右，而将相反的倾向视为左，这尤其体现在个人权利与国家权力，以及自由市场和社会福利问题上。可以将这部分右派划分为新右派，而将继续沿袭20世纪80年代主要倾向的右派看做是老右派。②

---

① 测试题网址：http：//blog. farmostwood. net/politics _ bdwm。

② 莫之许：《测试当代左右派》，http：//www. bullog. cn/blogs/mozhixu/archives/123876. aspx。

中国当代思潮的发展与变化是一个十分复杂的社会现象，在此很难进行简单的概括。但无论如何，在这种大潮下网民思想的分化，也是表现得非常充分的。

在中美关系的网络讨论中，这种分化显得更为明显。有时不同立场的网民又被分别称为反美派与亲美派等。无论这些名称是否准确，它们反映了不同思想与价值观的交锋。例如，自由主义派强调自发秩序，反对政府干预太多，积极支持加入世贸组织，期盼普选、多党制和议会民主的诞生。新左派则抨击反对资本主义，强调社会正义与平等。

有研究者认为，之所以在中美关系上，不同的思潮、不同价值观的冲突表现得更为激烈，是因为"美国是自由主义者阐述政治、经济等方面改革理念最具说服力的例证。而美国也是中国外交关系中的最重要对手，国家利益的冲突也使得民族主义者将美国视为最大的敌人，来自美国的打压和霸权更容易激怒他们，引起强烈反弹。因此，未来两种思潮间不会风平浪静，这是一场没有赢家、也没有输家的论战"①。

这段话虽然是针对网络中有关中美关系的讨论，但是，对于两种思潮将长期并存的判断，也是适合于网络整体的。

除了中美关系问题，在中日关系问题上，也存在着"抗日方"与"友日方"两大阵营，两者基本上对应着民族主义和自由主义两大思潮。"抗日方"的主要观点是，日本政府至今未能正式为侵略中国作出书面道歉，没有认罪，毫无诚意可言，且继续扩军、侵占中国领土钓鱼岛、修改和平宪法、日相参拜靖国神社等，应该对其进行激烈的批判，甚至一些人发出抵制日货的呼吁；而"友日方"则认为，日本已经是经济强国，日本长期保持了对华经济援助，中日贸易意义重大，侵略中国的事件已经过去半个世纪，应该不计前嫌，宽宏大量，"尊重强者"。

在网民的政治表现中，有一个现象特别引人注目，那就是"网络民族主义"。有人认为，"网络民族主义"的崛起是2003年出现的一个重要政治现象。在这一年里，中国"网络民族主义"除了继续在论坛上发表尖锐的、痛快的议论外，还走出聊天室，投入到了具体的政治活动中。这些活动都是针对日本的：2003年6月，一些倡导民族主义的网站组织了登钓鱼岛的保钓活动；7月29日，几个网站发起了"反对京沪高铁采用日本新干线"的活动，征集了10万网络签名；8月，当发生日本侵华期间遗留的毒气弹伤人事件后，这些网站发起了征集百万签

① 周兆呈：《美国遇袭引发中国思想论争》，载《联合早报》，2001-10-05。

名要求日本赔偿受害者的活动；8 月份，一家网站为抗议日本右翼分子登上钓鱼岛，在日本驻华大使馆外焚烧日本国旗。①

尽管有不同的思潮趋向，但从总体上看，网络中民族主义的声势更为强大，他们的言行也表现得更为激进。

在很大程度上，民族主义与网络“愤青”现象是联系起来的。网络“愤青”身上集中了前面提到的很多特点，如行为上的暴力性、思维上的质疑性等，而政治上的偏激也是其重要的特征之一。他们更多地表现出民族主义的倾向。

对于网络民族主义，人们的褒贬不一。赞扬者积极肯定它的草根民主性、参与性和爱国性，特别是在 2008 年 4 月由网络掀起反对藏独、护卫奥运圣火、抗议西方媒体不实报道的运动后，有媒体称：“中国网络民族主义在虚拟空间中完成了真实的嬗变，吹响了前进的新号角。”② 而批评者则对其中表现出来的非理性的、狭隘的、鲁莽的一面表示了担忧，有研究者认为：“所谓的网络民族主义仍具有诸多的政治冲动和不成熟的表现。诸如言论失之于幼稚偏激，大量的伪民族主义言论也充斥于网络言论平台。情感的抒发和宣泄，无法促使言论的系统化和理论化，加上在目前媒体的政治生态环境下，也无法获得更多舆论的参与讨论。因此，它给外界造成的印象并不是理性的思考，而是带有若干失控形式的鲁莽情绪。”③ 也有不少人担心，网络民族主义可能带来极端民族主义倾向。

中国网民政治上的激进性还表现为一种“泛政治化”现象，那就是各种各样的社会问题在网络中都有可能演变成政治问题。例如，“宝马撞人”事件就是将一起交通事故变成一个涉及政府官员的事件。“华南虎”事件也是如此，整个事件的意义已从最初的判断照片真伪发展到对整体政府公信力的质疑。“很多不起眼的‘小事’经过互联网的聚合、催化和放大成为了‘大事件’，并且总是和政府联系在一起。”④

这种“泛政治化”现象，与中国人重政治的传统有关，与政府信息不能充分公开有关，也与人们在网络空间之外缺少公共性的政治讨论渠道有关。“泛政治化”现象，在某些时候可以促进人们对事物的深层思考，但在某些时候，也会促成一些事件影响的不必要的放大。

上面我们从不同角度分析了中国网民在现阶段的一些典型特点，但这些特点

---

① 参见张剑荆：《中国崛起》，http：//book. sina. com. cn/nzt/soc/zhongguojueqi/22. shtml。
② 叶海林：《互联网上的“新爱国主义”》，载《国际先驱导报》，2008-04-16。
③ 杨锦麟：《近看中国正在掀起的网络民族主义》，载《南风窗》，2003（20）。
④ 叶娟：《互联网对政府形象构建的影响及对策》，载《网络传播》，2008（4）。

并不是割裂的，而往往是交织在一起的。例如，质疑性思维、叛逆性价值观和“解构性”行为，这几者是一脉相承的。而上面提到的一些网络现象或网民类别，如网络暴力和网络“愤青”，往往是各个方面特点的综合表现。

我们应该认识到，中国网民具有这些思维、态度、行为特征，从本质上来说并不是因为网络改变了他们。一切都是基于深刻的现实原因。文化传统、社会发展的特定阶段等，是网民心理需求产生的根本土壤，网络的互动空间只是为这种需求的满足提供了某种有别于传统世界的环境，这种环境会对网民的行为产生放大、催化、聚变等各种效果。

同时，也应该认识到，分析中国网民的各种特征，并不是为了对其作出简单的对与错的判断。而是试图分析中国社会的文化和政治传统、经济发展水平、社会发展的特定阶段等对于人的影响，以及网络在此过程中所起的作用。对中国网民的阶段性特征的研究，并不仅仅是一种网络传播方面的研究，而是研究中国社会发展的一个角度。

第八节 作为信息消费者的受众

受众是信息的消费者，消费者是市场资源。任何产品的生产都是基于对市场的洞察。从消费者角度看，我们需要对受众做以下方面的研究：市场定位、消费行为与习惯考察。

一、受众市场定位

由于网络技术赋予了受众更多的自由选择的权利，无论是对信息的需求，还是在网络社区中的活动，网络市场的细分化趋势日益明显。

市场细分是网站进行自身定位的重要依据。它可以为网站的发展目标、建设方式、产品结构以及经营模式等的确定提供依据。

对于网络内容的传播来说，市场细分的作用，一是为内容频道的总体规划提供依据，二是为内容的选择及处理提供依据。

网络受众的市场细化，可在一定程度上借鉴市场营销学中的市场细化理论。

从市场营销的角度看，市场细分的依据主要包括四个变量：地理变量、人口变量、心理变量和行为变量。

地理变量：指按照消费者所在的地理位置及其他地理变量来细分市场。

人口变量：按照人口变量（包括年龄、性别、收入、职业、教育水平、宗教、种族、国籍等）来细分市场。

心理变量：指按照消费者的生活方式、个性等心理变量来细分市场。衡量人的生活方式，通常又可以用“AIO”尺度，即活动（activities）、兴趣（interests）和意见（opinions）。

行为变量：按照消费者购买或使用某种产品的时机、消费者所追求的利益、消费者对品牌的忠诚度和消费者对产品的态度等行为变量来细分市场。

由于网络的“进入门槛”较高，目前网民主要集中于经济较发达地区，同样，目前，在人口变量的各项指数方面，例如年龄、收入水平、受教育程度等，也较为一致，因此，地理变量和人口变量对于网络市场细分所能起的作用，目前是有限的。但是，已有的市场并不意味着未来的市场。事实上，从地理变量与人口变量方面看，向外的扩张，正是市场潜力所在。从地理方面看，目前的网站主要是为大中城市网民设计的，在一些经济发达的小城镇，似乎还没有被足够地开发出来。从年龄方面看，目前的网站多是为18～35岁的网民服务的，专门针对低龄化和高龄化网民的网站还很少。

以心理变量和行为变量指标来进行市场定位，在网络中更为可行。其依据之一是网站社区所进行的自然人群区分。

在注意受众细化的同时，也应该注意到网络受众在某些方面表现出的一致性的需求。例如，在对时政新闻的关注方面，人们对新闻的重要性的判断都具有比较一致的取向。网站需要处理好“分”与“合”的关系。

此外，网络受众更具有流动性，因此，网站定位并不是一劳永逸的事情。需要不断根据网民情况的变化作出调整。

二、受众信息消费行为与习惯

与传统媒体相比，网络受众的信息消费行为表现出更强的媒介环境的相关性与依赖性，同时往往表现出更大的稳定性。受众信息消费行为对传播者的影响更为明显。

（一）受众的上网行为与习惯

受众的上网行为受到各种因素的限制，因此，不同受众的上网习惯是不同的。把握网民的上网规律，是开展网络传播的基础。受众的上网习惯所要考虑的因素包括：

一是上网时间段。多数网民上网的时间段，应该作为网站制定网络信息发布策略的重要依据。如果网站能适应网民上网的生活节奏，而不是按部就班地按照网站自己的工作时间表来进行网页的更新，以及主要信息的发布，就能较好地提高信息的阅读率。

二是每天上网次数。与上网时间段指标一样，网民每天的上网次数，反映了他们在网络中的主要生活节奏。

三是每次上网时间。每次上网时间决定了网民能拿出多少时间来看新闻。当网站提供的信息大大高于网民时间的容量时，势必会带来大量信息的闲置，造成资源的浪费。

四是上网地点。在不同的地点上网，网民的上网目的可能有所不同，例如，在网吧上网，大量网民的目的是玩游戏，在单位上网，看新闻、参与论坛的可能性较大，这一方面是因为不必考虑费用，另一方面是因为工作环境中不适合处理个人事务。而在家中上网，由于成本较高，因此，上网常常是用于处理必须的事务，如电子邮件等。当然，如果要准确把握网民在不同地点的上网特点，还需要做科学的研究。

五是上网的经济成本与承受能力。毫无疑问，经济成本和承受能力决定了网民在网上的逗留时间与活动内容。

六是上网的主要活动。网民的网上活动并不限于阅读新闻。他们在网上的主要活动是什么，新闻阅读在他们的活动中占多大比重，都是需要去加以了解与利用的。

七是最常访问的门户网站。虽然网站多如牛毛，门户网站也为数众多，但是，多数网民的访问习惯有相似之处，特别是在门户网站方面。了解最受欢迎的门户网站是哪些，网民在其上逗留的时间以及主要使用的服务或浏览的内容，可以作为网站改革与调整的依据。对于一些知名度还不高的网站来说，与知名度高的门户网站建立合作关系，在一定程度上有助于网站影响力的提高。而从宏观看，了解最受欢迎的门户网站，也是把握网络传播格局的一种重要方式。

了解网络受众上网习惯的途径主要有两种，一是通过网站的自动统计功能，来掌握本网站的受众访问习惯，另一种是通过网民调查来获得基本数据。

（二）受众的信息接收行为与习惯

研究受众的信息接收行为与习惯是研究作为消费者的受众行为的重要内容，主要包括：

1. 受众对不同形式的信息的接收习惯。

网络提供的是一个多媒体的信息环境。受众在面对多媒体时，是如何进行选择的？下面这项研究可以在研究方法与结论上给我们一定的启示。

美国斯坦福大学和佛罗里达大学波伊特（Poynter）中心的一项研究表明，网络读者首先看的是文本，他们对图片和形象视而不见。这与人们阅读印刷媒体的习惯是不同的，报纸读者通常先被照片吸引，然后才找文字。①

该研究历时 4 年，共有 67 名被试者参加了试验。所有被试者都是网络新闻消费者，他们可自由浏览想看的任何内容，时间不限。

这项研究采用一个头戴摄像机，记录被试者的视线移动和他们正在阅读的计算机屏幕。被试者总共浏览了 211 个不同的新闻网站，约 6 000 页，总计 40 小时。平均新闻浏览时间为 34 分钟，每人平均访问了 6 个新闻网站，其中一个被试者访问了 19 个不同的网站。

这项研究最重要的度量是视觉注意，即被试者眼睛注视 1/10 秒以上的目标——1/10 秒足以使大脑理解信息。研究者总共记录了 608 063 次视线停留。

从试验结果来看，一般来说，被试者一登录主页，立即开始看标题和提要。然后才看图片，有时候从其他页面返回才看图片。研究者认为这是因为屏幕上的图片小，加上一般的图片分辨率为 72dpi，没有印刷媒介那样大的冲击力。

整个测试的结果是，新闻提要的注目率是 82%，文章本身是 92%。网页上出现的图片 64%受到注意，平均注目时间为 1 秒钟，即得到被试 1 秒钟的视线停留，而图表只有 22%。旗帜广告注目率达到 45%，平均注目时间为 1 秒钟。这对于理解旗帜广告信息应该是足够了。

这个研究结论是否准确，还有待于实践的检验，但它在很大程度上提醒我们，网络环境不同于传统的阅读环境，而人们信息接收的心理与习惯也会有所不同。

2. 受众对不同类型页面风格的偏好。

网页设计虽然有一些共同规律，但在实践中也发展出一些不同风格。例如，国内新闻网站与国外新闻网站的风格就有明显不同。而这种风格与受众的习惯是互动的。

一般来说，国内的新闻网站首页设计比较繁复，内容丰富，网页更多的像报纸的风格，受众在首页上就可以获得大量的信息；而国外新闻网站的首页通常较

---

① 参见《在线新闻阅读习惯研究》，http：//news. zol. com. cn/2000/0508/3988. shtml。

为简洁，首页新闻数量少，像杂志的风格，首页的功能更多的是导读，引导受众通过纵深的方式获得信息。但是，盲目模仿国外新闻网站并不一定能获得很好的效果。因为中国网民的新闻网站阅读习惯已经建立起来，试图去改变它会产生转换成本及给人带来不适应感。

在新闻页面设计上，一些商业网站的新闻频道设计与新闻网站的页面设计也有较大差异。哪种类型的设计风格更适合阅读需要，也是需要进行研究的。

受众通常在多次访问一个网站后，会熟悉网站的基本布局，并产生一种心理定势，即每次浏览过程基本固定，如页面中的浏览起点，点击进入的栏目等。这种定势会使他们进入一个页面后，视线与鼠标的运动轨迹也是惯性式的。如果网站改变页面布局，就会引起一次定势的打破，对于受众，这经常是一次不愉快的经历。因此，保持网页基本布局的稳定是有好处的。

3. 受众在显示器界面下的阅读习惯。

网络受众是在电脑显示器这样一个界面上获取信息，他们在信息消费时的视觉运动规律与传统的报纸、杂志或电视屏幕环境下的视觉运动是否不同，由此带来的影响是什么，都是需要认真研究的。

第一，受众视线在页面中的第一落点。网民在打开某个网页后，一般视线会立即落到页面中的某个区域，这个落点是网民阅读的起点，通常也反映了他们对该网页中某一内容与服务的依赖程度。对于某个特定的受众来说，浏览不同页面时，视线的第一落点不尽相同，但是，在某一个页面中，这个第一落点可能是相对固定的。

受众视线的第一落点的形成与以下因素相关：

一是受众在网页中最关心的内容或服务。例如，如果网民在某个网站最常用的服务是邮箱，那么，视线一般都是从邮箱链接这一区域开始。

二是网站的编排手段。如果网站编辑对某一区域进行了强势处理，那么，这个区域比较容易成为第一落点。

虽然不同网民的视线第一落点可能有所不同，但是，网站应该尽量让自己需要重点推荐的内容成为多数人视线的第一落点，这就需要对网民的需求进行调研，并通过编辑手段的强化来达到自己的目标。可以说，受众视线的第一落点是可以通过网站的编辑手段来控制的，正如报纸的“头条”。

第二，受众视线扫描的核心地带。在网页浏览中，人们的视线一般不会在页面中所有区域一一扫描，实际上，大多数时候，人们是在一个核心地带从上至下地进行扫描式阅读。在这个核心地带之外的信息多数是被人们眼睛的余光扫视，除非有某些特殊的内容吸引人们的眼球使之停下来。

视线扫描的核心地带常常是一个宽度有限的垂直延伸的一个区域，原因之一是由于网页浏览通常需要用鼠标拖动滚动条，这容易带来视线的垂直移动。理论上来说，屏幕右部区域可能更容易成为核心地带，因为它与滚动条更接近。但另一方面，视线的第一落点也容易影响到核心地带的形成，以第一落点为起点的垂直区域也容易成为人们视线移动的主要区域。

虽然不同受众阅读的核心地带可能有所差异，但至少他们视线侧重于垂直扫描而不是水平扫描的特点是应该注意的。同时，网页的设计有可能影响到核心地带的形成。

因此，新闻网页在设计时，应该尽可能地将主要新闻集中放在一个垂直延展的区域中，避免在横向的过分扩张。多数新闻网站的新闻频道首页分成三栏，中间一栏是不断更新的新闻，这是重点内容，而旁边两栏的内容的重要性相对较弱。而在正文页中，主要内容基本上都被安排在版面的中间，两边往往有大量留白。这种版面分割方式应该是在研究了受众阅读习惯以后形成的。

第三，受众视线移动的速度。受到阅读环境的影响，受众在网络中的阅读速度通常比报纸要快，视线往往是在从上至下进行快速扫描。导读页主体内容的栏宽，正文页的正文段落每行的宽度，都需要在考虑受众视线扫描的速度基础上加以安排，形式设计上的宽度实际上反映的是内容的信息量的多少。内容安排太多时，可能使受众的眼睛扫描时漏掉一些信息，而太少，则会使内容在纵向扩展过多，使页面显得过长。只有合适的宽度，才能较好地适应受众的阅读习惯。

4. 受众在层次化信息环境中的阅读习惯。

由于网络本身的层次化结构，网络信息作品通常以层次化形式进行组织。但是，受众是否能适应这种阅读习惯呢？如果考虑到受众传统的阅读是印刷媒介的平面式环境，那么可以想象，受众对于过多的层次是不习惯的。

一些网站为了减少单一页面的文件体积，采用了一篇文章分割成若干页面的做法，但是，这人为地破坏了受众的阅读进程。特别是对于那些点击页面后离线阅读的读者，常常带来的是阅读的残缺。网站的设计者应该尽可能尊重受众的阅读习惯。

5. 受众阅读时的工具使用习惯。

例如，一般受众在网络浏览中都喜欢用鼠标而不是键盘，因此，网页设计应该尽可能做到用鼠标操作就可实现全部功能。即使在受众调查等问卷设计中，也需要考虑到这一点。

一般受众喜欢用鼠标而不喜欢用键盘，也意味着，他们并不喜欢通过在键盘上输入地址的方式，来进入对某个网站的访问。利用收藏夹或地址栏中所提供的常见地址，是一般的地址生成方式。

国内学者高钢对于网络环境中受众的信息接收习惯作出了如下分析：

网络新闻传播，拥有高速度、多媒体、交互性、数据库等诸多传统媒体未曾具有的信息传播上的性能优势，也存在诸如网络信息接收终端的物理特性所导致的屏幕的光刺激、页面第一视觉区域的有限、上网费用的消耗等各种阻碍信息传播的局限因素。在社会环境因素与网络新闻传播技术因素的综合作用下，致使受众接受网络信息传播的心理预期呈现下列特征：（1）快速获取最新信息。（2）主动选择有用信息。（3）精确接近深度信息。①

他还指出，受众在网络新闻传播过程中拥有的上述心理预期，促使受众获取网络新闻的行为特征呈现出一些新的明显变化：

第一是对新闻标题的“第一依赖感”形成。标题已经成为受众识别新闻内容，判断新闻价值的第一信号，成为受众决定是否索取深层新闻信息的第一选择关口。

第二是扫描式阅读已经成为网络新闻阅读的主要方式。这种阅读带有极大的跳跃性、检索性、忽略性，如果新闻中没有醒目的关键词，没有清晰的提示与标识，没有引人注意的种种细节，就难以抓住读者飞速运行的眼球。

第三是阅读过程中自由选择信息内容的几率提高。

从总体上看，网络阅读是一种快餐式阅读，通常人们是在有限的时间内进行有限数量的新闻消费。提供一种简洁舒适并且能保持长期稳定性的阅读环境，简化阅读线路，控制新闻的数量，是必要的。

此外，受众总是“懒”的。他们总是期望用最小的代价获得最大的报偿。因此，网络新闻的传播者，应该在形式的设计上，尽可能接近他们的心理习惯。

不同国家或地区网络受众的信息消费行为，既有一些共性的表现，如扫描式阅读、快餐式消费等，也会形成各自的特点。如中国网民对于水平式的内容丰富的首页的偏好，就与很多国外的网民不同。因此，研究网络受众的信息消费行为，既要注重共性，也需要格外关注由地域、文化习俗及其他人口变量所带来的群体的特性，这也是受众定位研究中需要关注的一个问题。

---

① 参见高钢：《受众阅读网络新闻的行为特征——网络新闻写作特殊规律的探讨》，载《新闻战线》，2004（4）。

（三）新技术条件下受众行为与习惯的变化趋势

经过十多年的发展，网络受众在网络信息消费方面已经形成了一定的稳定模式。但是，这种模式未必是永恒不变的。各种新技术正潜移默化地改变着网络受众的思维与行为，在这些方面也出现了一些变化的趋势。在中国，这种趋向主要表现为：

1. 从被动接受信息向主动索取、选择与组合信息发展。

尽管网络受众有较强的主动性，但是，在网络发展的初级阶段，他们被动的信息消费行为仍然是占主导的，这主要表现为他们更偏向于访问某些网站，在这些网站提供的内容中进行选择，他们的主动性更多地表现为一种被动基础上的选择。

而在今天，越来越多的网民通过搜索引擎来获得信息，特别是在获得一些信息线索后，他们对于信息的延伸阅读内容，往往是通过搜索引擎来发现与获取的。例如，当他们听说某一网络事件或网络人物后，往往不是去某一家或某几家网站进行进一步的了解，而是直接通过搜索引擎去寻找相关信息。

CNNIC最近的几次调查均显示，中国网民上网的活动中，上网看网络新闻和使用搜索引擎的比例已经非常接近：

网络新闻73.6%、搜索引擎72.4%（2008年1月）

网络新闻77.3%、搜索引擎74.8%（2007年7月）

网络新闻53.5%、搜索引擎51.5%（2007年1月）

网络新闻66.3%、搜索引擎55.3%（2006年7月）

从Alexa的排名情况来看，从2007年8月至2008年4月，百度的访问量排名一直位于新浪之前，如图7—5。图中，百度名列中国网站访问量排名的第一位，而新浪在中国新闻网站中是排名最高的，居中国网站排名第三位。排名第二的腾讯网站的流量与其即时通信工具及娱乐内容等有很大关系，因此，在此不将其视作新闻网站的代表。

笔者自2007年10月以来所做的一些随机小规模调查也显示，将百度、Google等搜索引擎网站设为首页的网民数已大大超过将新浪等门户网站设为首页的用户。尽管这些并不是科学的调查，但是，它们为认识中国网民信息消费行为的变化提供了一些参考。

除了搜索引擎，RSS和Widget等技术也使网民对于信息来源的选择、多源信息的组合有了更大的自主权。

网民这种行为方式的变化，在很大程度上是源于网络信息迷宫带来的迷失

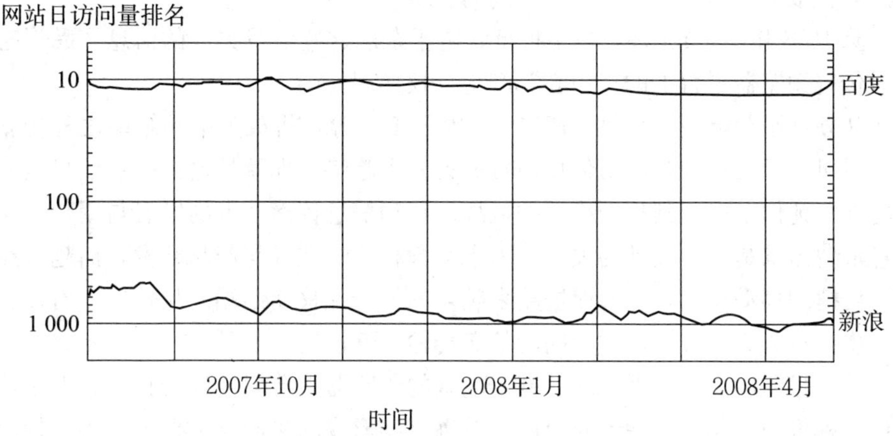

图 7—5　百度和新浪的访问量排名比较

资料来源：http：//www. alexa. com。

感、焦虑感和高成本，这也是他们试图更好地控制自己的网络信息消费行为的一种表现。

当然，被动接受信息与主动索取信息这两者并不矛盾，后者也不会完全取代前者。一些时候，被动接受信息是主动索取信息的前提，没有一定的被动接受的信息作为导引，人们的主动索取也就没有起点。另外，主动索取信息往往只是满足个性化信息需求，而被动接受信息则是全面感知社会环境的一种方式。因此，两种信息消费方式的结合是更理想的信息消费模式。

2. 从"中心式"消费向"分布式"消费发展。

在第一代互联网，信息消费主要是基于门户网站这样一种模式，那些最重要的新闻网站，在某种意义上成为权力中心，它们控制着信息的集散，也控制着人们信息消费的广度与深度。更重要的是，它们统一着网民的信息消费口味与步调。

但是，在 Web2.0 时代，作为门户网站主要支柱的浏览器这样一种单一的信息消费平台正在被多元化的平台所冲击，其中最有代表性的是 RSS 界面和 Widget 技术支持的网页等。前面相应章节已经对这两种技术做了介绍。

RSS 和 Widget 等技术的进一步普及和优化，可能使整个互联网信息消费模式呈现出"分裂"特征。过去网站同时充当着信息的采集、加工与集散（即整合与发布）三个角色，而未来，在集散这个环节上，门户网站的能力将被削弱，即使它们仍然会承担这一工作，但是，网民未必总是依赖于这些网站所提供的那种统一的集散平台了。每一个网民都可以制造出自己的集散终端。传统的大众门户的力量将被无数的“个人门户”所削弱。

除 RSS 和 Widget 外，数字报纸、电子杂志这些值得关注的信息产品形态也将对传统浏览器平台上的“中心”产生分权作用。

从硬件平台上看，手机、PDA、“电子纸”等，将成为电脑终端之外的新选择。手机等所昭示的是网络信息消费的另一个趋势，那就是过去固定信息接收终端的垄断地位，在受到移动终端的挑战。移动信息传播技术的发展与用户的移动信息消费需求是一个互动的关系：需求刺激相关的技术与产品开发，而越来越先进、便捷的移动技术，也会促进越来越多的人选择移动终端。从长远来看，移动网络也许将成为各种媒体的共同的信息传输“管道”。

尽管目前没有一种平台能对基于电脑的浏览器平台形成致命打击，但是，它们从各种不同方向、各种不同层面上对浏览器形成的渗透与蚕食，在很大程度上改变着信息消费市场的格局。可以预见的是，过去相对集中、统一的信息消费平台将被分裂的、多元的信息消费平台所冲击。这些影响的潜在效果，虽然并没有立即呈现出来，但它的到来并不遥远。

分布式的信息消费也意味着信息服务的个性化，人们将获得更为便捷的途径、更多样化的渠道与终端以及更为自由丰富的信息组合手段来实现个性化信息需求。在很大程度上，它也可以称为定制性（customization）信息消费。虽然离尼葛洛庞蒂所描述的“理想的”个性化服务还有距离，但是，已经往那个目标又前进了一步。

3. 从独立性消费向社会性消费发展。

传统媒体时代，受众的信息消费行为是相对独立的，受他人的影响较小。网络媒体使这一情况有了改变，受众处在一个越来越强大的社会化环境中。这种社会化环境的效应由于 Web2.0 等技术的普遍采用而显得更为突出。这意味着，作为个体的网民，其信息消费行为往往不是基于个体的自主判断与选择，而是在社会氛围作用下的复杂过程。这也意味着，每个个体的信息消费行为都有可能与他人的行为集合形成强大的社会效应。可以说，网络信息消费的社会化意味着个体与社会之间非常密切与频繁的一种双向互动。

本章第三节已分析了网络受众的社会性特征，可以说，新的技术会不断地强化这一特征。尽管网络信息传播正在向分裂状态转化，这种分裂状态在某种意义上可以更好地满足人们的个性化需求，但网络信息消费的“社会化”，却又在很大程度上作用于人们个性化需求的形成过程。在一定意义上看，社会化的结果是，人们实际上越来越没有个性，人们的个性化需求，只是外壳上的五彩斑斓，在内核上却是单调同质的。反过来，网络信息消费的个性化，不过是在加速人们信息消费的社会化，最终便是在加速人们的趋同过程。

但是，融入社会群体是人们本质上的一种心理需求。正因为如此，人们不仅不会排斥信息消费的社会化，反而会主动地寻找有利于自己的社会化氛围。

4. 从网络媒体诉求向网络社会诉求发展。

在网络发展早期，人们将内容放到了至高无上的地位。网民上网初期，也是以内容消费为主，这是在将网络作为一种媒体的前提下的使用需求。

但是，不断发展中的网络，其作为一种社会形态的存在与作用越来越突出，人们对它的需求也在变得日益广泛而深化。

人们对网络社会的诉求，首先体现在从简单的信息消费需求发展到多重内容与服务需求。中国互联网络信息中心（CNNIC）历次的调查数据从纵向显示了中国网民需求变化的轨迹，娱乐、社交、交易的需求在不断上升。2008 年 1 月发布的调查结果显示，网络音乐、即时通信、网络影视等使用需求已经超过网络新闻的需求。

这种需求的变化不仅意味着网站的内容结构需要变革，还意味着网站的服务形式的丰富、服务手段的改善。各种内容、服务之间的关联度、集成度需要提高。

人们对网络社会的诉求，还体现在社会关系的营造方面。网络信息消费正在成为人们编织社会关系网络的手段。在网络的社会环境中，有时信息消费只是手段而不是目的，信息消费只是一个人们用来寻找与发展社会关系的触发点。Web2.0 技术为人们的社会关系的发展提供了更多可能性，这也进一步促进了网民的关系需求的增长。

因此，网站需要在内容建设之外，为网民之间的关系建设提供更多样的手段与更宽广的空间。

三、受众对网站的忠诚度

消费者的忠诚度，对于一个产品来说，具有重要意义，对于网站来说也是如此。

有人曾经指出，品牌的忠诚度来自于品牌转换时的成本。例如，一个惯常使用某个化妆品品牌的人，转用另一种化妆品后，可能会出现皮肤过敏或效果不好的情况，为了避免这种风险，她（他）就会保持对一个品牌的忠诚度。而在网络中，这种转换成本是很低的，甚至不存在的。因为受众的鼠标一点，就可以转到另一个网站。而网络内容的同质化，也使得网民在不同网站所获得的信息没有太大区别。据此，一些人认为，网络中的品牌忠诚度是很低的。

但是，实践证明，网民对于某些网站是具有一定的忠诚度的。实际上，网站的品牌转换也是有代价的，例如，可能引起邮箱的转变，而对于大多数习惯于依赖某一个邮箱进行交流的人来说，这种转换的成本也是很高的。

此外，在网络活动中，习惯的力量不可小视。一旦网民形成了某个习惯，就会在较长时间内保持。因为，习惯在某种意义上降低了网上活动的成本，例如，经常去的网站，地址可以自动地在浏览器中出现，这就节省了输入地址的时间，减少了麻烦。当然，人们对于某些网站的信息处理风格的偏好，也是他们选择网站的依据之一。

从另一个角度来说，用户忠诚度也可以体现为网站的黏度。广义的黏度指的是用户对网站的重复使用度（依赖度、忠诚度），和用户迁移成本基本成正比。通常黏度越高的网站越体现价值，因此如何提高用户的迁移成本也是各网站运营的首要任务之一。①

从网站建设的角度看，培养用户忠诚度主要可以通过以下几种方式：

一是内容建设。对于目前的网民来说，信息需求仍然是他们最突出的需求之一。内容建设的重要性不言而喻。但内容建设不仅是网站编辑的工作，在Web2.0时代，用户建设的内容也是网站内容的重要组成部分。网民参与不仅直接为网站的内容建设做出了贡献，更重要的是，为网民间关系的形成、网民与网站关系的维系提供了一种重要方式。

二是界面建设。网站的界面设计是受众进行网络消费的一种情境，它类似于商店的店铺设计。快捷、舒适、易用、人性化的界面，可以让人们保持持久的访问兴趣，而混乱、蹩脚、复杂的环境则容易让人敬而远之。同时，界面的稳定性，也是留住受众的一个重要因素。界面建设不仅需要好的理念，也需要好的技术支持。技术有时产生的黏度，同样可以为网站带来用户忠诚度。

三是服务建设。电子邮件、搜索、网络游戏、网上购物等服务，对于维持网络的品牌忠诚度有着重要作用。服务本身的黏着力也会转化为网站的黏着力。

四是社区建设。论坛与社区的建设，是实现网民意见自由表达的一个重要渠

---

① 参见《社区研究之网站的三种黏度》，http：//yokanta. blog. techweb. com. cn/archives/2006/200611215501 5. shtml＃。

道，也是维系网民关系的基本纽带。它们在维系网民关系的同时，又直接维系了网民与网站间的关系，因此，对于品牌忠诚度的贡献是显而易见的。

第九节　作为新闻生产力的受众

上一章提到，网络受众不但是信息的消费者，还是信息的生产者，在网络新闻传播方面，这种生产者的角色表现得越来越明显，作用也越来越大。这也是网络传播与传统大众传播的一个重要区别。因此本节主要研究作为新闻生产力的受众。

一、网络受众参与新闻生产的方式

网络受众扮演新闻的生产者角色体现在初级生产与再生产两个层面。初级新闻生产是以专业机构为主导的直接新闻生产过程，而再生产则是新闻报道在网络中发布后的扩散、增值过程。

（一）新闻初级生产中网络受众的参与

在专业媒体的初级新闻生产过程中，受众提供的某些资源可以被直接加以利用。受众参与的主要方式为：

1. 启动性生产。

网民有意或无意地向网站提供的新闻线索，是帮助网站寻找报道题材、启动报道的一种方式。由于网络手段的便捷，受众主动向网站提供新闻线索的渠道是畅通的。而网民在 BBS 中的帖子、在博客中的文章，也常常会给记者带来重要线索。

2. 资源性生产。

网民参与各种形式的网络调查，为新闻报道提供了一定的报道素材与背景。网民的个人网站、个人博客，网民在 BBS 中张贴的各种帖子，也都可能为网络新闻报道提供丰富的资源。

3. 原创性生产。

一些具有一定新闻素质的网民，有意识地参与到网络新闻生产中，他们有时所提供的是完整的新闻报道或新闻评论。在博客平台中，这样的原创性新闻生产越来越多。这些内容与专业机构的新闻生产的结合也越来越密切，其中图片报道、视频报道被专业媒体接纳得更多。

(二) 新闻再生产中网络受众的参与

对于大多数网络受众来说，他们更多的是在新闻的再生产中发挥自己的作用，这主要表现在如下方面：

1. 扩散性生产。

网民通常会通过电子邮件或论坛转发自己认为好的或是有意思的新闻，或者通过社会书签功能将新闻收藏到相关网站。这种方式虽然并不直接生产新的新闻，但是，它使新闻扩散，从而实现增值，网民在这一过程中成为新闻的义务推销者。而网民所选择的用于再生产的新闻，往往是出于他们的自然评判标准。

因此，如果网站的新闻选择标准与网民的标准契合，就有可能实现新闻的最佳传播效果。反之，网站的新闻传播意图就会在一定程度上被消解。

2. 互动性生产。

有些新闻的生产过程，本身就需要受众的参与，例如，网民与新闻事件当事人或嘉宾在聊天室或 BBS 中的讨论，就可能是一次新闻的形成过程。下面这个例子则说明，新闻报道中的互动手段，也可将受众直接带入新闻的生产。美国旧金山州立大学的学生在关于微软垄断状况的新闻报道中，设计了一个互动表格。每个阅读者都可以在此表格中填写自己所使用的微软软件的情况，系统自动计算出每个人在微软软件上的花费。这样，阅读者的数据直接成为了新闻的一部分。[①] 在国内很多新闻网站的新闻处理中，也出现了类似的做法，例如，在新闻中，编辑加入调查，让读者先表达自己的态度，再阅读相关新闻。

3. 提升性生产。

在更多的时候，即使网民不直接传播、扩散新闻，但是，他们对于某一个事件、某一条新闻的意见反响，会在很大程度上提升事件或新闻的关注度。

这种情况下，他们主要是参与论坛讨论，参与受众调查等。此外，在网络之外的意见，也有助于将新闻的影响扩大到网络之外。

4. 整合性生产。

很多网民虽然不直接进行原创性新闻生产，但是，他们对媒体的新闻进行筛选、整合，根据自己的价值判断进行重新编排，从而为其他网民提供有序的新闻资源。在博客中，这样的生产行为是大量存在的。

网民可以用多种方式实现新闻的再生产，而网站在很大程度上只能作为新闻

---

① 参见 De Wolk, Ronald, *Introduction to online journalism: publishing news and information*, Allyn & Bacon, 2001.

的初级生产者存在，新闻一旦发布出来，就脱离了网站的轨道。此后的过程，基本上是由网民来控制的。

二、网络受众参与新闻生产的特点

以受众的角色参与新闻传播，与自觉的、制度化的、专业的新闻传播机构的新闻传播，显然是有着明显区分的。受众参与新闻生产的特点主要体现为下列方面：

1. 绝大多数受众参与新闻生产是非制度性的。

受众参与新闻生产，常常是无意中实现的。受众是否参与新闻生产，用何种方式参与新闻生产，也是一件随机的事，有些是偶然的机遇造成的，有些则是一时冲动的结果。甚至他们表达何种意见与态度也会由于网络中的情境不同而有所不同。

作为新闻网站，如果能够提供更多的互动手段，就有可能将网络受众的无意与随机参与捕捉下来，融入自己的新闻传播过程中。

当然，博客等平台的出现，使更多的受众有可能更主动、有意识地参与新闻生产，但是，除个别把参与新闻传播当做追求的网民外，大多数网民在利用博客参与新闻生产时，仍然是非制度化的。

2. 受众新闻生产的能量大小取决于网络聚合的效能。

受众参与新闻生产的作用与效果，并不取决于个别的受众。一条新闻如果只有少数几个受众转发或评论，其增值作用几乎等于零。只有很多受众同时参与转发，或有大规模的互动、讨论，才能达到提升新闻关注度与影响力的效果。因此，受众参与新闻生产时可能释放的能量大小，取决于网络的聚合效能。这种聚合效能与很多因素相关。

首先，它与参与人数紧密相关，很多人同时参与至少可以形成量上的积累，即使是简单的量的相加，也可以形成一种力量的聚合，这种力量又会造成一种社会“压力”或“拉力”，使更多的人加入其中。这种滚雪球式的过程，可以产生强大的效果。

其次，它与群体互动的规模与程度相关。很多新闻报道或事件引起人们的关注，是与受众的评论热度相关的，网络评论的热点，是通过互动而产生的，影响也需要经互动不断扩大。

最后，它与专业机构的“催化”相关。个别受众的行为被聚合成群体效应的过程，既可以是完全的网民自发作用过程，也可以是专业机构通过一定方式进行“催化”的过程。例如，网站将某些新闻突出出来，以便引起更多网民的注意，这样可以激发更多人的参与。网站将一些网民评论放到网站更醒目的位置，也可以聚集起网民的注意力。

3. 受众新闻生产对专业机构生产具有依附性和嵌入性。

受众新闻生产并不是一种完全独立的生产，它总是或多或少地依附于专业机构的生产过程，如果没有这种依附关系，受众的新闻生产就不会产生大众传播的效果。

但这种依附并不是一种表层的依附关系，而是一种深层嵌入关系。它使专业机构的生产与受众的生产形成了一种相互融合的共动过程。

4. 受众的再生产过程可以产生一种“正反馈”效应。

从某种意义上来说，受众的再生产行为像是一种正反馈：它使强者更强，弱者更弱。因此，网络受众的行为，对专业机构的新闻生产，既是一种效果检验机制，又是一种效果的放大或削减机制。

三、新闻网站对受众新闻生产的利用

受众参与新闻传播，是网络媒体的特质带来的。专业网络新闻机构应该对受众新闻生产的作用给予高度重视。

这种重视，首先体现在对网民在初级生产过程中发挥的作用的积极肯定，以及对网民生产内容的积极接纳与利用。

这种重视还体现在对再生产环节网民作用的认可。需要充分认识网民参与所形成的“正反馈”效果，并对其加以充分的利用。

要更好地利用受众的生产力，需要为网民提供更多参与新闻传播的途径。社区、博客、社会书签等功能，都有助于网民的主动性参与。

其次，在网站的规划与设计中，就要考虑如何使网民更方便自如地进入网站的新闻传播流程中。例如，在每条新闻的页面中，加入“转发”功能和“进入论坛”功能，将有效地提高网民的转发与讨论几率。

未来的网络新闻，还应该在报道的策划阶段就考虑到互动手段在报道中的应用，使网民更多地直接参与新闻的创作过程。

此外，对于网民作为新闻生产者作用的认识与利用，还需要提升到民意表达与民主参与的层面上。

前面我们已指出，网络空间中的部分场所，有可能成为哈贝马斯心目中理想的“公共领域”。而在社会政治生活中，理想的“公共领域”的作用是很重要的。新闻网站要想更好地发挥自身在社会生活中的作用，就要把“公共领域”的建设作为一个重要的追求。而充分发挥受众在网络新闻传播中的作用，有助于这样一种目标的实现。

当然，受众对于网络新闻的选择与偏好，他们的意见表达，也并不总是理性的。因此，我们应当尊重但不迷信受众在网络新闻传播中的作用，学会透过表面现象来了解网民对网络新闻的真实需求，学会透过网络的民意洞悉社会的真实面貌。

本章学习与研究提示：

受众研究在网络传播中的地位越来越重要。这不仅是因为他们在信息传播中地位的上升，更是因为他们是构成网络社会的基础。在研究网络受众时，不能简单地将他们视作一种信息传播中的受众对象，而应更多地将他们看做带有不同目的的网络使用者，以及网络社会的参与者。

受众不只是用指标数据所勾勒出的抽象对象，他们更是在社会环境和心理因素等共同作用下的实在的人。尽管在受众研究中，科学的调查与分析是十分必要的，但不能只醉心于抽象的数据调查。我们还需要在时代背景下、网络环境中去研究那些具体的网民。同时，要特别关注心理因素对网络受众的行为、态度等的影响。

由于本书的整体要求，本章所作的都是对网络受众整体的分析。但是，在具体的研究中，应该尽可能避免将网络受众作为一个笼统的对象。如果只注重整体性研究，就忽略了不同受众群之间的差异性和由此给网络社会带来的多元影响。在国外，对于网民的研究，常常是具体定位在某一类网络用户上，例如，在笔者所组织翻译的《网络研究——数字化时代媒介研究的重新定向》一书中，关于网民的研究涉及女性、同性恋、艺术家、“粉丝”、学生、少数民族、使用网络摄像头的人等不同的人群。也就是说，这些研究依照各种指标划分出了许多网民的子集，而每一个研究是在个别的子集中展开的，有着非常明确的研究焦点。通过这样的研究，可以揭示出网民在利用网络的目的与行为上的各种差异，从而进一步揭示出网络这样一种新媒介、新社会对于个体行为、人际关系、社群活动以及社会等各个层面的影响。

国内的网络受众研究也有一些对个别群体的关注，但研究的类别仍不够丰富。这是在未来的研究中需要加以改进的。

社会学、心理学等是研究网络受众必须借鉴的学科，这些学科对于各种心理现象、心理作用机制以及人与人之间相互影响的研究，已经为我们研究网民提供了科学的基础。我们仍然要强调，网络并不会改变人性，网络只是在一定程度上改变了人所处的环境，这可能使得人的外在行为表现出与现实世界不同的一些特点，但是，人的行为形成机制并没有任何改变。对网络受众的研究，需要拨去一些似是而非的迷雾。网络中存在的，仍然是人。

本章延伸学习与思考：

1. 试利用CNNIC的历次中国网络发展状况调查统计数据分析中国网民构成、网民行为等方面某一个或几个指标的数据变化的内在意义。

2. 网络是如何满足受众的内在需求的？

3. 匿名性与虚拟性的差异在哪些地方？

4. 为什么说网络受众具有“社会性”？这一社会性对受众的影响表现在哪些方面？

5. 试用个案研究的方式研究网民的代际特征。

6. 试以一个社区为对象，研究网民的活动类型及其各自在社区中的作用。

7. 网民心理受到哪些环境因素的影响？

8. 试用个案研究的方式分析网络中的“从众心理”。

9. 如何认识中国网民在现阶段的特点？

10. 如何认识网络暴力现象？

11. 为什么网络给人感觉负面消息更多？试从网民角度进行分析。

12. 试分析自己的网络信息消费行为习惯。

第八章 网络传播的结构

CHAPTER 8

关于网络传播的结构与模式问题，一直是那些试图建立网络传播理论框架的人们所关注的话题。但是，网络传播本身是一个含义很广的概念。它是大众传播、群体传播、组织传播与人际传播的结合体。从广义上看，内容传播、服务推广及商品交换等都可看做是网络传播中的组成部分。在这样的前提下，要完整地描绘出网络传播的结构是极为困难的。

在这里，我们不妨将视角放在网络中内容的生产与传播过程中的结构问题上，从这里出发研究网络传播的结构问题。这样可以避免涵盖面过广，从而有利于结构模型的构建。

第一节 研究网络传播结构的意义

我们将网络传播结构定义为，网络传播中各要素的关系构成方式与运动方式。即传播者、受众、传播内容、传播渠道、传播环境等的相互作用方式。

网络传播中，主要有两种类型的内容在进行传播，一种是信息流，一种是意见流。在这里，信息是指那些由各种组织或个人发布的新闻或其他信息。意见则是指由信息所直接激发的主观认识与观点，类似于美国社会学家罗杰斯所说的“影响流”，而并非网上所有的意见。

信息的传播与意见的传播虽然有极大的相关性，但是，它们的传播结构应该分别来研究。信息本身是触发物，而意见是触发结果。但是这两者并不一定是结伴而行的。信息的栖息地与意见的栖息地往往是有偏离的，这种偏离在一定程度上反映了意见的流动过程。从发布方式看，信息与意见虽然都采用同样的技术渠道，但侧重方式不同。此外，信息对个体所起的作用主要由信息发送者、信息内容、信息渠道及信息接收者之间的关系决定，而意见对个体起作用的过程，还要取决于个体的内因，以及个体在网络中所处的意见场，形成过程更为复杂。

研究网络传播的结构具有以下意义：

首先，便于认识网络中信息与意见的运动过程。

一条信息或意见从被发布到网上起，就会获得某种状态，或者永远停留在原始状态，成为“死”信息，甚至可能从网上永远消失；或者进入一种活跃的流动状态，在网上广为散布；或者进入一个生生不息的循环中，产生持久的影响。不同信息在网络中的命运，自然首先取决于信息或意见内容本身的性质。但是，一个内容所处的传播结构也是不可忽视的。有些传播结构可以促进信息或意见的畅流，甚至使一些信息或意见产生超出它自身能量的影响力；而有些结构则会阻碍信息或意见的流通。

因此，研究网络传播结构，从一定程度上可以帮助我们预测信息与意见的运动过程，以便对它的走势作出判断。也可以帮助我们选择适当的结构来服务于特定的信息发布，使之达到预期的效果。

其次，便于认识网络传播中的各个要素及相互关系。

如果仅从技术上看，网络的结构并不算太复杂。但是，在这样的技术平台上，传播活动却显得十分复杂，这是源于参与传播活动的诸要素在网络中作用方式的复杂性。建立网络传播的结构模型，所要解释的就是传播的诸要素是如何共同作用的，它们又是如何影响信息的流动方向与方式，影响一条信息的生命周期以及它的传播效果的。

最后，便于进行大众传播的效果与影响分析。

传播效果及影响的生成与传播结构和社会结构是紧密相关的。因此，在各种关于传播效果的理论研究中，我们往往可以看到，很多研究者的假说都是基于一定的社会结构和传播结构的假设。

例如，“魔弹论”的理论基础是“大众社会论”。这种理论认为，现代社会生活破坏了传统社会中的等级秩序和密切的社会联系，使社会成员变成了均质的、分散的、孤立的“原子”，个人在获得了自由的同时也失去了统一的价值观和行为参照，失去了传统社会结构对他们的保护，这种状况使得他们在任何有组织的说服或宣传活动面前都处于孤立无援、十分脆弱的状态。[①] 这也就是大众传播得以乘虚而入的重要原因。

而“有限效果”理论则具体研究了传播结构，提出了传播的“两级”与“多级”模式，从而在这样一种结构框架中找到了影响传播效果的一些具体因素，例如意见领袖。

不管每一种传播效果的理论假说是否最终能被人们接受，我们都可以看到，不少假设与对传播结构的假设是相关的，每一种传播效果假说都是它所依赖的传播结构的一种合理的解释。因此，尽可能准确地去构建传播结构模型，才能更充分地认识传播效果的发生机制。

通过抽象出网络传播的结构模型，我们有可能了解到，网络信息是在哪些环节、对哪些对象起作用，其作用的程度如何，其他要素又是如何参与到作用过程中的。在此基础上，我们可以对传播学中一些较有影响的有关传播效果的理论假说进行一些分析。

第二节　网络传播中的信息传播结构

网络中的信息传播结构似乎难以统一到一个完整的结构模式中，我们不妨根据信息生存周期的几个阶段，将网络中的信息传播结构分为：信息的发布结构、信息的扩散结构和信息的循环结构。从纵向看，这些结构构成了一条信息的生命周期，从近期、中期到长期。从横向看，利用这些模型，我们要解释的是，各种信息之间，以及信息与网络传播的其他要素之间的相互作用。

信息总是通过某一渠道诞生于网络：在某个、某些网站，或是网络的其他传播途径，如电子邮件等。它们总是会融入某个既成的信息的发布系统中。因此，信息传播结构的起点是信息的发布结构。研究这一结构的目的是探明如何才能让信息进入受众的接收区域，用何种方式来影响或干预受众的接收过程。

在首次发布之后，由于本身的潜力的不同，以及其他因素的作用，有些信息会进入流动与扩散过程，而有些信息则几乎没有扩散。信息的扩散结构的研究，意在揭示信息内容如何才能扩散，扩散的模式如何。信息扩散模式体现了信息中期传播的作用机制。

---

① 参见郭庆光：《传播学教程》，194页，北京，中国人民大学出版社，1999。

网上的多数信息会以某种方式长久生存下去，进入各种不同方式的循环中。信息循环结构是研究信息的长期效果的重要方面。

一、信息发布结构

传统的信息传播结构大多只是关注信息的流动过程，而忽略了信息的发布阶段。事实上，信息发布是信息在网上生存周期的开端，不同的发布结构对于信息此后的扩散起着重要作用。同时，信息在网络中的扩散过程，也是信息的再发布过程。信息发布结构实际上在每一次信息的扩散中都起着作用。

因此，不能正确说明信息发布的各种结构及其效果，就无法全面地认识信息的完整生存状况。

传统的传播模式研究往往只注意到单一的信息的流动过程，但是，在网络环境中，往往是信息之间的关系影响到信息能否运动，以及它的运动方向与程度。这也正是信息发布结构之所以重要的原因之一。

因此，信息发布结构体现了技术平台对信息发布的影响，体现了信息之间的相互关系，也体现了信息发布者与信息接收者之间的关系可能性。

但信息发布的结构，首要的还是取决于信息的发布技术手段。总结起来，主要有以下五种模式。

（一）点对点直线结构

点对点直线结构，指信息发送者与接收者之间是用一对一的直线方式（如果忽视中间服务器的话）相连的。通过邮件、弹出窗口、即时通信或手机短信等来进行信息的发布，就是这样一种结构。

点对点直线结构是连接信息发送者与信息接收者的最便捷的途径。尽管它也可用于点对面的传播，但是每一个具体信息的传播过程仍是点对点的。

点对点直线结构可以发布一条信息，也可以将一组信息打包进行发送。

从信息发送者与接收者各方在信息发布中的控制权来看，这种结构又有强制型和平等型两个分支。例如，邮件发送、RSS是强制型的结构，而即时通信则是平等型的结构。

强制型直线结构，其特点是信息的发布者处于主导地位，信息的接收者处于相对被动的状态。无论接收者是否需要某条信息，他都会被动地接收到信息，虽然此后他可以将它删除或关闭。

在这种结构中，信息接收者的入口对于信息的传播非常关键。例如，在邮件传播中，接收者的邮件地址，充当着开关的作用。信息发送者要极力获得接收者的邮件地址，才能发布信息。而信息接收者如果要拒绝以后发来的自己所不需要的信息，方式也是废弃现有邮箱账号，或将发送者的邮件地址列入拒收的“黑名单”。

因此，强制型直线结构，是一种单通道的结构，既容易被控制，也容易被破坏。

而在平等型直线结构中，信息发送者与信息接收者基本处于平等地位，信息的发送与接收也是同步的。当信息发送者呼叫信息接收者时，接收者可以视自己对发送者的态度来决定是否接收其呼叫，与之建立连接。在建立连接之后，接收者也可以视自己对对方信息的态度来决定是否要中止连接。

在点对点直线式的信息发布结构中，决定信息能否被正常接收与阅读的因素与结构本身无关。因为这种结构本身是很简单的。真正起作用的，是信息接收者的态度，即他对信息本身的判断与评价，以及他对信息发送者的判断与评价。

因此，在这样一种结构中，信息发送者要保证信息的正常发出与流动，就要注意以下几个方面的问题：

1. 接收者分析。

接收者虽然处于相对被动的地位，但是他可以决定自己是否阅读信息，也可以对信息的进一步流通产生影响，例如，对认为有意思的信息，他可能采取转发的方式。同时，接收者还会决定是否进一步接收同一个信息发送者以后发来的信息。

为了使信息发送出后产生最大的效益，信息的发送者就应该对接收者进行一定的分析与预测：接收者是否会对自己发送的信息感兴趣？如果不感兴趣，应该如何来改善内容或发送方式？如何通过首次信息发布来获得接收者的好感，从而保证信息的持续发布？

2. 发送者形象整饰。

接收者对信息的态度，不仅取决于信息内容本身，也取决于他对发送者的印象或态度。因此，发送者通过对自身形象的整饰，可以增加自己在信息接收者心目中的权威性与可信度，从而达到更好的传播效果。

3. 信息发送的方式与方法。

信息的发送者必须以接收者的接收能力与心理习惯为依据，采用适宜的频率与方式来发送信息，也包括采用更好的信息包装方式。例如，邮件广告通常会引起人们的反感，大量邮件广告在被人们打开之前就已经被删除。如果发送者在邮件标题上下工夫，增加人情味或吸引力，就有可能使接收者打开邮件。对于网络新闻的传送来说，同样如此。

点对点直线式信息发布结构，对于信息的第一级发布是较为有利的一种方式，但是，对于信息的进一步扩散来说，则并不是一种理想结构。它是一种单出口方式的通道。一方面，接收者可以中止当前信息的流动——事实上，大部分时候，情况正是如此。另一方面，即使接收者充当了信息中转的角色，将信息带入下一个流动环节中，他们所能起的作用也是有限的。因为，他们的转发通常只能涉及有限的几个对象，其传播效果也常常并不理想。

（二）多对多队列结构

通过 BBS 等发布信息，通常是多对多的一种传播，信息发布者和接收者都是多个主体，而信息发布的结构则呈现出“队列式”特点。即是按一定原则，如发帖时间顺序等，来依次排列的。虽然不同 BBS 决定帖子的次序的原则是不相同的，但总体来看，信息间的关系是线性的，有先后顺序之分。受众的接收与阅读过程一般也是线性的。越是靠前的信息，通常被接收的可能性越大。

在队列式的信息发布结构中，排列的原则，是一个需要重点考虑的问题。目前 BBS 信息排列原则主要有两种。

时间原则：最新发布的帖子靠前排列；或最新被点击过或回复的帖子靠前排列。

关注度原则：点击量最多的帖子靠前排列。但这种原则通常只用于“热帖推荐”这样的特殊部分。

无论是时间原则还是关注度原则，都在一定程度上沿用了新闻价值的衡量标准，即新的信息价值更大，能引起人们普遍关注的信息价值更大。这些原则符合人们长期以来形成的新闻消费习惯，因而在实践中，也较为行之有效。

但是，由于人们在一次上网过程中能阅读的信息数量通常有限，而有些 BBS 信息更新频率较快，因此，队列式结构最大的问题是造成一些信息被“淹没”。这种淹没，有时并不是在理性原则下的选择与过滤，而纯粹是偶然因素所致。

对于个别的信息发布者来说，最简单的解决办法就是增加同一条信息发布的次数，以提高其曝光率。

另外，一个页面中所能显示的信息数量是可以调整的指标。加大一个页面的信息数量，也可以提高信息的曝光率。

信息的标题也是引起关注，特别是引起点击的一个重要因素。

队列式的信息发布结构作为多对多的信息传递模式，提供了多通道的出口，因此，对于推动信息的进一步流动，比直线式信息发布结构更为有利。但前提是，信息能够被接收。

（三）点对面层次结构

通过 WWW 网站或 FTP 服务器来进行信息发布，是一种点对面的信息发布，即发布者是一个“点”，而接收者是一个“面”。信息之间的关系则通常是层次树的结构。即信息被发布者人为地分成若干层，不同信息处于不同的层次上。位于高层的信息，被人们接收到的可能性较大，而位于低层的信息，被人们接收的可能性较小。也就是说，在一般情况下，层次树的层次高低，与信息被人们注意到以及接收到的可能性是呈正相关的关系。

但是，这种由信息发布者所决定的层次结构，并非不可改变。一旦接收者利用某些手段，例如，直接将低层信息加入收藏夹，从而越过高层信息直接进入低层信息的阅读，那么，固有的结构就不再成为一种限制手段。

层次结构是最能体现信息发送者的主观意志的一种信息发布结构。但是，主观意愿能否被受众所认同，是此种结构能否顺利完成其信息发布任务的一个重要因素。层次结构的构建，有几个需要注意的问题：

1. 层次结构与接收者信息接收结构的同构程度。

层次结构体现了信息发送者的认知结构：他们对信息重要性的判断，他们对信息接收习惯的理解。但是，如果这种结构与信息接收者的信息接收结构不能同构，那么，信息的接收过程就不能达到最理想状态。

但是，这两种结构完全达到同构是不可能实现的，因为信息接收者常常是“多数”人，这些人彼此的认知习惯可能是非常不同的。但是，信息的发送者要做到自己设计的层次结构与自己所面向的多数接收者的一般认知心理与习惯尽量接近。

从网络信息接收的角度来看，接收者的信息接收结构包括几个方面。

信息价值判断标准：发送者与接收者在信息价值判断方面的偏差，直接导致接收者兴趣的衰减，以及对传播者信任度的降低。

信息分类标准：信息发布者的信息分类，如果与接收者的信息分类不一致，就会影响接收者查找某个特定信息的成本。例如，接收者认为某条新闻应该属于财经新闻，但是，无论他花多长时间，在这个新闻类别下都无法找到它，因为发送者将该新闻放在了科技新闻类别下，这就带来了高成本、低收益。

信息的标题：标题是信息接收的第一层次，标题能否与接收者的心理诉求相吻合，直接影响到接收者是否点击标题，进行进一步阅读。

个人兴趣点：信息接收者如果有些特殊的兴趣点没有在首页或高层页面中得

到满足，就会影响他对整个网站信息的兴趣。

信息阅读习惯：包括接收者的阅读速度，接收者每次上网所惯常的阅读数量，以及在一个页面中阅读信息的数量等。研究这些因素，可以更好地决定一个页面中发布的信息数量。例如，有些人习惯在一个页面阅读大量信息，有些人习惯一个页面的信息数量较少。如果页面效果与个人习惯相左，就会带来不舒适与不方便感。

阅读环境：如电脑性能、网络连接速度、浏览器页面大小、分辨率、色彩、字体、字号等。这些因素影响到接收者能够接收哪些信息以及接收信息的质量。

电脑使用习惯：如信息接收者是偏好使用键盘还是鼠标，他上网的地点主要在办公室还是在家里，这些因素都会对信息接收产生影响。

2. 层次结构的效率。

在层次结构中，信息发送者会希望所有信息都能被接收者接触到、接收到。但是，由于网络阅读是一种高成本的、快餐式的阅读，要做到每一个接收者接收到所有信息是很困难的，在一些大型的网站，甚至是不可能的。所以信息发送者的目标，最终是让接收者以最小的代价接收尽可能多的信息，也就是提高层次结构的效率。

层次结构的层次级数与每一层信息的数量的关系，是决定效率的一个重要方面。层数越多，则到达末端信息所经过的路径也越复杂，但这并不符合一些人的阅读习惯。在高层次的页面放的信息数量多，则信息的曝光率较大，但这不意味着所有这些信息都会被接收，也不表明这样的信息传递效率最高。因为在这种情况下，接收者要在一定数量的信息中作出选择，选择同样需要时间。另一方面，在首页等高层页面放的信息数量较少，位于这些页面的信息被接收的可能性较大，但位于低层页面的信息则可能就会陷入无人理睬的境地。合理的分配，才能够带来较好的效率。实际上，这种效率仍然与信息接收者的接收心理与行为结构有关。

层次树结构依附的信息发布主体是网站，因此它是一种点到面的信息传播方式。同样，它所提供的是多通道出口。

博客传播也是一种点对面的传播，但相比网站，它的层次较少，在某些方面也具有队列式结构的特点。可以说是一种混合的传播结构。

（四）面对点队列结构

利用 RSS 等技术所进行的传播，是一种面对点的传播，内容也是一种简单的队列式排序，但是，受众可以自主选择传播者，对它们的内容的定向选择更强，所以是处于“主动”的状态。

在这种结构中，受众的自主选择能力是影响传播效果的主要因素。受众可以自主订制某些网站、某些频道甚至某些关键词的信息，因此，受众获得的内容的结构，在较大程度上受到他们自己的影响。受众的偏好影响着内容的偏向。

而传播者对于传播的控制，主要是在于特定频道的“种子”的选择。内容在受众的RSS阅读界面中，往往是简单地按时间进行排列的，是没有“版面语言”的。

与搜索引擎不同的是，RSS技术自身并不提供内容的选择与排序，它更多的只是一个满足受众的选择需求的工具与平台。

（五）面对点层次结构

在利用Widget技术的Web页面中，传播结构既有层次化传播的特点，又有面对点结构的特点。受众可以对传播者进行自由选择，并在一个界面中，对它们进行组合甚至排序。

在这种结构中，就像在RSS中一样，受众阅读的范围、内容的结构，都取决于他们自己。传播者虽然可以在信息的选择与加工方面表现出他们的控制性，但是，这种控制性是受制于受众的选择的。

与RSS不同的是，在这种结构中，“版面语言”在一定程度上还存在，例如，不同的内容被放在不同的空间位置上以形成不同的强势。但是，这种“版面语言”不是由传播者来决定的，而是由受众决定的。受众的选择，是由个人的价值判断以及习惯等因素所决定的。

从信息发布结构的角度看，近年来出现的或广泛普及的新技术，如搜索引擎、RSS、Widget等，都在不断削弱着传播者的作用，而加强受众的作用，这一走向是值得我们关注的。

二、信息扩散结构

从信息发布者的角度看，他们发布信息的目的，是希望它能进一步地扩散，以达到广为传播的目的。信息能否扩散，流向如何，取决于以下因素：

1. 信息本身的价值。

一条信息越是与信息接收者的价值判断和取向相吻合，就越有可能得到接收者的认可与提升。提升的方式之一，就是通过网络使之扩散，继续广为传播。

由于大多数人对于信息的判断标准有相同或相似之处，因此，一些信息会同时被很多人提升，它们在网络的流向更加多元，流量也更大。

2. 信息所处的发布结构。

正如前面所指出的，信息所处的发布结构，直接影响到一条信息能否被人们接收，同样，它也会影响信息能否顺利地进入扩散。一般而言，在直线式的发布结构中，信息扩散的动力较小，而在队列式与层次式的发布结构中，由于接收者数量更多，面更广，因此，扩散的动力较强。

3. 信息发布者的质素。

信息发布者的形象定位，它的知名度、访问量、可信度，以及它的整体风格等，都会影响到它所发布的信息能否广为传播。同样的信息，在不同的网站上命运完全不一样，这里面，就有信息发布者的质素的作用。

4. 信息接收者的过滤。

信息接收者的过滤，不仅是价值判断的过程，还有其他内因参与作用，例如个体当下的心境、需求、兴趣等。

信息的扩散，实际上就是信息在网络中的不断复制过程。信息的扩散结构也就是信息的复制与传播途径。从手段上看，它是网络的各种应用技术（如WWW、电子邮件、即时通信）的组合。不同的途径，都存在着推动或阻止信息流动的可能。例如，WWW 网站，促进扩散的方式是转发，使信息进入自己的信息资源系统中，而阻止的方式是删除某些信息。

在网络中，信息的扩散通常是一个网状渗透型结构。理想的状态下，信息沿着网络的物理结构进行多路径渗透，在这个渗透过程中，信息本身不断复制繁殖，形成分流，最终呈几何级数增长。而复制是在进入到新一轮的发布过程同时完成的，即以直线式、队列式和层次式等方式进行再次发布，开始它的下一个生命周期。因此，信息的发布结构会不断对信息的扩散起作用。

互联网本身的网状物理结构，使信息扩散的路径变得多样化。从物理结构来说，网络中任意两个节点之间的连接方式可以极为丰富。如果一条信息自身具备扩散的能量，那么要切断它的流动途径是极为困难的，有时甚至是不可能的。这也是有人认为网络里不再存在“把关人”的理由。但是传播学中的“把关人”理论是指媒体的把关功能。从网络信息的扩散结构来看，不可把握与控制的是信息扩散的方向，但是正如上面指出的，每一次信息的扩散，都是一次信息的复制。而这个复制是由人来操纵的。这个操纵就是一次把关。对于媒体来说也不例外。所以不能否认媒体的把关功能。关于“把关人”在网络中是否还存在，我们将在后面进行更多讨论。

但是另一方面，虽然每个个别主体可以在信息扩散的过程中起作用，从总体看，信息扩散的最终结果却不是由任何个别主体所能完全控制的。

信息的扩散过程虽然是以复制为基本方式，但是，在复制过程中，存在着信息衰减、变形的可能性。

信息衰减指用片断、局部的方式对信息加以复制。这种简化通常是出于以下几种原因：

一是信息的复制者出于个人兴趣或目的而进行的削减；

二是信息复制过程的条件限制造成的衰减，例如，一条信息中原来可能包含多种媒体要素，但由于一些复制者的技术环境的限制，只能复制其中的部分要素。

但是，信息的衰减并不一定出现在整个信息流上，而可能只是在其中某些分支上，所以整体来说，其效果不一定受到决定性的影响。但是与一般信号的衰减不同的是，信息的衰减可能会造成整体信息的失真。断章取义地使用信息片断甚至会改变信息的原意。

信息的变形是指对信息进行有意的加工，导致信息与原有状态的偏离。在图像信息的传播中，这种现象的发生比较频繁。例如，利用各种图像处理软件，人们可以将一张图片修改得面目全非，并使之继续传播。

三、信息循环结构

信息循环指的是信息在经过当下的发布与扩散后，以某种形式长期驻存在网络空间，并且不断地得到循环利用。

通常信息能进入不断循环是由于信息进入到了数据库中。与新闻传播相关的数据库的建立主要有两种形式：一种是网站自建数据库。多数网站都建立有自己的信息数据库，在网络信息的自动发布系统中，信息是从数据库进入信息的发布结构的，当然，同时它也长期储存在数据库中。另一种是由搜索引擎利用“巡游软件”在网络中寻找各种网页后建立的数据库。不同的搜索引擎所搜集到的信息是不同的，而任何一个搜索引擎也不可能将所有的网络信息一网打尽。

信息可以循环利用，这就意味着一条信息的价值，不仅表现为发布当时的影响力及扩散的广泛性，还表现为它的长期的利用价值。一些在发布时没有得到关注的价值，也可能长期价值是可观的。

信息循环结构的特点表现为：

首先，它是一种“提取”式信息获得结构。进入数据库的信息，被循环利用的机会取决于受众的需求度。只有受众发出查询请求，信息才能从数据库中的“沉寂”状态中被唤醒，被人们加以利用。

其次，它是一种“或然性”信息获得结构。在信息发布结构中，虽然不同的结构对于受众能不能顺利接收信息有影响，但是理论上来说，只要信息发布，受众就可以接收到，是一种“必然性”获得。只是在获得特定信息时代价不同，受众也可以人为选择接收或不接收。但是，在信息的循环中，数据库或搜索引擎的功能强弱直接影响到特定的查询请求能否得到答复，信息能否顺利地从数据库中被唤醒。

它还是一种“类群式”信息获得结构。通常受众请求获得的不是一个个别的信息，而是一个“类别”的信息。从理论上来说，受众发出信息查询请求后，系统所提供的也不只是一个结果，而是围绕查询主题的一个“类群”。查询结果理想时，类群内的信息的相关程度很高，它们互相补充，互相印证，可以充分展示一个主题。这时，它们对于特定的查询请求的满足度是很高的。但是，由于现有技术的不足，主要是人工智能技术的不足，很多数据库查询效果并不理想，搜索引擎尤其如此。互不相干的信息的堆积，会影响到受众请求信息的获得。

以上几个方面的特点表明，信息循环结构中有以下几个关键性因素：

1. 受众的目的与需求。

网络的信息循环，是在受众特定目的主导下的一种信息传播活动。不同受众的需求不同，但会出现一些阶段性的共同需求，即在某一个阶段，多数人的信息关注点较为一致。例如，在很多搜索引擎中都出现了 MP3 这样的热门关键词。在不同的阶段，受众的需求会有不同的特点。这些公共性特点会对个体行为产生影响。

2. 相关技术。

在信息的循环结构中，技术的特性决定一条信息能否进入循环，以及它会与哪些信息一起被提出。系统提供的信息与受众请求的相关程度，也是由技术决定的。

目前在信息的循环中，搜索引擎技术占据着更为重要的位置。受众获得的信息内容的范围在很大程度上是由搜索引擎等技术所提供的传播者的序列所决定的，他们能否得到自己所需要的内容，也是由这个序列决定的。这个序列也决定着内容的总体结构，受众获得的内容是否全面、权威、平衡，都是由搜索引擎的算法及由此形成的排序结果所决定的。如果一个搜索引擎的算法是不平衡的、有偏向的，那么内容也会出现“偏向性”。这不仅会影响到信息传播的短期结果，更有可能影响到信息传播的长期结果。可以说，搜索引擎技术的性能及公正性，对于传播效果的影响极为显著。

3．受众信息请求技巧。

关键词设置不合理或过于粗略，都难以带来理想的查询结果，如果能充分利用“布尔运算”和系统提供的高级检索功能来优化查询方式，就有可能得到更为理想的信息获得效果。数据库和搜索引擎对于所有受众都是同等对待的，但是，不同的人利用它们的效果却大不相同，这是由受众在确定搜索关键词等方面的技能的差异造成的。

可以看出，在信息的循环结构中，传播者的能力受到了较大的抑制，而传播通道中的技术和受众能力的作用得以凸显。特别是受众能力在决定传播效果方面，具有更大的“权重”。

网络中信息传播的三个环节并非总是清晰可分的，它们之间可能相互缠绕，但是只有将各个单一环节认识清楚，才可能去把握它们之间的复杂关系。

第三节　网络传播中的意见传播结构

网络中意见的自由传播，不是简单的复制或增减过程，它比信息的传播要复杂得多，参与作用的要素也要多。因此，需要从不同层面来进行结构的解释。大体上我们可以将它分成三个层面：意见形成结构（个体、微观层面）；意见冲突结构（社群、中观层面）；意见流动结构（网络、宏观层面）。

这几个结构之间的关系，不是简单的分层关系。从微观到中观，是一个汇聚的关系。个体的意见到达社群后汇聚，在此基础上进行意见斗争。从中观到宏观，则体现了意见流的影响从点到面、从短期向长期累积的过程。

一、意见形成结构

这里所指的意见形成，并非指网络中的总体意见的形成过程，而是特指信息在个体身上作用后，个体对此信息的意见形成及表达过程。个体意见的形成是网络意见流形成的起点。

意见形成结构包括内因与外因两个因素。

在内因方面，显然，人们之所以会对同样的对象产生不同的意见，是与他们的世界观及价值评判方式与标准分不开的。人们所处的社会阶层、生活的环境、个体的经历等，无疑都会对人们态度的生成起作用。

具体来说，在对某个信息形成态度方面，起主要作用的是受众本身在某一类问题上的既有倾向。尽管个体可能是第一次接触当前这个信息，但是，在此前，他所接触到的与此相似或相关的其他信息，可能会令他在这方面形成一种既有的倾向。

在内因方面，另一个起作用的变量是个体当下的心境。人们上网表达意见时的心理动因，并不一定是针对具体的事件，在有些时候，往往是出于发泄个人情绪、改变个人心情的需要。不同心境下，对同一事件人们可能会表现出不同的态度。

外因提示的是外部的环境因素对个体态度的形成表达所产生的影响。其中，一个最主要的因素是意见的发布结构。

人们在网络中发布自己的意见，需要通过一定的渠道。从意见发布的渠道看，我们可以将它们分为直接式和间接式。

直接式指意见发布渠道是由特定信息的发布者所提供的，例如，很多网站的新闻后都设有“发表评论”这样的功能，可以让受众直接进入论坛或留言板。而间接式指受众为自己寻找一个适合的发表意见的场所，可以在当前网站，也可以在别的网站或 BBS。

一种最简单的直接式意见发布方式是受众调查。特别是“投票式”的受众调查。这种调查通常是由网站预设若干答案，由受众进行选择。通常这样的调查是单选式。

在这样的方式中，由于可供选择的意见是由网站预置的，因此，当受众的意见与选项不能吻合时，往往采取“就近”的原则来进行选择，即寻找那些最接近自己态度的选项。另外一种处理原则是逃避，即选择“说不清”这个选项。总体来看，由网站主导的意见表达，不一定能真实反映受众的意见。

投票式意见表达重视的是普遍的意见，而不是个别的意见。它更多的是反映一个趋势。

抛开投票方式不谈，一般情况下，直接式发言渠道，由于时间的关系，更能真实地反映人们的第一感觉。而间接式发言渠道，包含更多个体的主动选择与判断。有时，经过一系列的判断与选择后，人们的意见已经发生了变化。

从发言的环境看，意见发布结构可以有两大类：无参照式和有参照式。

无参照式指的是，受众在不知道其他人的意见的情况下，来发表自己的意见。通常这时，他受到的外界的影响较少，可以更真实地表达他最原始的态度与观点。

有参照式则是指，受众在可以看到其他人的意见的情况下，来发表自己的意见。显然，他人的意见会对人们的最终意见表达形成一定的影响。例如，人们可能会改变自己原来的想法，转而附和大多数人的意见；或者也可能为了表示自己与众不同，而改变或强化自己的观点；或者放弃原来的想法，直接针对其中某些帖子来发表自己的相关意见。

BBS 中的帖子发布方式，对于参照意见的作用大小具有影响。例如，一般人们并不一定将同一 BBS 中所有的帖子都读完后再发表意见，而是阅读最新的几页或一页。因此页面的容量大小，会直接影响人们获得的参照意见的多少。这对于他们最终的意见表达是有影响的。又如，如果 BBS 按照点击数来排列帖子或推荐热帖的话，容易将人们的注意力集中在某些观点上。

从网站的管理方式看（即对意见者发布的资格限制和身份区分），意见发布结构可以分为有限制式、半限制式与无限制式三种。

有限制式通常是一些较为稳定的论坛，特别是小型论坛的方式。在这里，无明确身份的人，即过客，通常只能阅读别人的意见，而不能发表自己的意见，也就是说，所有发言者都是身份明确的。半限制式中既提供身份注册功能，也允许无身份的人发言，但所有这些无身份者的标识都是一样的，例如统称为“过客”。无限制式论坛则允许随意发言，发言者无须事先注册身份，而是随时为自己确定一个代号或者完全匿名发言。

限制的大小，不仅代表了意见表达的方便程度的高低，也意味着人们自由真实地表达意见的可能性的大小。在有限制的意见发布结构中，一般人们会对自己的言论更加谨慎，因为他们的言论是与他们在这个论坛中注册的网络 ID 联系在一起的。尽管网络 ID 不是人们现实生活中真实身份的代表，但却是他们网络中的身份。这种身份对于不同人的意义可能不同。当人们花费一定的时间注册一个身份进入某个论坛时，往往是基于对这个论坛的一种基本认同。因此，从总体看，要求所有发言者都注册身份的论坛，所吸引的大都是对这个论坛有明显兴趣的人，这就比较容易形成一个稳定的圈子。在一个相对稳定的论坛里，ID 是个体被论坛中其他人接受，并成为这个群体中的一员的一个主要标识。为了保持自己在论坛中的地位，人们一般会避免发表不利于自己形象的言论。

这里的“形象”的含义是指一个持续稳定的形象。例如，有些人会保持一种特立独行的形象，因此，他们就需要不断地发表与众不同的言论。相反，一些人为了保持宽容的形象，即使自己的意见与他人不一致时，也不一定清楚地表达出来。

在这样一些稳定的论坛中，个体可以通过ID来塑造自己，即使这个形象与现实生活中的自我有所不同，但也是个体自我的一种表现形式。经营这样一种自我并不容易，因此人们不会轻易地毁坏它。

在半限制的意见发布结构中，对于有固定身份的人来说，情形与上面提到的限制性论坛类似，但是对于以过客身份发言的人来说，就等于无限制。且所有非注册用户都只有一个身份，这就容易造成意见表达的混乱。

在无限制的意见发布结构中，所有人都可以随时为自己设定一个ID来发言，或者完全匿名发言，这使得人们的身份形成与转换异常方便，因此，意见表达的方式会更加灵活与复杂化。一个人甚至可能自己演起“双簧”，即分身为若干人来发言，甚至让这些不同的自己相互冲突。当个体这么做时，动机可能很复杂。有时是为了增加帖子的数量、活跃论坛的气氛，有时也可能是为了让自己的主要意见凸显出来。尽管在上面提到的限制式和半限制式两种结构中，同样也可以进行角色的分化，但是操作起来更复杂一些。

由于意见的发布结构本身有多种类型，这些类型之间的相互混合还会形成更为复杂的局面，因此意见发布也就成为了一种非常复杂的过程。不管怎样，我们可以看出，个体的意见发布并不一定是人们真实意见的表达过程。

二、意见冲突结构

意见冲突指的是在网络中的一些群体聚集的区域，各种意见的相互交锋，以及该区域内主流意见的形成过程。

（一）意见冲突的模式

总体来看，意见冲突的模式与意见冲突场所的结构、性质，引发意见的事件或主题自身的性质，以及BBS内部的成员关系相关。

通常网络中意见交锋的主要场所是聊天室或BBS，又以BBS更为普遍。如前所说，BBS的性质与自身的发布结构直接决定了意见的发布环境，它决定了人们是否能够自由地形成与表达意见。

BBS本身性质不同，意见冲突所依托的环境也是不同的。在有主题的论坛里（如新浪网为每一个重大事件设立的论坛），人们讨论的主题集中，围绕该主题所进行的意见交锋受到的干扰较小。而在其他无主题的论坛中，人们发布的帖子是各式各样的，除非是遇到特别重大的主题，一般很难将交流集中到一个主题上。

因此，围绕重大事件或主题产生的意见冲突才是我们应该重点关注的。

意见冲突的模式主要有以下几种：

1. 散漫式冲突。

围绕一个事件或主题，讨论参与者的意见分散，大家各执一词，各人思考问题的角度与方式也不一样，因此，难以形成主流性意见。

这样的冲突方式多见于流动性较大的 BBS。它能体现一种最自由的意见表达。因为参与讨论的成员在发表意见时受到论坛环境的影响较小。

2. 中心式冲突。

在一些情况下，BBS 中的讨论集中在一个重点意见上。参与讨论的成员，都是围绕这个中心来表达自己的观点，他们的目的不一定是为了简单地争个对错，而是促进认识的深入。主流意见会在此过程中较为自然地凸显出来。

3. 派别式冲突。

在很多时候，对于一个问题，一个论坛上会逐渐形成两种或两种以上的基本意见，围绕这些意见形成几个派别，各派基本旗鼓相当，新加入的人往往会先选择自己的立场，然后加入相应的阵营。经过一段时间的较量后，其中一派可能最终占上风，成为主流意见。当然，也可能各方最终难分伯仲，几派意见同时并存。

在一些较为稳定的 BBS 论坛中，派别的区分是很明显的。派别是维持成员相互关系的一种方式。在意见冲突过程中，各派成员的目的不仅是要表达自己的意见，还要维护自己派别的稳定，壮大自己所在派别的力量与声势，因此，有些讨论者可能会违背自己的初衷来发表意见。

（二）意见冲突中的群体心理

在网络中，意见之间的斗争，有时不完全是意见本身的较量，而是人们心理上的较量。因此，人们的心理因素，特别是群体互动过程中的心理状态的变化，在意见的斗争中起着一定的作用。前面相关章节提到的费斯汀格的“认知失调理论”、海德的“平衡”理论、纽科姆的“对称”理论、奥斯古德的“调和”理论、心理学的“从众心理”以及勒庞关于群体心理的研究等，都为我们认识群体对网络意见形成的机制提供了一定的参考。

三、意见流动结构

意见的流动指的是，意见从网络中的个别区域向其他区域的扩散过程，以及各区域间意见的交叉运动。

在没有网民之外的特别力量的控制或干扰的情况下，意见会以某种规律自由地流动。在很大程度上，它与信息自由流动的规律是相似的。

意见的流动能力，首先与意见本身的属性相关。一般的情况下，下列四种意见具有更强的扩散动力：

一是与主流意见相对立的观点。一些人的观点在某个论坛与主流意见格格不入而陷入孤立境地时，他们为了更好地争取同盟军，就会到其他论坛继续传播自己的观点。同时，与主流意见对立，处于弱势的论坛成员，往往也会将他们在其他论坛发现的同盟者的观点转贴过来，以加强自己的声势。这里，弱势者彼此联合与利用的愿望，成为他们扩散观点的主要动力。

二是极端的观点。越是极端的观点越容易激起人们的争辩情绪。耸人听闻的观点，也容易引起人们的好奇。

三是系统化的观点。意见的表达者不只是表达个别的观点，而是全面、系统地阐述一个方面。他人可能不同意他的全部观点，但能接受其中一些。人们也可利用其中某些观点来为自己所用。

四是伪装深刻的观点。貌似深刻的观点以及其阐述方式，容易获得人们的欣赏，即使人们不能理解其真正含义。当然，这里只能称其为“伪装”，因为，深刻与否是很难真正判断出来的，往往人们会通过外在的东西去加以评判，例如，话语方式，引经据典的程度，与一般观点的距离等。

促使意见流动的外在动力主要包括：欣赏与认同、相互利用、树靶批判。

可以看到，人们促进某种意见流动的动机是多元的，并不仅仅是因为接受某种意见。上面提到的极端的观点等，往往得不到多数人的认同，但这并不妨碍人们对它的传播。

与信息的流动一样，在意见的流动过程中，也存在着意见衰减、变形的可能性。

从流动手段上看，转贴到 BBS 最常见，此外还有邮件转发等方式。

此外，我们应该注意，由于意见的交流并不仅限于网上，因此，网络之外的社会环境、人们的生活空间、工作空间等都会影响到意见的流动。

意见冲突是以网络中各个基本区域为单位进行的，但最终在网络中的意见分布，是各个论坛中的意见相互流动、共同作用后的结果。一个论坛的主流意见，并不一定能影响到整个网络。

同时，我们还应注意到，在网民意见的自由流动之外，还存在着外来力量干预的可能性。例如，网站为了引导意见的走向，会采取一定手段对意见的形成、冲突与流动过程进行干预，例如删帖、提升某些帖子、邀请嘉宾、培养意见领袖等。但是，这些干预措施都是在现有的结构基础框架内进行的。

第四节　从传播结构看网络传播的“把关人”

在网络时代，一种普遍的观点是，网络传播中不再存在“把关人”。本节将结合网络传播的结构，分析网络传播中是否存在“把关人”，如果存在，它又是如何起作用的。

一、“把关人”理论简介

“把关人”这个概念，最早由美国社会心理学家库尔特·卢因提出，他当时研究的是家庭主妇对家庭食品的把关作用。1947 年，他在《群体生活中的渠道》一书中再次论述了这个问题，指出群体传播中存在一些“把关人”，只有符合群体规范或“把关人”价值标准的信息内容才能进入传播的渠道。

1950 年，传播学者怀特将这个概念引入新闻研究领域，明确提出新闻筛选过程中的“把关”模式。他指出，社会上存在大量新闻素材，大众传媒的新闻报道不是也不可能是“有闻必录”，而有一个取舍选择的过程。在这个过程中，媒介组织形成了一道“关口”，通过这个“关口”传达到受众那里的新闻只是众多新闻素材中的少数。[①]

传媒组织“把关”，首先直接体现为对新闻素材“新闻价值”的判断。新闻价值的标准，可以表现为业务标准和市场标准两方面。业务标准指事件适合于媒介进行新闻处理的各种条件；而市场标准指的是事件能够满足受众新闻需求的诸条件以及吸引受众兴趣的诸条件。

另外，把关活动最终还受到传媒的立场、方针和价值标准的影响。

---

① 参见郭庆光：《传播学教程》，162～165 页，北京，中国人民大学出版社，1999。

美国学者休梅克和瑞斯的研究，更系统地阐明了哪些因素会影响媒介的内容，他们提出了五个方面[①]：

一是来自媒介工作者个人的影响，例如，传播业者自身的特性、个人和职业的背景、个人态度和职业角色。

二是来自媒介日常工作惯例的影响，例如，截稿时间及其他时间限制、出版物的版面要求、新闻报道的倒金字塔结构、新闻价值、客观原则及记者对官方信源的依赖。

三是媒介组织方式对内容的影响。例如，媒介组织的营利目标能以各种方式影响媒介的内容。

四是来自媒介机构之外的组织对媒介内容的影响。例如利益集团、政府等的影响。

五是意识形态的影响。意识形态体现的是一种宏观层次的社会现象。包罗万象的意识形态可能以多种多样的方式影响媒介的内容。

休梅克和瑞斯认为，这五种因素是从微观到宏观的等级结构。其中意识形态处于结构的最顶端，其影响力通过各个层次向下渗透。

因此，媒介的把关，不是一种简单的业务标准或市场标准所导致的取舍，它的背后有着更深刻的社会背景。

二、网络中是否还存在“把关人”

谈到网络对大众传播的冲击与影响，人们讨论得最多的话题之一，就是传媒的“把关”是否还存在，是否还能对受众起到作用。

提出这种疑问的理由之一是，在网络传播中，受众总可以想方设法绕开各种障碍，找到自己需要的内容，这样看来，似乎“把关人”将不可能再存在。

实际上这里我们应该区分两个层面上的“把关”的概念，一种是微观的，即个别的网站对于自己站点内容的把关；另一种是宏观的，即在整个网络传播环境中的“把关”，亦即对于整个网络中特定内容的控制能力。从前面的介绍中我们可以看出，“把关人”理论所指的是第一个层面的把关。

从微观层面看，前面提到，在信息的发布结构中，信息发布者的作用是极关键的。他们可以决定信息以何种结构发布，不同信息在结构中处于什么样的地

① ［美］沃纳·赛佛林等著，郭镇之等译：《传播理论：起源、方法与应用》，264页，北京，华夏出版社，2000。

位。在信息流动的结构里，每一次对信息的选择与复制，也正是一个控制过程。从意见流的结构来看，网站也在一定程度上具有控制意见的发布与流动的能力。因此，从可能性上来看，网站是具备把关的力量的。

在网络中是否进行把关，更多的不是能力问题，而是态度与观念问题。在网络诞生之初，人们强调网络的自由性，因此网民提倡信息的自由发布与自由流动。但是，当网络的性质变得越来越复杂，网络社会的成员越来越多样化时，信息的控制与管理也就引起了更多方面的关注。特别是对于专业新闻媒体来说，不实施把关，似乎是不可能的。从数量上，一个专业媒体可以提供比以往多得多的信息，但这并不意味着这些信息是不加选择的，相反，如果专业媒体也把一切可得到的信息拿来就用，那么就会使自己站点提供的内容鱼龙混杂，甚至可能会因虚假信息造成恶劣的社会影响。其结果是它的信用度下降，品牌贬值，最终会导致自己经营上的失败。所以它仍然会采取种种手法来进行“把关”，并会用各种相关的网络技术或编辑手段来体现自己的意图。

从宏观层面看，我们要考察的是，当一个个体在网络中寻求特定信息时，能否最终绕过一切屏障，或者当他要利用网络发布意见时，能否始终如愿。从技术上来看，控制信息与意见的扩散的常见方式之一是封闭某些网站的 IP 地址。但是，网络终归是一个全连通的结构。只要利用代理服务器等技术手段，就可以绕过人为的关卡，到达目的地。另一种方式是控制邮件或 BBS 发帖，由于信息发布路径的多样和数量上的海量，要实现全方位的控制也是不可能的。

我们可以看到，在网络中技术力量是十分强大的。无论是控制还是反控制，都依赖于它。在网络社会中，争夺对信息的控制权，最终也就变成了争夺技术的控制权。

从受众获得信息的方式看，网络改变了过去由传播者“推送”信息的方式，而改由受众主动“拉出”信息，也有人以此推论，“把关人”的作用将不复存在。但是，我们应该意识到，受众的“拉出”仍然是在传播者“推出”的内容范围之内的。尽管从数量上看，受众可选择的余地大得多，但这并没有改变传播者的先导地位。无论受众作出怎样的选择，他们最终仍会进入一个（几个）网站的势力范围。也就是说，他们最终会受到某些网站的把关的影响。

从总体看，技术发达、经济发达的国家，在网络内容传播中占据着优势地位，在一个国家内部，也有一些阶层在网络中处于强势地位，而他们同样会影响网络中内容的分布。在这种情况下，处于“弱势”的国家、地区或阶层的受众想要“拉出”符合自己价值观的信息的机会相对较小。

可以看出，在网络传播中，被削弱的主要是政府的“把关”功能而不是专业新闻机构的“把关”功能。虽然政府的直接控制力相对减弱，但是为了在网络这样一个国际环境中保持自己的地位，政府也会采取其他一些策略，其中之一，是扶持一些网站，扩大它们的影响，将政府的调控渗透到对这些网站的控制中。所以政府会在资金、政策上给这些网站以支持，也就是说，最终，政府的把关仍然会以某种方式融入微观的“把关”中。

前面提到，休梅克和瑞斯认为，媒介之外的因素会以某种方式影响媒介的把关，在网络中，这种规律并没有发生本质的变化。除了政府以外，某些利益集团的影响力也是不可忽视的。

上述推断说明，在网络中，“把关人”还是存在的，并且会在一定程度上起作用。

三、网络中三个层面的“把关人”

“把关人”理论强调的是媒体的把关。如果越出“媒体把关”这一视角，那么我们可以看到网络中实际上存在三个层面的把关，分别是：政府把关、专业机构把关、网民自我把关。

1. 政府把关。

政府的直接把关是宏观层面的把关，它是对网络新闻的整体内容来源与导向的一种把关。主要的把关方式包括：

通过使用技术手段进行控制来实现把关，例如，“封杀”某些网站，或者设定某些过滤词来限定内容。当然，技术的控制往往容易挣脱，例如，人们可以通过代理服务器来绕过关卡。

通过扶持重点网站来贯彻自己的意图，这也是政府的一种重要把关手段，政府把关是融入这些网站的把关中的。

通过加强基础设施建设，推动本国在网络中的信息传播，以改变本国在网络中的不利地位，从而使网络中本国的声音得到加强。

2. 专业机构把关。

专业机构的把关也就是网站把关，它是一种微观层面的把关，通过对网络内容的选择、加工、结构安排等来完成对内容质量的把握，实现对公共议程的引导，同时也借此来实现网站的定位目标。这种把关主要可以通过以下方式来实现：

一是通过对内容的选择来把关，这既包括对来自媒体的内容的选择，也包括对其他来源的内容的选择。其中，对网民生产的内容的选择也是一项重要的把关，但是相对来说尺度较宽，它更多的是基于价值取向进行选择，而不是基于内容的表现水平等来进行选择。

二是通过网站结构与页面的布局来把关。这一点与传统媒体是基本一致的。

三是通过“推送”技术，例如，通过电子邮件、RSS、手机、电子杂志等手段和将来可能出现的相应技术，把符合自己价值观且被认为是最重要的信息送给受众。

3. 网民自我把关。

作为主动的信息消费者的网民也是一种把关者。与传统媒体时代相比，他们的自我把关能力是大大增强了的。这不仅意味着有些情况下，他们可以绕开某些政府或网站的把关关卡，去获得自己需要的内容，而且意味着他们对别人来说，也可能成为一种具有把关作用的信息引导者。例如，网民在博客中发布内容时，是需要经过选择与思考的，这个过程是一种把关。网民在论坛中转发帖子，也是有选择地进行内容的再传播，这也是一种把关行为。

政府把关、专业机构把关与网民自我把关，三者是在同时发生作用的，三者的力量也经常在进行较量。但无论网民的自主性有多强，他也不可能不受到政府把关与专业机构把关的影响。

四、网络中的把关机制

前面提到了三种层面把关人的主要把关方式，但要完整地理解网络中的把关，还需要从信息与意见传播的各个环节去深入认识把关机制。

网络中的把关既包括对信息的把关，也包括对意见的调控或影响。把关的含义不仅指阻止与过滤，也指促进某些信息更快地流动及更广地扩散。总体来看，都是利用网络信息与意见传播结构中的各个环节，对内容进行控制。

（一）信息传播方面的把关

1. 信息发布环节的控制。

通过选择信息发布的模式，可以直接控制某些信息的发布方式。首先，发布某些信息而不发布某些信息，这本身就是一种突出的把关方式，与传统媒体的做法是一致的。其次，在层次式发布结构中，把关者会把那些他们认为重要的信息放在层次树的上层，使之更容易被人们注意、接收。对于特别重要的信息，把关者还可以采用邮件这类直线式传播结构，使之更具备强制性。

2. 信息扩散环节的控制。

前面提到，信息扩散的过程就是信息的复制过程，而所经过的渠道是多种多样的。在任何一个渠道上，对信息加以控制与过滤都是可能的。只是由于网络信息量的关系，网站通常只是对一些特殊的信息才会加以控制。可以说，信息的数量其实是造成把关困难的一个重要因素。

在这个环节，一个主要的把关实施者是网站，但是它们往往是政府或某些组织、集团的意志的体现。

另一方面，网民的把关作用往往在这个环节表现得格外突出。尽管他们不一定像网站那样采取强制的手段，但他们的信息消费行为本身就对信息流动或不流动有着重要的影响。

从促进某些信息的扩散来看，网站本身的素质和声望是一个重要因素，因此，网站的品牌和影响力也是把关中的一个重要方面。

3. 信息循环环节的控制。

从技术上来看，利用数据库技术，网络信息很容易进入长久的循环过程。但是出于失误而发布的信息，往往会被排斥在网站自己的数据库之外。这是信息发布主体对于自己数据库的控制。

在很多情况下，由于信息的扩散速度很快，信息一旦发布，就不能再由信息的原发布者控制。在流动过程中，信息会以各种方式进入各类数据库中。但是，利用技术手段，可以对用户提出的查询请求置之不理，或者将查询结果中的某些内容屏蔽起来。因此，控制手段仍然是可以起作用的。

（二）意见传播方面的把关

意见表达的主体是网民，网民自身对于意见传播也有一种自然选择机制，人们会推动自己认同的意见的传播，而制约不认同的意见的传播。这种机制会作用于意见形成、冲突及流动的各个环节。正是这种机制，会使网络中的某一种或几种声音越来越强大，而其他声音渐渐弱化，形成“沉默的螺旋”现象，这是意见把关的一种重要表现。

而政府、网站或其他机构对于意见传播的把关，更多地体现为一种调控。在某些情况下，政府、网站或某些机构不希望某些意见完全自由地流动，因此，会采用一定的手段来进行调控，影响主流意见的形成及意见的流动方向。

意见调控包括以下几方面的手段：

1. 对网民意见的直接控制。

网站通常有直接控制网民意见表达的可能。例如，扣帖、删帖、关键词过滤等，是一种压制式的控制；而将某些帖子放到更为突出的位置，则是一种提升性的控制。这些手段，在各个网站的论坛里都是存在的。

2. 控制者意见的直接表达。

在网络中通常出现的是受众在获得信息以后自发形成的意见，这些意见必然呈现出多元化的形态。如果控制者要更多地表达自己的态度，则可以通过一定的手段来直接发言。最常见的手段是网站评论或网站特邀的嘉宾、专家评论。

3. 扶植意见领袖。

扶植意见领袖是一种较为隐蔽的手段，它是通过作用于意见的形成过程而对意见的走向进行影响。网站工作人员可以充当这样的角色，也可以凸显网民中的某些个人，提升他们的影响力。

就像控制信息的流动一样，把关者可以在一定程度上控制意见的流动量与方向。因此，网络意见自由流动的趋向，在外来力量有意或无意的干预后，才形成了最终的意见格局。

但是，也应该看到，意见的传播尽管可以受到一定的控制，但是，网络意见格局的最终结果在很大程度上还是由网民主导的。调控力量可以在量上影响意见分布，但是很难在质上改变意见的走向。

从底层机制来看，网络把关都是基于结构对内容进行的控制，最终还是依赖于技术。但技术上的可能性也会受到客观现实的极大挑战，例如，信息或意见的数量对于控制能力的挑战。

尽管上面说明了政府和专业机构拥有的种种把关可能，但是，对把关权力，仍然要慎重使用。滥用权力虽然可以在某一时期快速地达到某个目的，但是所带来的负面影响可能是长期的。

本章学习与研究提示：

网络传播不是各种传播要素的简单相加过程，而是各种传播要素相互作用的一个过程，而结构是影响要素间作用的重要因素。传播效果的形成，既与传播要素相关，也与它们的关系即传播结构相关。同样的传播要素，在不同的传播结构中，作用能力与效果可能完全不同。例如，一个传播者在点对面层次结构中对信息传播的控制能力可能是很强的，而在面对点的结构中其能力却可能大大削弱。只有把传播要素放在具体结构中去研究，才能认识网络传播的多样性与复杂性。

本章是作者的一个尝试，意在通过对网络中信息传播与意见传播的结构的探析，来更好地揭示网络传播的各要素之间的关系、相互作用，以及这种关系对于网络传播效果的影响。

本章不是可视为教条的结论，而更多的是一种研究的视角。所以读者可以借鉴的，不一定是某些概念或观点，而是从这样一种研究层面，去更深入细致地认识网络传播的深层规律。特别是在进行传播效果研究时，需要超越简单的传播要素的分析，达及它们相互作用的各个环节及具体情境。本书下一章将继续运用这种视角来研究传统的效果理论在网络中的适用性问题。

本章延伸学习与思考：

1. 试通过一条信息在网络中的传播过程分析信息传播结构对其传播效果的影响。

2. 试选取一个典型的网络舆论案例，分析网络意见传播结构对舆论走向的影响。

3. 从结构的角度看，网络中的把关主要是通过哪些环节实现的？

4. 如何认识政府把关、专业机构把关以及网民自我把关三者的关系？

网络传播的效果

第九章

CHAPTER 9

传播效果是传播学研究中最重要的领域之一，因为传播活动是否达到传播者的主观意图，是在传播效果层面上得到检验的。而传播的社会影响，也是基于传播效果而形成的。网络研究中，有很多人以传统的传播学效果理论为框架对影响网络传播效果的因素及其结果进行了相关研究，也有些人对经典的传播效果理论能否在网络情境中起作用提出了质疑。无论如何，将传统的理论放在网络传播的新环境中加以检验，不仅可以加深对网络传播以及这些理论本身的认识，也可以丰富与发展这些理论。

第一节　网络传播效果的含义

一般而言，传播效果是指由传播活动所引起的受众在情感、认识和行为方面的反应。对网络传播效果的研究也仍然是在这一思路下所进行的考察。

网络传播效果研究既可以是对传播效果的社会影响的理论研究，又可以是针对提高传播效果所进行的实务性研究。

我们在本章研究的重点，仍然是以大众传播为基础的传播活动的效果。但是，我们需要格外注意其他形态的传播对于网络大众传播所起的作用。

一、网络传播效果的表现方式

网络传播的效果可以从传播效应与作用效果、微观效果与宏观效果、短期效果与长期效果等不同角度去衡量。

(一) 传播效应与作用效果

传播效果虽然关注的重点是传播活动对受众的影响，但是，产生影响的前提是广泛的传播，因此，需要从两个层面去考察传播影响。

第一个层面是传播效应，即特定对象的传播范围与影响面。在网络中，这种传播效应可以通过一条信息的转发量、点击量等直接衡量。但是，我们不仅应该关注这种量上的指标，还应该关注网络传播对特定对象的传播能量的改变。

仅看单一传播对象时，网络传播的效应包括放大效应、削弱效应、催化效应和裂变效应等。

一是放大效应。网络传播可能将一件小事或一个小话题的影响不断放大，直至最后在整个网络有时甚至是整个社会产生影响。放大效应的产生有一些相应条件。首先，被传播对象能引起多数人的关注。其次，人们在信息的扩散过程中，还在进行着频繁的意见传播。没有与信息相伴的意见传播，单纯的信息传播很难产生放大效果。

二是削弱效应。有些对象本来已经有了一定的影响面，例如，在传统媒体中已有广泛的报道，但是，网络可能对它产生一种削弱效果。当这种情况发生时，通常说明媒体的选择判断与网络受众的选择判断发生了偏离。有时，也可能是受到同期传播的其他对象的影响，传播效果受到抑制。

三是催化效应。从化学的角度看，“催化作用”是在催化剂参与下的化学反应，它导致事物的化学性质发生了变化。在网络传播中，常常也可以看到“催化作用”的发生。它不仅意味着广泛的传播面，同时意味着事物的属性在人们眼中会发生变化。例如，“华南虎”事件本来只是一张照片的真伪问题，但是，在传播过程中，人们对它的认识角度变成了政府的诚信、政府信息公开等问题。催化作用中的“催化剂”是网络空间和网络的复杂传播过程。

四是裂变效应。物理意义上的裂变指靠原子核分裂而释放出能量。网络中也存在着类似的过程。一个话题在传播过程中不断被分解，衍生出大量新的话题，从而产生出强大的传播能量。

网络中总是同时出现很多传播对象与过程，它们往往会交织作用。对于多个传播对象，网络传播的效应常常体现为两种。

一是聚变效应。从物理角度看，聚变是由较轻的原子核聚合成较重的原子核而释放出能量。网络传播可以将一些弱小的话题或声音聚集起来，将它们汇聚成一种强大的声音，通过这一过程，使每一弱小的声音的能量发生本质上的改变。这与物理中的聚变效果是相似的。这也是网络传播的一个重要特色。

二是正反馈效应。当几个对象在同时传播时，网络传播会产生一种使强者更强、弱者更弱的正反馈效应，也就是使原来引人注目的更加醒目，而原来处于劣势的传播对象更加边缘化。

上面的各种传播效应并不都是互斥的，它们有时是同时发生的。

传播效应只是反映了传播活动本身是否引起关注，但是如果研究传播效果仅仅只研究传播的范围与声势，仍然无法说明传播是否真正在受众那端起了作用，起了何种作用。传播效应只是说明了影响面，但无法说明影响的程度。

因此，传播效果的第二个层面是作用效果，即所传播的事物在受众那端所引起的反应。作用效果包括：

其一，引起受众注意的程度。传播并不必然意味着被人关注，受众注意是传播作用于受众的第一个环节。在网络中，这种注意程度可以通过页面访问量、点击率、转发量等来衡量。

其二，激发受众接收的程度。注意只是表明受众感知到信息的存在，而信息要产生作用，往往需要被受众接收、阅读、讨论。在网络中，这种获取程度，可以通过下载量、搜索量、评论量等来衡量，有时点击率也可在一定程度上反映受众的获取程度。

其三，影响受众态度的程度。传播要真正影响人，首要层面是引起态度的变化。受众态度的变化可以通过网络的各种意见表达渠道进行分析，但这种分析应该是动态的比较，而不是静态的评价。也可以通过各种调查来进行有针对性的研究。传播对受众态度的影响，既有短期的，也有长期的。

其四，影响受众行为的程度。传播对人的行为的改变，是一种更深刻的影响。有些影响是可以直接观察到的，例如，由传播引发的某些活动，更多地体现的是网络对于多数人的短期作用结果。但是，对于个体行为的长期影响，也是一个重要的研究方向。

在目前的网络传播效果研究中，对于传播效应的研究似乎更多，而对作用效果的研究则有所不足，即使有，也更多地停留在受众的注意和接收层面，而未能深入对态度与行为的影响特别是长期影响的研究层面。

（二）微观效果与宏观效果

每一个网络中的具体传播活动都会产生一定的效果，无论是人际传播、群体传播、组织传播还是大众传播。在单一传播活动中受传者所产生的反应是微观的。它更多地从受众反应这个层面反映了这一传播活动的具体影响。

但是，有时某些传播活动，由于与社会环境等因素共同作用，可能产生宏观社会效果。另一方面，网络中的各种传播活动的累积、交叉作用，也常常会产生更宏观的效应，它们不仅仅作用于孤立的受众，更会在很大程度上影响社会。

研究网络传播的微观效果，可以更多地从操作层面上研究影响网络传播效果的实际因素，例如，传播手段、传播渠道、传播情境等对传播效果产生的影响，特别是研究网络媒介和网络传播的特性是如何作用于传播效果生成的过程中。而研究网络传播的宏观效果，则有助于认识网络在政治、经济、文化等活动中所扮演的角色，以及它与社会活动的各种因素之间的互动作用。

在研究网络传播的宏观效果时，传统大众传播理论中的一些代表性理论往往可以为我们所借鉴，例如“议程设置”理论、“沉默的螺旋”理论等。借助已有的理论框架，研究网络传播对人们的微观与宏观影响，有助于更深入地认识网络传播的社会意义，同时也可以在一定程度上认识网络舆论形成的过程以及它与社会舆论的互动作用。

（三）短期效果与长期效果

从效果发生作用的时间来看，网络传播的效果可以分为短期效果和长期效果。短期效果往往是传播活动在短期内可以看到的效应，而长期效果则是各种传播活动以及网络本身的日积月累影响所带来的长远效应。

短期效果的表现是传播对象当时的影响面，以及当时受众所受到的影响、社会的即时反应。它更多地表现为人们的态度、意见和具体的行动等方面。

而长期效果则表现为长期浸染于网络的人们的价值观、行为方式、思维方式等发生的变化，以及社会和文化的累积变化。传统传播理论中的“知沟”理论、“培养”理论等都是致力于研究传播的长期效果。传统理论对于大众媒介长期社会影响所作出的分析与判断，是否仍然适用于网络传播，网络传播的长期发展是否会带来新的社会性影响，这些都是网络传播时代值得研究的重要课题。

二、网络传播效果形成的复杂性

与传统大众传播相比，网络传播在效果形成方面，过程显得更为复杂，作用因素也更为多样。具体来说，这种复杂性表现在如下方面：

第一，网络传播中多种传播形态与多种传播途径的交织，形成了复杂的传播结构，导致了传播效果形成机制的复杂化。网络中存在着人际传播、群体传播、组织传播与大众传播等多种形态，某一信息或新闻报道的传播，虽然发源于某一个渠道，但是，一旦它们吻合了公共兴趣，就会在各种不同的传播形态与传播渠道中得到迅速传播，产生放大、催化、裂变等效应。信息的原始传播者并不能对传播的范围、渠道等进行控制，因而对于最终的传播效果，也是无法加以准确估计的。

第二，信息再传播过程中的失真现象，也使传播效果的控制与预计变得十分困难。人们在进行信息再传播时，常常不是将信息原样复制，而是进行“选择性”与“再生产式”传播，例如，根据自己的需要对信息进行删减、修改，或将自己的意见与评价附加在原始信息上。

第三，网络本身的传播情境的多样性，也会使传播作用的效果产生差异。传播效果的形成不仅取决于传播手段与渠道，还与传播情境中人与人的关系紧密相关。对于传播效果起作用的社会心理，无论是从众心理还是其他群体心理，都与传播的特定情境相关，特别是与人的关系所形成的情境相关。在一些已经具有群体特征的网络社区中，人们的相互关系较为密切与牢固，此时，群体氛围对在此社区中的传播效果的影响是十分显著的。而在一些关系松散的论坛或聊天室中，社区对传播效果的影响相对有限。

因此，对于网络传播的效果研究，需要在探明传播的结构、过程及各种具体的传播情境的前提下，关注各种传播形态的交叉作用。对于网络中的“议程设置”、“沉默的螺旋”等的研究，需要充分考虑到其复杂性。把网络作为一个无差别的总体去研究，可能会导致结论的简单化。

第二节 网络传播与“议程设置”

“议程设置”理论研究的是媒体报道内容与公众关注内容及相关态度之间的关系。尽管网络的“分权”特点似乎给媒体的议程设置带来了一定的挑战，但是，作为一个整体的网络媒体在议程设置方面的作用仍然是值得关注的。

一、“议程设置”与“议程融合”理论

（一）“议程设置”理论简介

“议程设置功能”是大众传播理论中的一个重要假设。它的主要观点是，大众传播具有一种为公众设置“议事日程”的功能，传媒的新闻报道和信息传达活动以赋予各种“议题”不同程度的显著性（salience）的方式，影响着人们对周围世界的“大事”及其重要性的判断。[①]

这个假设的提出者是美国传播学家 M. 麦库姆斯和 D. L. 肖。他们的研究基础是对 1968 年美国总统选举期间传统媒体的选举报道及其对选民影响的调查。

他们的研究一方面对选民进行了抽样调查，了解他们对美国社会主要问题及其重要性的认识与判断；另一方面，对 8 家传媒的同期政治报道进行内容分析。对这两方面的调查与比较表明，在选民对当前重要问题的判断与大众传媒反复报道和强调的问题之间，存在着一种高度的对应关系。大众传媒作为“大事”加以报道的问题，同样也作为“大事”反映在公众的意识中；传媒给予的强调越多，公众对该问题的重视程度也就越高。

与在此之前的大众传播效果研究不同，“议程设置”假说，一开始考察的不是传媒对受众的态度和行动层面的影响，而是考察传媒对受众认知层面的影响，即对受众关注与思考对象方面的影响。它认为传媒影响的是受众“想什么”（What to think about），而不是“怎么想”（How to think）的问题。当然，在后来的研究中，麦库姆斯和肖以及其他研究者也在修正这一认识。他们认为，新的说法应该是：“议程设置是一个过程，它既能影响人们思考些什么问题，也能影响人们怎样思考。”[②]

因此，他们提出了议程设置的层次的思想。议程设置的第一个层次（agenda setting，level 1），指媒介能影响某些议题或对象（objects）的显著性；而议程设置的第二个层次（agenda setting，level 2），则指媒介影响这些对象的某些属性（attributes）的显著性。[③]

---

① 参见郭庆光：《传播学教程》，214～218 页，北京，中国人民大学出版社，1999。

② ［美］沃纳·赛佛林等著，郭镇之等译：《传播理论：起源、方法与应用》，265 页，北京，华夏出版社，2000。

③ 参见 D. Weaver，M. McCombs & D. L，Shaw，*Agenda-Setting Research：Issues，Attributes，and Influence*，pp. 257-259，Handbook of Political Communication Research.

“议程设置”理论所考察的，不是某家媒体的某次报道产生的短期效果，而是作为整体的大众传播在较长时间跨度的一系列报道后所产生的中长期的、综合的、宏观的社会效果。

“议程设置”理论还暗示，传播媒体对外部世界的报道不是“镜子”式的反映，而是一种有目的的取舍选择活动。传统媒体根据自己的价值观和报道方针，从现实环境中“选择”出它们认为最重要的部分或方面进行加工整理，赋予其一定的结构秩序，然后以“报道事实”的方式提供给受众。因此，作为人们获取外界信息的主要渠道的大众传统媒体，在很大程度上影响着人们对周围环境的认识和判断。

麦库姆斯和肖的议程设置假说提出来后，也激发了其他一些学者在这方面的研究。美国学者芬克豪泽的研究方向之一是探讨媒体是运用何种机制（mechanisms）来进行议程的设置的。他提出了五种机制：①

（1）媒介顺应事件的流程；

（2）过度报道重要而罕见的事情；

（3）对总体上不具有价值的事件选择报道其有新闻价值的部分；

（4）制造具有新闻价值的事件，或称“伪事件”；

（5）事件的总结报道，或按具有新闻价值事件的报道方式来描述无新闻价值的事件。

另两位美国学者丹尼利恩和瑞斯在20世纪80年代的研究，则提出了“媒介间议程设置”的概念。他们的研究对象是1985—1986年间关于毒品问题的报道。他们注意到，在此期间，毒品的实际用量并无明显上升，但是，媒体的报道却高潮迭起。他们通过研究指出，这其实是媒介之间相互设置议程、相互炒作的结果，而并非社会上毒品问题恶化所致。他们注意到，在所有媒介间，《纽约时报》的议程设置的影响力最大，而在不同种类的媒介间，印刷媒介的议程设置会影响电视。②

尽管议程设置是媒体直接作用的结果，但是，在这背后，有着复杂的政治、经济和意识形态的力学关系。前文中在“把关人”一部分介绍的两位学者关于媒体影响因素的研究，也是同样适用于议程设置方面的。

(二)“议程融合”理论简介

麦库姆斯和肖等人在最近几年又提出了“议程融合”(agenda melding)的理

---

① ［美］沃纳·赛佛林等著，郭镇之等译：《传播理论：起源、方法与应用》，263页，北京，华夏出版社，2000。

② 同上。

论，他们认为，媒体设置的议程具有一种聚集社会群体的功能，这是源于人们都有一种对于“群体的归属感”的需要。他们用一个模型说明了这一理论，见图9—1。

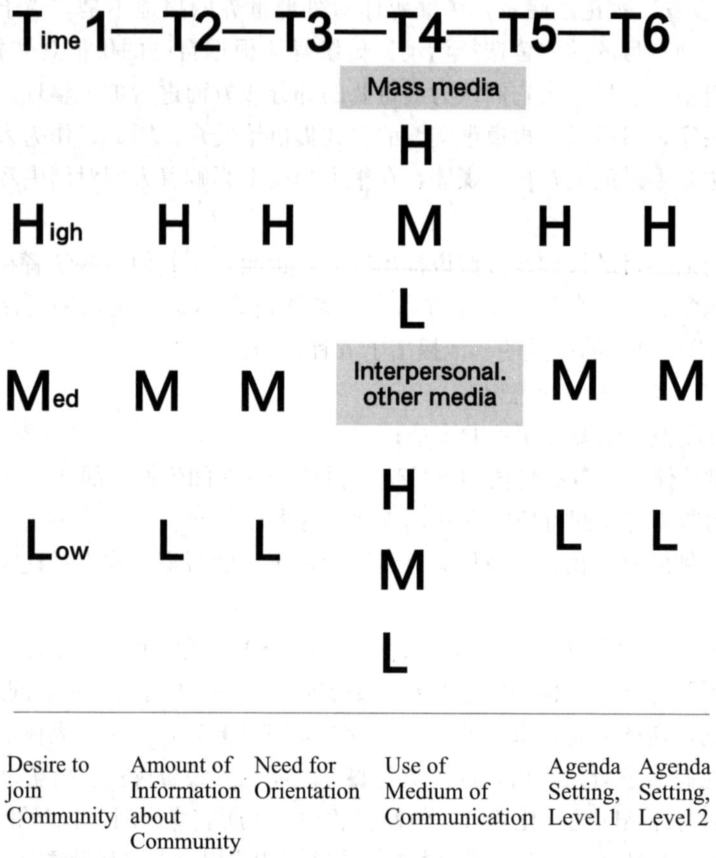

图 9—1　议程融合的模型

注：直观起见，本图未做翻译。

资料来源：D. L. Shaw, M. McCombs, D. H. Weaver & B. J. Hamm, *Individuals, Groups, and Agenda Melding: a Theory of Social Dissonance*, Journal of Public Opinion Research, Volume 11, 1999.

这个模型把人们利用媒介的过程分为六个阶段（time），分别为T1、T2、T3、T4、T5、T6。模型指出，人们有一种加入社群（community）的需要（T1），这时他们已经掌握的有关社群的信息量（information on hand）的多少将决定他们的媒介使用行为（T2），在寻找信息时他们会产生对“定向”的需要（orientation)（T3），这种需要导致他们去利用大众传统媒体、人际传统媒体或其他媒介（T4），而对于媒介的使用导致了议程设置的第一个层次（T5）或第二个层次（T6）。

议程设置的第一个层次（agenda setting level 1）指的是媒介议程影响某些对象的显著性，从而影响人们的关注对象及人们对事物的重要程度的判断。

议程设置的第二个层次（agenda setting level 2）指的是媒介议程影响人们对某一对象的某些属性的判断，从而影响人们思考问题的框架，而这是由信息本身的结构来影响的。例如，伯哈曼在1981年所做的实验表明，当一条消息中几个段落的顺序调整时，人们对信息的解读也发生了变化。肖认为，这可以称做“议程中的议程”①。

这一模型不仅说明了“议程融合”的思想，同时也进一步说明了媒体“议程设置”功能作用的机制。这一模型的另一贡献是，它把人们的需求、信息的多少、媒介作用的程度、议程设置的能力等进行了分级，分别为“高”（H）、“中”（M）和“低”（L），从而进一步细微地揭示了“议程”产生的具体条件。

例如，根据这一模型，几位研究者对于议程融合的一般过程作出如下推断：如果人们加入社群的需要是“高”（H），他们所掌握的信息是“低”（L），他们对于“方向感”的需要是“高”（H），那么可能会导致他们对大众传媒的“高”（H）使用程度，媒介的议程设置能力在两个层次上从而也是“高”（H），如图9—2。

从人际传播等媒介作用方面，研究者得出了如图9—3的推论。其含义是，如果人们加入社群的需要是“高”（H），他们所掌握的信息是“低”（L），他们对于“方向感”的需要是“高”（H），那么可能会导致他们对人际传播或其他媒介的“高”（H）使用程度，这些媒介的议程设置能力在两个层次上从而也是“高”（H）。这个推论意味着，在议程设置方面，扮演重要作用的不仅有大众传媒，还有人际传播或其他媒介。

一些研究对这两个推论起到了很好的支持作用。例如，戴维·H·韦弗在1977年所做研究得到的数据，使图9—2所做假设得到了很好的验证。②

“议程融合”理论指出，人们是通过融入议程的方式来加入群体的。这一方

---

① D. L. Shaw, M. McCombs, D. H. Weaver & B. J. Hamm, *Individuals, Groups, and Agenda Melding: a Theory of Social Dissonance*, Journal of Public Opinion Research, Volume 11, 1999.

② 同上。

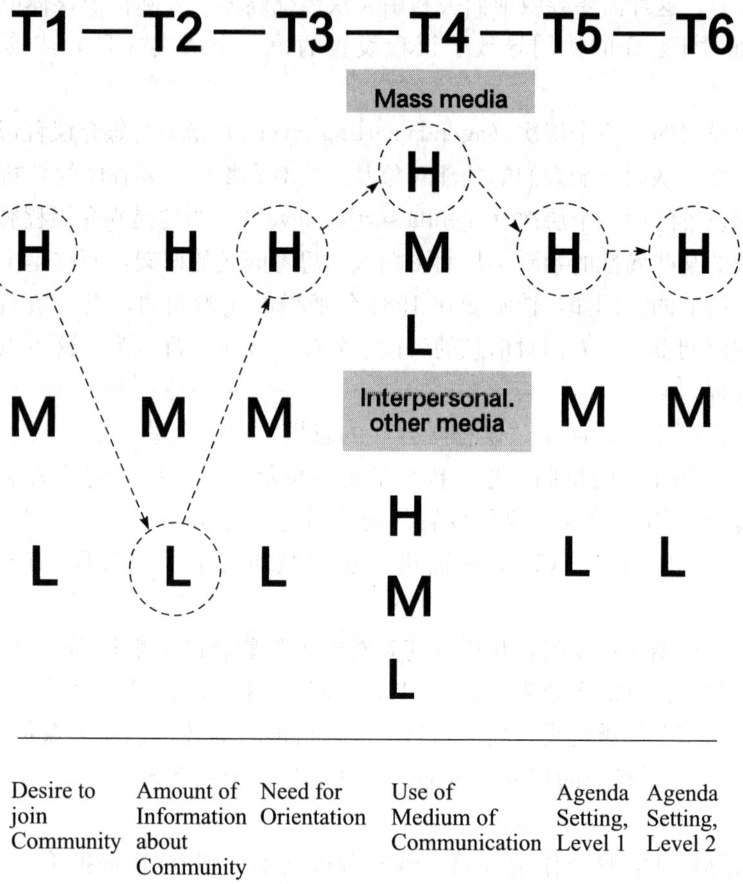

图 9—2 议程融合——一般过程

注：直观起见，本图未做翻译。

资料来源：D. L. Shaw，M. McCombs，D. H. Weaver & B. J. Hamm，*Individuals*，*Groups*，*and Agenda Melding*：*a Theory of Social Dissonance*，Journal of Public Opinion Research，Volume 11，1999.

面说明了人们面对大众媒介所设置的议程时并不是被动的，而是根据自己对于社群归属感的需要来进行积极的选择。也从另一方面反映了媒介在进行社会整合方面所起的重要作用。

"议程融合"的另一个重要贡献是，它并不把大众传媒视作议程设置的唯一主体，而是把人际传播等其他媒介也列入了议程设置的主体中。

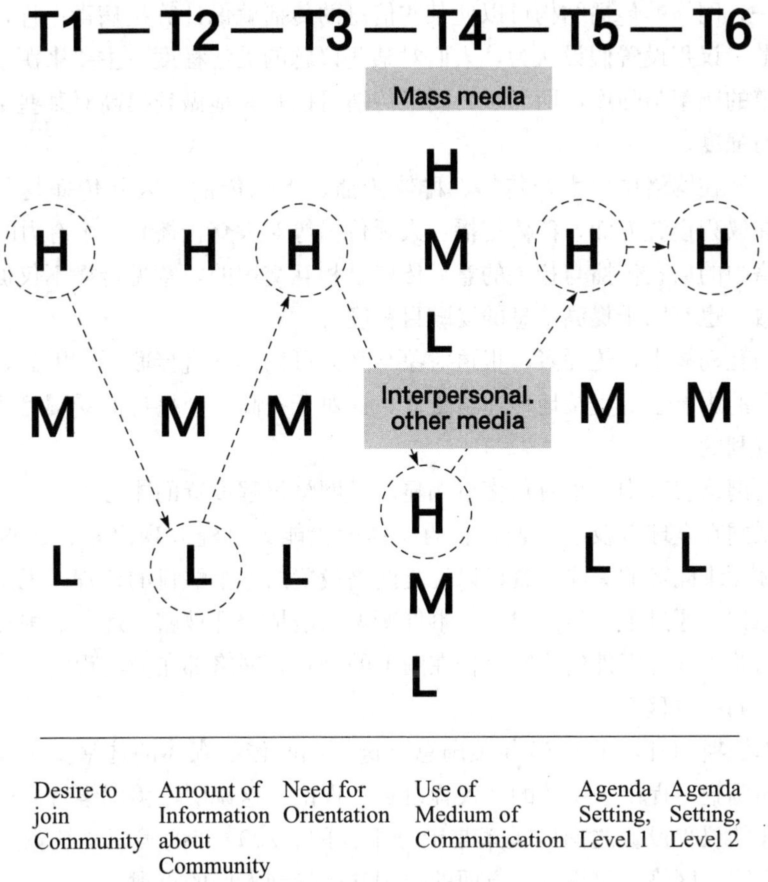

图 9—3　议程融合——人际链条

注：直观起见，本图未做翻译。

资料来源：D. L. Shaw，M. McCombs，D. H. Weaver & B. J. Hamm，*Individuals*，*Groups*，*and Agenda Melding*：*a Theory of Social Dissonance*，Journal of Public Opinion Research，Volume 11，1999.

二、网络中是否存在“议程设置”

当把议程设置理论与网络结合起来时，我们首先要考察的是：网络是否还存在议程设置的功能？

目前的理论与实践，基本上对此都作出了正面回答。

从理论上看，网络的以下特点决定了它会具有议程设置的功能：

第一，网络的传播结构可以使某些信息的传播就像计算机病毒一样，很快地繁殖扩散。议程设置假设认为，人们对某些议题的关注程度，主要来源于这些议题被报道的频率与强度。而无疑，网络传播可以轻易地做到提高对某些事件的报道频率与强度。

第二，在网络中，大众传播、群体传播、组织传播与人际传播是共同作用的。而在议程设置方面，群体传播、人际传播等对大众传播是一个有力的补充。

网络中的信息传播与相关的意见传播是相互交织的，意见传播不仅促进了信息的扩散，也有助于提高信息的受瞩目程度。

利用互动技术，传播者、报道对象与受众可以建立直接联系，因此，传播者与当事人的影响会更直接地传递给受众，这对于提高一个事件的受瞩目程度，也是非常有利的。

而在网络实践中，也有很多事例显示了网络议程设置的能力。

互联网在全球普及的初期，它的议程设置能力已经表现出来。1998 年全世界对克林顿绯闻案的关注，就可以说是网络设置的一个醒目的议程。无论是自由撰稿人德拉吉通过个人站点对这一事件所做的最早公开披露，还是美国独立检察官斯塔尔关于这一事件的检察报告在网上的公布，网络都在很大程度上影响了人们对此事的关注程度。

麦库姆斯和肖基于 1968 年美国总统选举期间传统媒体的选举报道及其对选民影响的调查，提出了媒体的“议程设置”理论，这说明，美国学者对于总统大选与媒体的议程设置之间的关系是十分重视的。2000 年的美国总统竞选在一定程度上说明，网络在议程设置方面的作用开始受到人们的重视。

在网络之前，电视一直是 20 世纪美国总统选举的一个有力武器。美国电视介入总统大选始于 1948 年，那年在总统大选时开始有电视转播民主党、共和党两党大会实况。此后，每一届总统大选中，电视都发挥了极大的作用。随着电视机在全美民众中的普及，电视对大选的推动作用也与日俱增。但从 1996 年克林顿第二度竞选连任的那届总统大选之后，各电视台，尤其是三大电视网——哥伦比亚广播公司（CBS）、美国广播公司（ABC）和国家广播公司（NBC）感觉自己只不过是两党的传声筒，因此在报道竞选方面的热情大大降低。2000 年大选一开始，三大电视台就声明，在两党大会期间，它们采访及转播的时间会大幅缩短。

就在三大台淡化其对两党大会的采访之际，网络却成为了美国总统大选的媒介主力。

在大选中，每位候选人都有自己的网站，并制定了相应的网上战略。他们通过网络来宣传自己的立场、观点，发布竞选信息和号召，筹集资金，并争取支持者及攻击对手等。同时，候选人也全然不顾自己竭力维护的个人隐私，争相把自己的个人日记或家庭照片全部发布在网上。两位候选人戈尔和小布什的个人竞选网站不但把自己每天的竞选行程和照片及时发布在网络上，同时还利用专门的电子邮箱和自己的选民建立起互动联系。

网上调查是吸引选民的最新竞选方式，它也可以帮助选民寻找与自己的观点最为一致的候选人。

很多网站对于竞选活动的报道也是不遗余力，它们用多媒体手段向网友提供全天候服务。例如，共和党大会现场演讲者的演讲刚结束，其演讲词便可在网络上见到。有些电视公司如 MSNBC 甚至自设网络，把大部分共和党大会内容挂上其网站。

一些没有媒体背景的网站的地位也由此得到改善。在 1996 年的竞选期间，美国在线甚至还拿不到报道美国两党代表大会的记者证。但 2000 年，美国在线的记者获得了极其有利的会场位置，对美国两党的全国代表大会进行了全程报道。

尽管美国国内有专家评论，“互联网目前只不过是美国政党玩弄民主的一种新花样罢了”，而网络真正取代传统媒体也不是一朝一夕就可以办到的，但是网络在大选期间的作用与表现还是说明，它在议程设置方面的影响必将越来越强。同时，它也体现出网络议程设置中多主体并行的特点。

而在中国，近年来一系列网络事件或网络人物，例如，“芙蓉姐姐”、“馒头事件”、“虐猫事件”、“铜须门事件”等，不仅在极短的时间内迅速为网民所知，而且也成为人们谈论的热门话题，进而成为传统媒体报道的焦点。这也表明，网络在影响公众议程方面的作用不可小视。

网络的议程设置主要表现为两个方面，一是完全由网络发起的议程设置，二是由网络对传统媒体议程设置的放大或削减。

在目前的网络普及水平上，网络的覆盖面还不能与传统媒体相比，网络所能起到的议程设置作用还是有限的。很多话题，虽然是由网络首先发起，但是，如果没有传统媒体的推波助澜，它的效果也不会显著。网络的议程，也并非总是能成为整个社会的议程，在一些情况下，它们只是网民群体的特定议程。但是，从发展来看，网络在整个社会议程设置中的地位正在日益加强。

根据传播学者的另外一些研究，传媒的议程设置对知识水准高、政治关心程度高以及从事较高社会职业的人影响较小。网络受众在构成成分上的变化，也可能导致议程设置作用程度的变化。例如，在网络发展早期，网民以知识水准高、从事较高社会职业的人为主体。网络议程设置的功能可能有一定限度。而网络的普及，使越来越多的知识水平不高、社会地位普通的人成为网民，这时议程设置的作用程度可能相应加强。

值得一提的是，在研究网络中是否存在议程设置时，不应只是关注网站或其他主体是否有设置议程的主观意愿，更应当研究这些主观意愿的最终实现情况，以及实现的内在机制。

三、网络议程设置的特点

与传统媒体的议程设置相比，网络的议程设置有如下特点值得关注：

1. 议程设置主体的多元化与受众地位的上升。

与传统媒体相比，网络中的议程设置的主体是多元化的，有时一个议程的设置，是由多元主体的共同作用完成的。在这些主体中，除了充当着大众传播者的网站外，还包括其他传播渠道中的组织、群体或个体。当然，媒体和网民是最主要的两类议程设置的主体。

与议程设置主体的多元化趋向相适应，网络议程形成的渠道也将是多样的，而且多数时候依赖于网站、论坛、博客、即时通信工具等多种传播渠道的交叉、共同作用。

在网络这样一个强调网民的选择性与主动性的媒体中，网站虽然还具有议程设置的作用，在某些时候作用也可能十分显著，但在更多的时候，作为大众传播媒体角色出现的新闻网站在议程设置方面的垄断性地位将受到挑战。

从单一的议程设置过程来看，受众在议题的形成方面扮演着越来越重要的角色，同时，在信息传播和意见传播方面也起着越来越重要的作用，这两种因素都会影响媒体议程设置的效果。

从整体来看，在网络越来越多地提倡“个性化”信息服务的情境下，作为大众传播者的网站设定的公共议题影响面会有限。因为，如果受众都接受“个性化”服务，他们往往会有各自的关注重心，会各取所需，RSS等技术甚至可以为他们构建个人门户。他们可能因此而忽略网站所设置的议题。同一个议题所能作用的受众面就有可能减少。

但是，这并不意味着网络整体的议程设置功能一定弱化，因为Web2.0给予了受众很多联系的通道，如即时通信工具、博客、社区等，它们可以将个性化的网民整合起来，网民间联系的加强同样有利于公共议程的形成，因为这意味着某些议题迅速、广泛地扩散。与事实性信息伴随的意见性信息传播，更是在很大程度上将促进焦点议程的形成。但这些议程未必总是与网站的意图相吻合。

从议程形成的机制来看，网络议程设置的一个可能趋向是，“自上而下”由网站进行的议程设置的作用将受到削弱，而“自下而上”的网民的自我设置与选择作用将越来越强。

2. 网络对传统媒体议程设置的能动作用。

尽管目前网络还需要传统媒体的推动才能达到更好的议程设置效果，但是，它并不是被动的。它对于传统媒体的议程设置也有较强的能动作用。在不同时候，这种能动作用的表现是不同的：

一是对于传统媒体议题的放大作用。如果传统媒体设置的议程能引起网民的关注，那么，网络在很大程度上将充当“放大器”的作用，用“病毒式”传播，通过网站、论坛、博客、电子邮件、即时通信工具等各种方式，不断传播相关话题，扩大其影响。

例如，2003 年的孙志刚案，一开始在传统媒体上的报道并不多，分量也不重，只有 2003 年 4 月 25 日《南方都市报》发表了题为《被收容者孙志刚之死》的报道和评论《谁为一个公民的非正常死亡负责?》。但是，报道一经网络转载，便引起了人们广泛的关注，网民的如潮评论，使这一事件不仅成为网络的焦点话题，也影响到现实世界案件处理的进展，甚至最终导致了一个实施了 21 年的不合理的收容制度的终止。

近年来出现的大量与网络相关的热点事件或人物，也是网络媒体对于传统媒体议题放大作用的证明。

二是对于传统媒体议题的削弱作用。网络并不总是放大传统媒体的议题，网民的选择不仅可以使强者更强，也可能使弱者更弱。有些传统媒体试图设置的议题，在网络中却遭到冷遇。网民的兴趣、网络对于这些议题的传播方式等，都可能是议题传播受阻的原因。

三是对于传统媒体议题的重构作用。某些时候，虽然网络可以将传统媒体的议题变成网络的热点议题，但是，网民对于相关事物的价值判断结果也许与传统媒体的意图相左，也就是说，这时网络媒体虽然影响了人们“想什么”，但却并没有影响人们“怎么想”。网络改变了传统媒体议程设置的初衷或重构了议题。

网络对传统媒体议程的能动作用，在很大程度上来自网民对媒体议程设置的能动作用，后文将从议程设置的机制方面作进一步分析。

3. 网络中“纵”、“横”议程的交织。

网络中的议程设置并不全都是传统媒体那样的统合社会大多数人的议程。它是由“纵向的”（即贯穿所有人群的）议程和“横向的”（只适合于特定人群的）议程共同编织的议程“网络”。

从总体来看，网络中的议程设置，一方面有更多元化的趋向，基于不同文化需求驱动而形成的异质社区在很大程度上起着唐纳德·肖所称的“水平媒体”的作用，即作用于小众，在这些社区内有它自己的特定议程；但另一方面，网络中仍然有着大量的公共议程，能够在各种社区中成为共同的关注中心，这时的网络，又在扮演着“垂直媒体”的角色，将社会的各个阶层、各种人群整合起来。在肖看来，水平媒体与垂直媒体的交织，可以创造一个稳定的“纸草社会”（papyrus society）。网络议程既有助于人们寻找并归属于某些小众群体，又可以促进人们对大众社会环境的认知。这才是网络议程能够形成并对人们起作用的重要原因。

4. 网络议程设置作用范围的有限性。

尽管有些情况下，网络议程设置会在较大程度上影响传统媒体的议程甚至整个社会的议程，但由于网络目前的普及程度，有时我们也会看到，一些议题在网络中被炒得火热，但在网络之外，却显得相对冷淡，在传统媒体上也是如此。网络中的“公共议题”是与现实社会的“公共议题”一致，还是会出现偏移？什么情况下会出现偏移？如果出现偏移，那么除了网络普及率之外，还有什么深层原因？这些问题的研究将不仅有助于我们发展议程设置理论，也将进一步帮助我们认识网络社会与现实社会的关系。

5. 网络议程设置的全球化趋向。

网络的跨国界性质，导致了某些本属于某个国家的“议程”得以在全球传播，并成为网络中的公共议程。如果没有网络，克林顿绯闻案不会在全世界范围内产生如此大的反响。而在网络新闻传播中，信息本身的流动是不平衡的，只有居于强势地位的国家能在形成“议程”上产生影响力，那么，未来的世界是否会把少数几个国家的议程作为世界的议程？与此同时，这些国家的信息霸权地位是否会进一步稳固？这些现象都是非常值得关注的。

四、网络“议程设置”的基础作用机制

尽管议程设置反映的是媒体的中长期效果，但是，中长期的对公众注意力和话题的影响能力，是由一定数量的个别议程的“设置”过程累积起来的，其中那些吸引多数人注意力的“醒目”的议程，更是议程设置中的重点。为了更好地认识网络的议程设置效果，我们需要进一步分析个别议程设置的过程，这也是网络议程设置发生作用的基础机制。

议程设置理论是针对媒体机构的活动而提出的，因此，在传统媒体方面，议程设置的主体是媒体机构。但是在网络中，议程设置就不仅是专业机构的活动结果，受众自身的活动也起着不可忽视的作用。这是我们首先要具备的一点认识。

（一）议题的形成——网络议程设置的基点

很多人认为议程设置就是议题设置，实际上，这两者是有区别的。议题（topic）的设置只是反映了媒介的一种主观愿望，是用来影响公众议题的一个基本对象，但是，要产生议程（agenda）设置效果，就意味着媒介的议题要真正被转化为公众的议题，而这之间是需要一个过程的。所以，只能说议题的形成是议程设置的基点，而不是全部。

但无疑，一个醒目议程的设置总是起源于某个明确的议题。对于网络中的议程设置来说，这个议题可以起源于专业媒体，也可以起源于公众。

美国学者 D. H. 韦弗根据自己在 1976 年所做的调查指出，公众的议题在本质上是受到媒体议题的影响的。但公众议题的类型是多样的，例如，“私人议题”（个人私下认为重要的问题）、“谈话议题”（在与别人交谈、议论之际受到重视的议题）和“公共议题”（在自己的感觉中认为社会上多数人都重视的问题），不同的媒体对不同类型的议题的影响力有所不同。①

将他的观点放到网络情境下看，我们会发现几个方面的变化：一是媒体议题与公众议题的影响不再是单向的，在越来越多的时候，公众议题可以对媒体议题产生影响；二是媒体议题与公众议题在网络平台中的界限有时是不清晰的，有时是在一种互动过程中融为一体的；三是过去在大众传媒中不受关注的“私人议题”和“谈话议题”有时也被放大成了“公共议题”。

网络中已有的大量案例，如“芙蓉姐姐”、“铜须门事件”、“虐猫事件”等，

---

① 参见郭庆光：《传播学教程》，216 页，北京，中国人民大学出版社，1999。

它们都显示，网络议题的形成，更多的是从论坛等网络社区产生的，而不是由网站编辑来设置的。有些议题，网站编辑力图通过相关编辑手段扩大其影响力，使之影响公众的议题，但是往往达不到相应的效果。而网络论坛中自发的热门话题，却很容易成为公众关注的焦点。这些焦点话题并不一定都是社会主流议题，如“芙蓉姐姐”，但它却可能被放大为一种社会性的话题。

由此可以看到，网络媒体议程设置中所依托的议题，多是由媒体和公众两种力量提供的，而且网络公众议题的影响越来越大。

这一方面是因为网络公众议题具有一种强大的“融合”网民的力量。人们害怕孤立、害怕不能跟上潮流或不能融入群体，因此需要通过加入某个议程，获得社会归属感。网络公众议题起源于网民，与媒体设置的议题相比，它常常更具有贴近性，也更容易带来归属感。

另一方面，这也是由于网络所提供的便利交流手段，使这种公共性议题在形成过程中对于大众传媒的依赖性在降低，而对于人际传播或其他媒介的依赖性在加强。

尽管媒体单方面设置的议题还在一定程度上存在，但是，它的议程设置能否起作用，也就是说媒体议题能否成功地去影响公共议题，并不是由主观意志能决定的。为了达到传播效果，媒体往往需要从公共议题中去寻找议程设置的依托，所以公众议题最终被转化为媒体议题，或者媒体议题有意地融入公众议题中。

（二）信息与意见的传播——网络议程设置的实施

网络中的议程设置，是在信息传播和意见传播两个层面上实现的。

从信息传播层面看，当专业新闻网站试图设置某一“醒目”的议程时，它们的主要方法是高频率、高强度地发布某一主题的新闻或信息。在传统媒体里，单一媒体机构对同一事件的报道篇幅或频率、时间跨度往往会受到很大的制约。而网络的海量容量和相互连通、循环利用的方式使网站报道的篇幅不再受到限制，网站之间的相互转载也变得轻而易举，同时也可轻松地实现任意时间跨度上同一事件的相关新闻或信息的累积。因此，任何一个网站都可以在空间与时间维度上实现对某一个事件的相关新闻或信息的集成，这就使得那些分散的报道力量被聚集起来，形成更加强大的作用力。

除了专业新闻机构可以用这些方式来启动议程的设置外，其他机构和个人也可以用同样的方式来发布信息，启动某一议程。当然，对于网民来说，真正有意识进行的议程设置并不多，很多情况下，他们无意中发布的内容可能会影响网络中的议题。

但是信息发布仅仅是网络信息流的开端，信息的扩散才是传播的关键，在信息的扩散过程中，网民所扮演的角色是极为重要的，他们的大量复制，才使得某些信息像“洪水”一样泛滥。他们的复制，使某些信息不再仅仅停留在原发网站，而是迅速进入各种类型的论坛、博客，或通过电子邮件、即时通信工具广为散布。加上传统的人际传播方式，如口耳相传，一条信息可以迅速地传播、渗透到各个角落。而另一方面，对于他们不感兴趣的内容，他们的“沉默”与“不作为”，也会有效地限制某些内容的扩散，从而削弱媒体的议程设置的影响力。

网络中发布的大多数信息还会进入数据库达到循环利用状态，这种循环过程对于议程设置也具有一定的作用。除了网站可以将相关信息集成起来，加大信息的传播力度外，当受众需要广泛了解某一议题的相关信息时，他们也往往会通过搜索引擎来查询。数据库中长期保留的信息为信息的反复传播提供了基础。这种反复传播产生的累加效果，也有助于增强某些议程的设置效果。

意见传播在网络议程设置过程中也起着重要作用。在意见传播中，一类主体是传播者、某些事件的当事人或其他相关人员。网络媒体为他们的意见表达提供了窗口，也为他们的意见直接到达受众提供了通道。这些意见在某些时候有助于加强议程设置的力度。当然，有时也可能产生相反的效果。

而意见传播的更重要的一类主体是受众。

从传播者这端看，受众的意见表达是对设置议程的直接回应。传统媒体时代对某个议程的设置，作用于社会个体后，这些个体往往不能通过媒体直接表达他们的意见，媒体也很难直接评估自己的传播效果。但在网络中，影响马上可以形成并清楚地表现出来，网站可以很快地获得反馈，以便决定自己的进一步对策。这有助于优化议程设置的手段与方式，提高其效果。

从受众这端看，网络中的意见气候，会影响人们对相应事件的关注程度。因为，人们对某一事件的关注程度，往往取决于在此之前他人的关注程度。网络中的激烈的意见表达乃至冲突，会引起后来者产生好奇与参与的愿望，如此循环往复，人们对于某一事件的注意力，就会呈螺旋式地上升。当然，像信息扩散中的“不作为”一样，受众也可能用冷淡的意见反应来对待媒体极力要设置的议题，这也会在一定程度上消解媒体的议程设置努力。

另一方面，网络中的意见气候，使公共议题得到凸显。原本对这些议题不感兴趣的网民，也会情不自禁地对此加以关注。因为他们害怕自己被排斥在公共话题之外。

网络本身所具备的迅速全面的信息传播能力与强大的意见表达与流动能力的

结合，使得网络在议程设置方面，具有更为强大的一种潜在力量。尽管在目前阶段，由于网络本身的覆盖面有限，网络议程设置对于整个社会的影响还有限，但就网络本身，议程设置的力量却是十分强烈的，效果也是极为显著的。

同时，从网络议程设置的实施过程，可以更清楚地看到受众所起的作用。受众在议程设置中并不是被动的，网络进一步提高了他们对于媒体议程的影响能力。他们对于媒体设置的议程具有选择能力，也有增强或削弱其效果的能力。

（三）议程融合——网络议程设置发生作用的内在动因

前面已经介绍了"议程融合"理论，在它的启发下，我们对于网络特别是Web2.0的传播环境中的议程设置，也许可以找到一个"内部"的分析视角，那就是从内在动因入手，来分析议程设置产生作用的原因，以及网络传播环境给议程设置带来的影响。

议程设置的基点是议题的选择，但并非所有媒体设置的议题都能影响公众议题，深层原因在于议题自身是否具有"融合"人群的能力。如果没有这样一种本质的能力，那么即使传播的力度再大，其影响力也是有限的。或者即使能影响公众的关注点，却并不能影响人们对议题的态度方向。

"议程融合"的视角也让我们对受众在信息扩散、意见传播中的高度选择性的动因有了进一步认识。实际上这种选择性在很大程度上正是源于人们对社群的选择性，同时也与人们对于归属感需要的强烈程度以及已有的信息量相关。

网络跨时空的交流，为网民主动选择自己的归属社区提供了更多的可能性，人们可以在更多的局部的（或如前面所说的"水平的"）议程中获得归属感。大众传媒的议程对人们的"融合"作用，也可能因此而进一步受到削弱。

第三节　网络传播与"沉默的螺旋"

"沉默的螺旋"也是传播学中一个有代表性的理论，这一理论是否仍然适用于网络情境是很多学者关注的问题，也是具有现实意义的问题。

一、"沉默的螺旋"假说简介

"沉默的螺旋"的假设是德国学者E·诺依曼于1974年在一篇论文中最先提出的。1974年，她在《沉默的螺旋：舆论——我们社会的皮肤》一书中，对这一理论进行了系统的阐述。

诺依曼认为，舆论的形成与大众传统媒体营造的意见气候有直接关系。因为大众传播有三个特点：多数传统媒体报道内容的类似性——由此产生共鸣效果；同类信息传播的连续性和重复性——由此产生累积效果；信息到达范围的广泛性——由此产生遍在效果。这三个特点使大众传媒为公众营造出一个意见气候，而人们由于惧怕被社会孤立，会对优势气候采取趋同行动，其结果，造成“一方越来越大声疾呼，而另一方越来越沉默下去的螺旋式过程”。

尽管这一假说过分夸大了人的心理中从众行为和趋同心理的作用，但它在一定程度上反映了大众传统媒体对舆论形成所起的重要作用。同时，诺依曼还把舆论比做社会的皮肤，以表明大众传统媒体在维持社会整合方面所起的重要作用。①

二、网络中是否存在“沉默的螺旋”

关于网络传播中是否存在“沉默的螺旋”，近年来的研究很多，观点也不尽相同。既有人认为“沉默的螺旋”在网络中仍然存在，也有人认为“沉默的螺旋”在网络中被弱化了。

研究者刘海龙认为，在网络空间中，由于“沉默的螺旋”的心理机制仍然存在及网际传播与现实传播的相似性，“沉默的螺旋”现象并没有消失，只不过其表现形式有所变化而已。他的推断基于以下四个理由：②

第一，个人在网络中表现得更为大胆，并不是因为互联网的出现改变了他个人本能的对社会孤立的恐惧，而是因为使社会孤立恐惧产生的条件出现了缺失，或者说有充分的理由认为自己的所作所为不可能被孤立起来。

第二，传播的公开性与否并不是由使用的媒介来决定，而是由传播对象来决定。这样就不会必然得出网络上的意见表达是公开的还是非公开的。

第三，没有理由认为在网络空间中不会发展起相应的群众与群体规范来，这种群体规范必然对其成员产生与现实中类似的压力和社会孤立恐惧感。

第四，在网络空间内，ID本身就成为人的主体性的载体，虽然你可以更换ID，但是对同一个ID，其他ID对它的孤立效果仍然存在。只不过与现实空间中个人名称与人格主体的不同分割相比，在网络空间中两者之间存在一定的可分离性而已。似乎也没有充分的证据说明，这种可分离性会导致个人人格的分化。

---

① 参见郭庆光：《传播学教程》，219页，北京，中国人民大学出版社，1999。

② 刘海龙：《沉默的螺旋是否会在互联网上消失》，载《国际新闻界》，2001（5）。

也有人认为，网络传播的匿名性会使个体在进行自我表达时，较少顾及社会规范的约束，比较任性，可以随意发表自己的观点，而不受别人想法的影响，他们无须对自己的行为承担心理上的负担，这就使“沉默的螺旋”理论所提出的“因害怕被孤立的恐惧感而不表达自己的异议”的情形逐渐削弱，甚至完全消失。①

上述两派不同意见，在很大程度上代表了不同的人对网上的“沉默的螺旋”的不同关注角度。但无论对网络中是否存在“沉默的螺旋”进行什么样的研究，作出什么样的判断，都需要注意一个问题，研究网络中的“沉默的螺旋”，就像研究匿名心理、从众心理一样，需要从它们的特定作用环境入手。因为某种心理是否发生，更多的是取决于在特定情境下的作用条件。而网络这样一个充满复杂性与异质性的空间，作用环境与条件是在不断发生变化的。

因此，我们要明确的一个基本思路是，由于网络传播环境的复杂性与传播空间及途径的多样性，对“沉默的螺旋”这一现象的研究，必须放在具体的情境中。抽象地从总体上推断它的存在或消失、强化或弱化，可能都不能反映网络传播的本质特性。

从大众传播这一角度看，在网络传播环境中，尽管大众传播媒体的几个特点仍然存在，但与过去相比，传播的整个结构发生了巨大的变化，传播的过程也十分复杂，大众传统媒体对舆论的单向影响力也由此受到一定削弱。随之而来的，是由大众传统媒体主导意见气候形成的能力可能受到削弱。

另一方面，在“沉默的螺旋”假设中起重要作用的从众心理，在网络空间中并不会随时随地发生。从心理学的角度来说，从众心理的产生主要是由于认知失调和对孤独的惧怕。从认知失调理论看，群体的压力会让人产生失调，而从众是减少失调的一种有效方法。但从众并不是减少失调的唯一办法，离开带来失调感的环境也是一种办法。

在网络的大众传播空间中，例如一些新闻跟帖后的论坛，由于发言是匿名的，人们的关系也是随机的、不稳定的，个体对这些空间的依赖程度不高，因此，人们在这样的地方如果发现自己与他人的意见不一致，并由此产生认知失调，那么简单的办法是通过转换空间的方式来逃离让他感到失调的环境。因此，相对来说，从众心理产生的机会应当较少。在这些空间里，“沉默的螺旋”发生的几率也可能相对较小。

---

① 参见汪碧芬、吴英：《“沉默的螺旋”理论与实践局限初探》，http：//www. blogms. com/StBlogPage Main/Efp. BlogLogKan. aspx? cBlogLog=1000008127。

但对网络中“沉默的螺旋”效应的研究，不应仅仅将眼光放在大众传播空间中。网络中除了大众传播的空间之外，还存在着在大量的组织传播、群体传播、人际传播的空间。在这些空间中，环境带来的从众心理不仅还可能存在，有时还会十分明显。

例如，在那些关系密切、归属感很强的社区里，人们为了维护已经形成的社区关系和自身的利益，同时，也为了群体的归属感，会在一些时候表现出很强的从众心理。即使人们彼此没有在现实空间的交往，但也会表现出较为一致的意见，甚至在某些时候表现出一致的行动。因为，离开群体对个人是一个重要损失，而为了留在群体里，同时又为了减少认知失调，个体不得不采取从众的方式。

在社区里，常常会有一种使强者更强弱者更弱的“正反馈”效应，优势意见更容易形成，人们对优势意见的趋从，也表现得更为明显。

在人际传播、组织传播等渠道，同样可以看到，从众心理发生作用的条件与现实空间是相似的，因而出现从众行为的几率与现实空间也是差不多的。

除了群体环境、人际关系压力等因素可以影响人们的心理状态以外，上一章提到的网络意见的发布结构，也会对个体产生一定作用。有些信息发布结构容易让人感知环境的压力，因而也会加大人们趋从于环境压力的可能性。

因此，从其他形态的传播的层面，特别是群体传播的层面看，网络中的“沉默的螺旋”不仅可能存在，而且某些时候，其力量仍然是强大的。

而网络传播的连通性，却有可能使群体传播等空间中产生的意见走向扩散到其他传播渠道中，从而影响到整个网络。因此，网络中的“沉默的螺旋”开始时可能只是从某些社区中形成，最后却会扩散到整个网络。

无论网络中“沉默的螺旋”现象在什么情境下会出现，作用的力度有多大，按照诺依曼的理论，舆论是社会的皮肤，这意味着，舆论的过于分散，并不利于社会的整合，舆论的极度混乱甚至可能会带来社会的崩溃。所以网络时代仍然需要形成一定的主流舆论。

三、网络中“沉默的螺旋”的形成机制

与传统媒体时代的“沉默的螺旋”不同的是，网络中的“沉默的螺旋”不是大众传媒一种力量影响的，而是由多种层面、多种空间的传播共同作用的结果。每一种传播空间都有自己的传播情境。情境不同，优势意见的形成与扩散机制也

就不同，同时，个体受到群体压力的影响程度也就不同。

从整体形成机制来看，网络中的“沉默的螺旋”，往往先是在某些局部形成的，然后逐渐扩散，最终形成全局性的效应。

在这个形成过程中，需要重点关注的是局部的优势意见如何逐渐成为网络整体的意见气候中的主流，以及环境压力在此过程中的作用。

（一）网络中意见气候的形成

像网络中的议程设置一样，网络中意见气候的形成，越来越多地依赖于“自下而上”而不是“自上而下”的方式。“自下而上”的方式指的是，意见气候的形成并不是由大众传媒的力量来主导的，而是由在某些局部形成的优势网民意见扩散、汇聚后形成的一种意见环境。这也是网络媒体的“沉默的螺旋”形成的一个重要特点。

对于“自上而下”的意见气候的形成，诺依曼的理论已经作出了解释。下面将主要分析“自下而上”的意见气候形成的过程。

1. 局部性优势意见的形成。

“自下而上”的意见气候形成，往往起源于一些局部的优势意见。在网络中，意见形成的渠道主要是新闻后的论坛、一些固定的社区、博客、即时通信工具等，也就是说多在群体传播或人际传播的区域里。这些意见有时是对大众传播内容的一种反馈，但有时也不需要大众传播内容的启动，而是基于网络的群体传播或人际传播渠道本身传播的某些事件或话题。但是无论如何，网络中意见的形成，总是以某些事件或话题为依托的，不会凭空产生。

某些意见要成为局部性的优势意见，需要一些相应的条件。

首先，简单而强烈的价值判断更容易成为优势意见。这样的意见非此即彼，能让多数人轻松理解。只有这样才能产生不断吸引更多人关注、认同的力量，也才具有不断扩散的能力。因此，网络中的“沉默的螺旋”现象发生时，往往表现为“是”或“否”这样的两极的态度。在“虐猫事件”和“铜须门事件”中，网络中最终所表现的都是众口一词的谴责，也就是简单的否定态度，尽管在此过程中，有很多人表示过不同意见，但是，这些意见渐渐沉默了下去。

由于优势意见需要具备这种简单化的特性，因此，网络中“沉默的螺旋”的不断发生，也许会强化网民的简单化思维，这会产生一种循环效应。

其次，优势意见通常具有一种共鸣性。就像大众传播的内容要引发“沉默的螺旋”需要共鸣效果一样，某种意见要在网络中形成影响力，产生优势，也需要有共鸣性，也就是有很多类似意见。所以优势意见通常不是在网络中某一个点产生的，而是在很多点同时产生，它们相互呼应，相互提升，最终成为网络中一种引人注意的“强音”。

最后，优势意见在一定程度上蓄积或折射着以往相关事件中累积的公众态度。也就是说，它不是突然产生的，而是有一定的酝酿与聚积时间。例如，在对日关系问题方面，中国网络中的优势意见更多的是反日的，这是长期以来各种事件累积影响的结果。优势意见往往具有较强的社会背景。

第七章已经提到，现阶段中国网民的价值取向特点是，道德上的双重性、文化上的叛逆性、政治上的激进性。这些特点在网络的优势意见的形成规律上通常表现为，道德上的保守性、文化上的反传统性以及政治上的两极分化。

在某一个具体事件或问题上，有时会形成几种具有代表性的优势意见，它们需要在扩散过程中相互作用、相互竞争。这个过程决定了哪种意见最终会垄断网络中的意见气候。

2. 局部性优势意见在网络中的扩散。

优势意见在某些局部形成后，必须经过一个扩散过程，才能赢得更多支持，吸附更多的能量。由于这些意见的优势能力已经在某些局部得到检验，因此，它在网络中的整体的扩散也更为容易。

本书第八章在意见流动结构一部分，解释了意见流动的动力，例如欣赏与认同、相互利用、树靶批判等，对于优势意见的扩散来说，这些动力仍在起作用。但是，欣赏与认同，是优势意见扩散的主要动力。

在某些情况下，优势意见在传播过程中会衍生出某种直接的行动。例如，在2005年的中国网民反对日本申请成为联合国常任理事国的事件中，网民先后发起了反日签名和反日游行等活动。在2008年4月中国网民“反对藏独、保护圣火”的事件中，人们发起了红心签名、抵制家乐福等活动。这些“站队式”的活动，一方面进一步促进了优势意见的传播，另一方面形成了一种社会压力，使人们面对优势意见不得不作出“是”与“否”的简单的选择。

在优势意见的扩散中，“人肉搜索引擎”常常扮演着重要角色。这种机制，可以不断为优势意见提供支持依据，而为对立意见提供不利证据，使更多人对优势意见采用趋从态度。

在局部性优势意见的扩散中，大众传播媒体的作用也是不容忽视的。尽管在网络优势意见形成的初期，大众传播媒体的作用不像过去那么强大，但是，对于优势意见的扩散，它们的作用仍然是明显的。例如，大众传媒的报道中对于优势意见的引用，网站用某些编辑手段来突出优势意见，这些方式都会对优势意见的扩散起到推动作用。

大众传媒对于优势意见推波助澜式的传播，有时是出于舆论引导的需要，有时则是出于吸引眼球的需要。

3. 网络总体意见气候的形成。

如果局部性的优势意见不止一种，它们在扩散过程中，会出现几种不同结果的相互作用：

一种结果是几种意见相互融合。如果几种意见是同向的，即价值取向方向是共同的，那么，它们在扩散过程中，可能会渐渐融合，变成一种声音，最终成为网络意见气候中的决定性力量。2008 年 4 月的网上“红心运动”，实际上由几种声音汇集起来，一是反对藏独；二是抗议外国媒体对“3・14”事件的不实报道；三是支持奥运。它们最终融为一体，变成一种统一的声音与行动。

另一种结果是一方凸显绝对优势地位。如果几种意见不是同向的，那么，在传播过程中，最终可能有一种声音逐渐战胜其他声音，成为主导。而这既与意见本身“融合”网民的能力有关，也与每一种意见的拥护者在意见传播过程中的努力有关。例如，在“华南虎”事件中，一开始网络中有两种优势意见：一种为“打虎派”，另一种为“挺虎派”。尽管两者的力量并不均等，但至少都是在网络中并存的。但双方较量的结果，是“挺虎派”声音逐渐弱小下去，而“打虎派”逐渐占据绝对优势。据新民网 2007 年 11 月 7 日至 11 月 22 日上午 10 时所做的网民态度调查，11 月 8 日的调查显示，约有 71%的网友认为照片是假的，而到 22 日则有 91%的网友认为周正龙拍摄的照片是假的。支持周正龙的网友则降到了 8%。[①] 这种局面的形成，是因为“打虎派”本身的意见有更多的论据支持，而且“打虎派”在传播其观点的过程中，还在不断寻找新的证据，而“挺虎派”则在寻找支持自己观点的证据方面显得有些无力。这最终导致了双方力量对比的悬殊。

上面这两种情况，都会为“沉默的螺旋”在更大程度上发生作用提供基础。

当然，还有一些情况下，各种优势意见始终旗鼓相当，网络中的意见气候并不是一边倒的局面，这时候，多数人会坚持自己原有的意见。“沉默的螺旋”并不一定发生。

（二）网络中环境压力对个体发生作用的条件

人们在网络中不是封闭孤立的，而是在各种环境中与他人进行互动，这种互

---

① 《九成网友投票认为周正龙版华南虎照伪造》，http：//news. xinmin. cn/domestic/shehui/2007/11/22/973322. html。

动带来的环境压力也会在某些时候对个体发生作用，而这种压力是“沉默的螺旋”形成的一个重要因素。

本书第三章分析了群体压力对个体发生作用的一些条件，第七章则分析了从众心理在网络中发生的可能性，现在我们将结合“沉默的螺旋”现象，进一步分析更广泛意义上的环境压力对个体发生作用的条件。

在这里，环境包括人际传播的环境、群体传播的环境、组织传播的环境、大众传播的环境，也包括其他的偶然的多对多交流环境等。

环境的压力既在网络中意见气候的形成过程中起作用，也会在意见气候形成后对更多的人产生影响。

1. 个人因素与环境压力的关系。

第一，个体的判断感。个体要在某个问题上表达意见或采取行动，是一个判断与决定的过程，按照心理学家的研究，判断感直接影响人们是否屈从于群体压力。人们对自己的判断感越不确定，就越容易受到他人的影响。①

判断感与某一问题的复杂程度以及个体在这一问题上的信息掌握等因素都是相关的。

判断的过程依赖于相关的信息。信息越少，决定时的参照就越少，这样，个体对事物及自我的判断感也就可能越差。

但是，有时人们掌握的信息量过大，反而也难以作出判断，因为过多的信息增加了人们对信息作出鉴别的成本，也加大了人们作出判断的复杂程度。如果信息是多向的或相互矛盾的，人们的判断感不但不会增强，反而会受到削弱。只有当同向信息（即能支持人们作出同一个方向的判断的信息）较多时，人们的决定才易于作出，人们的判断感也会比较确切。

当然，如果问题本身不复杂，根据已往的经验，个体也容易作出判断，那么个体的判断也会是确定的。所以仅仅从信息掌握的角度去衡量判断感也不全面。

如果借用施拉姆的“选择的或然率”公式的思维，那么也许我们可以假设，判断感的确定与人们的同向信息掌握量成正比，与问题的复杂程度成反比。当然，这种假设还需要经过实证研究的检验。但是，这几者的相关性肯定是存在的。

判断感差是否就一定导致个体对环境压力的服从？也许我们还需要从认知失调的角度来进一步分析。判断感差会导致人们的认知失调，但是，个体对问题的

---

① 参见［美］戴维·麦尔斯著，侯玉波等译：《社会心理学》（第8版），167页，北京，人民邮电出版社，2006。

重要程度的判断，会决定失调的程度。按照费斯汀格的研究，越是重要的认知元素，所带来的失调也就越严重。

从这个角度看，网络中“沉默的螺旋”的产生，与主题是有关联的，也与这一主题的相关信息的传播有关。一个多数人认为重要且又复杂的社会问题，加上网络中有关这一问题的大量同向信息的传播，有可能增加“沉默的螺旋”发生的几率。“华南虎”事件正是这样一个例证。如果不是相关信息扑朔迷离，而人们对于华南虎和图片 PS 的知识又很缺乏，那么这一事件可能难以造成强烈的“沉默的螺旋”效应。

也正是基于判断感带来的环境压力，人们往往容易接受简单而强烈的“是”与“否”式的意见，因为，这种简单化可以使人们的判断感很快得以明确。

第二，个体既有态度倾向的牢固程度。有时个体判断的形成，不仅与个体获得的相关信息有关，还与个体的既有态度倾向相关，既有倾向包括对一类问题的总体态度，或者以往对同类问题的态度等。

按照拉扎斯菲尔等人的假设，个体在政治问题上的判断和行动，往往不是受大众媒体的影响，而是取决于其政治既有倾向。

事实上，除了政治既有倾向外，人们在其他很多问题上都会有自己的既有倾向。

个体的既有态度倾向的牢固程度会决定他的判断感。倾向越是强烈而牢固，人们的判断感就越强，人们排除其他意见干扰的能力也越强。

而从人的选择性心理看，人们在接触信息、理解信息、记忆信息（这里的信息不仅是事实性信息，也指意见性信息）时，总是受到自己的兴趣及既有倾向的影响。既有倾向强时，人们获取的信息范围也就有限，并且这些信息往往有助于进一步强化人们的倾向性，因而这时个体感知的外界压力较小，受环境影响的可能性也会较小。

因此，环境压力对具有牢固的既有倾向的个体作用能力相对较小。

个体的既有倾向受其价值观体系的左右，而这个体系往往受到特定的文化传统和社会整体环境的影响。个体的既有倾向在一定程度上反映出社会整体的价值导向对于个体的长期影响。前面提到，很多优势意见是对社会传统道德观念的继承，也是因为传统观念对于大多数人的既有倾向的作用，会最终形成一种整体优势。

所以，从这个角度看，有时我们需要区分，网民意见表现出的高度一致性，是由于其既有倾向本身的高度一致，还是“沉默的螺旋”发生作用的结果。

第三，相关行动的风险程度与成本大小。在很多时候，从众是人们减少行动风险的一种保护措施，在人们对某些信息、某些事物或某些行为缺乏个人判断的情况下，采取从众跟风的方式，会让人在作决定时减少心理失调，或减少人们作决定与行动的成本。

例如，在一些旅游社区里，从众心理表现得似乎更为充分，因为，旅游需要较高的时间与金钱成本，很多人对于一个未知的旅游地点的直接经验和信息都是缺乏的，这时，人们认为那些有经验者的意见会帮助自己作出风险较小的决定。在多数人这种共同心理的作用下，某些有经验者的意见就较容易成为优势意见，并引起更多人的跟随。

相对而言，在对行动风险或成本影响不大的问题的交流中，人们对于他人意见以及群体压力可能不那么在意。

2. 交流情境因素与环境压力的关系。

第一，个体对交流情境的依赖感与归属感。从众也是人们保护自己在群体中的既得利益，维持群体归属感的重要手段。因此，交流环境对个体的价值，也在一定程度上影响人们的从众心理的发生。

人们在网络中的交流情境，一般有几种情形：

一是偶尔加入的区域：如聊天室、新闻后临时跟帖的论坛。

二是访问较为频繁但依赖感并不强的区域：个体虽然会经常出现在这些区域中，但是并没有对其形成归属感与依赖感，这些区域也往往具有较强的可替代性。

三是有较强归属感和依赖感的区域：个体不仅会经常在这些区域活动，而且，对这些地方有强烈的归属感和依赖感，人们在网络中的自我认同，往往与在这些区域的地位及报偿有关。这些区域包括网民所认同的社区、即时通信工具、组织的内部网等。

个体对交流情境的依赖感与归属感越强，那么，受环境的压力影响可能就越大。这同样可以从认知失调理论中得到解释。

第二，交流情境的特质。按照社会心理学家的研究，如果群体由三个或更多个体组成、凝聚力高、意见一致、地位较高，则从众的程度最高。[①] 这里的群体泛指各种多人的环境。

根据这一判断，我们可以看到，那些具有社会学意义上的群体特征的社区以

---

① 参见［美］戴维·麦尔斯著，侯玉波等译：《社会心理学》（第8版），167页，北京，人民邮电出版社，2006。

及严密的组织，不少是符合这种特点的。

此外，交流情境的特质，例如人群的构成、交流的频率及互动的深度等，还会影响群体规范的形成。尽管没有一个群体规范能对所有网民起直接制约作用，但是，在网络中很多小的交流区域中，已经出现了局部性的群体规范。这些局部性的群体规范产生的压力有时会让置身其中的人采取从众行为，而这些局部的从众行为所产生的扩散效果，对于网络整体意见气候的形成是有影响的。

第三，交流情境中的权力结构。在对网络中的群体传播进行分析时，我们曾指出，网络中的群体传播，往往是在一定结构关系影响下展开的。个体对于某一事物的态度与意见的形成，不单纯取决于个人的既有倾向，在很多时候还取决于权力中心以及其他成员的态度。

除了群体传播中的这种权力关系会给人压力外，在组织传播中，这也是一种常见的压力因素。

而在人际交流中，有些情境会去掉交流者的社会特征线索（如身份、社会地位等），但是，在某些交流中，例如即时通信交流中，这些特征却是依然存在的，而且会发生作用。

但是，在大众传播层面的权力关系对比则出现了一些变化。在传播的两端，传统的大众媒体是话语权力的强势一方，其中某些媒体更是在很大程度上主导着整个传播格局。而在网络中，大众传媒的权力由于网络受众权力的增加而受到挑战，媒体之间的原有权力关系也被改写。整体来看，媒体不再处于信息与意见传播的垄断地位，它们对受众态度与意见的影响能力有所下降。

第四，交流情境中的意见发布结构。人们在网络中发表意见时，还会受到交流情境中相关的意见发布结构的影响。例如，按照本书上一章的分类方式，有限制式的结构会产生较大的群体压力，而无限制式的结构的群体压力则小些。有参照式的意见发布方式较容易让人感到群体压力，而无参照式的方式产生的压力则较小。

而在网络的大众传播空间中，意见发布结构多是无限制式的，有些还是无参照式的，例如投票调查。而在群体传播、人际传播空间中，则多是有限制式的结构。因而在大众传播空间里，人们受环境压力的影响可能相对较小。

交流情境与环境压力的关系，进一步说明了网络中的意见气候更多地依赖于“自下而上”机制的原因。因为越是在局部的区域，人们越容易产生密切的关系，个体对交流情境的依赖越强，权力关系对个体的影响越大，在这里优势意见反而容易形成。

从本质上看，网络环境压力对个体发生作用的条件与现实社会没有什么不同。只是网络中交流环境的多样性，使其发生作用的具体情境变得更为复杂。而要探析“沉默的螺旋”的发生机制，就需要综合考虑各种环境因素的交叉作用。

从环境方面考虑，在网络中，不同类别的问题受不同类型的环境的影响会有所不同，在有些问题上，“沉默的螺旋”可能较多地受到群体传播和人际传播的影响，而在另外一些问题上，则可能更多地受到大众传播的影响。但从上面的分析来看，网络中的大众传播对“沉默的螺旋”的影响能力是在下降的。

近年来，一些典型的网络中的“沉默的螺旋”现象，往往起源于特定的事件，特别是原生于网络的事件，但是，也应该看到，并不是每一个热门的网络事件或现象都会引发“沉默的螺旋”效应。

与传统大众传媒相比，网络在传播优势意见、形成舆论主流方面的能力并不逊色。当然，有些主流舆论的形成过程，并不一定需要“沉默的螺旋”的作用。

第四节　网络新闻传播效果评估

在网络传播效果分析的实务中，网络新闻报道的传播效果的分析与评估是最主要的，也最具有典型意义。网络新闻传播效果评估的操作原理与方法，也可以对网络中其他信息传播效果的评估提供基本的启发和指导。

一、网络新闻传播效果的含义

网络新闻传播效果考察的是新闻报道对受众作用与影响的程度。

网络新闻传播效果有双重含义。一方面，它指新闻报道在受众中产生的结果（例如报道的受众到达率、引起的关注程度、受众的反应等）与传播者预期目标之间的吻合度，一般而言，吻合度越高，说明效果越好。这一传播效果是新闻业务水平的一个衡量指标，反映了传播手段的运用是否恰当。另一方面则指新闻报道所产生的社会影响，这种社会影响可能是积极的，也可能是消极的。这一传播效果反映了媒体的社会职责的履行情况。网络媒体在进行新闻传播效果的评估时，既要关注业务层面的效果，又要关注社会层面的效果。

网络新闻传播作用于受众可有几个层面，在不同层面产生的效果，其影响是不尽相同的。

第一，新闻的感知。指受众注意到一条新闻，这是新闻传播产生效果的起点。

第二，新闻的接收。指受众接收、阅读到新闻文本中的信息。这种接收又有层次上的区别。对于网络新闻来说，从接收信息的数量与深度来看，可分为标题的接收、正文的接收、相关信息的接收等几个层次（这与网络新闻文本的层次相关，有关内容请参见第三章）。从接收的范围来看，可分为个人化接收与社会性接收两个层次，个人化接收指网络新闻阅读仅限于个人范围；而社会性接收则指网民在个人阅读新闻之后，还通过转发、收藏等方式，将新闻提供给他人。

第三，新闻影响态度。有些新闻对受众而言，只是增加了他们的信息量、丰富了他们的知识，不会对受众产生深层影响，而有些新闻则会对受众的态度产生直接影响，例如，影响到他们对周围环境的判断、他们对某一社会问题的意见等。

第四，新闻影响行为。一些新闻稿件不仅可以影响到受众的态度，还可能影响到他们的行为。例如，关于白血病人的报道如果打动人心，可能会引发人们的自发捐款。而另一方面，一些关于犯罪行为的报道，则可能会引起一些人的模仿。因此，新闻对受众行为的影响，有时是积极的，有时则可能是消极的。新闻报道带来的后果，并不一定与传播者的初衷一致。对于出于良好愿望的报道带来的消极后果，需要特别警惕。

应该说明的是，新闻传播效果，并不单纯取决于新闻报道本身的质量因素，它还与新闻报道对象本身的特质相关，与受众的兴趣、需求，以及作用于受众的社会环境相关，它是多种因素共同作用的一个复杂结果。因此，新闻传播效果的评估，并不仅仅是对新闻工作质量的一个检验，它还是对复杂的社会系统的一种认识。

二、网络新闻传播效果评估的作用

对于新闻网站来说，对新闻传播的效果进行评估，其作用主要体现为以下四个方面：

1. 根据新闻传播效果评价新闻编辑工作。

新闻传播效果的评估可以在一定程度上评判网站新闻编辑工作的成效。通常可以有两种手段来进行这方面的评估：

一是常态评估。即对于日常编辑工作进行定期的监测与评估，以了解网站常态下的编辑水平、影响力等。

二是典型评估。在一些典型的报道之后进行的评估，其目的是了解网站在特定的报道中采取的传播策略所产生的效果。例如，在一些重大事件的专题推出后，可对其进行重点评估。通过评估可以总结经验、教训，为未来的类似工作提供借鉴。

2. 根据新闻传播效果调整传播策略。

网站不仅需要了解日常或典型报道的效果，还需要分析其原因，并据此调整传播效果。例如，对新闻报道的时效性、更新频率、新闻标题的制作、新闻的整合方式、专题栏目的策划、版面的设计及版面语言的运用等各个方面进行考察，发现问题所在，并作出相应调整。

3. 根据新闻传播效果把握受众脉搏。

新闻传播效果是传受双方共同作用的结果，它不仅与传播者的传播水平高低有关，也与受众在各个阶段的需求与兴趣相关。对传播效果进行深层分析，可以更好地把握网站服务的受众对象的脉搏，为网站总体定位的确立及经营、传播策略的制定提供依据。

4. 根据新闻传播效果了解社情民意。

前面指出，传播效果与社会环境相关。传播效果也是一个晴雨表，它从一个角度反映了受众的心理动向，以及更深层的社会背景。在一定意义上，传播效果的研究有助于洞察社情民意，这可以为相关部门提供决策参考。

三、网络新闻传播效果的评估方式

网络新闻传播效果的评估是一项复杂的工作，它不简单取决于某一个坐标系，也不简单表现为某几项指标。科学的评估，需要运用不同坐标系、不同指标进行评测，并对其进行组合，以形成全面的评价体系。除了直接观察网民的新闻消费行为和新闻生产行为外，媒体的反应也是评估的一个方面。

（一）从网民的新闻消费行为看网络新闻传播效果

网民的新闻消费行为指的是他们作为信息的接收者所表现出来的行为。这些行为是评估新闻传播效果的重要依据。

1. 从点击量看网络新闻传播效果。

（1）点击量反映新闻阅读率。

尽管每天发布在网站的新闻数量很多，但是，并非所有的新闻都会受到网民的同等关注。新闻的点击量，是衡量新闻正文阅读率的一个重要指标。新闻的点击量指点击新闻标题打开新闻正文页面的数量。如前所述，网络新闻是以层次化文本的方式呈现的，正文是新闻最核心的文本层次，因此，新闻正文的阅读率，能在很大程度上体现出新闻信息到达受众的程度。

目前，各个网站利用自己的统计系统，可以方便地统计出每一条新闻的点击量。

影响点击量的因素主要包括以下三方面：

第一，新闻的价值。网民点击某条新闻标题的动作，也包含了他们对于一条新闻的价值的判断。新闻的价值，除了新闻价值外，还包含其他一些价值，如宣传价值、知识价值、舆论价值、审美价值等。[①] 虽然网民只能通过标题对一条新闻的价值进行初步的判断，但是，毫无疑问，没有这种判断，他们就无法作出选择。

值得注意的是，受众在网络中阅读新闻，是一种快餐式阅读。他们对新闻的价值的判断往往是在很短的时间内作出的，并非经过深思熟虑，也并非总是自主的、完全的，常常会受到各种因素的影响。

第二，新闻表现形式。标题、新闻在版面中的位置、新闻的推荐方式等网络新闻的表现形式，在一定程度上赋予一则新闻一些附加的价值，正如在新闻网页的设计一章中所提到的，这些价值会影响到网民的选择。

由于网络新闻的特殊表现方式，受众对于新闻的价值判断，其起点是新闻标题。标题的内容以及外在表现方式，都直接影响到受众对于新闻的选择行为。标题在内容上的亮点，是吸引网民的核心因素，在多数情况下，它的作用是主要的。而标题在形式（如字体、字号、色彩等）方面的处理，则是一种视觉上的辅助手段，有时也会刺激网民的点击。

新闻在版面中的位置与推荐方式等，同样可以对受众的点击产生影响。优势位置、重点推荐，往往会增加受众的点击率。

第三，他人的选择。网络阅读是一个开放的环境，个体的阅读不一定是完全自主的个人化的选择，它经常受到他人的影响。点击量、回帖量、转发量、评论等来自他人的因素，也会作用于个体对网络新闻的选择过程中。

新闻的点击量并不能完全科学地反映新闻报道或新闻作品的质量高低，但它反映出新闻对受众的作用程度。因此，它是一个重要的评估指标。要有效地提高新闻的阅读率，可以从以上几个影响阅读率的因素的角度进行分析，改进网站的传播。

---

① 参见杨保军：《新闻价值论》，24 页，北京，中国人民大学出版社，2003。

(2) 新闻排行榜体现受众阅读取向。

新闻排行榜是根据新闻点击量，排列出若干新闻，定时进行发布。

新闻排行榜将网站的统计数据直接告知受众，使这些数据成为网络阅读环境中可直接感知的因素，它像一种“场”一样，会对受众阅读取向产生较为直接而显著的影响。从一般心理来看，点击量高的新闻，通常会更容易引起后来的受众的阅读兴趣。

排行榜对个体阅读取向的影响，最终会形成一种“正反馈”效应，即强者更强、弱者更弱，点击量高的新闻受到更多关注，点击量低的新闻则越发无人问津。因此，它会影响到网民的整体阅读取向。

新闻排行榜在一定意义上是一种风向标，它是网民阅读趣味与取向的一种外在表现。但是，又不能简单地将它等同于网民对于社会事物的价值取向。因为在社会性阅读环境中，人们之间的相互影响，实际上可能会加重非理性的成分。把受到一定非理性因素干扰的阅读取向等同于网民价值取向，显然是不可取的。例如，虽然在新闻网站中，一些边缘性新闻、八卦新闻的点击率很高，但是，这并不意味着人们只是关心这类新闻。人们仍然有对严肃新闻的需求。

网站在进行新闻编辑时，应该参考新闻排行榜，对编辑工作作出相应调整或改进。例如，可以研究新闻标题制作的技巧与新闻排位之间的关系。但是，不能迷信排行榜，更不能以排行榜论英雄。如果以点击率作为新闻报道质量的唯一评价标准，那就可能陷入误区。

设置新闻排行榜时，应该有一定的技巧，通常不要将各种不同类别的新闻混在一起产生排行榜。这样容易使一些严肃新闻被淹没。按新闻类别分类设置排行榜，可以更好地反映同类新闻之间的关系，也有利于更多的新闻被受众关注。

2. 从网站访问流量看网络新闻传播效果。

由于网络新闻文本的层次化特点，新闻对受众产生效果，并不一定要求受众必须点击正文。浏览标题也是新闻到达受众产生效果的一个层面。

因此，一个网站的新闻频道的访问流量，也是衡量其传播效果的一个依据。

对于新闻频道流量的统计，除了常规的监测外，还需要对流量进行细化统计与分析，这包括：

第一，分时段的流量统计与分析。一天中不同时间段的流量会有所不同，分析其变化曲线，可以了解受众的网络行为规律，据此可以调整网络新闻发布的节奏，使之更好地与受众行为方式相吻合。

第二，分地域的流量统计与分析。网站可以根据 IP 地址的分布来了解流量的地域分布特点，这可以帮助网站了解哪些类别的新闻更受哪些地域的受众的关注，这也是调整传播策略的一个依据。

第三，分类别的流量统计与分析。网站不仅要统计新闻频道的总流量，还需要对不同类别的新闻，例如国内时政新闻、国际新闻、财经新闻等，分别进行统计，这可以进一步了解受众对各种类别的新闻的关注度。同时，分析总结流量高的新闻类别的成功经验，可以为其他类别新闻的编辑工作提供参考。

第四，典型时刻的流量统计与分析。一些重大事件或突发事件的报道，通常会引起网站流量的增加，分析其数量增加的情况及其他相关特征，可以对这些典型报道的效果作出判断与分析。

3. 从网民搜索看网络新闻传播效果。

网民搜索新闻虽然也是一种新闻消费行为，但是与一般的被动获取不同，他们新闻消费的定向性更强。这种行为也是评估新闻传播效果的一个方面。

搜索引擎可以自动统计热门搜索词，在这些搜索词中，有一些就反映了新闻报道的热点。对此进行统计与分析，也可以帮助网站了解受众的兴趣，以及报道的传播面。

（二）从网民的新闻生产行为看网络新闻传播效果

网络受众不但是新闻的消费者，还是新闻的生产者，当然他们主要是“再生产”者。第七章曾提到，网民的新闻生产方式，常常表现为以下几种：启动式新闻生产、增值式新闻生产、互动式新闻生产、提升式新闻生产、资源式新闻生产。他们采用的主要手段包括：评论、转发、收藏、参与调查等。

因此，从网民的新闻“生产”行为评估网络新闻传播的效果，也是十分重要的。

1. 网民评论与网络新闻传播效果。

首先，评论量反映新闻事件及新闻报道的社会影响力。如果受众不是简单地阅读新闻，还用回帖的方式积极参与讨论，那这在很大程度上说明，新闻报道对受众产生了更深层的效果。因此，评论量（或回帖量）是衡量新闻事件及其相关报道效果的一个重要指标。

一个新闻事件可能涉及很多报道，受众的评论可能分散在不同报道后的回帖中。为了更好地评估传播效果，可以将同一主题的评论量累加计算。

其次，评论量影响受众对新闻的关注度。评论或回帖量不仅反映了新闻报道当下的影响力，它还会反过来影响后来者的阅读取向，因此，它也是提升新闻报道效果的一个方式。运用排行榜等方式将回帖率高的新闻凸显出来，有助于进一步提高其受关注度。

最后，评论体现社会意见。评论或新闻回帖在一定程度上会体现社会意见的分布及走势，特别是在重大事件或社会问题发生时。有时，它是网络舆论形成的一个重要方式。因此，对回帖的数量以及内容进行监测，不仅是新闻传播效果评估的需要，也是舆情监测的一部分。现在，越来越多的机构与部门已经注意到回帖这样一种社会意见的表达渠道，也在不断完善相关手段对其进行监测，作为舆情监测与社会预警机制中的一部分。网站的监测与评估，可以作为其中一个方面。

2. 网民转发与网络新闻传播效果。

与单纯的新闻点击不同，网民转发是一种更主动的行为，它不仅意味着网民看过了某条新闻，还意味着网民认可了它的价值，并希望将它与人分享。

因此，网民对新闻的转发量能更深入地反映出新闻报道的影响力。

网民转发的途径主要是将新闻转贴到 BBS、博客，或者通过电子邮件、即时通信工具等渠道转发给他人。后者较难进行测定，因此，评估主要针对转发到 BBS 中的内容。

对于网民的转发量的评估，较难采用全面的定量手段，可以考虑以定性为主，辅以恰当的定量手段考察。主要包括以下手段：

第一，对重点论坛进行监测。国内的许多论坛是网民意见与态度的风向标，当一条新闻报道引起网民的普遍关注时，往往会在这些新闻论坛被转发，并引发热烈讨论。因此，可以将一些国内的重点新闻论坛或综合社区，如人民网的强国论坛、新华网的发展论坛、天涯社区等，作为监测对象。从是否转发、是否引起跟帖、跟帖数量等多方面衡量其效果。

第二，通过博客进行监测。越来越多的人通过博客转发他们感兴趣的新闻，因此，博客也是观测新闻转发量的一个渠道。当然，网站不可能监测所有的博客，但是可以通过一些有代表性的博客，来获得定性的认识。

第三，通过搜索引擎进行监测。搜索引擎可以较为全面地搜索到相关内容，因此，可以将新闻报道的标题或关键字作为搜索对象，考察新闻的转发量。尽管搜索引擎的结果中也会出现与新闻报道相关性不高的内容，但是，搜索引擎中的结果数量也能在一定程度上反映新闻的转发量。

3. 网民收藏与网络新闻传播效果。

社会书签的功能指的是，网民可以通过一定的软件工具，将自己感兴趣的新闻信息收藏到某一个网站，与别人分享这些文章。目前，国内的“天天网摘”（www.365key.com）等是这方面的代表。通过对这些网站的监测，可以观察到新闻受关注的程度。

4. 受众调查与网络新闻传播效果。

要更主动地了解受众对某些新闻报道的关注度以及他们对报道的评价，受众调查也是一种较好的方式。

受众愿意参与某一调查，实际上隐含了他们对某些事件或报道的关注，而调查的结果，能直观地揭示新闻报道产生的影响力。

（三）从媒体的反应看网络新闻传播效果

除了网民的各种行为外，其他媒体的相关反应，也能在一定程度上体现网络新闻传播效果。

1. 媒体转发量与网络新闻传播效果。

除了网民的转发外，其他新闻网站转发本网站新闻的数量，也是新闻影响力的一个衡量指标，也可以作为新闻传播效果评估的一个依据。其方法与对网民转发量的评测方法类似。

2. 媒体的跟进报道与网络新闻传播效果。

一些具有重大价值或普遍意义的报道，虽然可能首发于某个网站，但是，如果其他媒体认同它的价值，可能会在此基础上进行跟进报道。一条新闻报道引发的跟进报道的规模、频率、强度等，都可以从一个侧面反映出网站首发的那一报道的传播效果。

四、对网络新闻传播效果评估的辩证认识

尽管网络新闻传播效果的评估具有重要作用，但是，对于各种评价指标，不能机械、片面地看待。评价指标是衡量网络新闻编辑工作的一个参照系，但并不是唯一的依据。在分析相关的评估数据时，需要注意以下问题：

1. 将各项指标进行综合考察。

从不同坐标系中得到的不同指标，需要加以综合，才能对网络新闻编辑工作作出一个较为全面、客观的评价。仅仅看重某一指标，往往会使网站的认识偏颇、狭隘。例如，把点击率作为评价的唯一指标，或过分看重点击率，都可能使网站对受众价值取向的认识走入误区。

2. 深入分析指标后面的相关因素。

新闻传播效果的评估工作，不仅仅是要得到相关数据，还要分析数据背后的深层原因，需要结合网站工作、受众特点、社会环境以及时局变化等各个因素

进行综合分析，既要分析那些偶然性的结果，又要分析网站传播效果的长期规律。

3. 避免头疼医头、脚疼医脚式的简单解决。

综合性的评估数据可以为网站改进工作提供全方位的参考。但在实践中，由于一些网站过分看重某一两项数据，因此，在形成解决方案时，也会有简单化倾向。例如，为了提高点击率，片面强调标题的制作，尤其注重标题的煽情，这样可能会使某些新闻的点击率在一定时间内有所上升，但是，网站整体新闻质量没有提高，网站的真正影响力仍然无法形成，而其品牌形象还会受到影响。

总之，网站需要通过对新闻传播效果的全面衡量与综合分析，从网络新闻传播的深层规律中去寻找提高新闻传播质量的方式与方法。

本章学习与研究提示：

研究网络传播效果，是研究网络的社会影响的一个重要角度。目前的研究多是以传统的大众传播效果理论为基础，检验它们在网络环境下的适用性，研究其新特点。

尽管有些研究者的研究结论是，诸如“沉默的螺旋”这样的理论不再适用于网络传播环境，但是也有不少研究者认为这些理论在网络传播情境中仍然是有效的。

传播效果的形成，取决于传播的要素、过程与环境。与传统大众传播相比，网络传播的要素、过程与环境发生了一定的变化，这可能使网络传播效果表现出更复杂的一面。

但是，对于传播要素与环境的变化，我们需要从几个角度加以认识：

首先，尽管传播要素与环境可能在某些时候发生变化，但它们所依赖的最核心的基础并没有发生变化，那就是人的本性、人的心理作用机制，以及人的社会互动的机制。如果说网络传播效果有时会出现一些新特点，那往往是因为网络提供了更多现实生活中不常见的环境。可以说，网络传播仍然遵循着一般传播的那些“公式”。但是有所不同的是，在网络环境里，有一些“参数”的值发生了变化，或者它们的权重发生了变化，这种变化可能会导致结果的不同。但是，总体的“公式”并没有发生改变。

其次，网络环境不是一个单一的整体环境，而是由很多异质空间组成的复杂环境。对于传播效果的研究，必须结合具体环境，把网络当做一个整体去分析，否则必然会使研究得出片面结论。

最后，应该看到，随着网络的发展，网络不是越来越脱离现实社会，反而是越来越接近现实社会，甚至与现实社会相互交融。因此，网络环境在初期表现出来的一些“虚拟的”、“游戏性”、“特区式”的性质，现在越来越淡化，它们更多的成为现实社会的一个真实投射，或者成为现实环境的一部分。这也会使传统的传播规律在网络中仍然发生作用。

除了注意到网络传播要素与环境对传播效果的影响，我们还需要从网络传播过程的复杂性上去认识网络传播效果的复杂性。尽管过程中每一个环节都遵循着传统的传播规律，但是，当多种传播过程呈网状连接起来时，传播的复杂程度可能成倍增长，这将直接导致传播效果的复杂性。

总之，网络传播效果是多种因素共同作用的结果，片面强调某一种因素的作用，都不能完整认识网络传播的规律。

本章延伸学习与思考：

1. 网络传播效果的复杂性是由哪些因素造成的？
2. 试结合一个具体案例来分析网络中的“议程设置”。
3. 试结合一个具体案例来分析网络中的“沉默的螺旋”。
4. 如何认识网络新闻传播效果的各种指标？

后记

POST SCRIPT

每次写后记时，心情总是十分复杂。一方面，为一个研究的暂告一段落而欣慰；另一方面，则为研究中不成熟、不完善的问题而心情沉重、惶惑。

本书虽然是以我过去的很多研究为基础，但是，一年半多的思考已将过去的研究推入新的层次。这是一次自我批判与修正的过程。而这个过程中，也时时有新的困惑，有些困惑仍然没有解决。而新的实践，又不断给我带来新的挑战。所以感觉这本书的写作应当是永无止境的。

但是，就像一个软件在发布后还可以不断完善一样，这本书出版后，也许能吸收更多来自读者的智慧。那会带来一种在开放中的修正，它比我头脑中的封闭式的修正，更有利于这本书本身的完善。更重要的是，有利于我对网络传播规律认识的不断深化。

感谢中国人民大学新闻学院组织推出这样一套传播学系列教材，特别感谢高钢老师对这套丛书的积极推动。这套丛书的出版，无论对于学院的诸多青年教师的成长，还是对我本人的不断提高，都是十分宝贵的机会。

感谢我的导师方汉奇先生多年来的教诲与关爱。他的言传身教是我不断进步的动力。

感谢中国人民大学新闻学院多年来给予我的培养。感谢所有老师们对我的帮助与支持。

感谢中国人民大学出版社为我们提供这样一个机会。感谢司马兰、李学伟等编辑为这本书付出的辛勤劳动。

深深感谢我的亲人们。

彭 兰

2008年6月

图书在版编目（CIP）数据

网络传播学/彭兰著
北京：中国人民大学出版社，2009
（21 世纪传播学系列教材）
ISBN 978-7-300-10376-1

Ⅰ. 网…
Ⅱ. 彭…
Ⅲ. 计算机网络-传播学-教材
Ⅳ. G206.2　TP393

中国版本图书馆 CIP 数据核字（2009）第 026863 号

21 世纪传播学系列教材
网络传播学
彭　兰　著

出版发行	中国人民大学出版社		
社　　址	北京中关村大街 31 号	**邮政编码**	100080
电　　话	010－62511242（总编室）		010－62511770（质管部）
	010－82501766（邮购部）		010－62514148（门市部）
	010－62515195（发行公司）		010－62515275（盗版举报）
网　　址	http://www.crup.com.cn		
经　　销	新华书店		
印　　刷	唐山玺诚印务有限公司		
规　　格	170 mm×228 mm　16 开本	**版　　次**	2009 年 3 月第 1 版
印　　张	27.25	**印　　次**	2022 年 5 月第 11 次印刷
字　　数	482 000	**定　　价**	59.80 元